Juri Trifonow

ex libris
Volk und Welt

Juri Trifonow
Zeit und Ort
Das umgestürzte Haus

Aus dem Russischen von
Eckhard Thiele

ISBN 3-353-00479-3

2., erweiterte Auflage 1989
(1. Auflage ex libris Volk und Welt)

L. N. 302, 410/164/89
Originalausgaben: *Vremja i mesto;* © „Družba narodov", Moskau 1981, Nr. 9/10; *Oprokinutyj dom*; © „Novyj mir", Moskau 1981, Nr. 7; *Nedolgoe prebyvanie v kamere pytok*; © „Znamja", Moskau 1987, Nr. 12
Printed in the German Democratic Republic

Einbandentwurf: Horst Hussel
Gesamtherstellung: Offizin Andersen Nexö, Graphischer Großbetrieb, Leipzig III/18/38
LSV 7201
Bestell-Nr. 648 981 7

01760

Zeit und Ort

Roman in dreizehn Kapiteln

Strände der dreißiger Jahre

Muß man sich an den sonnenbeschienenen, geräuschvollen, nach fröhlichem Lokomotivqualm riechenden Bahnsteig erinnern, wo der kleine Junge, von unerklärlichem Zittern erfaßt, den Vater am Finger hielt und immerzu fragte: „Kommst du zum Achtzehnten zurück?“ Muß man sich erinnern, worüber Vater und Mutter sprachen, die nicht hörten, wie der Junge quengelte: „Du hast es mir versprochen! Du hast es mir versprochen!“, während er den Vater am Finger zerrte? Muß man sich an den August erinnern, der längst dahingeschmolzen ist wie die Spur eines Flugzeugs am blauen Himmel? Und an Menschen, die sich verflüchtigt haben wie Wolken? Und an die Grasbatzen, die von der Strömung fortgerissen, an die spitzen Türme aus feuchtem Sand, die vom Fluß weggespült wurden, an Straßen, die es nicht mehr gibt, daran, wie der Metallgriff an der Rückenlehne in der Straßenbahn weißlich blitzte, wie der Fußboden schwankte, wie zu den offenen Fenstern der Lärm Moskaus hereindrang, wie die Mutter zornig dreinschaute und nichts hörte und wie der Junge plötzlich losschrie: „Er hat es doch versprochen!“ und verzweifelt mit dem Fuß aufstampfte? Und daran, wie die Mutter ihm eine herunterhaute, wie ihr Gesicht sich verzog und die Augen sich schlossen und wie er sah, daß sie weinte?

Muß man sich an die Tränen von einst erinnern?

Muß man sich erinnern, wie der Junge davon träumte, mit dem Vater zur Luftparade zu gehen, das herrliche Schauspiel nicht vom Ufer aus zu verfolgen, sondern möglichst nahe zu sein, wie im vorigen Jahr, mit dem Boot über die Moskwa zu setzen, die Gärten von Strogino zu durchqueren und unmittelbar ans Tuschinoer Flugfeld heranzukommen, über einen Kartoffelacker, dort konnte man ganz in Ruhe stehen und beobachten, den Kopf in den Nacken gelegt, man hatte auch ohne Fernglas eine ausgezeichnete Sicht, außerdem war das Fernglas in Moskau geblieben, die Mutter hatte es vergessen; sich erinnern, wie der Vater weder am Fünfzehnten noch am Sechzehnten aus Kiew zurückkehrte und wie die Mutter aufgeregt war und gereizt redete, sie erwartete ein Telegramm, sagte dem Jungen nicht die Wahrheit, und zu seiner Schwester hörte er sie einmal sagen: „Die verdammten Pferde! Er liebt sie so! Ich bin überzeugt, er hätte gar nicht ins Manöver fahren müssen, er hat sich freiwillig gemeldet, ohne seine Pferde kann er nicht leben!", doch der Junge begriff, auch dies war nicht die Wahrheit, obwohl die Mutter im Zorn das Foto von Vaters Lieblingspferd Swjesdotschot vom Tisch nahm und auf den Fußboden warf, so daß der Rahmen zerbrach und das Glas in viele kleine Splitter zersprang, die Mutter aber erschrak und saß eine ganze Stunde reglos im Sessel; sich erinnern, wie der Vater auch am Tag vor der Parade, am Siebzehnten, nicht zurückkehrte und wie Mutter und er in die Stadt fuhren, bis zum Abend in der eingestaubten Wohnung saßen und auf ein Telegramm warteten, aber kein Telegramm kam?

Muß man sich an das alles erinnern?

Der Junge hieß Sascha Antipow. Er war elf Jahre alt. Saschas Vater kehrte niemals aus Kiew zurück.

Aus dem Jungen Sascha ist längst ein alter Mann geworden. Deshalb muß man es überhaupt nicht.

Er springt aus dem Bett und rennt barfuß auf die Terrasse. In Moskau kann er nicht barfuß gehen, hier dagegen läuft er nach Herzenslust den ganzen Tag barfuß, nur abends muß er auf Mutters Geheiß Hausschuhe anziehen, aber auch das nicht immer: manchmal kehrt sie zu spät und, wie sie sagt, völlig *erschöpft* aus der Stadt zurück und denkt nicht an die Hausschuhe. In letzter Zeit kommt sie fast jeden Abend *erschöpft* heim. Mal vergißt sie Butter mitzubringen, mal Brot, mal ein wichtiges Buch, an das er sie ein dutzendmal erinnert hat. „Das hab ich total vergessen!" sagt die Mutter und winkt mit *erschöpfter Hand* schwach ab. Am liebsten würde er verärgert etwas Böses, Kränkendes sagen, denn es verdrießt ihn schrecklich, er hat den ganzen Tag sehnsüchtig auf das Buch gewartet, doch etwas hält ihn zurück, tapfer unterdrückt er seine Verdrossenheit und läuft auf den Hof zu den Jungs. Ihnen hatte er das Buch nämlich versprochen. Sie werden ihn für einen Schwindler halten. Aber die Jungs haben das Buch zum Glück ebenfalls vergessen, und so ist alles wieder gut. Ach, was kann schöner sein, als barfuß zu gehen! Die dicken rauhen Dielenbretter in den Zimmern kühlen die Fußsohlen, in der sonnenbeschienenen Veranda aber ist der Boden schon warm, und tritt er hinaus auf die Vortreppe, in den vollen Sonnenschein, so umfangen ihn die wohltuende Wärme des frühen Augustmorgens, die Düfte des Gartens, der Kiefern, der Erde. Er steigt, mit den Hacken aufstampfend, die steile Vortreppe hinunter, rennt den schmalen, von der Nacht noch feuchten Gartenpfad entlang und schwenkt auf den breiten, steinigen Weg, der zum Tor führt. Hier kann er laufen, der Weg ist alt und ausgefahren, er ist viel älter als die Datschen, besteht aus lauter scharfkantigen Rinnen und Schlaglöchern, mühelos kann man kleine Steine herausbrechen, um gegen Feinde zu kämpfen, doch barfuß über die Steine zu flitzen ist gefährlich, er geht vorsichtig am Wegrand, an den Fliederbüschen vorbei, gelangt durch das Tor auf die Chaussee. Der Asphalt hat sich schon erwärmt, in drei Stunden wird er so heiß sein, daß man ihn barfuß nicht mehr betreten kann, dann muß man sich seitwärts halten, wo die Füße im feinen, von der Trockenheit ganz weichen, kaffeebraunen Staub versinken, der, kaum berührt, in Wolken aufwirbelt. Doch jetzt, am frühen Morgen, ist es ein Vergnügen, auf dem Asphalt zu traben. Nach hundertfünfzig Schritten biegt er in den lichten Kiefernwald, der sich am ganzen Ufer erstreckt. Nun treten die nackten Füße wieder vorsichtig, denn zwischen abgefallenen Kiefernnadeln liegen da und dort Zapfen oder Glassplitter, verbergen sich tückische Kiefernwurzeln, die nur darauf warten, einen Zeh zu treffen. Und jetzt ist er auf der steilen Böschung des Ufers, und unten sind schon alle beisammen: Aljoscha in roter Badehose, der dicke Petuch und Tschunja, der von der Sonne so schwarz ist wie ein Teufel. Er stößt ein Freudengeheul aus, schwenkt die Arme und springt aus vollem Lauf mit einem großartigen Satz hinunter in den Sand.

„Ah, wir heizen Sascha ein!"

„Halt, doch nicht mir!"

„Wieso nicht?"

„Weil ich vorgestern dran war!"

„Petuch, dann bist du an der Reihe."

„Ich? Oje, bei der Kälte … brr!"

„Petuch, du Fettkloß brauchst doch keine Angst zu haben. Na los, wir heizen dir ein."

„Du bist auch nicht gerade dünn."

„Redet nicht rum. Ins Wasser mit ihm!"

„Halt Petuch fest! Stop! Schnapp sein Bein ... He, strampel nicht!“

Drei Jungen packen den vierten, den dunkelhäutigsten und dicksten, schleppen ihn zum Wasser, obwohl er sich erbittert wehrt, sich windet und gräßlich schreit, so daß es weit über den Fluß schallt, gehen bis zum Knie hinein und schaukeln ihn, um möglichst viel Schwung zu holen. Aber er ist zu schwer, sie schaffen es nicht, ihn zu werfen, obendrein klammert er sich an seinen Peinigern fest, und am Ende wälzen sich alle vier schreiend, johlend, spritzend am Ufer im Wasser. Petuch ruft hämisch: „Na, habt ihr mir eingeheizt?“, reißt sich los aus dem Knäuel und schwimmt rasch zur Flußmitte. Das Gesicht eingetaucht, krault er schnell und kräftig, die Beine, wie ein guter Motor, wirbeln das Wasser auf. Sofort jagen die anderen drei hinterher.

„Fangt ihn! Laßt Petuch absaufen! Laßt ihn absaufen!“ Jemanden absaufen lassen heißt: ihm den Schädel unter Wasser drücken. Sascha würden sie natürlich nicht absaufen lassen, er ist kein sonderlich guter Schwimmer. Aber Petuch fertigzumachen ist ein beliebtes Spiel. Ein paar Minuten später sind alle vier weit entfernt vom Ufer, in der Flußmitte, wo die durchsichtigen Wellen betäuben und blenden, wo nichts ist als das Klopfen in den Ohren, der starke Geruch des Flußwassers, das Gefühl des Abgrundes unter den Füßen, der ängstigt und den Bauch kalt werden läßt. Als sie Petuch eingeholt haben, springt ihm einer nach dem anderen auf die Schultern, um ihn unter Wasser zu drücken, oder preßt die Hand auf seinen schwarzglänzenden Schopf, damit er im Wasser verschwindet, dabei schreien alle, auch Petuch: „Sauf!“ Untergehen kann Petuch nicht, er ist ein Fettkloß, außerdem macht er in der Schwimmsektion von Jung-Dynamo mit. Sein schwarzer Kopf, der nicht im Wasser verschwinden will, tanzt wie ein Korken auf dem Fluß. Aber nach dem sechsten oder siebenten Versuch, Petuch absaufen zu lassen, schluckt er Wasser, sein Lächeln schwindet, das Gesicht nimmt einen blöden und erschrockenen Ausdruck an, er ruft mit glucksender, undeutlicher Stimme und hebt beide Arme – gibt sich geschlagen. Sofort lassen die Jungen ihn in Ruhe, nur der eine springt Petuch plötzlich voller Eifer an und taucht ihn unter, doch Petuch tanzt nicht mehr wie ein Korken, er kommt erst zum Vorschein, nachdem er ein Stück weggeschwommen ist, sperrt den Rachen weit auf, holt gierig Luft, und sein Gesicht wirkt abgestumpft und mißmutig. Der Eifrige will wieder auf ihn los, aber die anderen gebieten Einhalt: „Hör auf!" Gemächlich schwimmen alle vier zum jenseitigen Ufer, Petuch als letzter, er liegt mit ausgebreiteten Armen auf dem Rücken und ruht sich aus.

Das jenseitige Ufer ist flach, dort sind Wiesen, der Grund in Ufernähe ist ekelhaft glitschig, voller Schlamm und Wasserpflanzen. Müde steigen die Jungen ans Ufer, das trübe Wasser aufwirbelnd, mit den Beinen Wasserpflanzen zerreißend, klettern die zwei Meter hohe Lehmböschung hinauf, wo die Wiese anfängt, und legen sich bäuchlings ins Gras. Der Fluß ist noch kalt, die Jungen schlottern, ihre Lippen sind blau, die Leiber schmiegen sich wärmesuchend an die Erde. Laufen müßten sie, um warm zu werden, doch alle vier sind kraftlos. Ein paar Minuten rühren sie sich nicht, sprechen nicht, sie keuchen nur, klappern mit den Zähnen, knurren und ächzen vor Wonne, die Wärme genießend, die in sie eindringt: von unten her, aus der Erde, und von oben her, vom wolkenlosen Himmel, wo die nur mählich Kraft gewinnende Augustsonne strahlt.

Schließlich richtet sich Aljoscha, der mit der roten Badehose, im Gras auf, schlägt die Beine zum Schneidersitz unter und schaut auf den Fluß. Das hohe Ufer mit der steilen, sandigen Böschung und dem Kiefernbewuchs, woher sie gekommen sind, liegt jetzt im Schatten. Alles dort ist lila, undeutlich, im Schönwetterdunst. Am Ufer planschen Leute, aber von fern erkennt man sie nicht, man hört Frauenstimmen, Gelächter, die aufs Wasser klatschenden Hände.

Tschunja richtet sich ebenfalls auf, legt die Arme um die Knie und blickt zum jenseitigen Ufer. Es wirkt so fern, anheimelnd. Streit entbrennt: wer badet drüben? Sie spähen hinüber, so scharf sie können, und äußern ihre Mutmaßungen. Tschunja behauptet, dort badeten seine Eltern, Petuch meint, es sei die „Gräfin“ mit ihren kleinen Hunden, Aljoscha aber sagt: die große Galka. Sie streiten, ereifern sich. Auch Sascha legt die Hand über die Augen, als Schirm gegen die Sonne, gegen das Gleißen des Flusses, versucht am anderen Ufer etwas auszumachen, doch wie sehr er seine Augen auch anstrengt und einkneift, er vermag nichts zu erkennen als den lilafarbenen Waldsaum überm Band des Flusses, darum beteiligt er sich nicht am Streit. Er ist kurzsichtig, hat sogar eine Brille, doch setzt er sie selten auf, nur im Kino. Dafür besitzt er ein vortreffliches Gehör. Er lauscht, unterscheidet eine bekannte helle Stimme: „Komm sofort zurück!“ Wahrscheinlich erteilt Galkas Mutter vom Ufer aus Befehle.

„Galka ist weggefahren“, sagt Tschunja. „Dort baden meine Leute.“

„Weggefahren? Quatsch!“

„Sie ist weggefahren“, sagt Tschunja und fügt nichts hinzu. Aber alle glauben ihm. Sein Vater ist der Verwalter. Sie wohnen im Försterhäuschen.

„Quatsch nicht, Tschunja“, versetzt Aljoscha träge, er hat anscheinend keine Lust zu streiten.

„Ich hab sie Dokumente verbrennen sehen."
„Was für Dokumente?"
„Alle möglichen Papiere, Briefe. Mit einmal riecht's von ihrer Veranda brenzlig. Meine Mutter sagt: ‚Steig auf den Dachboden und guck durch die Ritzen, was sie machen.' Ich gucke oft durch die Ritzen. Ich hab Galka und ihre Mutter beobachtet, wie sie ihren Alten an freien Tagen baden. Bei dem lappt alles runter."
„Und weiter?"
„Na, Galkas Mutter hat Papiere verbrannt. Mit dem Primuskocher."
Schweigen tritt ein – sie wissen nichts zu sagen. Heimliche Sehnsucht plagt Sascha. Nichts Schlimmes ist vorgefallen in seinem Leben, doch er will nach Hause – vielleicht ist plötzlich ein Telegramm gekommen? Jetzt wäre das allerdings gleichgültig. Die Parade ist vorbei.
„Andere belauern ist überhaupt mies", sagt Aljoscha.
„Ach was! Sie sind ja weggefahren."
„Wie ein Penner, der alles ausbaldowert!" Aljoscha grinst. „Ist den ersten Sommer hier und hat schon alles ausbaldowert. Bist wohl ein Spitzel? Guckst durch die Ritzen und weißt alles?"
„Bestimmt ist er ein Spitzel!" Petuch lacht.
Tschunja springt auf.
„Wer ist ein Spitzel?" Sein Gesicht ist rot angelaufen. Er steht mit geballten Fäusten da.
„Na, du."
„Ich?"
„Ja, du. Na und?" Der Junge mit der roten Badehose steht auf. Er ist etwas kleiner als Tschunja, aber breiter in den Schultern.
„Du Idiot." Tschunja spuckt wütend aus und trifft, ohne Absicht, Aljoschas nackten Fuß.
„Für das Spucken wirst du büßen", sagt Aljoscha und hebt den rechten Fuß, der die Spucke abge-

kriegt hat, um mit dem geschmähten Fuß zuzustoßen.

„Und du für den Spitzel!" brüllt Tschunja und rennt weg. Als er zwanzig Schritte durchs Ufergras gelaufen ist, bleibt er stehen und schreit: „Ihr selber seid Spitzel! Eure Datschen sind 'n richtiges Spitzelnest! He, ihr Spitzel, Spitzel, ihr kleinen Spitzel!"

„Sieh dich vor, Tschunja, wir stopfen dir gleich das Maul!" Aljoscha droht mit der Faust.

„Laß dich bloß nicht auf dem Sportplatz sehen!" fügt Petuch hinzu. Mit einem Satz ist Tschunja im Wasser und schwimmt los, macht hektische Züge, daß es nur so spritzt, offenbar hat er große Angst. In einiger Entfernung dreht er sich um und ruft: „He, ihr Spi-Spa-Spitzel!"

Die drei am Ufer Gebliebenen schleudern trokkene Lehmbrocken nach ihm, werfen schnell, ohne zu zielen, und immer daneben. Tschunja taucht unter, um sich vor den Geschossen in Sicherheit zu bringen. Wahrscheinlich kommt er sich wie Tschapajew vor, denn als er für einen Augenblick auftaucht, brüllt er gellend: „Mich kriegt ihr nicht!"

Die Jungen hechten einer nach dem anderen ins Wasser, um ihn zu verfolgen. Mitten im Fluß holt Petuch ihn ein, doch Tschunja hat solch ein Entsetzen und solch ein Flehen in den Augen, daß Petuch es nicht fertigbringt, ihn „absaufen" zu lassen, sondern ihm nur verächtlich ins Gesicht spritzt und sagt: „Na gut, hau ab."

Alle vier erreichen fast gleichzeitig das Ufer, sie humpeln keuchend und spuckend über die kleinen Kieselsteine zum glatten Sand hin, und das erste, was Sascha sieht, ist der bekannte kleine rotbraune Hund, der vor Ungeduld hochspringt.

„Sie wollten mich ersäufen. Und einen Spitzel haben sie mich geschimpft!" petzt Tschunja glücklich.

Auf der sandigen Böschung sitzen Tschunjas Eltern, der bärtige kahlgeschorene Polikarpowitsch in schwarzer Turnhose und die dickleibige Mutter, die etwas Hellblaues anhat, sie ist weißhäutig, unförmig, hat Fettfalten. Sie lächelt, ebenso der Vater, der mit seinem Schnurrbart wie ein Kater aussieht.

„Ersäufen wollten sie dich? Erlaubt denn der Genosse Stalin das Ersäufen?"

Er kichert, winkt mit seiner knochigen Hand ab und versucht sich zu erheben. Neben ihnen auf einer Decke stehen Teller mit Essen und ein Koffergrammophon, es spielt „Marfuscha". Schließlich, wenn auch nicht beim ersten Versuch, kommt Tschunjas Vater auf die Beine und macht einen Schritt zum Wasser. Petuch und Aljoscha ergreifen die Flucht. Sascha aber vermag nicht zu fliehen, er steht wie angewurzelt. Tschunjas Vater nähert sich ihm, wie zuvor mit dem plattschnäuzigen Lächeln eines Katers, vergnügt dreinblickend, und plötzlich packt er Sascha am Ohr.

„Wieso wolltet ihr ihn ersäufen? Habt ihr eine Erlaubnis dazu? Ohne Erlaubnis darf keiner ... Auf gar keinen Fall ... Das lasse ich nicht zu ...", murmelt er und dreht Saschas Ohr so stark, daß ihn der Schmerz von Kopf bis Fuß durchfährt.

„Lauf weg! Lauf weg!" rufen Petuch und Aljoscha.

Doch sich aus der eisernen Hand loszureißen ist unmöglich. Und über den schrecklichen Schmerz zu klagen geht nicht. Deshalb schweigt Sascha, beißt die Zähne zusammen, in seine Augen treten Tränen. Das Grammophon spielt: „Marfuscha schmeißt sich ran, Marfuscha will 'n Mann ..." Tschunjas Vater beugt Saschas Kopf tiefer und immer tiefer zur Erde, will einen Schrei um Gnade herauspressen, doch Sascha würde lieber sterben als schreien. „Getreu wird sie ihm sein ..." Tschunjas Vater murmelt: „Im Rat der Volkskommissare ist gesagt worden, Katzen soll man ersäufen, solange sie noch blind sind … Das ist erlaubt … Das kann man … bitte sehr …“

„Laß den Jungen los“, hört Sascha die Stimme der Frau. „Er hat auch so genug am Hals.“

Die Finger lockern sich, und Sascha, vom Schmerz betäubt, kriecht die sandige Böschung hinauf. Auf einer Bank über dem Steilhang sitzen seine Schwester und seine Mutter. Sie blicken seltsam und kalt, entrüsten sich nicht über Polikarpowitsch, zeigen kein Mitgefühl, sind nicht von Saschas Tapferkeit begeistert.

„Wir rufen dich seit einer halben Stunde“, sagt die Mutter. „Hast du das nicht gehört?“

„Nein“, sagt Sascha.

„Los, du frühstückst rasch, dann fahren wir nach Moskau.“

„Nach Moskau?“ wundert sich Sascha. „Auf das Telegramm warten?“

„Nein“, sagt die Mutter. „Auf das Telegramm werden wir nicht warten. Wir fahren einfach so für ein paar Tage hin. Ich habe einiges zu erledigen.“

Sascha sieht, die beiden sind schon reisefertig, die Schwester hat ihre rote Jacke an, hat den kaukasischen Filzhut auf und trägt eine Tasche mit Büchern. Er schaut sich um nach dem Fluß, nach der Wiese, nach all dem Weiträumigen, Sonnigen, das er für ein paar Tage verlassen muß. Gleißend und funkelnd strömt der Fluß, und über den Wiesen, über den Holzhäusern steht eine wulstige Haufenwolke wie ein weißer Zuckerhut im Dunst des Horizonts, über dem unsichtbaren Tuschinoer Flugfeld. Sie hat sich nicht verflüchtigt, sie ist bis heute nicht vom blauen Himmel verschwunden; wie ehedem ragt im August der weiße Berg über dem alten Dorfflugplatz, über den Hochhäusern, über der in Granit gefaßten Flußbiegung; unter dem Druck des Westwinds verschiebt er sich kaum merklich nach Osten, zur Moskauer City, und der Wolke folgend, verschiebt sich langsam ein ganz leichter, durchsichtiger Schatten wie einst, und die Wagen tauchen bald in dieses Durchsichtige, bald stoßen sie in Sonnenschein, so daß ihr schwarzer und salatgrüner Lack blinkt, während sie auf dem silbernen Bogen der Chaussee nach Scheremetjewo flitzen, nach London, Wien, Bombay, Kuala Lumpur. Muß man sich erinnern? Du lieber Gott, ebenso dumm ist die Frage: Muß man leben? Denn Erinnern und Leben ist untrennbar verbunden, das eine läßt sich nicht ohne das andere zerstören, und beides zusammen bildet einen Begriff, für den es keinen Namen gibt.

Zentral-Park

Das ist: Eine auf glühendem Asphalt schlurfende Menschenmenge, Stimmengewirr, Fetzen von Musik überallher, ihr Flaum, ihr Abfall, musikalische Federn fliegen durch die Luft, irgendwo schütteln unsichtbare Orchester ihre Betten auf, unter den Füßen Papierhüllen von Speiseeis, der Kehricht in den Müllurnen entzündet sich von selbst, das Auseinanderfließen der Menge, das Menschengebrodel im Labyrinth der Alleen, kurze Zuckungen, ein zähes Pulsieren, der Geruch von Laub, Zigaretten, schwitzenden Leibern, Schaschlyk, fauligem Wasser im Teich, rings um ihn hocken wie Findlinge Betonfrösche, das stille, himmelhohe Leben des Riesenrades, die Kabinen vollgestopft mit Glücklichen, jemandes Gebrabbel durch ein Mikrophon, Gelächter vor den Zerrspiegeln, in denen man sich als Schreckgespenst wiedererkennt, das Grölen eines Lautsprechers über dem Platz, der Verfolgungslauf eines Milizionärs, der in die Menschenmenge taucht, allmähliche Stille, das Geflüster der Bäume, einsame besorgte Hunde in menschenleeren Alleen, der Geruch des Flusses und der Linden, aus einem Ebereschenstrauch die Attacke eines graugesichtigen Mannes mit heruntergelassenen Hosen, das Peitschen eines Schusses, es wird Abend, die Schlucht atmet Kühle, es ist besser, man geht um sie herum, das alles ist ein unerforschter Kontinent, hier gibt es Dschungel, hier gibt es Höhlen, hier gibt es heimtückische Eingeborene und gute Unbekannte, hier rinnt stockend wie ein kümmerliches Bächlein meine Kindheit ...

Ich wohne nicht weit von hier, mein Haus ist menschenleer. Wenn die Schule aus ist, gehe ich statt nach Hause – was soll ich in den leeren Zimmern? – zu Ljowka Gordejew, der im Seitenflügel des Krankenhaushofes wohnt, wir setzen uns im Vorgarten an den bretternen „Dominotisch", an dem abends immer Domino gespielt wird, und brüten überm Schachbrett bis zum Dunkelwerden, bis die Männer uns vertreiben. Ljowka ist ein leidenschaftlicher Schachspieler. Ich spiele auch gern, aber nicht so sehr. Ich könnte auch ohne Schach leben. Manchmal spiele ich ganz ohne Lust mit ihm, nur weil er drängt. Ljowka wirkt nicht wie ein Schachspieler, er wirkt wie ein Rowdy mit seinem breiten Gesicht, den vortretenden Backenknochen, dem blonden Schopf, den finster eingekniffenen Augen. Und er hat auch den schaukelnden Gang eines Rowdys. Doch das Schaukeln kommt daher, daß er ein wenig hinkt, und die Augen kneift er ein, weil er kurzsichtig ist, die breiten Backenknochen aber trügen – er ist weich, unentschlossen, vielleicht sogar etwas feige. Seine Mutter verehrt er, vor dem Stiefvater hat er ein wenig Angst, obwohl der ein kranker und bedauernswerter Mann ist und keinem etwas zuleide tun kann, den Kindern aber geht Ljowka aus dem Weg. Sie hänseln ihn: „He, Ljowkalein, paar in die Fresse rein?" Doch beim Schachspielen ist Ljowka mutig und hartnäckig, so daß ich staune. Er kämpft bis zum letzten Bauern. Ljowkas Mutter gibt uns Mittagessen. Ljowka bringt aus dem Haus Teller, packt ein Weißbrot auf den Brettertisch, davon können wir uns etwas abbrechen, so schmeckt es am besten, und wir löffeln Suppe, brechen Weißbrot, essen herrlichen Hirsebrei oder Bratkartoffeln, ohne uns vom Schachspiel loszureißen. Ljowkas Mutter Agnija Wassiljewna fragt mich immer dasselbe: „Wo sind denn deine Eltern?" – „Auf Dienstreise", antworte ich. „Na so was!" sagt sie leicht verwundert, als hörte sie es zum erstenmal. „Aber bei wem lebst du dann?" – „Bei der Großmutter." – „Na so was ...", wundert sie sich wieder und schüttelt den Kopf mit der hohen Stirn und der gelblichbraunen Haut, der wie eine birnenförmige Retorte aus unserem Chemieraum aussieht, ich mag solche Köpfe nicht, und während sie den Kopf schüttelt, flüstert sie etwas Mißbilligendes. Mir ist nicht klar, auf wen sich die Mißbilligung bezieht, ob auf mich, meine Großmutter, meine Eltern, die auf Dienstreise sind, oder auf sonstwen. Agnija arbeitet als Schwester im Krankenhaus und hat Gott sei Dank wenig Zeit für Unterhaltungen. Gegen Mittag kommt sie für eine halbe Stunde angelaufen, bereitet Ljowka etwas zu essen und versorgt Stanislaw Semjonowitsch, Ljowkas Stiefvater, der im dunklen Zimmer im Bett liegt und nichts will: weder arbeiten noch lesen, weder schreiben noch plaudern oder Radio hören. Darin besteht seine Krankheit – nichts zu wollen. Abends verbietet er, Licht anzuknipsen, und Ljowka erledigt seine Schulaufgaben in der Küche.

Stanislaw hatte, bevor er krank wurde, als Graveur in einer Fabrik gearbeitet. Ljowka erzählt, die Mutter habe seinen Stiefvater direkt aus dem Krankenhaus mitgebracht, er war fast genesen, die Ärzte wollten ihn entlassen – doch wohin? Allein konnte Stanislaw nicht leben, seine Frau aber hatte sich von ihm losgesagt, ließ ihn nicht mal ins Haus. Er saß sozusagen auf der Straße, hätte sich von der Krim-Brücke ins Wasser stürzen können, und da hatte sich Ljowkas Mutter seiner erbarmt. Das war lange her. Mein Freund ging damals in die erste

Klasse. Manchmal fühlt sich Stanislaw wunderbar, liest Zeitung, unterhält sich vernünftig und arbeitet sogar, schneidet Stempel, zum eigenen Vergnügen oder auf Bestellung, für Liebhaber. Außerdem arbeitet er am Tisch, schreibt etwas in ein Geschäftsbuch. Manchmal fährt er irgendwohin, möglichst gutangezogen, mit weißem Hemd und Krawatte, er nimmt einen Schirm, eine Aktentasche, steckt eines oder zwei seiner Geschäftsbücher hinein (Ljowka sagt, in diesen Büchern stelle er wissenschaftliche Forschungen an), zieht Gummischuhe über und verschwindet für einen ganzen Tag. Gewöhnlich kehrt er halbtot, mit finsterem, düsterem Gesicht zurück, hängt die Tasche an den Haken, legt sich aufs Bett und versinkt in Schweigen. Wieder bricht sozusagen eine Feder in ihm, am nächsten Morgen will er nicht aufstehen, dreht sich zur Wand, zieht die Decke über den Kopf, nur das krause schwarze Haar guckt hervor, er läßt das Licht löschen, die Gardinen zuziehen und kann stundenlang im Dunkeln liegen, als schlafe er, doch er schläft nicht. Einmal höre ich einen Satz, den er leise, aber deutlich ausspricht, das Gesicht zur Wand: „Sie hoffen, daß ich ..." Und noch viele Male flüsternd, als spotte er nüchtern: „Sie hoffen natürlich, daß ich ..." Ich weiß nicht und versuche nicht dahinterzukommen, wer *sie* sind, die aus irgendeinem Grund auf Stanislaw hoffen.

Stanislaw ist ein unbegreifliches Zubehör von Ljowkas Leben. So wie das Barometer, das zu einem unerklärlichen Zweck im Vorraum hängt. Ljowka versteht nichts von dem Barometer, niemand versteht etwas davon, doch alle sind daran gewöhnt, beachten es nicht, das Barometer muß im Vorraum hängen. Agnija muß mit einem Köfferchen umherlaufen, um Spritzen zu geben. Ljowka und ich müssen die Schulaufgaben widerwillig erledigen, Schach spielen, uns ohne Eintrittskarte ins

Kino Avantgarde mogeln oder durch ein Loch im eisernen Zaun in den Park klettern. Stanislaw aber muß im dunklen Zimmer liegen und krank sein. Und er ist wirklich unglaublich krank! Einmal habe ich ihn in Turnhosen gesehen – seine Beine waren spindeldürr ...

Abends kehrt Agnija von der Arbeit zurück, wir setzen noch immer die Figuren, spielen zwanzig Partien ohne Pause, obwohl ich durchaus ohne Schachspiel leben könnte, und Ljowkas Mutter fängt wieder an: „Wo arbeitet denn deine Oma?" Darauf habe ich ihr schon tausendmal geantwortet! Doch die seltsame Frau bohrt weiter: „Du sagst, sie kommt spät nach Hause? Und du bist immer allein? Armer Wicht. Habt ihr denn sonst keine Verwandten?" Sie beachtet unser Schachfieber nicht – meine Großmutter hätte mir längst das Schachspiel weggenommen, es womöglich mitsamt den Figuren zum Fenster hinausgeworfen, wie sie einmal eine großartige selbstgebastelte Armbrust weggeschmissen hatte –, sie beachtet nicht, daß wir uns bis zur Nacht im Park herumtreiben, mit den Wächtern Krieg führen, uns vor der Miliz verstekken, unsere Schulaufgaben nachlässig erledigen, miserabel lernen, das alles interessiert sie nicht, sie fragt niemals nach der Schule, dafür interessieren sie Belanglosigkeiten. „Sag mal, ob deine Oma mir Wellensittiche besorgen könnte? Ich möchte so gern Wellensittiche haben! Heute hat ein Patient erzählt ..." Ihre Wünsche, Neuigkeiten, Ängste haben immer die gleiche Quelle: „Heute hat ein Patient erzählt". Ljowka nennt seine Mutter *Tschulida.* Diese Bezeichnung für einen einfühlsamen, hilfreichen Menschen habe ich weder vorher noch später je wieder gehört, das Wort bedeutet sicherlich zugleich Aberwitz, Einfalt und absurde, komische Güte, die keine Grenzen kennt.

Mal bringt sie einen Köter voller Flöhe mit wunden Pfoten, mal einen streunenden Kater mit grindigen Augen nach Hause mit. Ein andermal drängt sich eine Schar Verwandter aus irgendeinem Drecknest in den zwei Zimmern, wo man ohnehin nicht treten kann, und haust einen halben Monat dort, Ljowkas Mutter aber schläft auf dem Fußboden. Wieder ein andermal sagt sie zu mir: „Hör mal, willst du nicht bei uns wohnen?" Ljowka freut sich. Für ihn ist die Hauptsache, daß er von morgens bis abends Schach spielen kann. „Sag ja! Hab keine Angst. Meine Tschulida kauft dir alles, was du brauchst. Du weißt ja, wie rührig sie ist ..."

Ich weiß, sie gönnt sich auch nach der Arbeit und an freien Tagen keine Ruhe, läuft umher, ohne eine Minute zu verschnaufen, setzt dem einen Schröpfköpfe, wäscht dem anderen die Wäsche, gibt dem nächsten eine Spritze, darin ist sie eine große Könnerin. Die Ärzte sagen: „Eine bessere Krankenschwester als Agnija gibt's in ganz Moskau nicht!" Ljowka aber spöttelt: „Mutter in ihrem Element." Wie denn auch nicht? Heute verstehe ich das. Mitten in der Nacht klopft es. „Ist Agnija zu Hause? Agnija, wir flehen Sie an! Bitte! Wir zahlen Ihnen, was Sie wollen! Liebe, gute Agnija! Er vertraut nur Ihnen! Ob wir Sie bitten dürfen?"

Alles ist so unlösbar verwickelt, hat sich so fest miteinander verflochten, als könnte es einzeln nicht existieren: Güte und Ausweglosigkeit, Jubel und Trauer, süßeste Freude und Tod und vieles, vieles andere, das so fern erscheint. Zum Beispiel der Park und das Krankenhaus. Die Menschen dort vergnügen sich, hier leiden sie, und die Grenze zwischen beiden ist ein windschiefer Zaun aus dünnen Eisenstäben. Man braucht nur hindurchzukriechen, schon ist man dort. Ich habe es vor langer Zeit begriffen. Schwermut – das sind der Abfall des Herbstes unter den Füßen, die Musik, die Menschenmenge auf der Uferstraße, die roten

Lichter, das Knarren der Anlegestelle. Das leergewordene Zuhause – das sind der Brettertisch, das Schachspielen bis zum Schwachsinn, die müde lästige Frau mit dem unschönen Kopf, der wie eine Birne aussieht. Das ist fremdes Leid und nutzlose Güte.

Ich wohne am Stadtrand, wo verstreut neue Häuser stehen wie riesige einsame Truhen, und gehe in ein altes Gymnasiumsgebäude zur Schule, jetzt existiert das Gebäude nicht mehr, an seiner Stelle steht der violett-grüne Wolkenkratzer des Komitees für Standardisierung. Gegenüber der Schule, auf der anderen Straßenseite, verstecken sich hinter einem Zaun, hinter Bäumen – heute wie vor zweihundert Jahren – die langweiligen, ärmlich gelbgetünchten steinernen Krankenhausgebäude, und gleich hinter ihnen, hinter dem kleinen Hof, wo wir überm Schachbrett brüten, ist ein Abhang, dort fängt der Park an, seine Rückseite, schmutzige Hinterhöfe, undurchdringliches Dikkicht, Schluchten, Müllabladeplätze, rostiges Eisen, abschüssige Pfade, auf denen man springen oder Hals über Kopf hinabsausen muß wie eine Gemse oder vorsichtig schleichen wie ein Indianer, auf das leiseste Knacken eines Zweiges horchend. Wenn abends auf der Bühne ein Orchester spielt oder der Lautsprecher über der Tanzfläche dröhnt, ist es – wenn der Wind vom Fluß weht – in Ljowkas Seitenflügel gut zu hören, und Stanislaw richtet sich im Bett auf, hält sich die Ohren zu und flüstert: „Widerlicher Rummel ..."

Zu mir dringt das Flüstern von Ljowkas Mutter: „Stanislaw, du, Stanislaw, willst du etwas zu essen?" Er schweigt. „Stanislaw, soll ich dir Kohlsuppe auftun?" Er schweigt. Doch sicherlich schüttelt er ablehnend den Kopf. „Willst du etwas? Tee? Oder ein bißchen im Park sitzen?" Lange ist es still, dann Prusten, Lachen: „Oder willst du mich?"

Ich ahne etwas Schreckliches, mein Herz hämmert, ich lausche angestrengt – ich kann nichts hören, will nichts hören, vor Angst und Erniedrigung bricht mir der Schweiß aus, trotzdem lausche ich wider Willen, doch es ist wie zuvor still, das Bett knarrt nicht, ich höre niemanden keuchen, dann eine dumpfe, wie in einen Eimer hineinsprechende Stimme: „Sie soll weg ...“ – „Wer?“ – „Die Musik.“ – „Wozu? Wo?“ fragt Ljowkas Mutter verwundert. Wieder die Stimme des Eimers: „Überall weg. Sie ist unnötig ...“

Einmal sehe ich, sie sitzt neben ihm auf dem Bett, drückt seinen Kopf an die Brust, streichelt seine eingefallenen Wangen, während sie aus dem Fenster schaut und weint ... Warum weint sie? Ich habe es vergessen, ich erinnere mich nicht, ich habe es nicht erraten, ich habe es nie gewußt. Jetzt ist die Wahrheit nicht mehr auszugraben. So viele Jahre sind vergangen. Niemand von ihnen lebt mehr in dem alten, immer wieder mit Ocker getünchten Golizynschen Gesindehaus, weder Ljowka noch seine Mutter, weder der kranke Stanislaw noch die Nichte Mignon, niemand. Der Schnee war schwärzlich geworden, der Winter war zu Ende und der Park geschlossen, auch die Musik war verstummt und die Eisbahn getaut, da tauchte Mignon auf, Minka genannt. Aus Melitopol. Eine Cousine von Ljowka. Sechzehn oder vielleicht achtzehn Jahre alt, Vollwaise, ihre Eltern waren verschwunden, ich erinnere mich nicht, wieso und wohin. Ljowka sagte, *Tschulida* sei nach Melitopol gefahren, damit seine Cousine nicht ins Kinderheim gesteckt werde. Nach einer Woche kehrte sie zurück, mit ihr ein rotblondes Mädchen, sie hatte ein schmales, blasses Gesicht, schwarze Augen wie eine Zigeunerin, trug stolz ein Köfferchen, blickte Agnija nicht an, als sei sie eine Fremde, Agnija aber schleppte zwei riesige Bündel.

Mignon bezog die kleine Kammer unter der Treppe, dort stand allerlei kaputter Hausrat. Und als im Frühjahr der Park wieder geöffnet wurde – er wurde gewöhnlich am ersten Mai für die Volksfeste geöffnet, doch die Pavillons nahmen erst zwei Wochen später ihren Betrieb auf –, fand Mignon Arbeit im „Freizeitpavillon", wo sie Spiele ausgab, Schach, Domino. Dort saß sie von zwölf Uhr mittags bis zum späten Abend. Ljowka und ich besuchten sie oft. Anfangs liefen wir einfach so hin, liehen Kinderbillard oder ein Schachspiel aus, spielten gegen andere Jungen, gegen Erwachsene, oft gegen einen alten Mann, der uns einen Springer vorgab und immer gewann und uns Pfefferminzbonbons schenkte, dann aber mußten wir fast jeden Abend dorthin, um Minka zu beschützen. Weil sie belästigt wurde. Nein, nicht nur von Rowdys, von allen möglichen Männern, Schach- und Billardspielern. Denn Minka war ein hübsches Mädchen. Und wir begriffen es und begriffen, warum sie belästigt wurde, und sie tat uns sehr leid. Sie bat uns niemals um irgend etwas, Agnija war es, die bat: „Jungs, geht recht bald zu Mignon, ich hab gar keine Ruhe!" Minka freute sich, wenn wir zu später Stunde in den Pavillon stürmten und uns dort in den Sesseln häuslich niederließen, nach Zeitschriften oder einem Schachspiel griffen, uns in unsere Beschäftigungen vertieften und Minka durch unser ganzes selbstbewußtes Gebaren zeigten, sie könne tun und lassen, was sie wolle, müsse uns nicht beachten, brauche uns nicht den Männern vorzustellen, die immer um ihren Tisch kreisten, Komplimente machten, allerlei Unsinn redeten, doch sie solle wissen, *für alle Fälle waren wir da.*

Ljowka ging mit einem tüchtigen Knüppel hin, ich hatte ein bronzenes Messer zum Bücheraufschneiden in der Tasche, einen richtigen Dolch.

Minka kümmerte sich manchmal wirklich bis zur letzten Minute nicht um uns, manchmal aber sagte sie zu jemandem: „Da sind mein Cousin Ljowka und sein Freund!" Die Männer blickten uns völlig uninteressiert an. Manche lächelten unaufrichtig, ein ekelhafter Kerl aber, der mit dem Fahrrad kam, seine Hosenbeine steckten immer in den Strümpfen, sagte den gemeinen Satz: „Jungs, es ist schon spät, für euch ist's Zeit zum Schlafengehen." Es war toll, als er Mignon auf dem Fahrrad nach Hause bringen wollte und sie ihn abwies! „Nein", sagte sie, „die beiden sind mich abholen gekommen, und ich fahre mit dem Fahrrad? Das geht nicht." Er war gekränkt und knurrte: „Wer hat sie denn gebeten herzukommen? Wie Leibwächter, so ein Quatsch ..."

Anfangs wurde Mignon von allen bemitleidet, denn sie weinte viel. Sie schloß sich in ihrer Kammer ein, ließ niemanden herein. Man rief sie, klopfte an die Tür, bat und redete ihr zu – Ljowkas Mutter wurde nie wütend, sie konnte nicht schimpfen, nicht einmal laut sprechen, sondern immer nur flüstern –, Mignon antwortete nicht. Zuerst war man erschrocken: Hatte sie sich etwas zu Herzen genommen? Oder war sie krank? Ljowkas Mutter hatte ja Mignon vorher nie gesehen, wußte fast nichts von ihr, nur einiges aus den Briefen ihrer Schwester, der Mutter Mignons, als sie sich plötzlich nach Melitopol aufmachte – wieso eigentlich? Wozu ein fremdes Mädchen, sei es auch eine entfernte Verwandte, in die Familie aufnehmen und in der Kammer einquartieren? Heute denkt man: völlig unverständlich, verrückt, Schwachsinn ... Aber damals war alles verständlich. Ja sogar: *Anders ging es gar nicht.* Noch nicht verständig und reif genug, hatte man nur Lichtes und Gutes im Sinn, und das Leben erschien strahlend hell, trotz des Schmerzes, trotz der Leiden.

Erst später, Jahre danach, sieht man plötzlich klar und ist entsetzt: Wie war das alles zu verkraften? Wie haben sie – haben wir – diesen Felsbrocken gewälzt? Auch ich war ja allein geblieben, und als später Tante Marussja auftauchte, eine vergessene Verwandte – den Grad unserer mystischen Verwandtschaft habe ich nie genau gewußt! –, da fand ich, dumm wie ich war, die unendliche Güte und den naiven Mut ganz in Ordnung. Nun, Agnija klopft also, ist aufgeregt, ruft halb flüsternd: „Mignon, bist du gesund?" Endlich öffnet sich die Tür, man sieht Minka nichts an, nur ist das Gesicht blasser als gewöhnlich, die schwarzen Augen sind umflort, blicken starr. Aber wenn auch nichts zu sehen ist, kann man erraten, daß sie geweint hat. Darin ist sie groß: mit den Lippen, mit einem flüchtigen, blitzschnellen Blick etwas zeigen, etwas anderes zu verstehen geben und noch etwas anderes andeuten. „Mignon, hast du wieder geweint?" fragt Agnija besorgt, und sofort glüht ihr Gesicht vor Mitgefühl. Minka wehrt ab: „Nein, Tante Agnija, bitte reg dich nicht auf … Es ist nichts weiter …" Aber etwas an ihrem schwachen Lächeln, ihrem ausweichenden Blick verrät – sie hat geweint. Sie will es nur nicht zugeben, weil sie stolz ist.

In Melitopol hatte Minka in einer großen Wohnung gewohnt, ihr Vater hatte einen verantwortungsvollen Posten gehabt, war in einem großen Auto gefahren, hier aber hauste sie in einem fensterlosen Verschlag … Ljowka verstand zwar ihren Kummer, aber ich verstand ihn anders. Mir war, als kennte ich alle ihre Gedanken, wüßte um ihre Seufzer, verstünde, warum sie sich in der Kammer einschloß und niemandem öffnen wollte, doch als sie sagte: „Du Glücklicher, du hast eine Großmutter", wunderte ich mich über diese Worte und glaubte sie erst jetzt bis ins letzte verstanden zu haben. Mir war überhaupt nicht in den Sinn gekommen, daß ich ein Glücklicher sei! Ljowkas Mutter bemitleidete Mignon so sehr, daß sie ihr das eigene Bett im Zimmer abtrat und selber in der Kammer schlief. „Mir ist's egal, auf was für Brettern ich schlafe", sagte sie, „ich schlafe wie ein Stein und merke nichts." Wann schlief sie überhaupt? Selbst nachts wurde sie aus dem Bett geholt, mußte mal ins Krankenhaus, mal jemandem zu Hause dringend eine Spritze geben. In Melitopol hatte Mignon eine Musikschule besucht, Klavier gespielt – sie spielte wundervoll, ich habe sie gehört, einmal wurde sie zur Pionierfeier in unsere Schule eingeladen, Agnija hatte das eingefädelt, man hatte ihr ein bißchen roten Kattun versprochen, darum klimperte Minka den ganzen Abend, daß alle staunten! –, und in Ljowkas Haus langweilte sie sich natürlich ohne Musik. Agnija borgte von einem Patienten eine alte Mandoline. Und nun saß Mignon abends mit der Mandoline auf dem Bett, das Haar wie eine Nixe aufgelöst, zupfte kaum hörbar und sang dazu mit schwacher Stimme. So schwach, daß man die Worte nicht verstand. Denn Agnija bat: „Ganz leise, ganz leise. Sonst regt sich Stanislaw auf ..."

Agnija war hin und her gerissen: sie wollte Minka eine Freude bereiten, aber Stanislaw nicht quälen. Ihn quälte Musik. Wenn unten das Orchester aufspielte, griff er sich an den Kopf oder knirschte mit den Zähnen. Doch an die Mandoline gewöhnte er sich rasch; anfangs hörte er nur teilnahmslos zu, ohne Protest oder Mißfallen zu äußern, dann bat er: Spiel dies und das. Und als es zum erstenmal geschah und Stanislaw bei der Musik nicht zitterte, weder das Gesicht verzog noch Böses murmelte, sondern sich im Bett aufrichtete, mit entrücktem Blick aus dem Fenster schaute, geduldig lauschte und dann bat: „Nein, spiel doch, was du neulich gespielt hast, als es regnete!", da freute sich Ljowkas Mutter sehr. Alle freuten sich. Denn plötzlich *wollte er etwas.* Minka spielte nun in ihrer freien Zeit nach seinem Wunsch und unterhielt sich mit ihm, und er antwortete ihr, erzählte, was er in seinen Geschäftsbüchern schrieb; es war etwas Geheimnisvolles, das ahnte ich undeutlich, nicht das Geheimnis selbst, aber daß es mit seiner Schreiberei etwas auf sich hatte, daß es nicht nur um die historische Nachforschung ging. So lautete der Titel: „Historische Nachforschung", ich hatte ihn selbst gelesen. Auf dem einen Geschäftsbuch klebte ein Etikett, und darauf stand, mit Tinte geschrieben: „Historische Nachforschung". Irgend etwas über die Geschichte des Neskutschny-Gartens und des Ersten Städtischen Krankenhauses. Ljowka und mich interessierte das überhaupt nicht, Agnija aber hielt Stanislaws Beschäftigung für ein Symptom der Krankheit, und wenn er sich an sein Hauptbuch setzte, war sie noch mehr bekümmert, als wenn er still und stumm im Dunkeln lag. „Mein Gott", flüsterte sie, in den Augen großes Mitleid, „Papier ist geduldig ..."

Niemand mochte sich mit seinen Schreibereien befassen, denn sie wurden als Unsinn eines Geistesgestörten angesehen, vielleicht waren sie das auch, und wenn er seine Bücher in die Aktentasche steckte und mit ernstem Gesicht wegging, kicherten Ljowka und ich. Ich erinnere mich, aus irgendeinem Grund schimpfte er auf den Grafen Orlow, das Orlowsche Haus hatte an der Stelle des heutigen Krankenhauses gestanden. Ferner erinnere ich mich: Der Graf hatte eine Nichte gehabt, die unerhört reich und häßlich war und nicht heiratete, weil sie die Heiratskandidaten verdächtigte, sie hätten es nur auf ihren Reichtum abgesehen. Das ist alles, was im Gedächtnis hängengeblieben ist, Bruchstücke von zufällig Gehörtem. Mignon aber wollte das alles genau erfahren, und er erzählte ihr, las manchmal sogar aus seinen Arbeiten vor, sie gingen auf dem Krankenhaushof und im Park spazieren, im Neskutschny-Garten, und er erklärte und zeigte ihr alles. Und mit einemmal war er genesen. Das geschah im Laufe eines Sommers. Anfang Juni, als ich aus Moskau wegfuhr, war er noch krank, und als ich im September zurückkam, war er schon gesund und ging zur Arbeit. Im September begann der Krieg. Hitler überfiel Polen. Im Park war alles wie immer – das Riesenrad drehte sich langsam, die Bäume rauschten, die kleinen Flußdampfer schrien wie Enten, Männer in weißem Hemd drängten sich an den Kraftmessern und droschen lachend aus Leibeskräften auf den blitzenden schwarzen Klotz. Im „Freizeitpavillon" saß eine Frau mit üppigem rotblonden Haar an einem Tisch und las, den Kopf elegant auf die Finger gestützt, ein Buch, und ich erkannte Mignon nicht gleich.

Ich weiß nicht mehr, warum die Freundschaft mit Ljowka allmählich erlosch. Wahrscheinlich hatten wir genug vom Schachspielen. Mich interessierte anderes. Er freundete sich mit Wolodja Agababow an, einem kräftigen Burschen, einem Sitzenbleiber, der im Park auf den Tanzplatz ging und mit älteren Mädchen anbändelte. Er konnte tanzen. Ljowka schwänzelte hinter ihm her und versuchte tanzen zu lernen, was lächerlich aussah, denn er war linkisch, schüchtern und klein, und die Mädchen wollten nicht mit ihm tanzen. Eines Tages kam ich zum Tanzplatz und sah ein scheußliches Schauspiel: Ljowka tanzte! Ich hätte vor Scham im Boden versinken mögen. Ljowka aber brauchte jemanden wie Agababow, der ihn verteidigen konnte. Jetzt sagte niemand mehr zu ihm: „He, Ljowkalein, paar in die Fresse rein?" – denn vor Agababow hatten sie Angst. Agababow rasierte sich, und er hatte eine Baßstimme wie ein Mann. Er prahlte sogar, er führe die Mädchen nach dem Tanz in die Schlucht und mache mit ihnen, was Männer mit Frauen machen. Aber das war wohl gelogen. So wollte ich meinen. Der Gedanke war demütigend, daß der widerwärtige Agababow, der sich nicht zu sagen schämte: „Agababow ljubit babow" („Agababow liebt die Weiber"), so weit voraus wäre. In der Klasse hatte Agababow mich übrigens mit Frechheiten erschreckt, die die schlimmsten Befürchtungen bestätigten: ihm machte es zum Beispiel gar nichts aus, die Hand nach der dikken Mylnikowa auszustrecken, die vor ihm saß, und ihre üppigen Schultern abzutasten. Und dieser unangenehme Bursche, bei dem Ljowka sich einkratzte (er half ihm in Mathematik und Physik, das heißt, er machte ihm die Kontrollarbeiten), ging in Ljowkas Seitenflügel aus und ein, während ich fast gar nicht mehr dort auftauchte. Einmal drängte ich Ljowka, mit mir Schach zu spielen, früher war es umgekehrt gewesen, er hatte gedrängt, ich aber hatte nur eingewilligt, weil es zu Hause in der leeren Wohnung trübsinnig war, und jetzt willigte er nach einigem Zögern *für eine halbe Stunde* ein, mehr nicht, denn um fünf sollte Agababow kommen, und sie würden irgendwohin gehen.

Ich schlenderte auf dem vertrauten Weg über den Krankenhaushof mit den gelb gewordenen Bäumen, kam unter den Bogen, wo der Lehm zwischen den alten Pflastersteinen des Stegs dunkel aussah, wo die Luft feucht war und nach Medikamenten roch, und hatte gar keine Lust, zu Ljowka zu gehen. Ich ging widerwillig. Denn ich hatte ihn mal gern gehabt. Er hatte gewollt, daß ich bei ihm wohne. Zwischen uns war nichts Schlechtes vorgefallen, und doch spürte ich, es war alles aus. Ljowka stellte gähnend die Figuren auf, und Mignon sagte: „Tag, Alik!", obwohl ich überhaupt nicht

Alik hieß. Sie hatte es vergessen. Ich aber hatte vergessen, daß sie schwarze Wimpern hatte, wie eine Puppe, und leuchtende Lippen. An das kupferrote Haar habe ich mich immer erinnert. Sie kämmte sich, vor dem Spiegel sitzend, mit einem weißen Kamm, und die Haare knisterten. „Oho!" sagte Ljowka, der gerade einen Zug machte. „Wieviel Elektrizität du in dir hast." – „Ja, Ljowka", sagte Mignon. „Ich bin eine elektrische Frau." Ljowka merkte natürlich nichts, doch mir mißfiel Mignons Satz, und zwar mißfiel mir, daß sie sich eine Frau nannte. Ich spielte schlecht und verlor drei Partien hintereinander. Ich geriet immer wieder in Fallen, weil ich gar nicht an das Schachspiel dachte. Agababow kam und verlangte sofort, Mignon solle mit ihm tanzen. Sie wollte weg und hatte es eilig, sagte, sie habe keine Zeit, sie käme zu spät, ein andermal, doch er drängte, packte sie an den Händen, benahm sich wie ein Rowdy, und Ljowka dachte gar nicht daran, sie zu verteidigen. Sie hätte sich ja auch selber verteidigen können. Ich denke mir, sie wäre nicht schwächer als Agababow gewesen, hätte es Handgreiflichkeiten gegeben. Agababow war fünfzehn, sie neunzehn. Doch der Lümmel war so groß wie sie, sogar ein wenig größer. Schließlich zwang er sie zu tanzen, schnitt Grimassen, grölte mit gräßlicher Stimme ein Lied, und Mignon lachte, versuchte sich loszureißen, aber er hielt sie fest, und sie fügte sich wohl oder übel und machte die notwendigen Tanzschritte. Nun sausten sie durch das Zimmer, polternd stürzten Stühle um, Geschirr fiel zu Boden. Agababow johlte wild, Mignon aber rief lachend: „Hör auf! Du Dussel! Du Verrückter! Ljowka, brems ihn!" Ljowka zuckte die Achseln und lächelte schief. Auf dem Höhepunkt des Tohuwabohus trat Stanislaw ein. Er war nicht mehr so dürr wie früher, kam mir aber grau und alt vor. Er hatte ein schütteres graumeliertes Bärtchen. Er hängte die alte Aktentasche an den Haken, musterte flüchtig das Zimmer und uns, und so etwas wie ein Lächeln huschte über sein Gesicht. Er setzte sich aufs Bett und flüsterte: „Macht nur weiter, macht nur weiter ... Hier in der Kalushskaja wurden übrigens immer Bälle gegeben ..."

Weitermachen mochte niemand. Es war ein bedrückender Augenblick, ich hielt es nicht aus und ging auf den Hof. Kurz danach folgten mir Agababow und Ljowka. „Krepierling", sagte Agababow und spuckte aus. „Wenn ich will, tanze ich mit ihr im ‚Sechseck'!" Das war eine unerhörte Prahlerei. Natürlich glaubte ich das nicht, doch ich schwieg. Das „Sechseck" war ein Restaurant im Park, wo abends der Teufel los war. Mignon kam raschen Schrittes aus dem Haus, im grünen Mantel und grünen Käppchen, ein schwarzes Täschchen in der Hand. Sie lief an uns vorüber, und als Agababow sie unterhaken wollte, zog sie den Arm zurück und sagte: „Laß mich in Ruhe, du Knirps." Die Haustür öffnete sich, und Stanislaw rief mit schwacher Stimme: „Wann kommst du wieder?" Mignon antwortete nicht. Es fing an zu regnen. Wir hatten Herbst. Es roch nach Medikamenten. Alles war zu Ende auf dem Krankenhaushof, doch hier im Regen begann etwas anderes. Ljowkas Mutter im weißen Kittel lief hinterher, ein schluchzender Schrei: „Stanislaw hat dich etwas gefragt! Wieso antwortest du nicht, Scheusal?" – „Halt den Mund!" rief Ljowka und riß seine Mutter so heftig an der Hand, daß sie hinfiel.

An einem Wintertag kam ich zum letztenmal zu Ljowka nach Hause. Es herrschte grimmiger Frost, der Tag war sehr klar und sonnig, die ganze Nacht hatte es geschneit, die Kalushskaja war vom Schnee verweht, die Obusse kamen kaum durch. In der großen Pause rannten wir über die Straße wie über ein verschneites Feld. Manche waren so blöd und lachten und stießen einander in den Schnee. Ich ahnte, weshalb sie sich freuten: sie konnten die Chemiestunde schwänzen, weil sie zu Ljowka rannten. Morgens hatte ein Junge erzählt: Ljowkas Mutter hat sich aufgehängt. Ich sah den weißen, in der Sonne blitzenden Hof und die schwarze, weit aufstehende Haustür. Die offene Tür zeigte schlagartig: In diesem Haus wurde keine Wärme mehr gebraucht! Auf dem Hof standen ein paar Frauen beisammen, Ljowka saß am „Dominotisch" und blickte zur Seite, obwohl er uns sofort bemerkt hatte. Wir gingen zu ihm, grüßten, er nickte, blickte weiter zur Seite. Ich wußte nicht, was ich ihm sagen sollte. Ljowka schwieg und blickte zur Seite. Ich sah, daß er zitterte. Vielleicht saß er schon lange hier und war durchgefroren. Eine Frau rief ihn, er solle ins Haus kommen, doch Ljowka sagte: „Nein!", und ein schiefes Lächeln trat auf sein Gesicht, wie immer, wenn er am Verlieren war und aufgeben mußte. Er verlor ja so ungern. Er kämpfte bis zum letzten Bauern. Ich fühlte, er war mein Freund, ich mochte ihn gern. Ich legte ihm die Hand auf die Schulter und sagte: „Ljowka, willst du den Bronzedolch haben? Für den Notfall?" Er antwortete nicht und schüttelte meine Hand ab. Von ihm weggehen konnte ich nicht, aber neben ihm zu stehen war qualvoll, und das Haus zu betreten, hatte ich Angst. Die anderen Jungen gingen hinein, sahen sich Ljowkas Mutter an, sie lag im Sarg. Dann trat ein Mann aus dem Haus und trieb alle weg, nicht laut, aber zornig schimpfend: „Was gibt's hier zu sehen? Marsch, ihr Lümmel!" Er schubste die Jungen vom Hof, jagte sie weg, ich wollte auch gehen, aber Ljowka nahm meine Hand und hielt mich zurück. Ich setzte mich auf die Bank. Es war sehr starker Frost. Ich begann zu zittern. Eine Frau erzählte flüsternd:

„Der Junge kam aus der Schule, und da hing an der Kammertür ein Zettel: ‚Vorsicht, ich hänge hier.' So hat sie vorgesorgt, damit er keinen Schreck kriegt." Das Gesicht von Ljowkas Mutter war dunkel, jodfarben. Stanislaw lag wie gewöhnlich im Bett, hatte die Decke über den Kopf gezogen und sich zur Wand gedreht, doch als wir eintraten, schob er rasch einen Zipfel der Bettdecke zur Seite und blickte mich an. Ich glaube, er hat mich nicht erkannt. Er blickte mich scharf, mit ein wenig erstaunten Augen an, wie einen Fremden.

Stanislaw wurde bald darauf ins Krankenhaus gebracht, und Ljowka zog zu Verwandten in eine andere Stadt. Nach diesem Wintertag habe ich ihn nie mehr gesehen. Er soll im Krieg gefallen sein. Agababow war im Krieg Flieger, kehrte mit Orden heim und arbeitete bei der Zivilen Luftfahrt im Kaukasus. Die Aufzeichnungen in den Geschäftsbüchern aber sind zufällig in meine Hände geraten, eine ältere Dame, Konzertmeisterin der Philharmonie, brachte sie mir auf Bitten einer gewissen Marina Ossipowna, Pianistin bei der Philharmonie, die ins Ausland verzogen war. Ich begriff nicht gleich, daß Marina jenes rotblonde Mädchen war, das Mignon genannt wurde. Die Aufzeichnungen enthielten die wirr und langweilig, mit endlosen Wiederholungen erzählte Geschichte des Neskutschny-Gartens und jetzigen Kulturparks. Der halbirre Verfasser versicherte, der wahre Besitzer des gesamten Geländes und Begründer des Gartens sei der Oberproviantmeister Nikolai Maximowitsch Pochodjaschin gewesen, Sohn eines einfachen Kutschers, der durch die Einrichtung von Kupferbergwerken ein Millionenvermögen erworben hatte. Dieser vor fast zweihundert Jahren im Herrn entschlafene Pochodjaschin war genötigt gewesen, den Besitz für ein Spottgeld an den Grafen Orlow zu verkaufen, was den Verfasser der Aufzeichnungen zu zornigen Klagen veranlaßte. Hier und da wurde dunkel angedeutet, der Verfasser sei in mütterlicher Linie ein Nachfahre des Oberproviantmeisters. Der Verfasser erhob jedoch keinerlei Ansprüche, abgesehen von der Anbringung einer kupfernen – unbedingt einer kupfernen – Tafel am Tor des Parks, worauf die Verdienste der Familie Pochodjaschin verzeichnet sein sollten. Am Ende des mit Tinte geschriebenen Manuskripts stand eine sonderbare Eintragung mit Bleistift in großen unregelmäßigen Buchstaben: „Doch es gibt nichts Schöneres als …“ – und es folgten leere Seiten und absolute Ungewißheit. Während des Krieges war der Park leer und still, auf der Uferstraße, wo früher Volksfeste stattgefunden hatten, schaukelten ruhende Sperrballons wie große silberne Wolken. Abends stiegen sie an unsichtbaren Spinnwebfäden in den Himmel und gleißten in der Sonne. Sie erinnerten an riesenhafte Kokons, aus denen irgendwann phantastische Schmetterlinge schlüpfen sollten. Vielleicht sind sie auch geschlüpft. Ich bin selten in dem Park. Und ich habe keine Ahnung, was dort jetzt los ist.

Twerskoi-Boulevard – I

I

Die Fenster des Hauses gehen auf den Boulevard, dort sind viel Schnee und viele Hunde, alte Frauen mit Umschlagtüchern, alte Männer mit Säcken, Milizionäre, Chinesen, die Spielzeug aus rosa Papier verkaufen; auf der einen Seite steht wie ein schwarzer Turm ein riesenhafter steinerner Mann namens Timirjasew und auf der anderen Seite, weit entfernt, ein ebenso schwarzer Puschkin, zu dem man hingehen oder, noch besser, mit dem Schlitten hinfahren kann und sehen, daß er traurig ist. Die Kinderfrau Tanja will mit mir einen Spaziergang machen und fragt meine Mutter: „Wohin sollen wir gehen, zu dem Puschkin oder zu dem Puschkin?" Zwischen dem Boulevard und dem Haus rumpelt die Straßenbahn vorbei. Das Klirren der Straßenbahn ist das erste, was aus der feuchten Schneewelt zu mir dringt. Ich fürchte mich vor der Straßenbahn. Alle sagen, sie sei schrecklich. Manchmal werde ich aufs Fensterbrett gestellt, blicke hinunter und sehe: Die Straßenbahn saust wie verrückt dahin, über ihrem Dach blitzen blendende orangefarbene Funken auf. Doch es ist nicht von mir die Rede. Die Rede ist von *Antipow*, der in der Nähe, im Entbindungsheim an der Moltschanowka, zur Welt kam und ebenfalls am Twerskoi-Boulevard wohnte, später jedoch anderswohin zog. Aber mit dem Boulevard verband ihn sehr vieles.

Anfang sechsundvierzig kam Antipows Mutter wieder, er hatte sie acht Jahre nicht gesehen. Als sie sich trennen mußten, war er zwölf gewesen, dick und krausköpfig, war zu Hause in kurzen Samthosen herumgelaufen, hatte, obwohl kurzsichtig, keine Brille getragen und in der Schule auf der ersten Bank gesessen, hatte oft mit dem Zeigefinger die Haut am linken Augenwinkel straffgezogen, so daß sich das Auge einkniff und ein wenig besser sah, jetzt dagegen war er zwanzig, Student im zweiten Studienjahr und mager, hatte breite knochige Schultern, trug eine Brille in häßlicher rotbrauner Fassung, „küchenschabenfarben" nannte seine Schwester das, lief zu Hause in irgendwelchen Klamotten herum, in einem abgetragenen Skianzug aus rostfarbenem Flanell und Altmännerschlappen, und als die Mutter abends um zehn an der Wohnung im fünften Stock des unbekannten Hauses klingelte – während ihrer Abwesenheit waren die Kinder aus der früheren Wohnung hierher an den Stadtrand gezogen – und klopfenden Herzens die schlappenden Schritte im Korridor hörte, die ihr wie die Schritte eines alten Mannes vorkamen, da erschrak sie, von einem alten Mann hatte niemand in den Briefen geschrieben, und plötzlich rasselte das Schloß, die Tür öffnete sich, sie erblickte im halbdunklen Korridor die hohe Gestalt eines Mannes mit Brille, wich zurück und fragte erstaunt: „Schurka?", und Antipow erblickte eine kleine Frau in Wattejacke und Umschlagtuch, zu ihren Füßen ein Köfferchen, ärmlich mit Sackleinen umnäht, er sah die Frau schweigend an, dann streckte er die Arme aus und fragte: „Mama?" Und in ihren schwachen Aufschreien lag ein fragender Ton, nicht, daß sie einander nicht erkannten, obwohl das leicht hätte geschehen können, sondern weil es die augenblickliche Regung war, zu fragen: Wie war dies? Wie jenes? Und wie das alles in den acht Jahren? Herrgott, konnte man endlich, konnte man wirklich seinen Augen, Händen und Lippen trauen? Die Mutter spürte, der Sohn roch nach Tabak, der Sohn aber bemerkte, das Gesicht und die Kleidung der Mutter waren von Lokomotivqualm getränkt.

Dic Mutter war sechs Tage und Nächte nach Moskau unterwegs gewesen. Davon erzählte sie, als sie Tee tranken mit Antipows Schwester Ljudmila und mit Faina, der Frau von Mutters Bruder, der nach einer schweren Verletzung im Krankenhaus lag, während Faina und die kleine Lenotschka zusammen mit den Antipows in einem Zimmer einer Gemeinschaftswohnung lebten. Natürlich wäre es besser gewesen, ohne Faina Tee zu trinken, denn Antipow und vor allem seine Schwester hatten sich im letzten Jahr mit ihr zerstritten, doch wo sollte sie hin? In der Küche war eine der Nachbarinnen, die Okolelowa, beim Bügeln und beanspruchte den Tisch. Faina verhielt sich friedlich und zeigte aufrichtige Freude, als sie Antipows Mutter sah, die sie vom Erzählen kannte, küßte sie, weinte sogar, Ljudmila aber blickte die Mutter seltsam, erschrocken und erschüttert an und konnte vor Erregung nicht sprechen. Sie mußten einander von unendlich vielen Tagen, von so vielen Begegnungen, Heimsuchungen, Leiden, Glücksmomenten berichten, daß sie meinten, es sei nicht zu schaffen, lohne gar nicht anzufangen, und unbewußt – so ging es leichter – mit dem allereinfachsten begannen, damit, was gestern und vorgestern geschehen war. Sie schoben gleichsam beiseite, was für immer Vergangenheit war, was die Mutter hatte altern, die Schwester vorzeitig zu einer gebeugten weinerlichen Tante und Antipow erwachsen werden lassen, und erzählten lachend von gestrigen Belanglosigkeiten: wie die Schwester nach Weschnjaki zu einem Kooperationsbetrieb gefahren war und sich bei den Lieferscheinen vergriffen hatte, weil sie den ganzen Tag rechnete, wann der Zug dort ankäme, und das Ergebnis hieß, morgen früh, die Chefin verpaßte ihr einen Anpfiff, und wie Antipow eine Vorlesung geschwänzt hatte, um sich an eine Erzählung zu setzen, er mußte sie umschreiben und abschreiben, demnächst sollte er sie in Kijanows Seminar vorlesen, das war sehr wichtig.

Die Mutter aber erzählte, was ihr im Zug passiert war: Sie lag auf der oberen Schlafbank, unten waren zwei Männer, der eine, Offizier, sah sie scheel an, und ihr war, als ahne er, wo sie herkam. Sie wechselte kein Wort mit ihm. Nachts gab es unverhofft einen Ruck, und der Zug hielt. Die Mutter erwachte und begriff plötzlich, daß sie es war, die den Zug angehalten hatte – sie hatte im Schlaf zufällig die Notbremse gezogen. Die Leute im Waggon erwachten, lärmten, fragten: Was ist los? Warum halten wir? Der Zug stand, und es war stockfinster. Auf dem Gang näherten sich rasche Schritte, Türen klappten, eine scharfe Stimme fragte: „In Ihrem Abteil? Hier?“ Schlagartig vergegenwärtigte sich die Mutter mit tödlicher Klarheit: Man würde entdecken, daß die Notbremse gezogen war, und die Ausweispapiere verlangen; ihre wichtigsten Papiere waren zwar in Ordnung, doch die Erlaubnis zur Einreise nach Moskau war unvollständig, die Mutter war nicht in die Gebietsstadt gefahren, wo sie eine Unterschrift des Chefs der Gebietsverwaltung hätte einholen müssen, ohne die ihre Erlaubnis nicht vollgültig war, gültig war sie bei freundlicher, ungültig bei bürokratischer, gehässiger Auslegung, und hier konnte es eine gehässige geben, denn die Leute würden böse sein, daß der unvorhergesehene Halt die Heimfahrt verzögerte; die Mutter war schuldlos, sie hatte nicht in die Gebietsstadt fahren können, sonst hätte sie diesen Zug verpaßt und noch zwei Wochen warten müssen, was Menschenkraft überstieg, sie hatte es gewagt, obwohl sie nicht sehr wagemutig war, sie hatte einfach nicht mehr warten können, und wegen so eines absurden Zufalls würde man sie festnehmen, die nicht einwandfreie Erlaubnis sehen und sie vor Gericht stellen. Auf willkürliches Anhalten eines Zuges standen ein bis fünf Jahre Gefängnis. Nein, dachte die Mutter, noch mehr ertrage ich nicht. Ich sterbe hier im Waggon, mir bricht das Herz. Die Tür des Abteils öffnete sich, ein Natschalnik mit schwarzer Dienstmütze steckte den Kopf herein: „Und bei Ihnen?" Der Offizier warf der Mutter einen strengen Blick zu, sah den Natschalnik an und antwortete: „Bei uns ist alles in Ordnung. Wir haben geschlafen." Die Tür wurde zugeschlagen. Der Zugführer entfernte sich. Die Mutter lag da, weder tot noch lebendig. Der Offizier löschte das Licht im Abteil, und das Leben ging weiter. Antipow dachte: Daraus könnte man eine Erzählung machen. Faina stellte wie gewöhnlich dumme Fragen – zu welcher Waffengattung der Offizier gehörte –, Antipow aber kombinierte bereits, überlegte, was geändert werden mußte, was so bleiben konnte. Wie sich zeigte, würde keine Erzählung daraus werden. Dies war bei ihm zu einer Krankheit geworden, seit anderthalb Jahren führte er ein Doppelleben: alles, was ihm oder seinen Freunden passierte oder entfernten Bekannten, über die er nur vom Hörensagen Bescheid wußte, war mit der rätselhaften Aureole einer *möglichen Umsetzung* umgeben. Er mußte die Aureole erkennen und den geheimen Sinn enträtseln. Nicht alles eignete sich zur Umsetzung, doch alles mußte augenblicklich geprüft werden; so wie der phänomenale Rechner Arago, der, kaum daß er Zahlen erblickte, im Geist unwillkürlich mathematische Operationen ausführte, ging auch Antipow sofort beinahe unbewußt ans Mutmaßen und Probieren. Damit die übereilten Mutmaßungen und die ersten Überlegungen sich nicht verflüchtigten, hatte er sich ein Notizbuch zugelegt – Boris Kijanow sprach oft vom Nutzen der Notizbücher – und notierte Gedanken, Wörter, Vergleiche, Anekdoten. Irgendwer hatte Antipow mit der Bemerkung verblüfft, für Prosa brauche man Anekdoten. Ein großer Roman lasse sich auf eine Anekdote reduzieren. Man müsse ausnahmsweise alles sammeln, allen Blödsinn, idiotische Geschichten, Nonsens, es könne zustatten kommen. Er trennte sich weder bei Tag noch bei Nacht von seinem Notizbuch, machte sich während der Vorlesungen, in der Metro, im Obus, in der Bierkneipe Notizen; einmal wurde er festgehalten und mußte seinen Ausweis zeigen, weil er in der Metro geschrieben hatte und von den beiden, die neben ihm gesessen und auf der ganzen Fahrt dunkle Reden geführt hatten, verdächtigt wurde.

Und als sie jetzt um vier Uhr morgens endlich schlafen gehen wollten und Antipow in das Zimmer kam, wo er für hundert Rubel monatlich eine Ecke gemietet hatte von dem Textilmaschinentechniker Valeri Ismailowitsch – der hielt sich selten hier auf, übernachtete fast immer bei Verwandten oder Freunden und beabsichtigte sogar, das Zimmer aufzugeben, es gegen irgend etwas zu tauschen –, da setzte er sich an den Tisch und schrieb in sein Notizbuch: „Mama riecht nach Lokomotivqualm. Sie hat eine häßliche, zu große, abgetragene Wattejacke an. Der Koffer ist mit Sackleinen umnäht. Die Geschichte mit der Notbremse und dem Offizier, der finster schwieg." Er überlegte kurz und fügte hinzu: „Vielleicht aus deutscher Gefangenschaft heimgekehrt?"

Als er die Tischlampe ausknipste und sich hinlegte, klopfte es leise an der Tür, die Mutter trat ein.

„Schläfst du?“ fragte sie flüsternd.

„Nein“, antwortete Antipow.

Die Mutter stand neben dem Bett. Er spürte, daß sie lautlos weinte. Er richtete sich auf, legte die Hände auf die Bettdecke und sagte: „Mama, setz dich hierher, wenn du magst …“

Die Mutter blieb stehen, war im Dunkeln nicht zu erkennen, sie setzte sich nicht und sprach nicht, und er erriet, daß Tränen sie würgten. Plötzlich beugte sie sich über ihn und fragte, ob sie ihm einen Kuß geben dürfe. Er sagte: „Ja.“ Sie küßte Antipow, wie sie einst den krausköpfigen kleinen Jungen in dem alten, hohen, leeren Zimmer geküßt hatte, wenn er müde zur Ruhe ging. Das Gesicht der Mutter roch nicht mehr nach Lokomotivqualm, es roch nach einfacher Seife und noch etwas, wovon sich Antipows Herz zusammenkrampfte. Im Einschlafen dachte er: Ich müßte eine Erzählung „Der Kuß“ schreiben. Aber eine Erzählung „Der Kuß“ gab es schon bei Tschechow. Dann vielleicht: „Müde bin ich, geh zur Ruh“. Doch auch „Müde bin ich, geh zur Ruh“ gab es schon. Wohl von Hemingway. Noch im Schlaf peinigte es ihn: Alles war schon geschrieben.

2

Das Seminar fiel aus. Boris Kijanow war erkrankt. Die Sekretärin an dem Lehrstuhl, Susanna Wladimirowna, eine nicht mehr ganz junge Frau, um die Vierzig, aber lebhaft, gewandt, kokett, mit schalkhaften schwarzen Augen, nahm Antipow beiseite und flüsterte: „Sascha, könnten Sie nicht auf Bitte des Lehrstuhls … Das heißt, es ist auch meine persönliche Bitte … Ich gebe Ihnen Lebensmittelmarken und Geld …“ Rasch holte sie aus ihrer Handtasche einen Packen Scheine und steckte ihn in Antipows Jacke. „Sie besuchen Boris Georgijewitsch, ja? Er ist ganz allein, ohne jede Hilfe, seine Frau liegt im Krankenhaus. Einverstanden? Es wäre sehr anständig von Ihnen!"

„Aber wozu das Geld?" fragte Antipow errötend, ihm erschien das beleidigend.

„Kaufen Sie bitte Brot, Zucker und Tabak ein. Falls es keinen Tabak gibt, nehmen sie Papirossy. Manchmal raucht er Kasbek. Gehen Sie zum Jelissejew-Laden, dann in die Bronnaja. Sie wissen, wo er wohnt?"

Antipow nickte. Susanna machte ihn trotz ihres Alters ein wenig verlegen. Sie hatte eine schmale Taille, aber von der Taille abwärts war sie ungemein breit und rundlich. Antipow murmelte zustimmend, wobei er wegblickte. Von morgens an war er aufgeregt gewesen, weil er am Abend vorlesen sollte – ähnliches empfand er, wenn er zum Zahnarzt mußte –, und da nun alles ausfiel, war er verärgert und zugleich erleichtert. Darum war seine Aufmerksamkeit abgelenkt, und es entging ihm die Merkwürdigkeit: daß Susanna ihn geheimnisvoll beiseite nahm, was sie keinesfalls hätte tun müssen, wenn es sich um eine Bitte des Lehrstuhls handelte, und daß der Packen Scheine, den sie ihm in die Tasche steckte, vorbereitet war. Das alles wurde ihm erst später klar. Jetzt ging er gehorsam in den Jelissejew-Laden, stand eine Weile nach Zucker an, kaufte dann Brot und Tabak und trabte auf dem Boulevard zurück in die Bolschaja Bronnaja. Kijanow zu besuchen hatte er Bange: Womöglich würde es dem nicht recht sein? Und er würde sagen: „Weshalb bemühen Sie sich? Ich habe Sie nicht darum gebeten." Er war stets kühl und bissig, hielt seine Schüler auf Distanz, lud nicht einmal die, denen er gewogen war – Wolodja Gusselstschikow, Elka Pugatsch und den übergescheiten Kwaschnin –, zu sich nach Hause ein. Anscheinend, weil seine Frau krank war. Er wollte nicht, daß seine Schüler sie sahen. Sie litt unter Anfällen schwerer Depression. Jetzt mutmaßte Antipow: Alle fürchteten sich, zu ihm zu gehen, und deshalb hatten sie ihn, Sascha Antipow, vorgeschoben! Denn er war ein Neuling, er kannte Kijanow nicht, und Kijanow kannte ihn nicht weiter. Vor drei Monaten hatte Antipow in der Fabrik gekündigt, war von der Abendschule ins reguläre Studium übernommen worden und besuchte das Seminar von Kijanow. Vorgelesen hatte er bei ihm erst einmal, und das Ergebnis war unklar gewesen. Nicht, daß er besonders getadelt worden wäre, aber gelobt hatte man ihn auch nicht. Nein, gelobt hatte man ihn überhaupt nicht. Niemand hatte von Talent gesprochen. Allerdings hatte auch niemand die Worte „grau" oder „unbegabt" gebraucht oder „aussichtslos" oder „Studienwechsel". Kijanow hatte geschwiegen, an seiner Pfeife gesogen und rätselhaft verkündet: „Was von Antipow zu halten ist, werden wir erfahren, wenn wir seine zweite Erzählung lesen. Renard hat gesagt, eine geniale Seite kann jeder schreiben. Das Problem ist, dreihundert zu schreiben." Und Antipow hatte frohlockt: Diese Worte konnte man so auffassen, als enthielte sein Manuskript *eine geniale Seite*! Doch Antipows Freund Miron dämpfte das Frohlocken, sagte, Kijanow liebe dieses Wort von Renard. Er habe es schon achtmal zitiert.

Am Hochhaus Nr. 17, an der Ecke, wo der Eingang zu den Durchgangshöfen war – in diesem Haus hat der Autor in früher Kindheit gewohnt und vom zweiten Stock hinunter auf den verschneiten Boulevard mit den schwarzen Bäumen gegafft, doch davon wußte Antipow nichts –, traf Antipow Vitka Kotow alias Victoire, der in seiner schnellfüßigen, hüpfenden Gangart irgendwohin eilte.

„Wo willst du hin?" fragte Antipow.

„Zum Arbat. Zu einer Dame. Die kocht eine Fischsuppe – umwerfend!“

Antipow nahm Kotow am Arm und zog ihn mit sich. Im Gehen redete er auf ihn ein: Die Dame laufe nicht weg, die Suppe könne man später aufwärmen, aber aus humanitären Gründen einen alten Schriftsteller zu besuchen wäre doch großartig! Kotow ging widerstandslos mit. Unterwegs faselte er von seinen Erfolgen bei Frauen, Erfolgen, die er im Laufen, im Gehen, auf der Treppe, kurzum, mit unwahrscheinlicher Leichtigkeit erzielte, und plötzlich fragte er: „Findest du Kijanow als Schriftsteller so gut?“

„Ich finde ja. Ich habe ihn vor dem Krieg gelesen.“

„Ha! Vor dem Krieg haben wir allen möglichen Stuß gelesen“, sagte Kotow. „Was einem in die Hände geriet, wurde gelesen. Ich finde ihn mittelmäßig. Er hat keine Sprache. Handlung kriegt er hin, aber eine Sprache hat er nicht. Michail Teterin dagegen – das war ein Schriftsteller! Ein Freund von ihm. Der war enorm! Mir hat mal einer erzählt, sie haben in den zwanziger Jahren eine Zeitschrift herausgegeben. Teterin, sagt er, war das Idol der Jugend, obwohl er nur zwei Bücher veröffentlicht hatte: den Roman ‚Das Aquarium‘ und einen Erzählungsband. Dagegen war Kijanow nur die Nummer zwei.“

„Davon habe ich noch nie gehört“, sagte Antipow.

„Dann hast du's jetzt gehört. Sag schönen Dank. Sag: ‚Schönen Dank, Victoire Jewdokimowitsch, daß Sie mich armen Teufel aufgeklärt haben.‘“

„Aber ich bin nicht deiner Meinung“, sagte Antipow. „Was Kijanow betrifft. Ist ‚Der Stern Wermut‘ etwa ein schlechtes Buch?“

„Meinst du das ernst?“ Kotow lachte. „Hör auf!“

„Ich finde es nicht übel.“

„Und ich finde es Blech.“

Antipow fiel ein, daß Victoire auf einem der letzten Seminare eine Menge hatte einstecken müssen. Kijanow hatte an einer Erzählung von ihm kein gutes Haar gelassen, auch die Kommilitonen hatten sie verrissen. Nur Susanna hatte etwas zu seiner Verteidigung gestammelt. Antipow sagte:

„Susanna versteht natürlich mehr als Kijanow.“

„Susanna?“ Kotow stutzte. „Die Anspielung verstehe ich nicht. Du bist an die falsche Adresse geraten, mein Lieber. Das ist nicht meine Gewichtsklasse ...“

Sie blieben vor dem Vordereingang des alten zweistöckigen Hauses in der Bolschaja Bronnaja stehen. Kotow zögerte und stieg nicht hinauf, während Antipow schon auf der obersten Stufe stand. Die Haustür war geöffnet, der Flur sah schwarz und wie unbewohnt aus. Antipow war einmal mit Kommilitonen hier gewesen, hatte Kijanow nach dem Seminar bis zur Haustür begleitet.

„Irgendwie habe ich keine Lust“, sagte Kotow unentschlossen. „Weiß der Teufel, ich hab einfach keine Lust.“

„Warum?“

„Darum, Menschenskind, weil ich ihm Geld schulde. Voriges Jahr saß ich ohne Stipendium da, hungrig wie ein Wolf, und da hab ich mir blöderweise Geld von ihm geborgt. Geld! Hundert Rubel. Aber wen sollte ich sonst anpumpen! Ich hatte ja bei allen Schulden. Ich sagte: ‚Auf Schuldschein. Ich schreibe an einem Roman.‘ Er fragte: ‚Wieviel brauchen Sie?‘ – ‚Zwei- oder dreihundert‘, sagte ich. ‚Na‘, sagte er, ‚ohne Schuldschein‘, und gab mir hundert. Natürlich will ich's ihm zurückgeben, aber es reicht vorn und hinten nicht, du kennst das ja. Seit Februar haben sie wieder das Stipendium gestrichen, weil ich in Deutsch durchgefallen bin.“

„Na gut, gehen wir“, sagte Antipow. „Du erzählst nachher weiter.“

„Warte! Ich sage dir doch: Mir ist es peinlich. Oder meinst du, mir macht das nichts aus? Er wird natürlich auch ohne meinen Hunderter kein armer Mann, aber irgendwie komme ich mir trotzdem blöd vor. Jedesmal, wenn ich ihn sehe, sage ich zu ihm: ‚Boris Georgijewitsch, ich denke immer daran, daß ich Ihnen Geld schulde. Bei Molodoi Kolchosnik haben sie eine Erzählung von mir angenommen, wenn ich das Honorar kriege, gebe ich Ihnen das Geld zurück.‘ Er nickt: gut, in Ordnung. Aber mit so einem sauren Gesicht. In letzter Zeit antwortete er mir gereizt und guckt ärgerlich. Und neulich sagte er wütend: ‚Kotow, entweder geben Sie mir die lumpigen hundert Rubel zurück, oder hören Sie um Christi willen auf, mich dauernd daran zu erinnern.‘“

„Los, komm!“ Antipow zog Kotow an der Hand. „Wieso fängst du hier unter seinen Fenstern davon an?“

„Warte doch, laß mich ausreden“, flüsterte Kotow, der sich sträubte. „Die Frage wäre auch psychologisch interessant. Ist er wirklich so ein Geizkragen? Oder geht es ihm vielleicht um ein moralisches Prinzip? Und Neid hältst du nicht für möglich? Für ihn sind es natürlich lumpige hundert Rubel, aber für mich ist das viel Geld. Nein, das ist eine sehr rätselhafte Geschichte. Und sie liegt mir im Magen. Lieber verkaufe ich mein letztes Hemd, als daß ich mir das Gerede weiter anhöre. Ich ertrage es nicht, dieses Gerede.“ Plötzlich hob er die Stimme, schrie geradezu, und Antipow dachte: Absichtlich, damit man es hört. „Was soll ich denn machen, wenn ich es nicht zusammenkriege? Nicht mehr in sein Seminar gehen? Hand an mich legen? Ehrlich, wozu muß er einem armen Studenten hundert Rubel aus dem Kreuz leiern?

Wie? Was meinst du, muß ich sie zurückgeben oder nicht? Ich finde, nicht unbedingt ..."

Antipow fingerte in der Tasche nach einem Schein und reichte ihn Kotow.

„Gib's ihm, damit hat sich die Sache. Komm!"

Kotow drehte den Schein hin und her, blickte Antipow forschend und böse an.

„Vor Mai kann ich nicht egalisieren. In Nummer fünf, haben sie versprochen."

„Dann eben im Mai."

„Danke. Im Mai. Mach's gut!"

„Wo willst du hin?" fragte Antipow entgeistert.

Victoire lief hüpfend auf der nebligen Straße davon.

„Ich komme zu spät, Sascha! Danke! Ich geb's dir zurück."

Antipow blickte ihm hinterher und dachte: Eine Erzählung „Die Fischsuppe" müßte ich schreiben. Alles war klar, außer der Dame, die am Arbat wohnte. Antipow war nicht mit Damen bekannt, abgesehen von vielleicht zwei – seiner Cousine Tamara und einer Ärztin, einer Bekannten seiner Schwester. Während er die Treppe zum zweiten Stock hinaufstieg, überlegte Antipow, wie er Kotow, die Fischsuppe und Tamara verknüpfen könnte. Leise vor sich hin pfeifend, drückte er den Klingelknopf. Die Tür öffnete sich, zeigte ebensolche Dunkelheit wie im Treppenhaus, der Lichtschalter klickte, in unwahrscheinlicher Höhe ging spärliches Licht an und fiel auf eine wie ein Heuhaufen aussehende Frau in einem vom Kopf bis zu den Füßen reichenden Morgenrock. Die Frau sagte streng und hart, und ihre Worte klangen wie ein Verdikt:

„Rühren Sie diese Klingel nicht an. Die ist für die untere Etage. Rühren Sie die niemals an."

Rascheln und Heuhalme verlierend, entschwebte sie in das Dunkle der Wohnung, Antipow aber nahm aufs Geratewohl die entgegengesetzte Richtung. Er ging in dem langen Korridor an verschlossenen Türen vorbei, blieb vor irgendeiner stehen und klopfte an. Ein grauhaariger untersetzter Mann, der entweder bucklig war oder nur keinen Hals hatte, musterte Antipow beunruhigt, den Kopf schief haltend, und plötzlich rief er: „Ach ja! Bitte kommen Sie!"

Antipow folgte dem Grauhaarigen, der rückwärts ging und ihn hinter sich her winkte, sie durchquerten ein Zimmer, ein zweites, ein drittes, einen Schlauch von Räumen, wie in alten Palästen, und tatsächlich tauchte da und dort etwas auf, das an einen Palast erinnerte: bald Stühle mit hoher Rückenlehne, bald zwei, drei Gemälde, eine Bronzeplastik, doch alles irgendwie verstaubt, liederlich, zusammengewürfelt. Außerdem: Fotos an den Wänden, abgewetzte Teppiche, Topfblumen. Im dritten Zimmer lag eine Zeitung auf dem Fußboden ausgebreitet, darauf zwei verschnürte Stapel zerlesener Bücher ohne Umschlag.

„Hier!" sagte der Grauhaarige und deutete auf die Stapel.

„Was ist das?" fragte Antipow.

„Deshalb haben wir Sie herbestellt. Sie können sich die Bücher anschauen, junger Mann. Die sind alle bis zur letzten Seite vollständig."

„Ich bin ein Student aus dem Seminar von Boris Georgijewitsch ...", begann Antipow.

„Das geht mich nichts an!" unterbrach ihn der Grauhaarige mit einer Gebärde. „Was Sie sind, interessiert mich nicht. Sie sind doch Markuscha?"

„Nein, ich bin nicht Markuscha. Ich bringe Brot, Zucker und Tabak", sagte Antipow verärgert und wollte die Einkäufe auskramen.

Der Grauhaarige verschwand geheimnisvoll, dann rief seine Stimme aus der Tiefe des vierten, Antipow noch unbekannten Zimmers:

„Ihr Name?"

Antipow nannte seinen Namen. Nach einer Pause, während der es nebenan schlurfte und Stimmen brummelten, ertönte die bekannte heisere, schwache Baßstimme:

„Antipow, treten Sie ein, wenn Sie einmal hier sind."

Antipow trat ein. Es war ein Eckzimmer. Hier also spielte sich das Leben ab: ein Schreibtisch voller Papierkram, Bücher, Tabakasche, an einer Wand ein schmales Sofa, an einer anderen ein zierliches Tischchen mit schlanken Beinen, vollgestellt mit Tassen und Tellern. Kijanow saß auf dem Sofa, in etwas Flauschiges gehüllt, unter dem ein weißes Nachthemd, gute dunkelblaue Hosen und Halbstiefel hervorschauten. Anscheinend hatte er mitten im Ankleiden innegehalten. Sein Gesicht sah wirklich krank und verquollen aus, die Lider waren aufgedunsen, die eingekniffenen Augen blickten hochmütig und, wie es Antipow schien, feindselig durch die Brille. Nie zuvor hatte Antipow an ihm solch schmale böse Augen bemerkt; Kijanow war überhaupt kaum wiederzuerkennen.

„Was ist das? Danke, legen Sie's hin, dort ..." Kijanow deutete mit der Hand irgendwohin, meinte wohl den Tisch mit den schlanken Beinen, vielleicht auch das Fensterbrett oder das Klappfenster. „Das war nicht nötig. Jetzt ist Grigori hier, er besorgt alles, Sie brauchen sich nicht zu bemühen. Aber ich danke Ihnen." Auf dem Sofa sitzend, versuchte er eine höfliche Verbeugung.

Sein flauschiger Kittel, das Nachthemd und das kränkliche, nachlässige Aussehen entsetzten Antipow – er war es gewohnt, Kijanow in einem eleganten karierten Jackett zu sehen, in Hemd und Krawatte und mit einer Pfeife. Kijanow umgab stets der besondere Geruch des wohlhabenden Schriftstellers von Pfeifentabak und Kölnischwasser. Hier im Zimmer aber war muffige Luft. Und es roch nach Unglück. Alles sprach davon, daß Antipow sofort gehen mußte. Auch Kijanow ermunterte dazu – er begann zu gähnen, fuhr mit der Hand unters Nachthemd und kratzte sich die Brust. Mit einem raschen Kopfnicken eilte Antipow zur Tür. Als er gerade das dritte Zimmer durchquerte, wurde er zurückgerufen.

„Einen Augenblick, Antipow! Was ich Sie fragen wollte ... Sie hatten sich für heute auf eine Lesung vorbereitet?"

„Ja", sagte Antipow.

„Erzählung oder Ausschnitt?"

„Erzählung."

„Hm. So, so. Eine Erzählung. Setzen Sie sich einen Moment. Grigori, bring einen Stuhl. Bitte setzen Sie sich."

Kijanow raffte den Flauschkittel enger, setzte sich auf dem Sofa bequemer zurecht, schlug die Beine übereinander, musterte Antipow mit düsterem und, wie es diesem schien, prüfendem Blick.

„Wovon handelt die Erzählung, wenn ich fragen darf?"

„Nun, wie soll ich ... Schwer zu erklären ... Von einem jungen Mann ... Es wird ein Werk geschildert."

„Was für ein Werk?"

„Na, ein Flugzeugwerk. Wo Kühler gebaut werden."

„Verstehe. Ich danke Ihnen. Sehr schade, daß die Lesung nicht stattgefunden hat ... Verzeihen Sie mir ... Übrigens sind es triftige Gründe ... Sagen Sie, Antipow, diese Geschenke – war das Ihre Idee, oder hat Sie jemand darauf gebracht? Aber ehrlich."

„Ehrlich, meine Idee war es nicht. Susanna Wladimirowna hat mich darauf gebracht."

„Was?" Kijanow fuhr auf dem Sofa in die Höhe.

„Was habe ich dir gesagt, Grigori? Das hast du damit erreicht!“

„Boris, das ist doch nicht so schlimm …“

„Aber es war nicht nötig! Konntest du deine Zunge nicht im Zaum halten?“ Kijanow preßte die Hände an den Kopf, erhob sich vom Sofa, wankte im Zimmer umher, murmelte: „Weißt du, was du bist? Ein kleiner Provinztrottel! Entschuldigen Sie, Antipow … Sie haben damit nichts zu tun … Anstatt Hilfe und Erleichterung zu bringen, macht er alles noch verworrener … Ach, hol ihn der Teufel! Renyxa*, wie Tschechow sagte.“

„Ich gehe“, sagte Antipow. „Auf Wiedersehen, Boris Georgijewitsch.“

„Nein! Setzen Sie sich. Er bringt mir gleich Arznei, dann fühle ich mich wieder wie ein Mensch … Geben Sie zu, Antipow, Sie sehen mich an und denken: Der Alte hat ein Bärtchen wie van Gogh … Und graue, schmutzige Fingernägel … Auch seine Prosa ist irgendwie grau. Heute schreibt man nicht so. Heute schreibt man lang und weitschweifig à la Tolstoi, der Alte dagegen hat so einen vermaledeiten Telegrammstil. Wie? Hab ich nicht recht? Bring's schon her, was stehst du noch!“

Der Bucklige lief, auf dem einen Bein hinkend, ins Nachbarzimmer.

„Grigori Naumowitsch ist ein alter Freund. Wohl der einzige, den ich noch habe. Er ist unendlich gutmütig. Aber aus Gutmütigkeit macht er Dummheiten. Wir haben zusammen das Gymnasium in Jaroslawl besucht – er, ich und der Schriftsteller Mischa Teterin. Haben Sie von dem gehört?“

„Natürlich“, sagte Antipow, „der Roman ‚Das Aquarium‘, Erzählungen …

„Richtig!“ Kijanow guckte erstaunt. „Ich freue

* Renyxa – Verballhornung von „Tschepucha“ (Unsinn) bekannt aus „Drei Schwestern“ (Anm. d. Übers.)

mich für Sie! Mischa existiert also noch. Das ist erfreulich ... Jetzt sagen Sie mir eines, Antipow!" Kijanow erhob sich, richtete sich auf und durchbohrte Antipow wieder mit seinem Blick. „Was hat sie Ihnen gesagt, als sie Sie bat, mir diese, diese ... diese ...", er streckte die Hand aus und zwackte mit den Fingern in der Luft, nach dem rechten Wort suchend, „diese Danaergeschenke zu bringen?"

„Nichts weiter. Nur, daß es gut wäre ... daß es nötig wäre, Sie zu besuchen ..."

„Woher will sie wissen, was *nötig* ist und was *nicht nötig*?" schrie Kijanow. „Mein Gott, was für sonderbare Menschen! Sie sehen die äußeren Umstände und versuchen tiefliegende Probleme zu lösen! Dem Anschein nach ist es *nötig*, aber in Wirklichkeit ist es *nicht nötig*, verdammt nochmal! Denken Sie immer daran, Antipow: Handlungen und Phrasen sind an der Oberfläche, das Magma aber ist tief innen ..."

„Glauben Sie bloß nicht dem Geschrei des verehrten Lehrers", sagte Grigori. „Das ist alles Koketterie. Da!" Er reichte Kijanow ein Schnapsglas auf einer Untertasse und fragte Antipow: „Und Ihnen?"

„Wieso fragst du? Bring her!"

„Soll er ins Eßzimmer gehen und ein Gläschen holen. Ich schenke ihm ein."

Antipow ging ins Eßzimmer, dort war es dunkel, er tastete auf dem Tisch und auf dem Büfett nach einem Schnapsglas. Antipow trank selten Wodka und widerwillig. Grigori kam und knipste Licht an, öffnete das Büfett, aus dem es nach Zimt roch, und nahm ein Gläschen heraus, wobei er etwas vor sich hin murmelte. Antipow lauschte: Der Grauhaarige berichtete flüsternd von Kijanows Schicksalsschlägen. Valentina Pawlowna sei ins Krankenhaus eingeliefert worden, sie komme regelmäßig dorthin, und das habe Kijanow anderes Unheil gebracht, außerdem hätten sich allerlei kleine Unannehmlichkeiten eingestellt, über die man nicht gern spreche. Nicht von ungefähr schickte man uns Brot und Zucker. Er sagte tatsächlich „uns".

„Valentina Pawlowna geht es, unter uns gesagt, schlecht", raunte Grigori. „Der Krieg hat sie kaputtgemacht. Daß Ljoscha, ihr einziger Sohn, tot ist, hat sie gebrochen ..."

„Soll ich etwas tun?" fragte Antipow. „Ich könnte saubermachen, Kartoffeln schälen ..."

„Nein, danke, nicht nötig. Außerdem kann in diesem Haus nur ich helfen, ein alter Knabe und Freund."

Sie kehrten ins Eckzimmer zurück, und Grigori schenkte Antipow Wodka ein. Antipow trank. Erst jetzt bemerkte er überm Sofa das Bildnis eines jungen Mannes, er hatte eine Tolle, lächelte spöttisch, mit einer Papirossa im Mundwinkel, und trug ein weißes Hemd mit Krawatte. Sicherlich war es der Sohn. Kijanow starrte Antipow düster ins Gesicht, doch Antipow wurde es davon nicht ungemütlich. Kijanow sagte:

„Nun? Lesen Sie die Erzählung vor."

„Jetzt?" fragte Antipow verwundert.

„Natürlich. Ich vermute, sie steckt in Ihrer Aktentasche und kann es nicht erwarten, vorgelesen zu werden. Also strapazieren Sie ihre Geduld nicht."

„Meine?"

„Ihre." Kijanow deutete auf die Aktentasche.

Antipow begriff, es war unnötig, es war töricht, doch zu gern wollte er vorlesen! Er holte das Manuskript hervor und begann. Kijanow machte es sich wieder auf dem Sofa bequem. Grigori warf ihm eine Decke über, und Kijanow kuschelte sich behaglich ein, legte eine Hand unter den Kopf und hörte zu. Antipow warf ihm ab und an einen Blick zu. Kijanows großes fleischiges Gesicht mit den aufgedunsenen Hängebacken, den grauen Augenbrauen, dem gestutzten Schnurrbart sank allmählich herab und nahm einen stumpfen Ausdruck an, die dicken Lippen öffneten sich, die Augen verkniffen sich, und ein kaum hörbares Pfeifen im Zimmer ließ keinen Zweifel daran, daß Kijanow vom Schlaf übermannt worden war. Antipow hörte auf zu lesen und sagte:

„Ein andermal, Boris Georgijewitsch. Ich sehe, Sie sind müde ..."

Kijanow nickte. Wie zuvor hielt er die Hand unter dem Kopf und hatte die Augen halb geschlossen, als er unerwartet klar und nüchtern sagte:

„Na gut. Stimmt, ich bin müde. Aber zur Sache. Sie erinnern sich an Tjutschews Verse: ‚Nicht so, wie ihr vermeint, kein Abguß die Natur, kein seelenloses Antlitz ...' Also: Nicht so, wie ihr vermeint, Literatur ist nicht Abguß, nicht Phrase, nicht verdammte Arbeit, wie sie es euch lehren. Literatur ist Leiden. Sie haben noch nicht leiden müssen, Antipow? Nein? Gott sei Dank. Doch dann haben Sie den Menschen noch nichts zu sagen. Sie zu lehren, wie man einen Satz baut, langweilt mich. Entschuldigen Sie, Antipow! Vielleicht sage ich Ihnen morgen etwas anderes, aber merken Sie sich, jetzt sage ich etwas Wahres."

„Ich glaube, du hast nicht ganz recht", sagte Grigori. „Die Literatur ist nicht Leiden, sondern wohl eher Mitleiden."

„Das ist dasselbe. Meine Lieben, nichts auf der Welt als Gedanken und Leiden ist der Literatur würdig. Es heißt ja: Will leben, um zu denken und zu leiden ..." Kijanow legte die Hand vor die Augen. Seine Lippen preßten sich spitz zusammen, bekamen einen merkwürdigen, wie kindlich gekränkten Ausdruck. Das Alter ist eine Anhäufung von Kränkungen, dachte Antipow. Mein Gott, wie furchtbar!

Antipow verabschiedete sich. Auf dem Korridor kam ihm jemand entgegengelaufen und rempelte ihn im Dunkeln an, ein Geräuschvoller, Zottelhaariger, der mit den Stiefeln aufstampfte und Selbstgespräche führte: „Wer kennt ihn nicht? Alle kennen ihn ... ‚Stern Wermut' und so weiter ...“ – „Woher?“ fragte von hinten Grigori. „Vom Bär!“ Der Geräuschvolle lachte. „Markuscha, vom Buchhandel! Ansonsten singe ich, bin Vokalist, Bücher sind nur so eine Leidenschaft ...“ Die Tür klappte. Der Geräuschvolle lärmte drinnen. Wer Bücher kauft, ist vergnügt, wer Bücher verkauft, leidet. Die Straße war menschenleer wie nachts. In wenigen Fenstern brannte Licht. Antipow ging langsam, in bedrückende Gedanken versunken. Nein, bedauerlicherweise hatte er nicht leiden müssen. Gewiß, er hatte vor zehn Jahren den Vater verloren, ein halbes Jahr später war die Mutter verschwunden, dann waren er und die Schwester aus Moskau ausgewiesen worden, da waren der Hunger, die Arbeit in der Fabrik, die Gehässigkeit des alten Terentjewitsch, die Schikanen des Chefs, einmal wurde er von den Burschen aus der Gießerei verprügelt, ein andermal wäre er fast vor Gericht gestellt worden, die Frauen beachteten ihn nicht, er sah nicht gut aus, war ungeschickt, erfolglos, doch echte Leiden waren das alles nicht. Wann würden sich echte einstellen? Etwa erst mit den Jahren, mit dem Alter? Antipow war verzweifelt. Er spürte, er würde noch lange kein Schriftsteller sein. Spät nachts kehrte er nach Hause zurück, stieg in den fünften Stock, schloß die Tür auf und betrat die wie tot schlafende Wohnung. Er schlich ins Zimmer, nahm die Mappe mit den Manuskripten und ging auf Zehenspitzen in die Küche, wo er Licht machen und lesen konnte. Damit es in der Küche warm wurde, zündete er das Gas an. Im Mülleimer rumorten die Schaben. Antipow las bis drei Uhr alle Erzählungen durch, zunehmend enttäuscht und angewidert von dem Geschriebenen, in dem es keinerlei Leiden gab. Dann verbrannte er die Manuskripte auf dem Herd, eine Erzählung nach der anderen, das dauerte lange. Schwarze Fetzen flogen in der Küche herum.

Plötzlich schlurfte Ljudmila in Filzpantoffeln und langem Nachthemd herein, ins Licht blinzelnd, und fragte:

„Woher raucht das?“

„Ich verbrenne meine Werke“, sagte Antipow.

„Ah!“ Die Schwester setzte sich an den Tisch, legte den Kopf auf die Arme.

„Was hast du?“ fragte Antipow.

„Ich kann nicht mit ihr“, sagte die Schwester, ohne den Kopf zu heben. „Ich bin einfach außerstande ... Sie ist für mich wie eine Fremde ... Dabei habe ich all die Jahre so auf Mama gewartet! Und nun, wo sie zurückgekehrt ist ...“

Die Schwester brach in ein kaum hörbares, dumpfes Gewimmer aus, das Gesicht auf den Armen. Antipow stand daneben und wußte nichts zu sagen.

Twerskoi-Boulevard – 2

Der flaue, nasse Winter zog sich hin. Der Boulevard war schwarz, ohne Schnee, morgens schimmerten die Bäume silbrig von der Feuchtigkeit, die kaum in Rauhreif übergegangen war, von der Erde stieg Nebel auf, gegen Mittag verschwanden Nebel und Rauhreif, alles glänzte wieder schwarz, gegen Abend kroch aufs neue Nebel heran. Ganz Moskau hatte die Grippe. Wie es hieß, starben viele daran. In der Straßenbahn rochen die nassen Kragen nach Köter. Alles hustete, nieste, schniefte. Faina lag seit Tagen mit hohem Fieber im Bett, die Schwester und die Mutter pflegten sie, und Lenotschka wurde bei Bekannten untergebracht, damit sie sich nicht ansteckte. Und in dieser Zeit der Nässe, Mitte Februar, vollzog sich, ohne daß es jemand merkte, in Antipows Leben ein Umbruch. Ihm prägte sich für immer die feuchte, trügerische Luft des scheinbaren Frühlings ein, ebenso die Schlangen in den Apotheken, der Hagebuttentee und der Knoblauchgeruch in den Moskauer Wohnungen. Das alles verband sich mit jenem Geheimen, das man Befreiung von der Angst nennen könnte. Es war, so stellte sich später heraus, eine Lappalie. Doch wie gewaltig war es damals! Geheime, zähe Angst betäubte Antipow: Angst, nie etwas zu werden und nie etwas zu vollbringen. Alle Gefahren der Welt erschienen ihm weniger schrecklich als dies – nie etwas zu werden und nie etwas zu vollbringen. Zumal alle anderen nach und nach etwas wurden und etwas vollbrachten.

Der eine da, der andere dort, der dritte bei irgendeiner armseligen Zeitschrift, der vierte prahlte, er verdiene Geld beim Rundfunk, der fünfte log, die Zeitschrift „Oktjabr" habe eine Novelle von ihm angenommen. Genauso logen sie in bezug auf Frauen. Vielleicht logen sie auch nicht. Diese Frage – ob sie logen oder nicht – quälte Antipow, quälte ihn fast ebenso wie die Angst, nichts zu werden und nichts zu vollbringen. Das beschäftigte ständig und unbewußt seinen Verstand und war der Hintergrund aller Gedanken an Freunde und Kameraden, doch darüber sprechen konnte er mit niemandem. Denn er wollte nicht an den Schmerz rühren, der tabu war, er verdrängte und fürchtete ihn, bemühte sich, ihn zu vergessen. Und tagsüber vergaß er ihn auch. Nur einmal, in einem Augenblick der Schwäche oder unter dem Einfluß des Shiguljowskoje-Biers – sie saßen in der Bierkneipe an der Puschkinskaja und aßen Krebse –, erzählte er es Miron und gestand ihm sein Geheimnis, der fand es Blödsinn, nicht der Rede wert. Wie bereute es Antipow später! Miron benutzte sein Geheimnis als Waffe und peinigte Antipow – sozusagen in guter Absicht und Hilfsbereitschaft – mit Ratschlägen und Lehren, um ihm seine Macht über ihn zu zeigen. Denn jedes Geheimnis bedeutet Macht. Und jenes insgeheim Brennende, das Antipow aus Kleinmütigkeit offenbart hatte – kein Geheimnis, sondern eine Wunde –, verlieh Miron glühende Macht, und dieser gemeine Kerl nutzte sie aus. Als Miron in Kijanows Seminar eine Erzählung vorlas, eine ziemlich schwache, von der Liebe eines Sowjetsoldaten und eines polnischen Mädchens, und als die Kommilitonen ihn herunterputzten, auch Antipow putzte ihn herunter, sagte abschätzig: „So was gibt's nicht im Leben!", da unterbrach Miron ihn, frech grinsend: „Du bist ja unser Experte in Fragen der Liebe!" Und das in solch einem Ton, daß natürlich *allen alles klar* war. Der Satz war genausogut wie ein Verrat. Antipow nahm sich vor, es Miron nach dem Seminar zu sagen, mit ihm zu brechen, doch es kam nicht dazu, alle ereiferten sich, schrien durcheinander, Miron wetterte mit seinen Kritikern, und als Antipow einen Moment abpaßte und leise zu ihm sagte: „Du bist doch ein Quatschkopf!", da begriff er überhaupt nichts. Er blickte ihn erstaunt an und fragte: „Wieso? Meinst du, ich sollte es kürzen?" So war er: beging, ohne es zu merken, kleine Gemeinheiten und wunderte sich aufrichtig, wenn man ihn einen Schuft nannte.

Doch das Merkwürdigste: Er wollte Antipow ehrlich *helfen* – als ob man in solchen Dingen *helfen* könnte! –, wollte ihm eine Bekanntschaft vermitteln, ihn fast gewaltsam in ein Haus schleppen, wo, nach seinen Worten, zwei nette Mädchen wohnten, die Gedichte schrieben. „Dieses polsterweiche Möbel dient ja gleichermaßen brav für der Jugend wilde Tänze und der Greise flachen Schlaf ..." Doch Antipow vermutete, das alles sei nicht immer so. Vielleicht war es bei anderen so, doch bei ihm mußte es nicht so sein. Hinter seiner Vermutung verbarg sich jene Angst. Er weigerte sich, in das Haus mit den polsterweichen Möbeln zu gehen, empfand aber für Miron so etwas wie Dankbarkeit: der war fürsorglich, wie er konnte. Antipow zweifelte keine Minute daran, daß Miron ihm manchmal, in einer jähen Anwandlung von Wohltätigkeit, von Herzen Erfolg wünschte und bereit war zu jeder erdenklichen Hilfe, auch physischer und vielleicht sogar krimineller. Doch bisweilen ritt ihn der Teufel, Antipow zu verspotten und zu verhöhnen, ihm seine geheime Macht zu zeigen, und dann ging Antipow ihm möglichst aus dem Weg. Er konnte zum Beispiel in Gesellschaft augenzwinkernd fragen: „Wieso siehst du so blaß aus, Schurka? Die Liebe? Schone dich, mein Bester, die Sowjetliteratur braucht dich." Die anderen hielten das natürlich für einen Scherz und überhörten es, doch Antipow spürte die ätzende Bosheit solchen Geschwätzes, glühte vor Haß, hätte Miron am liebsten eine runtergehauen, ließ sich aber natürlich nichts anmerken. Wirklich hassen konnte er Miron nicht. Und sich von ihm lösen auch nicht. In Miron steckte viel Verlockendes. Er hatte Antipow zum erstenmal in Kijanows Seminar mitgenommen, hatte sich damals, drei Jahre war es her, geduldig Antipows Murks angehört – wie alle Anfänger quälte Antipow seine Freunde leidenschaftlich gern mit Vorlesen! –, hatte etwas an diesen kleinen Sachen gefunden, war von irgend etwas angetan gewesen und hatte, Antipow auf die Schulter klopfend, gesagt: „Alter, du kannst was!"

Im vorigen Jahr hatte er Antipow gegen die Direktion verteidigt, als die ihn ins Fernstudium abschieben wollte: wegen Teilnahme an einem bunten Abend, der den Zorn der Direktion erregt hatte. Und auf dem Boulevard hatten sie beide sich mal tüchtig mit ein paar Saufbrüdern geprügelt. In schwierigen Zeiten war er überhaupt ein Kumpel. Aber derselbe Miron konnte auf dem Korridor in Gegenwart von Kommilitonen mit vielsagendem Blick auf Antipow sagen: „Wer nicht mit einer Frau geschlafen hat, kann kein richtiger Schriftsteller werden!" Die Kommilitonen brummten zustimmend. Anscheinend hatten schon alle mit Frauen geschlafen. Oder sie taten so. Antipow nickte ebenfalls, obwohl ihn sofort der gewohnte Haß durchzuckte: Der Hundesohn! Er hat mich angeguckt!

Antipow hatte sich mit Valeri Ismailowitsch zerstritten, und nun wollte der ihm den Schlafplatz nicht mehr vermieten. So eine Gemeinheit: Antipow mußte ausziehen, sich eine Bleibe suchen, die Mutter und die Schwester verlassen. Denn mit allen in einem Zimmer zu wohnen war unmöglich. Vierundvierzig hatten sie Faina aufgenommen, eine gute Tat, ein verhängnisvoller Fehler, das war jetzt nicht zu ändern. Sie war hier gemeldet, die Mutter dagegen besaß keine Aufenthaltsgenehmigung. In diesen Februartagen verwickelte sich alles: die Unbehaustheit, der unverhofft blendende Traum, etwas zu veröffentlichen, und das Auftauchen Nataschas. Niemand wußte, warum Valeri Antipow hinausgesetzt hatte, der aber wollte auch im behaglichsten Zimmer nicht mehr mit den Verwandten in einer Wohnung bleiben. Der Mutter sagte Antipow kurz: „Er ist ein unhygienischer Kerl. Und weiter nichts." Danach versuchte die Mutter stillschweigend, aus Valeri herauszukriegen, was los sei, sie erniedrigte sich und bat für den Sohn um Verzeihung, falls er sich etwas hatte zuschulden kommen lassen, doch Valeri antwortete undurchsichtig: Zum einen schnarche Antipow, er aber vertrage wegen seiner Kopfverletzung das Schnarchen nicht, zum anderen müsse ein Neffe aus Tomsk kommen, im übrigen habe er gar nichts dagegen, Antipow einen Schlafplatz zu vermieten, der habe allerdings seine Grillen und ein grobes Benehmen. Es war ein nebulöser Unsinn. Die Mutter war beunruhigt. Ihr schien, dem Sohn drohten Gefahren. Als Antipow erfuhr, daß die Mutter so tief gesunken war, ohne sein Wissen Valeri um Gnade zu bitten, sagte er, er werde bei Tante Margarita oder bei Miron unterkriechen, auf dem Bahnhof oder anderswo übernachten, aber nicht bei diesem Kerl.

„Bitte, Mama, misch dich nicht in meine Angelegenheiten ein!" sagte er unerwartet scharf. Er erschrak selbst. Zum erstenmal hatte er gegenüber der Mutter einen solchen Ton angeschlagen. Sie erblaßte und verließ das Zimmer. Der ganze Tag war Antipow verdorben, Scham quälte ihn, aber die Mutter fügte noch hinzu:

„Ich habe Valeri Ismailowitsch nicht geglaubt, aber jetzt sehe ich: Du hast wirklich ein grobes Benehmen."

Er konnte nichts erklären.

Am späten Abend machte er sich auf den Weg zu Miron. Die Mutter packte Wäsche in ein Köfferchen, er legte Bücher, Rasierzeug, ein Manuskript dazu. Die Mutter hatte den ganzen Tag kummervoll geschwiegen, doch jetzt hielt sie es nicht mehr aus.

„Entschuldige, mein Sohn, falls ich dich unabsichtlich ... Ich bin ja nicht mehr an dich gewöhnt ... Verstehst du, was das heißt: acht Jahre lang seine Kinder nicht sehen ..."

„Ach, Mama, schon gut!" Er umarmte und drückte sie. „Ich verstehe."

„Nein, das verstehst du nicht. Das kannst du nicht verstehen. Und möge Gott verhüten ..."

„Nimm's dir nicht zu Herzen. Du mußt mir auch verzeihen."

„Es war schwer mit Ljudmila!"

„Ich weiß. Aber jetzt ist es nicht mehr schwer, nicht wahr?"

„Nein ... Nach einem Jahr ... Ich habe ihretwegen soviel geweint und sie auch ... Du merkst nichts davon, du hast dein Leben, schaffst ein Werk."

„Ach, Mutter ..." Er lachte auf. „Werk? Betriebsamkeit. Es kommt nichts dabei heraus."

„Nein, mein Sohn, ich glaube an dich, ich habe Hochachtung vor deiner Arbeit ... Aber es ist bitter – ich wollte euch das Leben erleichtern, statt dessen kann ich gar nichts tun, mache es nur schwerer, nehme euch Platz weg, und du mußt meinetwegen ...", die Mutter war wieder dem Weinen nahe, „irgendwohin, weg von zu Hause ... Vielleicht sollte ich, wenigstens für einige Zeit, nach Alexandrowsk ziehen? Würde dir das helfen?"

„Nein. Das wär das Schlechteste von allem. Aber bitte sprich nicht mehr mit diesem Kerl."

Die Mutter nickte, sie verspreche es, und blickte voll leidenschaftlicher Aufmerksamkeit den Sohn mit tränennassen Augen an: sie versuchte zu erraten, welche dunklen Kräfte ihm drohten.

Miron wohnte in der Soljanka-Straße, im ersten Stock eines alten Hauses auf der Anhöhe, wo die Soljanka-Straße auf den Nogin-Platz mündet. Es war eine riesige Wohnung mit winkeligen Korridoren, mit zahllosen Mietern, Mirons Familie bewohnte zwei Zimmer – Vater, Mutter und der jüngere Bruder das eine, Miron das andere. Mirons Vater war Rechtsanwalt, aber ein kleinkarierter, erfolgloser, er arbeitete bei der Gebietsverwaltung, zockelte immer mit der Vorortbahn herum und sah ganz und gar nicht wie ein Rechtsanwalt aus, eher wie ein vom Leben zermürbter Provinzler – ein Buchhalter, ein Lagerverwalter oder Veterinär, der von ein paar Kopeken leben muß. Die Mutter war vom gleichen Schlag: ebenfalls klein, gebückt, geschäftig, mit den sehnigen Händen einer Geschirrspülerin oder Wäscherin. Es waren gute Menschen. Und wenn Antipow zu ihnen kam, spürte er diese besondere Güte der armen Leute, die hundertmal wohltuender ist als die Güte von Reichen. Sie ließen ihn am Tisch Platz nehmen, auf dem eine Wachstuchdecke lag, so verwaschen und zerschlissen, daß das Muster verschwunden und nur die Grundfarbe übriggeblieben war, gossen ihm Tee ein, setzten ihm Brot und ein Stückchen Käse vor, stellten ein Schälchen mit Fruchtbonbons auf den Tisch und erkundigten sich ganz genau nach Antipows Mutter und Schwester, sie gaben Ratschläge, waren erfreut über gute Neuigkeiten, bekümmert über schlechte. Sie kannten weder seine Mutter noch seine Schwester, hatten sie niemals gesehen, interessierten sich aber für ihr Leben, als wären es nahestehende Menschen. Mirons Vater ließ Antipows Mutter allerlei Ratschläge übermitteln, wie sie Eingaben aufsetzen, wen sie anrufen, wohin sie sich wenden müsse. Mirons Mutter übermittelte Ratschläge in medizinischen und Haushaltsdingen. Sie kannte bestens die Besonderheiten der Moskauer Märkte, bevorzugte aus irgendeinem Grund den Palaschowski-Markt. Alle in der Familie gaben Ratschläge. Miron sagte: „Wenn du ein Mädchen umarmst, mußt du es festhalten. So fest wie möglich." Sogar der dreizehnjährige Senka gab Ratschläge: wo man billige Papirossy bekam.

Miron schien sich seiner Eltern zu schämen. Er hatte es immer eilig, Antipow in sein Zimmer zu ziehen. Die Hälfte seines Zimmers nahm eine breite, mit einem Teppich bedeckte Liege ein, auf der Miron einen großen Teil seiner Zeit verbrachte: hier las er oder dachte nach, auf dem Rükken liegend, die Beine übereinandergeschlagen und pfeiferauchend, hier spielte sich nachts und manchmal auch am Tage etwas ab, woran Antipow nicht denken mochte. Auf der Liege, an der Wand, lagen ein paar Kissen. Miron sagte, aus den Kissen baue er sich Kombinationen. Antipow wollte nichts davon wissen. Und hier auf der Liege arbeitete Miron manchmal, schrieb, auf dem Bauch liegend, mit Bleistift in großen Notizheften, die ihm sein Vater besorgte. Hier streckte er sich nun gleich wie ein türkischer Pascha aus, schob sich Kissen unter, zündete die Pfeife an und machte sich bereit zuzuhören – Antipow hatte sich dann doch erboten, ihm zehn Seiten eines Manuskripts vorzulesen, eine unvollendete Erzählung. Insgesamt sollten es zwölf Seiten werden. Nichts weiter, nichts Ernsthaftes, etwas für die Zeitung „Molodoi Moskwitsch". Susanna Wladimirowna hatte das gedeichselt. Sie kannte dort einen gewissen Roitek, der kein übler Kerl war. Aber wenn es sich um nichts Ernsthaftes handelte, warum mußte es dann nachts um zwölf vorgelesen werden? Diese Absonderlichkeit fiel niemandem auf: weder dem Autor, der von dem einzigen Wunsch besessen war, *vorzulesen*, noch Miron, der ein ebenso leidenschaftlicher Autor war und nun meinte, er könne womöglich noch in dieser Nacht seinen Gast mit ein, zwei Kapiteln einer neuen Novelle überfallen, er habe das Recht zu solch einer Unbarmherzigkeit. Stutzig machte ihn, daß Susanna bei Roitek etwas für Antipow gedeichselt hatte und nicht für ihn. Es hätte doch umgekehrt sein müssen.

Während Antipow seine zehn Seiten vorlas, hing Miron seinen Gedanken nach: Wie sollte es mit Susanna weitergehen, sollte es überhaupt *weitergehen*? Sie hatte ihm Roitek vorenthalten, und er hatte ihr sein Mißvergnügen gezeigt. Er war schließlich nicht an Susanna gekettet wie ein Sklave an die Galeere. Er war ein freier Mann. Allerdings nicht grenzenlos frei. Auf die Frau konnte er verzichten, auf die Persönlichkeit nicht, das wäre gefährlich, das ging nicht.

Als Antipow zum Ende gekommen war – Miron hatte nur mit halbem Ohr zugehört und fast gar nichts mitgekriegt, es handelte sich um etwas Lyrisches von der Kindheit, von einem Fluß und einem Boot –, fragte Miron:

„Was ist Roitek überhaupt?"

„Roitek?" fragte Antipow zurück. „Der ist Abteilungsleiter. Ein Mann mit Sachkenntnis und Autorität, mir ist er sympathisch. Er hat sich höflich mit mir unterhalten. Er sagte, wenn ich die Erzählung bis Mitte März bringe, kommt sie im März auf die Literaturseite. Na ja, ich glaub's nicht. Es ist auch eine mickrige Zeitung."

„Das stimmt", sagte Miron. „Mickrig ist sie. Wenn anfangen, dann groß. Das hier ist doch so gut wie gar nichts."

Er ist neidisch, dachte Antipow. Und fragte:

„Und wie findest du die Erzählung?"

„Die Erzählung? Genau richtig für die: mickrig."

Er ist neidisch! dachte Antipow noch überzeugter und machte hm. Ihm hatte die Erzählung, während er vorlas, sehr gefallen. Gut so! Ich habe etwas Wichtiges gefunden, dachte er erfreut. Kein Wunder, daß es Miron die Laune verdorben hat.

Miron holte wieder eine Kanne heißes Wasser, und sie tranken Tee, während sie sich unterhielten; zu schlafen hatten sie keine Lust. Miron fragte, wieso Antipow sich mit seinem Wirt Valeri gezankt habe. Er ahnte etwas. Antipow antwortete vage, mochte nicht erzählen. Miron beharrte: Was war los? Er mochte dich doch! Hat dich ins Konservatorium eingeladen! Hat dir Geld gepumpt! Ach was, ich mußte dem Schwein eins in die Fresse geben. Über Valeri zu reden war unerträglich, dafür hätte er gern – doch fürchtete er sich – von Natascha erzählt. Denn Miron war ein Herzensbrecher, ein Experte, die Frauen flogen auf ihn, so behauptete er, und Antipow glaubte es rückhaltlos. Das war das Verlockende an Miron – er konnte den Rat geben, den Antipow brauchte. Ach, nein, nein! Nicht auf einen Rat kam es an, verdammt noch mal, sondern einfach darauf, zu reden, sich mitzuteilen, Dampf abzulassen … Ihn plagte das Verlangen zu beichten … Vielleicht war er wegen dieser geheimen Hoffnung zu Miron übernachten gegangen und nicht zu Tante Margarita … Doch ihn hielt zurück – jetzt wußte er es! –, daß Miron ein leichtsinniger, hinterlistiger Mensch war, der um eines treffenden Wörtchens willen den eigenen Vater ins Verderben stürzen würde, und da lag die Falle. Hin und her gerissen von der Verlockung und der Angst vor der Falle, gab Antipow gegen zwei Uhr nachts doch wider Willen der Verlockung nach. Er murmelte dumpf, er habe jetzt *eine*, die womöglich, höchstwahrscheinlich, zwar nicht sicher, aber ziemlich real, gar nicht übel wäre.

„Wozu?" fragte Miron.

„Na, für die Liebe natürlich."

„Für die Liebe oder für die Fleischeslust?"

„Ich denke schon …" Antipow stockte vor Verlegenheit und legte die Stirn in Falten. „Wahrscheinlich für beides …" Wenn sie mich hören könnte! dachte er entsetzt. Miron schlug großmütig vor: Wenn du magst, erzähle, wenn nicht, laß uns schlafen. Er gähnte und zog sich bis auf Turnhose und Unterhemd aus. Eigentlich wäre es Zeit zum Schlafen gewesen, doch Antipow geriet bereits in Fahrt: Vor zwei Wochen habe er sie das erstemal gesehen, im Internat der Theaterhochschule in der Satschatjewski-Gasse, Kotow habe ihn mitgenommen, der habe dort ein Mädchen, Lana, und Lana wohne mit Vika zusammen, und die habe eine Freundin Natascha. Aber Natascha wohne nicht dort, sondern in der Leniwka, nahe der Uferstraße. Dort im Hof habe er sich fast mit irgendwelchen Ganoven angelegt. Die würden ihn zusammengeschlagen haben. Natascha, schmal, brünett, in schwarzem Trikot, spiele eine Zirkusartistin. Ihre Vorfahren seien verbannte Polen gewesen, ihre Mutter sei Kosakin aus Blagowestschensk. Natascha sei ein sehr begabtes Mädchen. Sie spiele zusammen mit einem baumlangen, schnurrbärtigen Kerl in Matrosenhemd, er stelle einen Athleten dar, stemme sie hoch wie eine Hantel oder Gewichte, blase die Backen auf und lasse die Augen hervortreten, und plötzlich, als hätte er die hochgestemmte Hantel vergessen, schneuze er sich und sie sei wie das Mädchen auf der Kugel bei Picasso. Dann reiße er sich das Herz heraus, werfe es ihr zu, und sie spiele damit wie mit einem Ball, ganz toll, nein, wirklich ein begabtes Mädchen. Doch sie habe wohl was mit diesem Schnurrbärtigen …

„Hast du ihm ordentlich einen verpaßt?“ fragte Miron.

„Wem?“

„Valeri Ismailowitsch.“

„Was hat der damit zu tun! Ich erzähle, aber du hörst nicht zu. Hier kommt es auf jedes Detail an.“

„Ich höre zu. Sie hat was mit dem Schnurrbärtigen …“

Antipow verstummte beleidigt. Er zog sich auch aus, legte sich auf das Klappbett am Fenster. Miron knipste das Licht aus. Antipow schwieg eine Weile, dann fragte er:

„Soll ich's dir erzählen oder nicht?“

„Na los“, sagte Miron. „Nur sag mir: Hast du ihm einen Haken verpaßt, wie ich's dir beigebracht habe?“

„Hol dich der Teufel“, sagte Antipow. Und er erzählte weiter. Vor allem wollte er deutlich machen, daß Natascha ein ungewöhnliches Mädchen sei. Sie habe es schwer. Für ihr Zimmer zahle sie dreihundert Rubel. Aber sie verdiene schon, denn sie trete mit dem Schnurrbärtigen in Klubs und Kulturhäusern auf. Tja! Victoire Kotow, der habe sich ein Ding geleistet. Alle hätten sich bei Lana und Vika getroffen, fast ein Dutzend Leute, und plötzlich habe Victoire verkündet, er wolle ein Kapitel aus einem Roman vorlesen. Großspurig habe er ein Manuskript hervorgeholt, sich hingesetzt und losgelegt: Bla-bla-bla-bla! Etwas Langweiliges über die ersten Kriegstage. Klammheimlich hätten sich alle verdrückt. Nur er, Antipow, und Vika seien sitzen geblieben. Da habe er gefragt: „Was sitzt ihr hier noch? Schert euch raus!“ Ein pfiffiger Bursche, was? Nur, um mit Lana allein zu bleiben.

„Sei vorsichtiger mit ihm“, sagte Miron.

Na gut, darum gehe es nicht. Es drehe sich nicht um Kotow. Vika sei fuchsteufelswild geworden, aber Natascha habe gelacht. Sie habe etwas im Zimmer vergessen, aber nicht mehr hineingekonnt: Die beiden hätten sich eingeschlossen. Da hätten sie sich aufs Fensterbrett gesetzt, er und Natascha, und gewartet. Sie habe etwas Wichtiges vergessen, ohne das sie nicht nach Hause gehen konnte, die Handtasche mit ihrem Geld oder so etwas. Er, Antipow, habe einfach so dagesessen: als Kotows Freund. Wie um auf ihn zu warten. Idiotischer sei es natürlich gar nicht gegangen! Vika sei schließlich wutschnaubend abgezogen. Sie beide seien allein geblieben. Da habe Natascha gefragt, ob Antipow, der sich ja mit Literatur beschäftige, nicht ein paar „Reprisen“ für die Estrade schreiben könne. Gemeint seien Witze in Form kleiner Szenen. Der Schnurrbärtige würde sie ins Programm aufnehmen. Natascha habe gesagt: Mein Freund Borja zahlt gut, für jede „Reprise“ fünfzig Rubel, für eine sehr gelungene hundert. Ihm, Antipow, habe das natürlich nicht behagt, trotzdem habe er alle möglichen Witze aus dem Gedächtnis gekramt, Schotten- und Irrenwitze, aber sie habe die Pointe immer im voraus gewußt, und auf einmal – peng! – habe sie mit leiser Stimme einen erzählt, daß ihm die Spucke weggeblieben sei, was er sich natürlich nicht anmerken lassen habe. Von einer Witwe auf der Beerdigung. Langsam und traurig. Eine Schote! Klarer Fall, kein Witz, sondern ein Signal zum Handeln. Eine rote Leuchtkugel. Tja, da habe er wie zufällig seine Hand auf die ihre gelegt …

Ein leises Pfeifen. Miron schlief. Antipow drehte sich auf die Seite, das Gesicht zum Fenster, gab sich der Erinnerung hin und überlegte: Wie mag es weitergehen? Bald war er eingeschlafen. Er träumte von Susanna. Sie spricht mit Baßstimme, hat einen Schnurrbart und klebrige kalte Hände; plötzlich tritt sie barfuß an sein Bett, weckt ihn mit einem leichten Stoß gegen die Schulter und sagt: „Es ist warm und hell, und die Fliegen tun einem nichts." Er muß ein Stückchen zur Seite rücken, und sie legt sich neben ihn auf das schmale Bett, was unbequem ist. Es ist kalt, er spürt, wie Susannas Hand zittert. Ein scheußlicher Parfümgeruch benimmt ihm den Atem. Ekelerregend, den Geruch einzuatmen, er rückt weiter, preßt sich an die Wand, Susanna rückt hinterher, läßt ihn nicht los, klebt an ihm wie ein feuchtes Bettlaken und flüstert ihm ins Ohr: „Es ist warm und hell, und die Fliegen tun einem nichts." Er spürt, wie sich Susannas Hand in seine Turnhose schiebt. Wütend stößt er mit dem Ellbogen, Susanna fällt vom Bett auf den Fußboden, er versetzt ihr Fußtritte, sie kriecht weg, bringt sich in Sicherheit, krächzt mit erstickter Flüsterstimme unterm Tisch: „Ein Mann, der noch nie mit einer Frau geschlafen hat ..."

Miron gab den Rat, Kijanow solle Roitek ein paar Zeilen schreiben oder ihn wenigstens anrufen. Die Erzählung war fertig, sie hieß „Der Fluß und das Boot" und dünkte Antipow, wenn nicht ein Meisterwerk, so das Beste, was er bisher geschrieben hatte. Manchmal aber empfand er sie wirklich als Meisterwerk! Doch, alles was recht ist, die Erzählung war gelungen. Da gab es präzise Beschreibungen wie bei Paustowski, belanglose, aber hintersinnige Dialoge wie bei Hemingway. Es war im Grunde *eine Erzählung über gar nichts.* Nicht alle verstanden solche Prosa. Die Mutter und die Schwester gerieten in Verlegenheit, als er ihnen die Erzählung nachts in der Küche vorlas. Die Mutter gestand betreten, nicht alles mitgekriegt zu haben, die Schwester fand die Erzählung gut, aber langweilig. Tante Margarita dagegen, die sie abgetippt hatte, war begeistert und staunte: „Schurka, du schreibst wundervoll! Wie Henri de Régnier! Ich mochte Henri de Régnier so gern!" Die Tante verstand mehr von Literatur als die Mutter und die Schwester. Ihr verstorbener Mann hatte in einem Verlag gearbeitet. In ihrer Wohnung, wo Antipow Zuflucht gefunden hatte, gab es nicht viele, aber wertvolle Bücher vom Akademija-Verlag. Außerdem lebte sie davon, daß sie Manuskripte von Schriftstellern und Dramatikern abschrieb. Sie kannte Kijanow ein wenig. Das Unverständnis der Schwester und der Mutter bekümmerte Antipow überhaupt nicht, aber Tante Margaritas Begeisterung ermutigte ihn. Miron nannte die Erzählung nicht mehr mickrig, lobte sie allerdings zähneknirschend: er konnte den Neid doch nicht unterdrükken. Immerhin hatte er einen weisen Rat gegeben! In praktischen Dingen war er ein Genie, das stand fest. Auch wegen Natascha wußte er sofort Rat: „Lade sie am Sonnabend zu mir ein. Ich lese irgendwas vor. Sag ihr: ‚Mein Freund liest dir Reprisen vor. Er schreibt wunderbare Reprisen.' Alles geht glatt, verlaß dich auf mich. Meine Alten fahren Sonnabend nach Malachowka."

Abends im Seminar überlegte Antipow angestrengt, wie er sich an Kijanow heranmachen könnte. Der Rat war weise, doch nicht so einfach zu befolgen. Mit Kijanow ging nichts einfach. Mal war er krank, mal wortkarg, mal gereizt. Wie sollte man ihn bitten? Einmal hatte er gesagt: „Freunde, ihr müßt euch selber durchboxen. So wie wir uns durchgeboxt haben, ohne uns auf andere zu verlassen. Die Literatur ist kein Posten, den man durch

Beziehungen bekommt." Tolja Kwaschnin half er trotzdem. Von dem hatte er ein Manuskript zur Zeitschrift gebracht und Fürsprache eingelegt, die Sache war bis zum Umbruch gediehen, doch dann geplatzt. Der Chefredakteur hatte den Text rausgeschmissen. Den armen Tolja nannten sie nun den „Autor des aufsehenerregenden Umbruchs". Tolja mochte er, wer weiß warum, gern, für Wolodja Gusselstschikow empfand er Wohlwollen, für Elotschka auch – merkwürdigerweise, denn sie betete bloß alles nach –, alle anderen aber waren ihm gleichgültig. Freilich sagten die Kommilitonen: Wenn man ihn unter Druck setze, macht er was.

Antipow überlegte, quälte sich, hörte nicht zu, die Kommilitonen brabbelten ihre Bemerkungen herunter, der Autor, der gerade eine Erzählung vorgelesen hatte, war blaß und niedergeschmettert, kritzelte mit schwacher Hand im Notizbuch, Susanna protokollierte wie gewohnt in einem dicken selbstgebundenen Heft – sie mußte nicht Protokoll führen, sie mußte auch nicht hier sitzen, doch sie notierte emsig alles, was Kijanow sagte, seine Bemerkungen und Scherze –, und Kijanow, der Pfeife rauchte, blickte aus dem Fenster. Er hatte offensichtlich schlechte Laune.

Als Schluß war und Antipow sich entschließen mußte, ob er Kijanow bitten wolle oder nicht, wurde er kleinmütig, weil die Gelegenheit nicht günstig schien. Doch später hatte es keinen Sinn, wäre alles hinfällig. Plötzlich meldete sich Miron zu Wort.

„Boris Georgijewitsch, Antipow hat eine Bitte an Sie", sagte er im Ton eines Petzers und zeigte mit dem Finger auf Antipow. „Er geniert sich bloß. Sehen Sie, wie rot er geworden ist? Dostojewski hätte geschrieben: Er ist krebsrot geworden ..."

Kijanow blickte Antipow flüchtig, ohne besonderes Interesse an. Der stand, über Mirons neuerlichen Verrat verdattert, wie versteinert da.

„Was denn für eine Bitte, Antipow?"

„Ihm hat es die Sprache verschlagen. Ich werde es Ihnen erklären: Er hat eine neue Erzählung, die sehr ordentlich ist. Bei einer Zeitung hat man ihm Versprechungen gemacht, aber er ist ein Trottel und nicht geschäftstüchtig, und von allein kommt seine Erzählung nicht durch. Wenn Sie mit ein paar Zeilen oder einem Anruf nachhelfen könnten ..."

„Wen soll ich anrufen?"

Alle aus dem Seminar standen ringsum und hörten stocksteif zu. Sie waren neugierig, wie die Unterhaltung enden würde. Eine größere Prüfung hätte man sich nicht denken können. Antipow starrte zu Boden.

„‚Molodoi Moskwitsch' heißt die Zeitung. Weiß Gott, nichts Besonderes. Die haben eine Literaturseite ...", schwadronierte Miron, als wäre nichts dabei. „Und der Abteilungsleiter heißt Roitek ..."

„Roitek?" fragte Kijanow, und seine Hand, die den Hut hielt, hob sich langsam. Er setzte den Hut auf und sagte: „Den rufe ich nicht an."

Er grüßte und ging zur Tür, wie immer gefolgt von Ellotschka und Tolja, die ihn bis zur Bronnaja begleiteten. Miron legte den Arm um Antipows Schultern, aber der schüttelte ihn heftig ab. Raschen Schrittes, ohne sich umzusehen, mit seinen Arbeitsschuhen aufstampfend, lief Antipow den Korridor entlang. Miron rief ihm etwas hinterher. Antipow schwor in Gedanken: Mit dem ist ein für allemal Schluß! Als er – wütend, erniedrigt und beschämt, niemanden sehend – am Büro vorüberkam, ertönte Susannas herrischer Ruf:

„Antipow! Kommen Sie mal zu mir!"

Er trat in die offenstehende Tür. Susanna blickte ihn lächelnd an und schüttelte vorwurfsvoll den Kopf. Mit einer Gebärde hieß sie Antipow gegenüber Platz nehmen. Hinter dem großen Schreibtisch wirkte sie besser proportioniert und größer, richtig majestätisch, besonders der schlanke Hals: wie auf Briefmarken mit dem Bildnis einer Königin. Antipow stierte auf ihren schönen Hals und hörte sie flüstern:

„Davon hätten Sie nicht anfangen sollen. Mit Roitek spreche ich. Zwischen den beiden ist das kompliziert. Sie hätten sich erst beraten sollen ... Aber ich muß mit Ihnen etwas anderes besprechen. Nur nicht hier. Können Sie zu mir nach Hause kommen?"

„Ja", sagte Antipow.

„Morgen? Kommen Sie morgen. Ich bin den ganzen Tag zu Hause. Nach den Seminaren, abgemacht?" Sie schüttelte Antipow kräftig die Hand. Etwas an ihrem Verhalten war so ermutigend und kameradschaftlich, daß Antipow sich beruhigte und, vor sich hin pfeifend, in die Garderobe ging.

Tante Margarita wurde krank, eine entfernte Verwandte kam, um sie zu pflegen, und Antipow mußte zur Mutter zurück. Irgendwo würde er schon übernachten. Und sei es in der Küche. Zu Miron würde er um keinen Preis gehen! Zu Hause war es behaglich, friedlich, herrlich, Pfannkuchen wurden gebacken, es herrschte ein wundervoller festlicher Geruch, Öl brutzelte, es roch wie vor dem Krieg, als es noch keine Lebensmittelkarten gab, und die Mutter und die Schwester unterhielten sich laut und lachten, denn Faina war mit ihrer Tochter für eine Woche zu einem Bruder der Mutter gefahren, und die Nachbarin Okolelowa befand sich auf Dienstreise. Die Wohnung gehörte also den Antipows, bis auf das Zimmer von Valeri. Der war zu Hause. In der Küche bügelte er Hosen. Er lief in gestreifter Pyjamahose und Unterhemd barfuß in der Wohnung herum. Die Mutter bemühte sich, ihn nicht anzublicken und ihm nicht zu begegnen, die Schwester dagegen bedachte ihn mit verächtlichen Blicken. Doch die beiden wußten nichts. Er hatte ihnen nichts erzählt.

„Schurka, ich bleibe bis morgen abend weg, also nehmen Sie den Schlüssel", sagte Valeri plötzlich ganz friedfertig, als wäre nichts gewesen. „Bitte, Sie können bei mir übernachten. Aber nehmen Sie frische Wäsche ..."

Antipow schaute ihn überrascht an. Das vertrocknete kleine, runde Gesicht mit dem kurzgeschnittenen grauen Haar trug noch die Spur einer nächtlichen Rauferei: ein sorgfältig eingepudertes Veilchen unter einem Auge.

„Haben Sie mir verziehen?" fragte Antipow.

„Schurka, Sie wissen doch: Ich kann Ihnen nicht böse sein." Und nach kurzem Schweigen: „Nicht lange ..."

Er reichte ihm den Schlüssel. Antipow schüttelte den Kopf. In Valeris starr blickenden Augen erkaltete der dunkle hündische Ausdruck der Bereitschaft zu allem.

„Sie haben mir nicht verziehen?" fragte er leise.

„Nein ...", murmelte Antipow.

„Schade. Ich bin gutmütiger als Sie. Na, wie Sie wollen! Also brauchen Sie ihn nicht?" Er schwenkte den Schlüssel am Band. „Wissen Sie, was mich wundert? Sie wollen Schriftsteller werden, sind aber völlig unfähig, sich in die Seele eines anderen hineinzuversetzen."

Anderntags lief Antipow gleich von der Mensa, die sich nebenan auf dem Boulevard befand, zu Susanna. Sie wohnte zwei Häuser weiter, zu Timirjasew hin. Er lief, von geheimer Verwirrung erfaßt, denn Susanna hatte ihn natürlich nicht von ungefähr hinbestellt. Es steckte eine Absicht dahinter. Ihn verfolgte die Erinnerung an den Alptraum, den er bei Miron gehabt hatte: daß Susanna, die sich in Valeri verwandelt hatte, das scheußliche

„Es ist warm und hell, und die Fliegen tun einem nichts" flüsterte. Die Erinnerung verschwand nicht, sie veränderte sich allmählich, wurde von einer Scheußlichkeit zu etwas angenehm Aufreizendem – mitten am Tag tauchten plötzlich Einzelheiten auf, Susannas nackter Arm, die runde, mächtige Figur, der Hals wie auf einer Briefmarke. Und als in dem Tagtraum, im Gedächtnis oder in der Phantasie, Bilder aufkamen, verwirrte sich alles ungeheuerlich, und er hätte selbst nicht sagen können, wem er den Ellbogen in den Bauch gestoßen, wen er unter den Tisch gescheucht hatte, Susanna oder Valeri. Alles wurde von Gedanken an Natascha beherrscht. Das aber war etwas anderes.

Antipow lief den eisglatten Boulevard entlang und dachte: Wenn Susanna ihm ihren schönen Hals böte, aber nicht Natascha forderte, wäre er bereit. Je näher das Haus mit dem Eingang aus geschliffenem Glas rückte, desto mehr wurde er von Angst erfaßt. Und als er Susanna in einem kurzen Kittel sah, mit weit entblößter Brust, kräftigen Schenkeln, flaschendicken Waden und barfuß – wie Valeri! –, da bekam er schreckliches Herzklopfen. Susanna hatte einen feuchten Wischlappen in der Hand. Sie war beim Saubermachen, wischte Staub auf den Möbeln und Bücherregalen. Antipow saß auf der Sofakante, blickte bald aus dem Fenster, bald auf die Bücher, bald auf die lebhaften Kittelfalten, die die mächtigen Rundungen umspannten, und dachte: Sie hat mit Roitek gesprochen, die Erzählung wird gedruckt, nur bearbeiten und kürzen muß ich sie noch.

Susanna setzte sich aufs Sofa, legte den Wischlappen auf die Knie. Eine grauhaarige Frau, mit einer Zigarette im Mund und durchdringend blikkenden schwarzen Augen, trat ein und sagte: „Susanna, vergiß nicht, daß Besuch kommt". Susanna nickte, und als die Frau hinausgegangen war, teilte sie flüsternd mit, es sei ein unangenehmer Brief gekommen. An den Direktor. Von einem gewissen Valeri Selimanow, einem Wohnungsnachbarn. Er informierte ihn darüber, daß Antipow eine feindliche Einstellung habe, unzulässige Bücher lese, zum Beispiel von dem Emigranten Bunin, daß seine Mutter aus der Haft zurückgekehrt sei und ohne Aufenthaltsgenehmigung in Moskau lebe. Stimme das, oder sei es eine Verleumdung? Antipow sagte: Es stimme.

„Warum haben Sie das von Ihrer Mutter nicht angegeben?“ flüsterte Susanna entsetzt.

„Weil man mich dann ...“, flüsterte Antipow zurück. Er stockte. „Sie wissen doch selber, warum.“

„Schurka, mein Lieber, was machen wir jetzt? Den Brief weitergeben geht nicht. Man würde Sie auf der Stelle rausschmeißen. Gut, daß er in meine Hände und nicht zu Lena gelangt ist. Ich verheimliche ihn, vielleicht geht dann alles vorüber. Ja? Ich bringe ihn um die Ecke, zerreiße ihn, ja?“

Sie blickte ihn voll erschrockener und gieriger Aufmerksamkeit an, als hänge alles von seiner Antwort ab. Doch Antipow wußte nicht, wie er sich verhalten sollte. Sicherlich wäre zerreißen das beste. Er sah unter dem Ausschnitt des Kittels das Weiße, Volle, Üppige, Alterslose wogen, das Susanna zu verhüllen vergessen hatte, doch er bemerkte nicht und begriff nicht, was er sah. Seine Gedanken eilten nach Hause. „Es ist warm und hell, und die Fliegen tun einem nichts“, hatte der gesagt, und dadurch war etwas geschehen, was nicht wiedergutzumachen war. Denn Fliegen tun einem was, manchmal töten sie. Zum Beispiel Tsetsefliegen.

„Was ist dieser Selimanow?“

„Nichts weiter. Der macht irgendwo irgendwas. Ich habe ihn neulich geschlagen. Jetzt werde ich ihm eine ordentliche Tracht Prügel verpassen.“

„Nein! Sind Sie verrückt geworden! Sie würden mich und sich selbst ins Verderben stürzen. Auf gar keinen Fall! Für mich ist es schrecklich riskant ..."

„Und weshalb haben Sie es mir erzählt?"

„Damit Sie Bescheid wissen. Man muß Bescheid wissen. Ich werde es zu verheimlichen versuchen, aber ein besonders gehässiger Mensch will Ergebnisse sehen und schreibt noch einmal. Was ist das für ein Lump – besonders gehässig oder nur so mittelmäßig?"

Antipow erinnerte sich an den trübsinnigen hündischen Ausdruck in Valeris Augen und sagte:

„Mittelmäßig."

Als Susanna ihn zur Tür brachte, schluchzte sie plötzlich auf und lehnte ihre Stirn an Antipows Schulter, flüsterte: „Mein Gott, wie tun Sie mir leid!" Und laut, mit der gewohnten herrischen Stimme, mit der sie im Büro sprach: „Aber rufen Sie sofort Roman Roitek in der Redaktion an. Es sind Korrekturen notwendig! Viel Erfolg!"

Antipow trat hinaus, überquerte den Boulevard, stieg in die Straßenbahn, die in Richtung Tschistyje Prudy fuhr, ohne recht zu wissen, ja vergessend, wohin er wollte. Er hatte die Straßenbahn bestiegen, um irgendwohin zu fahren. Und so begab er sich aufs Geratewohl in den zweiten Stock des lauten, schmutzigen alten Gebäudes, das unlängst sein Zittern hervorgerufen hatte, und ging gedankenlos die Korridore entlang, ohne nach den Seiten zu blicken. Er kam an eine wie im Krankenhaus weiß lackierte, leichte Tür in einer halbverglasten Zwischenwand am Ende des Korridors. Roitek hatte struppiges, ergrautes rotblondes Haar, war aber jung und rotbäckig, er reckte die spitze Nase in die Höhe, fixierte sein Gegenüber durch die Brille, sprach schnell, hielt die Pfeife schief im Mundwinkel, was dem Gesicht ein verwegenes, ein wenig cowboyhaftes Aussehen gab. Nicht im mindesten über Antipows Erscheinen verwundert und ohne ein Wort zur Begrüßung zu sagen, sogar ohne ihm Platz anzubieten – was natürlich nicht ein Zeichen von Unhöflichkeit oder Mißachtung war, sondern nur von der enormen, *bei einer Zeitung üblichen* Hektik zeugte, an die sich der junge Literat, ohne zu murren, gewöhnen mußte –, zählte Roitek sofort kategorische Forderungen auf: um die Hälfte kürzen, Beschreibung des Flusses streichen, den Tod der Eltern streichen, die Abreise zu einer Baustelle einfügen und aus dem Schwimmen einen Abschied machen. Wenn das binnen zwei Tagen fertig sei, komme es im März auf die Literaturseite. Antipow begriff, Widerspruch war zwecklos, er hätte „Zu Befehl!" sagen und Hals über Kopf losstürzen müssen, um die Korrekturen vorzunehmen. Doch wie konnte man eine Erzählung *über gar nichts* kürzen und umändern? Außerdem war Antipow niemals zu einer Baustelle gefahren und wußte nicht, wie sich so etwas abspielt.

„Was für einen Abschied meinen Sie?" fragte Antipow. „Daß der Held von seinem Mädchen Abschied nimmt?"

„Das wohl nicht. Sollen sie ruhig beide fahren. Machen Sie's so: Die beiden fahren auf eine Baustelle. Es ist der Abschied von zu Hause."

Antipow knüllte entgeistert sein Manuskript, rollte es zusammen, rollte es wieder auf, außerstande, wegzugehen oder etwas Entschiedenes zu sagen. Schließlich murmelte er:

„Ich finde, das bedeutet, die Erzählung zu vernichten ..."

„Wieso denn?" fragte Roitek, nahm die Pfeife aus dem Mundwinkel, hielt aber den Mund wie zuvor schief, blies Antipow den Qualm ins Gesicht.

„Roman Viktorowitsch, es gibt Sachen, die kann man nicht machen ..." Antipow stand immer noch da, obwohl er hätte weggehen müssen. Roitek hüllte ihn wieder in eine Qualmwolke. Antipow dachte: Er will mich hinausräuchern. Balzac hat gesagt: In der Kunst ist Ausdauer die Hauptsache. Eine Ausdauer, von der der Plebs nichts ahnt. Dumpf, doch mit überraschender Hartnäckigkeit, sagte Antipow:

„Verstehen Sie, Roman Viktorowitsch, das ist eine Erzählung *über gar nichts.* Entweder sie wird akzeptiert oder nicht. Man kann nicht alles umändern."

„Unsinn! Alles kann man umändern. Merken Sie sich, junger Mann: Alles Echte kann man umändern, und was sich nicht umändern läßt, ist faules, dummes Zeug. Nur das Faule verträgt es nicht und fällt auseinander. Material, das etwas taugt, läßt sich immer umwenden."

Antipow überlegte, sagte dann:

„Nein. Ich bin anderer Meinung."

„Sie sind im Seminar von Boris Kijanow, nicht wahr? Der soll Ihnen mal erzählen, wievielmal er seinen Roman ‚Der Stern Wermut' umgeschrieben hat. Die erste Variante war etwas ganz anderes. Übrigens richten Sie ihm einen schönen Gruß aus!"

„Mache ich. Auf Wiedersehen."

„Warten Sie mal! Hätten Sie nicht etwas anderes?"

Antipow antwortete bissig:

„Ich fürchte, für Ihre Zeitung habe ich nichts Passendes. Das heißt, ich hätte ein paar kleine humoristische Erzählungen. Die habe ich im ersten Studienjahr geschrieben."

„Humor? Her damit! Humor brauchen wir immer!"

Roitek klopfte Antipow ermunternd auf die Schulter und schob ihn gleichzeitig sanft zur Tür.

Als Antipow nach Hause kam, wühlte er alle

Schubladen des Schreibtischs durch – im gemeinsamen Zimmer stand in der Ecke ein kleiner Schreibtisch, der jetzt selten der Sowjetliteratur diente, denn immer war jemand im Zimmer, ernsthaft zu arbeiten war natürlich unmöglich –, doch von den kleinen Erzählungen fand sich keine einzige. Anscheinend hatte er sie vor einem Jahr samt dem übrigen Murks verbrannt. Zufällig hatte die Schwester ein Exemplar der Erzählung „Kolyschkin, der glückliche Pechvogel" aufbewahrt, über ein Studententhema, und Antipow brachte die fünf vergilbten Blätter in das Haus an den Tschistyje Prudy. Er hoffte, Roitek würde sie sofort überfliegen: es waren ja bloß fünf Seiten! Doch Roitek hatte keinen Moment Zeit. Er nickte und steckte die Blätter in den Schreibtisch.

Langsam, schwerfällig ging Antipow nach Hause. Vor Nebel und Feuchtigkeit konnte er kaum atmen. Von den schwärzlichen Schneewehen stieg Dunst auf, die Luft war feucht und stikkig. Das Fieberthermometer zeigte achtunddreißigfünf.

Er war eine Woche krank. In den ersten drei Tagen schüttelte es ihn so schlimm, daß er zeitweise das Bewußtsein verlor, dann wurde es besser – doch zugleich schlimmer, weil ihm Gedanken zusetzten. Sie drehten sich um nichts Gutes. Kaum war der Verstand wieder klar und das Gedächtnis intakt, kehrte all das zurück, was in den Stunden der Ohnmacht verflogen war: die hoffnungslosen Rendezvous mit Natascha, dreimal hatten sie sich getroffen, ohne daß etwas dabei herauskam, Susannas Mitteilung, die Angst um die Mutter, der Mißerfolg mit der Erzählung. Die Gedanken waren qualvoll, weil er nicht die Kraft hatte, ausgiebig und in allen Einzelheiten nachzudenken, und alles zusammengenommen und in eins verschmolzen drückte wie eine eherne Platte, unter der ihm weder Pulverchen oder Hagebuttentee noch das kostbare neue Penizillin, das Tante Margarita mit ungeheurer Mühe über Bekannte beschafft hatte, hervorhalfen. Zu einem schweren Klumpen hatte sich alles zusammengeballt – er war ein Pechvogel, die Frauen mögen solche nicht, die Mutter mußte unverzüglich irgendwohin fahren, deshalb war der schnurrbärtige Borja im Matrosenhemd ebenso widerwärtig wie Roitek, wie Valeri, der einen abscheulichen Verrat begangen hatte, für den Miron einen Fußtritt bekam, er schwieg, denn er wußte, wofür, das war schlecht, man durfte niemandem einen Fußtritt geben, es war eine unverbesserliche Dummheit, Miron konnte einen guten Rat erteilen, und er mochte Antipow, wie ihn wenige mochten, jetzt aber war er für immer verschwunden, wenn er nicht ihre Hände festhielte und sie an sich preßte, würde sie ihn von selbst küssen, wie damals beim ersten Mal in der Leniwka-Straße, doch er verdarb alles, vernichtete alles, sie fürchtete Borja, jetzt war alles aus, er hatte sich abgequält und anderthalb Stunden auf der Straße gewartet, und dann sagte sie noch: „Ich mag Tschechow nicht, ich finde ihn langweilig ..."

Als Antipow einmal aus seinen Fieberträumen auftauchte, sah er einen Mann gebückt vor seinem Bett knien, dessen gelber flacher Kopf wackelte. Es war Valeri. Er murmelte etwas Unverständliches, und Antipow richtete sich ein wenig auf, winkte mit schwacher Hand, um ihn wegzuscheuchen. Valeri haschte nach Antipows Hand – mit den Lippen, deshalb war sein Mund geöffnet, deshalb huschte er mit dem Kopf bald hierhin, bald dahin, wie ein Hund. „Schlagen Sie mich, Schurka, prügeln Sie mich ... Ich bin ein nichtswürdiger Schuft gegen Sie ... Schlagen Sie mich! Schlagen Sie mich!" Valeris Kopf huschte hin und her. Antipow wollte ihn fragen, wieso er hier aufgetaucht sei, im dunklen leeren Zimmer, abends, während alle weggegangen waren. Valeri versuchte es zu erklären, seine Lippen zuckten, die Zähne klapperten, indes er Unsinn stammelte. „Ich bin nicht besser ... bin genauso ... Mein Vater besaß ein Gestüt ... Ich weiß alles ... Warum bin ich ein Schuft?" Plötzlich schluchzte er auf, begann zu weinen, beugte den Kopf noch tiefer, fast bis zum Fußboden. Er tat Antipow leid. Doch es war wie im Traum: man konnte weder sprechen noch etwas tun. Vielleicht war es auch ein Traum. „Das kommt alles davon, Schurka ... Sie wissen es ja ... Verzeih mir, Schurka! Schlag mich! Verzeih mir!" Und wieder haschte sein Mund nach Antipows Hand. Er verschwand.

Als Antipow wieder zu sich kam, war niemand da außer der Mutter am Tisch, die mit dem Finger über das Wachstuch fuhr und Graupen auslas. So begriff er nicht: War Valeri hiergewesen, oder hatte er das nur geträumt? Ein andermal wachte er auf und sah Miron am Bett sitzen.

„Na, wie steht's, du Nichtsnutz?" Er klopfte Antipow mit törichter Kraft auf die Schulter. „Bald wieder auf den Beinen?"

„Wo kommst du denn her?" fragte Antipow erschrocken.

„Ich wollte mal nach dir sehen. Ums Maul bist du schmaler geworden, aber das macht nichts. Wirst es überstehen. Übrigens ...", er senkte seine Stimme, „man fahndet nach dir."

„Wer?"

„Eine gewisse Person. Aus einer gewissen Institution. Aus einem Institut, meine ich. Victoire hat sich nach dir erkundigt – wo du steckst und was mit dir los ist. Ich habe es ihm kurz erklärt."

„Na und?"

„Nichts weiter. Man hatte ihn gebeten, mal nachzuforschen, weil man über dein Verschwinden verwundert war."

„Aber ..." Antipow schloß die Augen. Eine leichte Hitze überkam ihn. Er schwieg eine Weile, sagte: „Sie hat gesagt, sie mag Tschechow nicht."

„Das ist schlecht. Das gehört sich nicht."

„Ja. Ich bin verstimmt. Mir hat das gar nicht gefallen." Antipow lag mit geschlossenen Augen. Er war froh, daß Miron gekommen war.

Der Klub befand sich am Stadtrand, jenseits der Teiche von Krasnaja Presnja, man mußte mit der Straßenbahn fahren, dann durch schwarze nächtliche Gassen irren, vorbei an Zäunen und Lagerhäusern in der Flußsenke. Alles Wasser, alle ausgepreßten Schneewehen und aller geschmolzene Schnee flossen hier zusammen. Antipow sprang über Pfützen, trat knöcheltief in Wasser, fluchte, freute sich, merkte gar nichts und dachte daran, wie Natascha staunen würde. Sie hatte gesagt, den Klub zu finden sei unmöglich, da müsse man Spuren lesen können und außerdem in Krasnaja Presnja geboren sein. Doch er hatte ihr die Adresse entlockt. Es war ein großer, ziemlich leerer Saal, die Leute saßen nicht in den vorderen, sondern in den hinteren Reihen, unterhielten sich, riefen einander zu, knarrten mit den Sitzen, immer wieder klappten die Türen, im Saal spielte sich dieses ab und auf der Bühne jenes. Wieder hob der schnurrbärtige Recke im Matrosenhemd die Hantel, wieder schneuzte er sich, riß sich das Herz heraus, warf es von einer Hand in die andere wie ein glühendes Stück Kohle, wieder tanzte die Schlanke im schwarzen Trikot und mit den schwarzen Augen im safranfarbenen, apfelbäckigen Gesicht, spielte mit dem unsichtbaren Herzen ... „Du bist gekommen?" Lächelnd blickten ihn die schönen großen geschminkten Augen an. „Prima! Ich freue mich."

„Bringen Sie Natascha nach Hause?“ fragte Borja.

Antipow nickte eilig. „Natürlich bringe ich sie nach Hause!“

„Dann verschwinde ich.“

Und wirklich, er verschwand mitten auf der Straße, war wie weggezaubert. Allerdings gab es hier keine einzige Laterne. Die Häuser mit den erloschenen Fenstern verschwanden ebenfalls. Aus dem Regendunkel kroch träge eine ratternde Straßenbahn. Natascha saß ihm gegenüber, sie lächelte nicht mehr, seit Borja verschwunden war. Die Straßenbahnfahrt dauerte lange, Natascha erzählte von ihrer Hochschule, von einer Freundin, die in einem Film mitgespielt habe und jetzt zum Theater wechseln solle, erzählte, wie begabt Borja sei und daß sie nur den einen Wunsch habe, in Moskau zu leben. Egal wie. Nicht mal unbedingt als Schauspielerin. Unversehens erreichten sie das Zentrum, es stiegen mehr Leute zu, eine ältere Frau schob sich zwischen Antipow und Natascha, sich zu unterhalten war unmöglich, Antipow überließ der Frau den Platz und stellte sich vor Natascha, um sie vor dem Gedrängel der Leute zu schützen. Das war ihm angenehm. Er betrachtete ihren dunkelgrünen Hut mit der hochgezogenen Krempe und der Vertiefung in der Mitte, den schmalen schwarzen Pelzkragen, die schlanken, ganz kindlichen Hände, die müde auf den Knien ruhten, ohne Handschuhe, und ein unbekanntes Gefühl erfaßte ihn, wie der erste Rausch im Leben.

Im Hof des Hauses in der Leniwka-Straße wollte er Natascha umarmen wie damals, doch sie entzog sich ihm, trat in die Haustür, er folgte ihr mutig, und dort im Dunkeln unter der Treppe faßte er sie kräftig um die Schultern und küßte sie wortlos. Sie stand unbewegt. Aber sie versuchte auch nicht, sich loszureißen. Da begriff er, daß es ihr gefiel, behutsam legte sie ihm eine Hand auf die Schulter, umhalste ihn, küßte erst schüchtern, dann heißer, geschickter, ungestümer, dann mit solch einer Leidenschaft, daß es ihn verblüffte, ohne daß er sich etwas anmerken ließ. Er hatte von solchen Küssen nichts geahnt. Er hatte geglaubt, alle küßten gleich, da könne man nichts Neues erfinden. Aber das, was sie mit den Lippen und mit der Zunge machte, war ungewöhnlich. Antipow hatte noch nichts Annäherndes erlebt. Sie standen vielleicht eine halbe Stunde unter der Treppe, sprachen nicht, küßten sich nur. Antipow spürte, wie seine Lippen schwollen. Schließlich flüsterte Natascha: „Mach's gut ..." und lief die Treppe hinauf. Oben blieb sie stehen, fragte: „Kommst du morgen? Nach den Seminaren?"

„Ja."

„Kannst du mir ein bißchen helfen?"

„Kann ich." Er konnte alles.

Es mußte ein Klavier aus der Wohnung einer kürzlich gestorbenen Verwandten von Borja in die Leniwka-Straße geholt werden. Antipow hatte Miron Bescheid gesagt, und Borja brachte einen hochaufgeschossenen Freund namens Ljowa mit. Antipow wollte, daß Miron mit seinem Kennerblick sich Natascha und den schnurrbärtigen Borja ansähe und sagte, was das alles zu bedeuten habe. Konnte man leidenschaftlich küssen und zugleich einen anderen lieben? Die ungewöhnlichen Küsse unter der Treppe hatten Antipow die ganze Nacht nicht schlafen lassen. Miron fragte sachlich, wie sich ein Doktor nach den Symptomen einer Krankheit erkundigt, ob sie ihn nach Hause eingeladen, ob er selber Vorstöße unternommen habe, um das unter der Treppe Erreichte fortzuführen, und was Borja gesagt habe, als sie sich verabschiedeten. Antipow antwortete nach bestem Gewissen. Er wußte, je genauer die Antworten, desto treffender die Diagnose. „Küsse beliebiger Güte haben an sich gar nichts zu bedeuten", erklärte Miron. Antipow war betreten. Ihm schien, *solche* Küsse hätten etwas zu bedeuten. „Sehr wenig. So gut wie gar nichts. Für sie ist das Routinesache." Wie argwöhnisch Antipow auch war, wie sehr er auch an Mirons Neigung zu Neid und seine Vorliebe für kleine Hinterlistigkeiten dachte, er spürte doch voller Verdrossenheit, daß der verfluchte Herzensbrecher recht hatte. Diese Woge würde ihn nirgends hintragen. Die gestrigen Leidenschaften würden unter der Treppe sterben. Wie ein Schicksalsspruch hatte das geklungen: „Bringen Sie Natascha nach Hause?" Und dann war er seelenruhig verschwunden. Aber was sie mit ihren Lippen und mit ihrer Zunge gemacht hatte …

Keine Spur davon in ihrer Stimme, ihren Blikken, ihrem blassen, gelblichen, zarten, eiskalten Gesicht mit den farblosen Lippen – Herrgott, war das wirklich gewesen? Im Morgenrock auf dem Treppenpodest stehend, vor Kälte zitternd, flüsterte sie aufgeregt:

„Jungs, ich will euch warnen … Aber Borja darf es nicht wissen. Laßt ihn keinen Streit anfangen, er ist schrecklich hitzig, fängt an und schlägt sie zusammen … Und wenn sie mit den Fäusten nicht gegen ihn ankommen, erledigen sie ihn mit dem Messer …"

Borja kam mit einem Lastwagen. Er war finster, trug eine schmutzige Wattejacke und Stiefel wie ein Arbeiter. Borja stieg in die Fahrerkabine, die drei anderen kletterten über die Bordwand auf die Ladefläche. Antipow begriff noch gar nichts. Auf dem Lastwagen erklärte der lange Ljowa: Die Großmutter von Borjas Frau sei gestorben, sie sei sehr krank gewesen und arm, obwohl sie früher mal in Reichtum gelebt hatte, ihr Mann sei in einer Gewerbegenossenschaft gewesen. Was, Borja habe eine Frau? Na klar, Matilda heiße das Aas. Die habe von ihrer Großmutter nichts wissen wollen, habe ihr keinen Apfel und keinen Rubel gegönnt, andere Verwandte habe die Alte nicht gehabt, tja, und so habe sie still ihre alten Tage verbracht. Dann sei Natascha, die gute Seele, gekommen, habe Mitleid mit ihr gehabt, sie öfter besucht, ohne zu spekulieren, einfach aus Mitleid. Sie sei ja so ein Mensch, der immer jemanden bemitleiden müsse. Er wisse das. Er habe sie ja mit Borja zusammengebracht. Das sei wieder mal so eine Blödheit von ihm gewesen. (Ljowa winkte ärgerlich ab und verstummte gedankenverloren. Sein graues, längliches, debiles Straßenjungengesicht mit dem wuchtigen Kinn und den kleinen, tiefliegenden schwarzen Augen schaukelte trostlos im Geschüttel des Lastwagens und in trüben Gedanken.) Die Alte habe sie natürlich liebgewonnen und ihr, als sie starb, einen Schrieb hinterlassen: allen Krimskrams kriege Matilda, das Aas, aber das Klavier sei für Natascha. Natascha könne nämlich Klavier spielen. Wenn ich spiele, habe Natascha gesagt, weint die Großmutter. Na, und ein Sparbuch habe man gefunden, dreiundvierzig Rubel, keiner wußte, wer das kriegen sollte, das habe Matilda, als nächste Erbin, bekommen, aber dann seien noch entfernte Verwandte aufgekreuzt, von denen keiner gewußt hatte. Wenn es galt, die Alte umzudrehen, ihr das Bettzeug zu wechseln, ihr eine Kohlsuppe zu kochen oder auf dem Kasten zu klimpern, war keiner da, aber jetzt seien sie wie Köter angeprescht, hätten das ganze Zimmer umgewühlt und nach Geld gesucht. Die Matratzen hätten sie aufgeschlitzt, das Parkett aufgerissen, diese Idioten. Jemand habe gequatscht, die Alte sei reich. Kann doch nicht sein, hätten sie gesagt, daß da nichts geklaut ist. Keine Ahnung, was mal da gewesen sei, jetzt jedenfalls sei nichts mehr da! Nun hätten sie verlangt, das Klavier solle verkauft und das Geld geteilt werden. Der Schrieb, hätten sie gesagt, gelte nicht, weil die Alte im letzten Jahr nicht mehr ganz richtig im Kopf gewesen sei. Natascha, die habe ja drauf pfeifen wollen, sie habe die Alte von Herzen bemitleidet und wolle nichts haben, aber Borja habe gesagt: Nein! Er werde es ihr verschaffen. Den Klimperkasten werde er denen nicht überlassen. Mochten sie doch vor Gericht gehen, vorerst solle das Ding bei Natascha stehen, wie die Verstorbene es sich gewünscht habe.

„Und jetzt fahren wir und holen das Erbteil", schloß Ljowa, streckte das ungeheure graue Kinn vor und spuckte über die Bordwand.

„Also brauchen wir Pieker und Steine? Wird's 'ne Keilerei geben?" fragte Miron.

„Ach was ...", sagte Ljowa. „Die rücken das raus. Mit Borja legt sich keiner an."

Sie kamen an einem Markt vorbei, Leute drängten sich in den Toren, alte Frauen mit roten und grünen künstlichen Blumen huschten vorüber, die Straße war nun so holprig wie im Dorf, zu beiden Seiten Bäume, auf den Gehwegen unter den Bäumen überall Frauen und Kinder mit Blumensträußen, in der Nähe war ein Friedhof, und dann bogen sie in eine noch ländlichere Gasse ein und rollten langsam auf den Hof eines einstöckigen Hauses. Kläffend stürzte ein Hund auf das Auto zu. Eine Frau – sie war ohne Kopftuch, hatte einen schwarzen Mantel umgehängt, ihre bloßen Füße steckten in Gummischuhen – stand mit einem Mülleimer in der Tür. Sie sah den Lastwagen und den aus dem Fahrerhäuschen steigenden Borja an und sagte feindselig:

„Keiner da."

„Ich habe den Schlüssel", sagte Borja schroff.

Die Frau schüttelte den Kopf, als sie die Männer von der Ladefläche springen sah. Sie gingen ins obere Stockwerk. Ljowa hatte Tragegurte mit. Antipow hatte solche in der Fabrik gesehen und selbst damit Werkbänke geschleppt. Er wollte, besonders in Borjas Augen, als kerniger, hartgesottener Bursche erscheinen. Deshalb eilte er, Borja auf den Fersen, zur Tat, während Ljowa und Miron hinterdrein gingen.

„Na, da hast du mich ja in was hineingezogen", knurrte Miron in Antipows Rücken, während sie die Treppe hinaufstiegen. „Was bin ich bloß für 'n Trottel? Hab ich das nötig? Hast du das nötig?"

Borja fummelte mit dem Schlüssel im Schloß herum.

„Machst du gern was für die Katz?" flüsterte Miron.

„Wieso für die Katz?"

„Das ist absolut für die Katz."

„Halt die Klappe ..."

Der Schlüssel paßte nicht. Borja fluchte leise.

„Die Schweine haben das Schloß ausgewechselt ... Na wartet!" Er trat zwei Schritte zurück, warf sich mit seinem gewaltigen Nashornkörper gegen die Tür, die krachend auseinanderfiel.

Im Eckzimmer roch es nach fauligem Wasser, Mottenpulver, Tod. Auf dem Fußboden lagen Papierkram, Bindfäden, Knöpfe, Fotos herum. Eine abgerissene rosa Papierblume. Vor dem Spiegel hing ein Tuch. Man hatte es abzunehmen vergessen. Hochkant stand eine aufgeschlitzte Matratze, aus der Watte heraushing. Nach dem Tod des Menschen hatten die Dinge ihr Leben ausgehaucht. Das Klavier, dessentwegen sie gekommen waren, war von der Wand abgerückt – man hatte dahinter alles abgesucht. Das Klavier sah armselig aus, grauschwarz vor Staub. Sie hoben es an, schleppten es weg. Antipow hatte als erster nach den Tragegurten gegriffen und ging voran, Borja hinterdrein, für Ljowa und Miron blieb nichts zu tun. Sie hielten sich bereit, auf der Treppe zu helfen.

„Ich bin kein Gauner ... Mich wurmt es wegen Natascha", krächzte Borja. „Was sie der Alten für Zeit geopfert hat, ihre und meine ... Dabei hat sie selber rein gar nichts ..."

„Eine Frau muß man versorgen", sagte Miron.

„Genau", pflichtete Borja bei. „Deshalb holen wir, was ihr zusteht. Damit es nicht verlorengeht."

Ein blonder Bursche in einer Wattejacke, die ebenso ölverschmiert war wie Borjas, sprach mit dem Fahrer. Neben ihnen stand ein alter Mann mit einem gefleckten schrägen Bart, und ein wenig entfernt lehnten Frauen an der Wand. Der Blonde blickte sich um und sagte:

„Wir schlagen dir die Makitra ein. Scheißartist."

„Hau ab", antwortete Borja.

Der Alte mit dem schrägen Bart schrie plötzlich gellend:

„So was von Willkür erlaube ich nicht!"

„Ruhe!" rief Miron und drohte dem Alten mit dem Finger. Der Fahrer stieg aus der Kabine, zu fünft hievten sie das Klavier über Bretter auf den LKW. Nasser Schnee fiel. Die Frauen riefen etwas. Miron und Ljowa riefen zurück. Antipow war nicht ganz klar, ob es gut war oder nicht, was er tat. Wozu war das nötig? Eines wußte er: Natascha hatte ihn um etwas gebeten, und er tat sein Möglichstes. Irgendwann war er mal im Wald immer weiter ins weglose Dickicht gegangen, durch Windbruch und Gestrüpp, alles ringsum war unbekannt gewesen, und er hatte nicht gewußt, was es sollte. Im Zimmer in der Leniwka-Straße weinte Natascha, umarmte Borja. Antipow und Miron betranken sich an Wodka. Ljowa schnauzte mit Borja herum, verlangte irgendwelche Bücher zurück, Borja sagte: „Laß mich in Ruhe, du Schizo!" An nichts anderes denkend als daran, daß Natascha ihn zum Abschied geküßt hatte, ging Antipow hinaus auf den Kohlenhof, setzte sich auf etwas Hölzernes, Nasses. Unerklärliche Müdigkeit drückte ihn nieder. Er wußte sich nicht zu retten vor dieser Müdigkeit. Ihm war, als könnte er sich die Müdigkeit vom Leib reißen und sie von sich werfen wie nasse Kleidung. Im dunklen Loch des Tores, das auf die Leniwka-Straße hinausführte, standen ein paar Männer, rauchten und unterhielten sich.

Antipow saß und fröstelte, versuchte das Nasse abzuschütteln und wartete, daß Miron, Ljowa und Borja in der Tür auftauchten, aber es zeigte sich niemand. Vor allem Miron sollte kommen. – Ihn mußte er fragen: Na, wie findest du sie? Was, zum Teufel, hast du für einen Eindruck? Und Antipow blieb beharrlich und geduldig sitzen. Nachdem er eine halbe Stunde gewartet hatte, ging er langsam durch das Tor auf die Straße, dort gefiel es ihm wegen der Beleuchtung. Ein Schaufenster strahlte hell. Hier konnte er noch eine Weile warten, also überquerte er die Straße, setzte sich auf der anderen Seite bequem auf etwas Eisernes. Er mußte unbedingt auf Miron warten. Leise glucksend floß Wasser zur Uferstraße hinab. Antipow sah einen Mann aus dem Tor kommen und ihm nach drei Männer, sie alle blieben vor dem Schaufenster stehen, so daß sie gut zu sehen waren. Der eine war einen Kopf größer als die anderen. Sie sprachen eine Weile miteinander, plötzlich ging ein Kleiner hinter dem Großen in die Hocke, der zweite stieß den Großen gegen die Brust, so daß er lang hinfiel. Und der dritte, der weiter hinten gestanden hatte, nahm Anlauf und trat dem Hingefallenen mit aller Kraft gegen den Kopf wie gegen einen Fußball. Die drei liefen weg, der Große blieb liegen. Leute, die aus dem Laden kamen, blieben bei ihm stehen, und bald hatte sich ein Menschenauflauf gebildet.

Antipow befand sich in dem Haus am Twerskoi-Boulevard, Miron und Ljowa waren auch da, sie lärmten, ereiferten und stritten sich, riefen im Krankenhaus an, konnten aber nichts über Borja erfahren. Miron fluchte am Telefon und schrie, er werde sich beschweren. Susanna erinnerte sich an einen Bekannten, der in dem Krankenhaus arbeitete, sie suchten die Nummer heraus, telefonierten mit ihm. Er arbeitete nicht mehr dort, nannte ihnen einen Doktor Maljutkin. Miron und Ljowa verschwanden. Miron hatte nichts weiter gesagt als ein rätselhaftes „Stichwort – abhauen!" Antipow und Susanna telefonierten allein weiter, mal war besetzt, mal meldete sich niemand, endlich antwortete man ihnen, Borjas Zustand sei lebensgefährlich. Natascha war dort, woher die Stimme antwortete, und Antipow glaubte sie weinen zu hören. In drei Stunden sollten sie wieder anrufen. Das hieß: um zwei Uhr nachts. Antipow kriegte den Schnürsenkel nicht auf, zerrte, bis er riß. Er knipste das Licht aus. Jemand klopfte an die Tür. Sie half ihm mit der Hand und sagte: „Herrlich! Herrlich!" Es war nicht so, wie er es sich vorgestellt hatte. Er war mächtig in Schweiß geraten, bekam ein Handtuch zum Abtrocknen. Er schämte sich seiner Magerkeit, seines eingefallenen Bauches. Genau um zwei knipste sie die Nachttischlampe mit dem rosa-orangenen Schirm an, tappte zum Tisch, um anzurufen. Ohne Brille sah er verschwommen, wie groß sie war, rosa-orangen, mit breitem Rücken, mit hohem Hals wie auf Briefmarken. Sie saß ihm halb zugewandt, hatte ein rosa-orangenes Bein über das andere gelegt und wippte damit. Sie bekam sofort Verbindung: Borjas Zustand war noch immer lebensgefährlich. Dann trat sie auf den Korridor, dort ging jemand, eine Tür knarrte, Antipow hörte Flüstern: „Hast du die Medizin genommen?" Susanna kam gleich zurück, sie rauchten, tranken kalten Tee und löschten das Licht.

Am frühen Morgen schlenderte er den windigen feuchten Boulevard entlang, plötzlich war es, als bekäme er einen Stoß, er blieb vor einem Zeitungsschaukasten stehen und sah: „Kolyschkin, der glückliche Pechvogel". Feuilleton von Alexander Antipow. Er las das Feuilleton Zeile für Zeile: Alles war so, wie er es geschrieben hatte. Er freute sich, aber nicht für lange. Als er nach Hause kam, legte er sich auf das Bett seiner Schwester und schlief bis zum Abend.

Kijanow sagte: Das ist noch keine Erzählung, sondern erst die Hülle einer Erzählung. Die Hülle muß mit Inhalt gefüllt werden, das heißt mit Motivierungen. Die Hauptsache fehlt: Warum wurde dem Mann eigentlich die Makitra eingeschlagen? Wie ist das Leben bei uns so geworden? Makitra ist übrigens ukrainisch und bezeichnet eine tiefe Schüssel. Alles hat Ursachen, zumeist unsichtbare. Aber Sie müssen die Kette sehen. Antipow dachte: Kann man jemand erklären, warum sie erschienen und warum sie verschwunden ist?

Jakimanka

I

Nachts entluden wir im Flußhafen einen Lastkahn mit Munition, im Morgengrauen fuhren wir zur Kaserne, saßen dicht gedrängt auf den Bänken längs der Bordwände des Lastwagens, einige rauchten Machorka, andere schliefen, alle waren erschöpft von der nächtlichen Arbeit. Auf halbem Weg, als wir durch die Bolschaja Kalushskaja kamen, sprang ich vom Lastwagen ab und lief zu den Pletnjows. Der Schnee schimmerte seltsam auf den Bürgersteigen, auf denen die Leute zum Stadtzentrum gingen. Trotz der frühen Stunde waren viele unterwegs. Quer über die Straße rammten Rotarmisten Schienen ein. Eine Kavallerieeinheit bewegte sich im Schritt zum Kalugaer Tor. Ich blieb stehen und schaute: es waren große Pferde mit mächtiger Kruppe, sie schritten würdevoll, auch die Gesichter der Reiter waren würdevoll, vom leichten Frost starr und gerötet, voll düsterer, drükkender Müdigkeit. Im gemächlichen Hufgetrappel, in den düsteren Gesichtern der Kavalleristen, die sich rhythmisch und weich im Sattel wiegten, lag die Zuversicht früherer schöner Zeiten. Ich schaute sie an und dachte: Was soll ich Olga Pletnjowa *jetzt* sagen? Wann ist alles verschwunden? Wann haben sich die Tage in Nebel gehüllt? Ist der Verrat vergessen? Natürlich hatte Olga Verrat begangen. Doch das war Ende Mai gewesen.

Und es war jetzt bedeutungslos. Alles war vergessen. Nein, nicht vergessen, aber bedeutungslos. Olgas Mutter hatte vorgestern angerufen und meiner Großmutter gesagt, sie sei verzweifelt, könne sich zu nichts entschließen. Man müsse wegfahren, doch Jelisaweta Gawrilowna mitzuschleppen sei unmöglich, sie könne sich fast gar nicht mehr bewegen, noch nicht wieder sprechen und mache sich durch Zeichen verständlich. Sie selber wolle ja auch gar nicht weg. Meine Großmutter war böse auf Olgas Mutter, sagte aber, Jelisaweta könne nichts für deren zweifelhaftes Verhalten – ich ahnte dumpf, was sie meinte, fragte aber nicht weiter, es war unangenehm, Schwamm drüber, ich verzieh ihnen –, und sie sagte, ich solle zu den Pletnjows laufen und ihnen notfalls helfen. Und als ich nun abgesprungen war, lief ich zu ihnen. Ich hatte zwei Stunden Zeit. Daran, was Ende Mai geschehen war, wollte ich nicht denken. Eigentlich hatte ich es vergessen. So ein belangloser Unsinn, so ein verworrener Kram! So etwas zu vergessen fiel gar nicht schwer. Die Großmutter war mit Jelisaweta seit der Verbannung in zaristischer Zeit befreundet, nannte sie Lassik und sagte, Lassik sei eine bewundernswerte Frau, sie habe in der Verbannung töpfern gelernt und mit Blumentöpfen gut verdient. Lassik war zweiundachtzig. Im vorigen Winter hatte ein Schlaganfall sie gelähmt. Die Großmutter hatte sie in der ersten Zeit häufig besucht und sie sehr bemitleidet, doch dann hatte ihr enthusiastisches Mitgefühl nachgelassen, und in den letzten anderthalb Monaten war sie überhaupt nicht mehr hingegangen. Einmal ließ sie darüber ein Wort fallen: „Die Pletnjows haben die Prüfungen nicht bestanden." Das stimmte vielleicht. Aber darüber wollte ich mir keine Gedanken machen.

Mit den Pletnjows zusammen wohnte eine Frau, die wie eine Eule aussah. Sie öffnete die Tür, blickte mich mit noch runderen, noch eulenartigeren Augen als sonst an und fragte:

„Hast du nichts gehört?“

„Wo?“ fragte ich.

„Im Radio? Eben?“

„Nein.“

„Sie haben gesagt, Genosse Pronin vom Moskauer Stadtsowjet wird sprechen. Ich weiß nicht mehr, warum und wieso, aber sie haben gesagt: Er wird sprechen. Hast du es nicht gehört?“

Die Frau stand in einem langen Morgenrock aus Barchent in der Tür, das graue Haar war zerzaust, sie preßte die verschränkten Arme an die Brust und knackte mit den Fingern, der Blick ihrer schwarzen Augen huschte in meinem Gesicht von einem Auge zum anderen.

„Du hast es nicht gehört?“ wiederholte sie.

„Nein“, sagte ich.

„Weißt du, ob die Zoohandlung am Arbat aufhat?“

Ich zuckte die Achseln.

„Vorgestern war sie geschlossen. Was meinst du, ob sie wieder geöffnet wird?“

„Wir sehen nichts von der Stadt“, sagte ich. „Wir sind entweder in der Kaserne oder haben irgendwo in Lagerhäusern Dienst.“

„Was machen wir bloß?“ schluchzte die Frau. „So eine Gemeinheit!“

Ich setzte mich im Korridor auf eine Truhe, denn die Beine knickten mir ein, und der Rücken tat weh. Jetzt erst spürte ich den Schmerz. Die Kisten waren sehr schwer gewesen. Nie zuvor hatte ich so schwere Kisten geschleppt, jede wog mindestens anderthalb Zentner. Wir nahmen immer zu zweit eine Kiste und stolperten über den Landgangsteg zur Uferstraße, für den Vordermann war es unbequem, für den Hintermann schwer. Ich ging meistens als Hintermann, denn ich hielt mich für stärker als die anderen. Es waren Jungen aus der achten Klasse dabei, jünger als ich. Irgendwie war ich ganz gelassen und begriff all die Hektik nicht. Ich sagte der Frau, sie solle keine Panik machen, man werde Moskau nicht aufgeben. Um nichts auf der Welt. Nur dürfe niemand Panik machen. Unser Kompanieführer Ussatschow, ein alter Feuerwehrmann, habe gesagt, Panik sei schlimmer als ein Brand. Einen Brand könne man löschen, gegen Panik sei *nichts zu machen.*

Die Frau sagte, sie sei in Panik wegen ihrer Fische. Sie habe ein Aquarium. Und sie wisse nicht, was tun. Sie könne doch nicht wegfahren und die Fische der Katze zum Fraß überlassen. Die Frau rannte weg mit dem schwachen Ausruf: „Gemeinheit!" Von den Pletnjows zeigte sich keiner, doch ich hörte aus den hinteren Zimmern die Stimme von Olga Anissimowna und Olgas schrille Stimme. Sie stritten sich. Ich saß immer noch auf der Truhe, da stürzte Olga aus dem Zimmer, rannte zur Wohnungstür und rief, als sie mich erblickte, ohne Verwunderung, grußlos:

„Ich laufe in den ersten Stock und gebe Kuska ab!" Sie drückte einen Kater an die Brust. Ihr helles, üppiges Haar schimmerte für einen Augenblick – plötzlich sah ich jene unerträgliche Nacht, in der ich bis zwei in der Veranda auf sie wartete; sie kam schweigsam, durchgefroren, fremd herein, legte sich hin und war sofort fest eingeschlafen, und ich quälte mich die ganze Nacht: Ist denn so was möglich? Macht man so was? Liegt das in der Ordnung der Dinge?

„Die Großmutter hat mir gesagt, ich soll mal herkommen", murmelte ich.

„Bin gleich zurück!" rief Olga von der Treppe.

Ich trat ins Zimmer, dort war alles zusammengerückt, die Sachen standen drunter und drüber, auf dem Sofa lag Geschirr, auf dem Tisch Wäsche. Olga Anissimowna warf Kleider aus dem Schrank, die sich auf dem Fußboden häuften. Ich grüßte und sagte, die Großmutter hätte mich zum Helfen hergeschickt: einpacken, wegtragen, rausnehmen, besorgen, aufladen, zerschlagen, von den Nachbarn holen und so weiter. Sicherlich war mein Ton idiotisch, denn Olga Anissimowna guckte erstaunt. Und sie sagte: „Danke, danke! Markuscha hat auch versprochen herzukommen, aber wir wissen selber nicht, was wir für Hilfe brauchen." Markuscha war Olgas Vetter. Ich mochte ihn nicht besonders. Er war ein Schreihals, dick und polterig, und hatte, was Bücher betraf, klebrige Pfoten. Das wußte ich genau. Olga hatte selber gesagt: Ein Buch, das er braucht, läßt er ohne weiteres mitgehen. Es war kalt und roch nach verbranntem Papier. Viel kälter als in unserer Wohnung, wo ich übrigens tagelang nicht gewesen war. Über uns trappelte und klopfte es, ich hörte laute Stimmen, die Decke bebte unter schweren Schlägen. Olga Anissimowna, die auf dem Kleiderhaufen saß, zitterte bei jedem Schlag.

„Mein Gott, gestern haben sie den ganzen Tag gehämmert und heute wieder ... Sie zerhacken oder zimmern was, Kisten vielleicht ..."

Oben knallte eine Tür zu. Getrappel auf der Treppe. Olga Anissimowna blickte zu ihrer Mutter, die am Fenster im Sessel saß, und Jelisaweta sah mich mit wässerigen, hervorquellenden Augen an. Über ihrer knöchernen gelben Stirn spannte die Haut so sehr, daß ihr Gesicht leblos wirkte.

„Mutter, Andrej ist gekommen, um uns zu helfen", sagte Olga Anissimowna. „Njuta hat angerufen, sie will auch helfen. Alle haben Mitgefühl mit uns und sind überzeugt, daß wir abreisen. Wollen wir uns reisefertig machen, Mutter? Wollen wir? Wir bleiben nicht lange, einen Monat oder anderthalb, vielleicht auch zwei, zu Neujahr sind wir zurück. Mutter?"

Das knöcherne Gesicht gab keine Antwort.

„Sie kann und kann sich nicht entscheiden“, erklärte Olga Anissimowna mit einem Kopfnicken zur Mutter wie zu einem Gegenstand. „Morgens schien sie einverstanden zu sein, doch jetzt will sie wieder nicht. Aber wir können sie doch nicht mit Gewalt mitnehmen, nicht wahr?“

„Natürlich nicht“, sagte ich.

„Ja, wenn man allein wäre“, sagte Olga Anissimowna, „ohne Greise und Kinder, ich würde, ohne zu überlegen, Schützengräben schaufeln gehen oder im Lazarett arbeiten, ich habe keine Angst. Ich würde um nichts auf der Welt von hier weggehen. Aber mit ihnen zusammen – da weiß ich mir keinen Rat. Der Transportzug geht morgen um zwölf ... Mutter!“ Olga Anissimowna kniete vor der Mutter hin und blickte ihr in die Augen. „Antworte mit den Augen, Mutter, wir müssen uns doch entscheiden: Willst du fahren oder nicht? Wenn ja, blinzele einmal, wenn nein, zweimal, wie immer.“

Die gelben Lider der alten Frau senkten sich einmal und noch einmal. Oben hämmerte es wieder auf dem Fußboden.

„Sie will nicht“, flüsterte Olga Anissimowna und barg das Gesicht in den Händen. Sie kniete mit gesenktem Kopf, als bete sie oder grübele in tiefer Verzweiflung, da klingelte das Telefon.

„Ja!“ rief Olga Anissimowna, die ungeduldig und gierig den Hörer abgenommen hatte, als erwartete sie die Mitteilung, daß der Krieg zu Ende sei. „Nein, nein! Guten Tag! Ja, ja! Danke, nicht nötig, erledige deine Sachen, wir haben soviel Freunde ...“ Dann folgte eine lange Pause, während der sich ihre Augen mehr und mehr rundeten, und sie blickte bald mich, bald ihre Mutter an. „Red keinen Unsinn! Ich denke, da setzt einer böswillig Gerüchte in Umlauf. Ich glaube das nicht.“

Sie legte den Hörer auf und sagte:

„Jetzt kann man sich jeden Blödsinn ausdenken – die Leute plappern ihn nach. Das war eine Bekannte. Sie will auch kommen und helfen. Aber sie hat zwei kleine Kinder."

Ich fragte, von welchem Blödsinn die Rede sei.

„Ach!" Olga Anissimowna winkte ab. „Dummes Zeug! Angeblich wird heute in der ganzen Stadt das Wasser abgestellt. Man soll sich einen Wasservorrat anlegen ..."

Im Korridor ertönten Stimmen, Olga trat ein, nach ihr, linkisch, sich verbeugend, ein bärtiger Mann, der ein etwa siebenjähriges Mädchen bei der Hand hielt. Das Mädchen winkte, sagte immerzu: „Auf Wiedersehen! Auf Wiedersehen!" Der Mann brummelte irgendwas, und Olga erzählte rasch und aufgeregt, sie habe Kuska abgegeben, ebenso die Schlüssel vom Küchentisch, und dann noch etwas von einem Schrank, von Schlüsseln. Sie sagte, die Wolkows führen weg, sie hätten einen riesigen Lastwagen gemietet, der den ganzen Hof verstelle. Der Mann quasselte weiter, strich sich den Bart und küßte Olga Anissimowna und Jelisaweta die Hand. Das Mädchen fing an zu weinen. Die Frau, die wie eine Eule aussah, schaute ins Zimmer und fragte, ob Olga Anissimowna nicht gute Leute kenne, bei denen sie das Aquarium mit den Fischen lassen könne. Olga Anissimowna gab ihr keine Antwort. Sie schob den Mann und das Mädchen hinaus in den Korridor, schloß hinter ihnen die Tür und sagte:

„Mutter will nicht fahren."

„Schon wieder?" fragte Olga verwundert.

„Ich hab sie eben gefragt."

„Vielleicht hast du sie nicht verstanden? Heute morgen hat sie doch klar geantwortet ..."

„Frag sie selbst. Ich weiß nicht, was wir machen sollen. Hast du gesehen, was aus dem Mann geworden ist?" Olga Anissimowna nickte hinter dem Bärtigen her. „Schauderhaft! Er sieht wie ein alter Mann aus, mit irren Augen. Nein, ich will mich nicht dem Wahnsinn überlassen!"

„Wir müssen in der Wosdwishenka anrufen."

„Die wollten sie ja aufnehmen, aber wir waren nicht einverstanden, und jetzt ist es zu spät. Sie werden evakuiert. Ein anderes Krankenhaus nimmt sie nicht. Warten wir den nächsten Transportzug ab? In drei Tagen?"

Olga schwieg. Plötzlich hockte sie sich vor Jelisaweta hin und ergriff ihre Hände.

„Lassik! Hab keine Angst. Ich bleibe bei dir, ich werde dich pflegen. Soll ich mit dir in Moskau bleiben? Nein? Und willst du mit uns nach Kamyschlow? Wir fahren nach Kamyschlow, Lassik, ja? Nein. Sie will nicht ... Moment mal, willst du etwa allein hierbleiben? Ganz allein? Und wer wird sich um dich kümmern? Meinst du, Soja oder Sofja Alexandrowna können jeden Tag herkommen? Das ist Unsinn, Lassik, das geht nicht ..."

Oben hämmerten sie wieder auf dem Fußboden. Es hörte sich an, als hackten sie Holz. Plötzlich steckte eine Frau den Kopf herein – sie trug eine Brille, war klein wie ein Zwerg oder tief gebeugt – und sprudelte hervor:

„Genosse Stalin wird heute abend sprechen! Und er wird den Befehl geben, Moskau zu räumen!"

„Machen Sie die Tür zu!" schrie Olga Anissimowna außer sich.

„Die kann es nicht erwarten, daß wir wegfahren", sagte Olga. „Die wird hier aufräumen. Als erstes holt sie sich natürlich den Fleischwolf. Auf den hat sie's schon lange abgesehen. Nichtige Person!"

„Den Fleischwolf nehme ich mit", sagte Olga Anissimowna.

„Das fehlte noch!"

„Doch, den Fleischwolf nehme ich auf jeden Fall mit. Streite nicht, den brauchen wir."

„Aber ich denke nicht daran, so was Schweres zu schleppen."

„Gut, dann schleppe ich ihn."

„Mama, du bist schrecklich naiv. Erstens würden wir in Kamyschlow gar kein Fleisch für Klopse haben, zweitens bleiben wir hier. Ich habe heute gehört, daß starke Truppen aus Sibirien nach Moskau kommen. Zum Fest sind die Deutschen vertrieben, das steht fest."

„Schön wär's ..." Olga Anissimowna setzte sich an den Tisch, stützte den alten grauen Kopf auf die Hand und blickte aus dem Fenster. Es schneite. Der Schnee kam unglaublich früh. Das hatte etwas zu bedeuten. Ich dachte: Gut, daß der Himmel verhangen ist, dann gibt es keinen Fliegerangriff.

„In Moskau steht jetzt Marineflak", sagte ich. „Die schießt sehr weit, fast zehn Kilometer."

„Weißt du, Andrej, vor einem Monat ging es Mutter gar nicht schlecht. Sie konnte noch gehen, wenn auch mit Mühe", sagte Olga Anissimowna.

„Aber wie, Mama? Fünf Schritte im Zimmer."

„Nein, sie ging wenigstens. Entschuldige, aber sie konnte noch allein zur Toilette. Und die Hände bewegen."

„Das kann sie jetzt auch noch."

„Nein, jetzt ist sie vollkommen hilflos."

„Das ist nicht wahr. Schau!"

Die dürren krummfingrigen Hände der alten Frau hoben sich langsam, verhielten einen Augenblick in der Luft und sanken wieder auf die Knie.

„Mutter, wenn es dir schwerfällt, laß bitte die Demonstrationen", sagte Olga Anissimowna. „Aber du mußt dich ja unbedingt auf Olgas Seite stellen. Anders kannst du nicht. Wie stur du bist, Mutter."

„Oh, unheimlich stur", sagte Olga und kicherte.

Olga Anissimowna erhob sich mit feierlicher Leidensmiene, klopfte auf den Tisch und sagte:

„Also, Kinder, ich sehe, ihr seid fest entschlossen. Ich habe nichts dagegen. Also fassen wir den Entschluß …"

In der Nähe krachte ohrenbetäubend ein Flakschuß. Die Fensterscheiben klirrten. Merkwürdig – Schüsse am Tag, bei wolkenverhangenem Himmel. Nach einer Minute krachte es erneut. Wieder klirrten die Fensterscheiben. Sicherlich die Flak auf dem Hochhaus am Kalugaer Tor oder im Park. Sie schalteten das Radio an – nein, Alarm war nicht, es wurde eine Erzählung gesendet, ein Schauspieler las mit inbrünstiger, vertraulich raunender Stimme, als verrate er ein Geheimnis, doch überlaut. Ich erklärte den Frauen, ein einzelnes Flugzeug sei durchgebrochen, wahrscheinlich ein Aufklärer, sei aus den Wolken aufgetaucht, nun ballerten sie hinter ihm her. Die neue Marineflak höre sich ganz anders an. Wenn die feuere, dann feuere sie.

Olga Anissimowna beugte sich über die Mutter und sagte kläglich:

„Mutter, ohne dich können wir nicht fahren! Der Transportzug ist für alte Bolschewiken und politische Häftlinge bestimmt. Wenn du nicht mitkommst, nimmt uns keiner mit. Ich habe nichts dagegen, aber du mußt begreifen …"

Die alte Jelisaweta dachte: Wie dumm sie sind. Unerträglich, hoffnungslos dumm. Zwei unbedarfte junge Frauen. Sie begreifen eine einfache Sache nicht. Wie sollte ich es ihnen erklären? Vor kurzem konnte ich noch schreiben, krakelig zwar, kaum leserlich, aber es gab eine Verständigung, eine Verbindung. Ich habe ihnen sogar ein paar schwierige Dinge erklärt, von denen die Ärmsten keinen Begriff hatten, zum Beispiel die Gründe der historischen Feindschaft zwischen Deutschland und Rußland. Ich schrieb ein Wort: „Erdöl", und sie begriffen, nickten. Der Mensch ist ein Gemeinschaftstier. Sobald ihm diese Eigenschaft abgeht, sobald die Verbindungsfäden zu seinesgleichen – nicht nur zu den Angehörigen, sondern überhaupt zu anderen Menschen – abreißen, hört er auf zu existieren. Ich existiere nicht mehr. Wozu sich um mich sorgen? Diese Dummen, sie wollen das nicht begreifen. Sie lieben mich. Aber Liebe besteht nicht darin, daß man sinnlos flennt und die Hände ringt, sondern darin, daß man errät, was der geliebte Mensch sich am meisten wünscht. Ist es denn so schwer, sich das vorzustellen: Wenn einer nichts und gar nichts mehr will, was bleibt dann? Das, wonach sie sich nicht zu fragen trauen, das ist es. Man sollte meinen, das wäre ganz einfach, ganz offensichtlich. Die ältere Olga ist nicht so dumm wie zaghaft und feige, sie wird nicht von Liebe geleitet, sondern von Feigherzigkeit, weil sie sich überwinden und sogar ein Opfer bringen, die größte Selbstverständlichkeit des Lebens opfern müßte – nämlich die, eine Mutter zu haben. Als ich damals vom Tod meiner Mutter erfuhr – in Ust-Kamen, während der Zwangsansiedlung –, da habe ich lange gelitten, wollte selber sterben, doch dann bin ich allmählich ins Leben zurückgekehrt. Plötzlich war Einsamkeit auf der leeren Erde gewesen, ein höllischer Schmerz, aber, mein Gott, man darf sich doch nicht so sehr vor dem Schmerz fürchten, daß man überhaupt nicht mehr an seine Nächsten denkt! Wie sollte ich ihnen das ohne Sprache, ohne Hände erklären? Was sie fürchten, ist nicht schlimm. Es ist die Erlösung. Nikolajew kam zusammen mit Anja, die er nach der Verurteilung im Gefängnis geheiratet hatte, freiwillig nach Sibirien, und sie nahmen ihn kalt auf, ganz kalt, niemand war von seinem Edelmut und seiner Tapferkeit begeistert, er hatte ein gutes Gesicht, große Augen, Pockennarben, war ein guter Bursche, ein echter Proletarier aus Piter, Petersburg, aber – sie konnten ihm nicht verzeihen, daß er freiwillig ins Gefängnis gegangen war, seinen Kampfposten verlassen hatte. Wochenlang dauerte der Streit in Jushakows Holzhütte. War das ein Frost! Weißer Nebel. Und absolute Stille. Plötzlich ein Kanonenschuß – der gefrorene Erdboden barst. Ganz nahe lautes Krachen, so daß wir zusammenzuckten, so laut krachten die Bohlenwände im Frost. Am Ende wurde Nikolajew verziehen, er durfte die Bibliothek benutzen. Aber sechs Jahre später die gleiche Frage: Darf man aus dem Kampf gehen? Anja war tot und auch das Kind, Olgas Altersgenossin. Nikolajew konnte vor Gram nicht mehr leben und dachte an Freitod. Die Zeit war schwer, nicht nur er ertrug es nicht – in Nertschinsk, in Serentui und auch bei uns gab es Selbstmorde. Innokenti ertränkte sich im Jenissej. Aber wegen Nikolajew ein erbitterter Streit, ob er das Recht hatte. Der Kampf spitzte sich zu, wir warteten auf die Schlacht. Nikolajew sagte: „Niemand kann einem Menschen das Recht nehmen zu gehen, wenn das Leben seinen Sinn verloren hat." Starres, eisiges Gesicht, in sich gekehrter Blick. Wie ein Leichnam saß er vor uns. Schließlich begriffen wir, er würde uns nichts mehr nützen. So ein Mensch ist im Kampf kein Verbündeter, sondern eine Bürde. Alle Lebenskräfte waren aus ihm gewichen. Wie aus mir. Er hatte Anja so geliebt. Kein Kampf mehr, nichts, alles war aus, hatte keinen Sinn mehr, war unnötig. Aber wie war das mit dem Kampf bis zum letzten Atemzug? Nein, nein, es war aus, der Kampf war verschwunden. Er existierte nicht. Ich selber habe ihm den Revolver gegeben. Sollen sie getrost morgen mit dem Zug fahren, ich bleibe hier. In drei oder vier Tagen bin auch ich nicht mehr. Um einen Revolver werde ich nicht bitten. Sie sollen einfach gehen und mich allein lassen. Das einzig Gescheite, was sie tun können. Aber wie das diesen Dummköpfen erklären?

2

Das war so gewesen: Sie war auf meine Einladung gekommen, wir hatten gebadet, waren mit der Fähre zum anderen Ufer übergesetzt, dann hatte sie Oleg gebeten, mit ihr Ruderboot zu fahren, und war bis zwei Uhr nachts weggeblieben. Was war das, wenn nicht Verrat? Doch ich wollte ihr gern sagen, daß ich ihr verziehen hätte. Das hatte ich tatsächlich. Aber ich brachte einfach nicht den Mut auf, davon anzufangen, bis es für mich Zeit zum Aufbruch wurde. Ussatschow hatte verlangt: Um zwölf in der Kaserne! Da baten sie mich, im Nebenzimmer auf den Hängeboden zu klettern, ich nahm eine Stehleiter und stieg hinauf. Ich kramte im Dunkeln in alten Sachen herum, legte das eine nach hinten, warf das andere hinunter, suchte einen Koffer. Auf der obersten Sprosse stehend, den Kopf im Dunkeln des Hängebodens, sagte ich zu Olga, die die Leiter hielt:

„Ich habe dir übrigens verziehen."

Vielleicht hatte sie es nicht gehört, sie antwortete nicht. Als ich mit dem Koffer hervorkam, sagte ich es noch einmal, in Richtung Hängeboden:

„Ich habe dir verziehen."

Sie schwieg auch jetzt. Ich sprang auf den Fußboden, wobei mir der Koffer herunterfiel, so daß Staub aufwölkte. Olga hockte sich hin und öffnete ihn, er war mit abgetragenen Schuhen vollgestopft. Sie warf die Schuhe heraus. Als sie den letzten herausgeworfen hatte, sagte sie kalt:

„Ich weiß nicht, was es mir zu verzeihen gäbe."

Irgendwie freute ich mich. Rasch überlegte ich, wie ich ihr das Allerwichtigste sagen könnte. Wir nahmen ja Abschied, und ich mußte es sagen.

„Olga“, sagte ich, „vielleicht sehen wir uns nie mehr, und ich möchte, daß du es weißt ...“

„Was?“

Ich stockte, und mir fiel nichts Besseres ein, als zu murmeln:

„Daß ich dir verziehen habe.“

Sie lächelte, wollte etwas Interessantes und für mich Wichtiges sagen, doch da kamen Olga Anissimowna und Markuscha herein. Markuscha war dick, rotbäckig und rothaarig, trug eine Feldbluse, die sein Bäuchlein und die runden Schultern eng umspannte, und alte, abgetretene Stiefel. Er war in Moskau bei einer Flakeinheit, sah aber gar nicht wie ein Soldat aus. Er hielt eine große Leinwandtasche in der Hand.

„Tante Olga, ich nehme nur das Wertvollste“, sagte er, ging auf den Schrank zu, griff sich eilig Bücher und warf sie in die Tasche. „Später gebe ich sie natürlich zurück. Sonst verschwinden sie. Ich muß sie retten ...“

Er sackte die Bücher ein, fast ohne sie anzusehen. Sicherlich kannte er sich bestens aus. Plötzlich bemerkte er mich und rief:

„Ah, guten Tag, Doktor! Sie sind auch hier?“

„Markuscha“, sagte Olga Anissimowna, „was sagt man bei euch? Wie ist die Lage?“

„Die Lage ist ernst“, sagte Markuscha und sang: „Doch wir runzeln ernst die Brauen, wenn der Feind uns ...“

„Aber wie denn?“

„Das kann ich nicht wissen. Ich bin kein Gott, kein Kaiser noch Tribun. Bloß weg mit diesen Büchern!“ Er warf zwei Bücher in Pappeinband auf den Fußboden. „Sofort verbrennen! Das heißt, eigentlich ...“, murmelte er, wie mit sich selbst uneins, und zuckte die Achseln. Olga Anissimowna ging ins andere Zimmer und sprach laut zur Mutter. Olga folgte ihr. Markuscha flüsterte mir zu:

„Die Deutschen sind bis auf vierzig Kilometer heran. Wissen Sie das, Doktor?“

Olga Anissimowna kam zurück und sagte, heute würden sie doch nicht mehr fahren können, sie würden mit dem nächsten Transportzug in drei Tagen abreisen. Anscheinend hatte sie sich beruhigt. Der Entschluß war gefaßt. Gelassen wandte sie sich an ihre Tochter:

„Geh bitte und setz Teewasser auf. Endlich können wir Tee trinken. Aber sei leise, Mutter will ein Nickerchen machen. Soll sie nur. Markuscha, im Bad stehen zwei saubere Eimer, bitte laß Wasser ein. Für alle Fälle.“

Jelisaweta wollte nicht schlafen. Sie schloß die Augen, weil es sie langweilte, die Hektik der Leute im Zimmer mit anzusehen. Sie erblickte einen nassen, über Winter vereisten Abhang, strahlendes Blau, in die Erde gegrabene Stämme, auf dem Hof hinten ein Haus, auf der Vortreppe einen Hund, einen bissigen Eskimohund – das Herz wird vor Angst wie zu Eis. Denn ich muß mich entscheiden. Soll ich hingehen oder nicht? Die Vortreppe hinaufsteigen oder auf das Geld pfeifen, an den sicheren Ort zurückkehren, auf den Morgen warten? Am nächsten Morgen kommt der Dampfer. Dann sollen Dascha und ich, als Nonnen verkleidet, mit zwei Matrosen an Bord schleichen und uns im Maschinenraum verstecken. In Tobolsk ist Kontrolle, die Matrosen haben versprochen, uns durchzumogeln, sie werden eine Planke lösen und uns in eine Kammer neben dem Schaufelrad schlüpfen lassen. Da kommt niemand hin! Nun plötzlich diese Nachricht: „Der Amtsbezirkschef läßt ausrichten, in seiner Schreibstube liegt Geld für Sie.“ Was für Geld und woher, ist völlig unerklärlich. Soll ich hingehen und es holen, oder ist das eine tückische Falle? Das Geld haben wir bitter nötig, und achtzig

Rubel sind viel Geld, aber wir haben niemanden, mit dem wir uns beraten können. Soll ich hingehen oder nicht? Dascha runzelt das hagere Sibiriergesicht mit den breiten Backenknochen, sie stammte aus Perm. „Geh!" Ein alter Schmerz. Einundzwanzig ist sie in der Ukraine gestorben ... Wir brauchen das Geld, um nach Tjumen, von dort nach Jekaterinburg und weiter nach Petersburg zu kommen, der Amtsbezirkschef macht alles ganz langsam, nimmt mit steifen, knorrigen Fingern ein Bündel Geldanweisungen, liest, als buchstabiere er, sieht sich die Papiere an, reinigt die Schreibfeder und – blickt mit trunkenen, sumpfigen Augen auf. „Woher erwarten Sie das Geld?" Die sumpfigen, trüben Augen verengen sich forschend. Im Fenster strahlendes Blau, morgen kommt der Dampfer, das ungeheure Leben, Olga wird dieses Leben nie kennenlernen, die Enkelin Olga auch nicht, sie sind dumm, meine Lieben, sie haben keine Tränen in den Augen, doch sie müssen weinen, weinen vor der Trennung, der Dampfer hat angelegt, der Landgangsteg ist herübergeworfen, man muß weinen, wenn man Abschied nimmt. „Ich erwarte von verschiedenen Orten Geld. Ich habe viele Freunde. Alle kamen damals mich verabschieden. Ich erwarte Geld aus Petersburg, aus Moskau, aus Rostow, aus Wjatka, vielleicht auch aus Perm oder Jelisawetgrad." Der Amtsbezirkschef überlegt. Wieder kramt er mit seinen knorrigen Fingern in den Papieren. Er kneift die trüben Augen ein. Jeden Moment können, von ihm gerufen, Wachsoldaten hereinstürmen, Dascha und ich halten uns seit drei Tagen verborgen, sind aus der Ortschaft geflohen, wo wir unter Aufsicht leben müssen, vielleicht haben sie uns mit dem Geld zum Amtsbezirkschef gelockt, um uns zu verhaften, aber da ist das Geld, ich kann es in die Hand nehmen und verschwinden. „Zählen Sie nach!" –

„Nicht nötig! Ich vertraue Ihnen." – „Nachzählen, sage ich!" Eisiger Wind fegt in die Kammer, die Schiffsmaschine dröhnt, das Schaufelrad rauscht. Spritzer kommen durch eine Ritze, das ungeheure Leben liegt vor uns, es bleibt stehen, so wie das Schaufelrad, nun kommen keine Spritzer mehr, die Schiffsmaschine dröhnt nicht, die armen Kinder trinken Tee, als wäre nichts geschehen. Sie kommen um, kommen um, sie kommen um, ans Bett gefesselt, können sich nicht bewegen, nicht sprechen, ich muß sie mit dem Löffel füttern, bei ihnen aufräumen, sie anders ankleiden, den Nachttopf hinaustragen, muß an den Augen erraten, was sie mir sagen wollen, die unglücklichen Mädchen, wie können sie ohne mich leben ...

Unsere Kaserne befand sich in der Jakimanka, in einem alten steinernen Gebäude, das einstmals eine Klosterherberge war; vor dem Krieg war in diesem Gewölbe ein Kindergarten untergebracht. Nun war es also die Kaserne einer Feuerwehrkompanie. Ich wurde mit Grinsen, mit Gelächter empfangen, jemand rief: „Der Schriftsteller ist da!" Laschpek hielt mir die Faust unter die Nase. „Von wegen Froschmaul! Dein Maul werde ich dir stopfen!" Eine schreckliche Ahnung durchfuhr mich: Sie hatten mein Tagebuch gefunden! Ich bewahrte es unter der Matratze auf. Nichts war mir kostbarer und geheimer: ich schrieb heimlich und in Eile, manchmal chiffriert, das war mein Vergnügen in den Wachstunden in der kalten Pförtnerloge, wo auf einem Schränkchen, noch aus der Zeit des Kindergartens mit Hasen und Pilzen bemalt, ein Telefon stand und wo zwei Bilder hingen, „Aljonuschka" von Wasnezow und die Operationen der Feuerwehr. Ich hatte über die Jungs nichts Besonderes geschrieben: von Ljonja Kolywanow zum Beispiel, er sei ein gerissener Kerl und sehe immer zu, möglichst leichte Arbeit zu bekommen, auf dem Holzplatz suche er sich die kleineren Kloben aus und schleppe sie nicht weit. Von Gudyma hatte ich mitfühlend geschrieben, ihn verspotteten alle und er könne sich nicht behaupten. Von Laschpek, daß er ein Froschmaul habe und wohl ein Ganove sei. Die reinste Wahrheit! Laschpek war in allen Höfen zwischen Jakimanka und Bolschaja Poljanka bekannt. Er raubte die Jungen aus, die zum Kino „Avantgarde" Karten holen kamen. Von den anderen und von Ussatschow hatte ich überhaupt nichts Schlechtes geschrieben. Doch jetzt guckten mich alle haßerfüllt an. Ljonja Kolywanow neckte mich, hopste mit dem grünen Heft hinter den Betten an der Wand.

„Gib her!" schrie ich und wollte mich auf ihn stürzen.

Jemand stellte mir ein Bein, und ich schlug hin.

Jetzt schwenkte Laschpek das grüne Heft vor meiner Nase.

„Das Tagebuch bleibt bei uns! In unserem Archiv!" sagte er höhnisch. „Hier steht was von einer Olga. Die kenne ich, die war in der vierzehnten Schule, hat die zehnte Klasse gemacht. Zur Not können wir's ihr zeigen: ‚Einem gemeineren Menschen als ihr', schreibt er, ‚bin ich nie im Leben begegnet …'"

„Gib her, du Schwein!" schrie ich, zwischen den Betten sitzend, wo ich hingefallen war.

„Sonst noch was? Und den Schlüssel von der Wohnung, wo Geld liegt, willst du nicht? Wir lesen mal vor! Bloß deine Schrift ist beschissen – als wär ein Huhn übers Papier gelaufen. ‚Die Großmutter ist dagegen, daß ich sie einlade, weil die Pletnjows die Prüfungen nicht bestanden haben …' Wer sind denn die Pletnjows?"

Das riß mich förmlich vom Fußboden in die Höhe, ich sprang auf Laschpek zu, packte ihn an der Kehle und warf ihn aufs Bett, er versetzte mir einen furchtbaren Schlag aufs Auge, doch ich würgte ihn weiter, jemand zog mich von hinten am Fuß, Laschpex boxte mir noch einmal aufs Auge, wir stürzten auf den Fußboden, er röchelte, spuckte, krallte sich in mein Gesicht, da hörten wir: „Aufhören!“

Unser kurzbeiniger, dickbäuchiger Ussatschow stand in der Tür und sah uns düster und traurig an.

„Schluß mit den Faxen. Für Faxen ist keine Zeit mehr ...“ Seine Stimme klang immer dumpf und undeutlich, als wäre er verschlafen, müßte sich räuspern. „Fertigmachen und zurück auf den Holzplatz. Vier Waggons für uns. Zweiter Zug Wache schieben, Pumpe und Schläuche mitnehmen. Wagen steht bereit. Zwei Mann werden gebraucht ...“ Sein Blick überflog alle, blieb auf Laschpek und mir haften. „Ihr beiden Tollköpfe ... Ihr geht zum Kriegskommissariat, Gestellungsbefehle austragen.“

Draußen war Winter. Er war unverhofft gekommen und schien doch seit langem zu herrschen. Auf dem schneebedeckten Bürgersteig ging ein Mann in Pelzmantel, Pelzmütze und Filzstiefeln, er zog einen Handwagen, auf dem übereinander zwei Truhen standen, mit einem Strick zusammengebunden, obenauf lag seitlich eine Nähmaschine im Kasten. Dahinter ging eine Frau, in ein Umschlagtuch gehüllt, und schob den Wagen mit einem Stock, den sie gegen die untere Truhe stemmte. Ihnen zu helfen hatte keinen Sinn, ringsum waren viele alte Leute, und alle schleppten etwas. Den Schnee räumte niemand weg. Doch auf dem Bürgersteig war er festgetrampelt. Alle gingen zur Maly-Kammenny-Brücke, zum Stadtzentrum. Ein paar Leute in schwarzem Matrosenrock packten Sandsäcke in ebenerdige Fenster. Wir gingen die Jakimanka hinunter und durch eine

Querstraße zur Bolschaja Poljanka, dort waren viele Leute, in Scharen gingen Frauen mit Kindern, ein kleiner Junge weinte, eine Frau jammerte, die anderen gingen frisch und munter, manche im Laufschritt, als wären sie spät dran, die Frauen trieben die Kinder an, alle bewegten sich zum Stadtzentrum. Ihnen entgegen, zur Serpuchowka, fuhren Militärlastwagen. Wir wollten sehen, was sie beförderten, doch die Planen waren zugezogen. Als wir auf die Uferstraße kamen, sagte Laschpek:

„Du Hundesohn hast mir die Gurgel zerschunden."

„Und du hast mir aufs Auge gehauen", sagte ich.

Ich empfand keinen Groll auf ihn. Ihm schien es genauso zu gehen, denn kaum traten wir auf die Straße, war der Unsinn vergessen. Er fragte, wann ich einberufen würde. Ich sagte: in zwei Jahren. Er war in drei Monaten dran. Und er fragte, was ich dächte, ob der Krieg bald zu Ende sei. Ich sagte, noch nicht so bald. Ich dächte, in sechs Monaten.

Wir trugen bis zum Abend Gestellungsbefehle aus. In einem Haus weinten sie, im anderen gaben sie uns Bonbons, im nächsten empfingen sie uns auf der Treppe und baten, Sachen hinunterzutragen, im übernächsten verbrannten sie Papier, und wieder in einem anderen schienen sie uns erwartet zu haben, es wurde gefeiert, der Einberufene war betrunken, verlangte, wir sollten mittrinken, sie tanzten, auch Laschpek tanzte. Sobald wir in die Kaserne zurückkamen, legte ich mich schlafen. Um ein Uhr nachts wurden wir wegen Alarm geweckt. Brände gab es nicht.

Als Ussatschow uns am nächsten Abend Ausgang gab, fuhr ich in unsere kalte Wohnung, die Großmutter setzte mir Dorsch und Tee vor, und ich fragte sie, wieso die Pletnjows die Prüfungen nicht bestanden hätten. Die Großmutter sagte, Olga Anissimowna und ihr Mann Nikolai seien neunzehnhundertzwanzig bei den Diskussionen über die Gewerkschaften vorsichtig gewesen, zum Mißfallen meines Vaters, er habe ihnen jedoch verziehen, doch als der Vater siebzehn Jahre später verschwand, seien sie wieder vorsichtig gewesen, jetzt sei das allerdings ohne Bedeutung. Nikolai sei an der Front, Olga Anissimowna quäle sich mit Jelisaweta, und alles Frühere könne vergessen werden. Wie immer, hatte ich so meine Zweifel an den Worten der Großmutter. Und ich fragte ungeduldig:

„Haben sie denn nun am Ende die Prüfungen bestanden oder nicht?"

„Woher soll ich wissen, was am Ende sein wird?" sagte die Großmutter gereizt. „Das ist alles uninteressant. Hilf mir den Tisch abräumen ..."

Draußen war blaue winterliche Dunkelheit. Ich lief zur Bolschaja Kalushskaja. Mir öffnete die bebrillte Zwergin, die gestern ins Zimmer hereingeschaut hatte.

„Heute früh sind sie weg."

Wie denn das? Sie wollten doch erst in drei Tagen fahren? Ich machte einen Schritt und wollte die Wohnung betreten, um Jelisaweta zu besuchen, doch die Zwergin legte die Hand gegen den Türrahmen.

„Du hast hier nichts zu suchen."

„Ich will Jelisaweta besuchen."

„Aber die haben sie doch mitgenommen. Die Alte ist nicht mehr da. Es ist niemand mehr da, den du besuchen kannst."

„Jelisaweta auch nicht?" fragte ich erstaunt. „Sie wollte doch nicht weg."

„Zwei Männer kamen, legten sie auf eine Trage und nahmen sie mit, die arme Alte, ohne zu fragen, ob sie will oder nicht. Sie kriegt ein Abteil für sich, haben sie gesagt. Ach, die Alte, die war gut! Die mochte ich gern." Die Zwergin schluchzte und hielt ihr Tuch an die Augen. Ihre Rechte aber stemmte sie wie zuvor gegen den Türrahmen. Sie schluchzte oder schluckte noch ein paarmal und sagte dann ruhig: „Es ist also keiner da, den du besuchen kannst."

Ich ging weg. Die Straße war dunkel, keine Ritze leuchtete in den Häusern. Es war nicht wie auf einer Straße, sondern wie in einem Keller. Dafür war der Himmel hell – von wandernden Scheinwerferkegeln. Ein Obus fuhr vorüber, ebenfalls ohne Licht, Verdunkelungspapier vor den Fenstern, er fuhr langsam, ich holte ihn ein und sprang hinten auf die Stoßstange, hielt mich an dem Griff fest, an dem die Leinen vom Stromabnehmer festgebunden waren. Ich fuhr jetzt oft auf der Stoßstange. Milizionäre hielten mich nicht an. Ich stand während der ganzen Fahrt durch die Bolschaja Kalushskaja auf der Stoßstange. Mitten auf dem Platz blieb der Obus stehen: er ließ eine Infanteriekolonne durch, die vom Park heraufkam. Vor der Kolonne marschierte ein Mann mit einer Laterne. Die Männer in der Kolonne waren im Dunkeln schwer zu erkennen, aber an ihrem schludrigen Marschtritt, wirklich einem Getrampel, und an ihrem unordentlichen Gesang erriet ich, daß es Landwehrleute waren. Sie sangen: „Es wird kein Faschistengesindel in Moskauer Schlössern kampiern! Es muß das Faschistengesindel in Moskauer Schneewehn krepiern!"

Ich sprang ab und näherte mich der Kolonne. Aus dem Obus stiegen ein paar Leute und sahen sich die Landwehrleute an. Die Kolonne war endlos. War eine Truppe vorüber, so kam von der Krim-Brücke die nächste herauf, wieder marschierte einer mit einer Laterne voran, wieder hörte ich: „Es wird kein Faschistengesindel ..."

Hier sangen sie besser, ordentlicher. Im Dunkeln huschten Brillen und Bärte vorbei. Manche sangen nicht, sondern unterhielten sich halblaut, stritten, lachten. Plötzlich donnerte es im machtvollen Chor: „In Moskauer Schneewehn krepiern!"

Von dieser schwarzen, ungeordnet marschierenden nichtmilitärischen Menschenmenge ging eine windartige, überirdische Kraft aus, die ich damals nicht empfand. Sie hat mich jetzt ergriffen, fast vierzig Jahre später. Und dieser Wind hat viele fortgetragen, darunter die drei Frauen, von denen ich mich nicht mehr verabschieden konnte.

Die Gasse hinter dem Belorussischen Bahnhof

Wir bauten Flugzeugkühler.

Moskau war noch verdunkelt, ohne Augen, Obusse und Straßenbahnen fuhren ohne Licht, auf den Plätzen der Stadt lagen Fesselballons, nur die Metro war wie früher, in den Wagen dösten die Leute oder lasen Bücher, die Geschäfte waren still, die Märkte irrsinnig rege, doch die gewaltige Bürde war gewichen, die Menschen atmeten auf und begannen allmählich zu träumen: der Krieg war überwunden und kroch, ein die Erde verheerender Gletscher, zurück nach Westen. Vor einem Jahr, ich arbeitete als Gehilfe in der Halbzeugabteilung, war alles anders gewesen. Anders das Wummern des Preßlufthammers, anders der Geruch von Maschinenöl, Schmierstellen, Brot, Machorka. Auch Schnee und Rauch hatten, wenn ich nach der Schicht hinauskam und die Gasse entlang zur Metro ging, anders gerochen als jetzt. Der Gletscher war weit weggekrochen. Vor einem Jahr wäre Terentjewitsch so ein Unsinn nicht in den Kopf gekommen: von mir und Nadja, von der Schleifmittelkammer, wo eine eiserne Bettstelle stand, auf der Terentjewitsch schlief, wenn er im Werk übernachtete. Er meinte, ich hätte eine Liebschaft mit Nadja. Der Alte war borniert und argwöhnisch, und der Argwohn von bornierten Leuten ist unerträglich. Er beargwöhnte jeden. Von Sascha Antipow hatte er sich die Legende zurechtgelegt, Sascha sei vom Natschalnik geschickt, um auf ihn, Terentjewitsch, aufzupassen, ob er die Werkzeuge gut instand halte und richtig verteile. Darum war Terentjewitsch ängstlich gegenüber Sascha, schwang patriotische Reden, erklärte, welch mustergültige Ordnung bei ihm in den Regalen herrsche und wie er es zu diesen Errungenschaften gebracht habe, manchmal aber entlud sich Gereiztheit, und er knurrte böse: „Die schicken uns hier alle möglichen ... Auf die Pfoten hauen ..." Manchmal, wenn er nicht bei Laune war, unter Bauchschmerzen litt, sagte er auch von Nadja und mir höhnische, nebulöse Gemeinheiten, über die ich gekünstelt und herausfordernd lachte, Nadja aber fühlte sich so getroffen, daß sie in Tränen ausbrach. Von der anderen, älteren Frau in der Werkzeugausgabe, der buckligen, gelbgesichtigen Ljuda, argwöhnte der Alte, sie begünstige die Liebschaft und stehe Schmiere, damit wir ungestört wären, wenn wir uns in die Schleifmittelkammer zurückzögen, ja, sie schließe sogar das Schalterfensterchen, so daß die Leute aus den Werkabteilungen kein Werkzeug bekämen. Nadja war zehn Jahre älter als ich, wirkte nicht mehr jung, sondern verzagt, uninteressant, trotz der Spuren vergangener Schönheit – sie war achtundzwanzig –, dachte unentwegt voller Sorgen an zu Hause, an ihren invaliden Mann, an Krankheiten, an Kartoffeln; Spuren der vergangenen Schönheit fanden sich in den müden, fahlen Augen und im üppig gewellten, golden leuchtenden Haar, das zum Zopf geflochten war und das sie, was ich nicht ahnte, immer färbte. Nadjas Mann, der Invalide, war ein Bruder von Ljuda, der Buckligen, sie wohnten alle zusammen. Vor dem Krieg hatte Nadja als Maskenbildnerin beim Theater gearbeitet, jetzt war sie in der Materialausgabe des Werkzeuglagers, lief in Wattejacke und Kopftuch umher, stampfte mit den Stiefeln wie ein Soldat. Wie konnten wir eine Liebschaft haben? Doch der Alte war ein Idiot: Selbst seinem Chef Lew Filippowitsch Senin traute er alles mögliche zu, ließ ihn nie allein ins Werkzeuglager. Es war oft lächerlich: Senin kam mit Leuten aus dem Volkskommissariat oder mit Abteilungsleitern, flitzte im Werkzeuglager umher, führte seine Schätze vor, und Terentjewitsch, wie ein Schatten, immer hinterher. Wenn es Senin nun einfiele, den Leuten einen kostbaren Bohrer oder eine wunderbare Nadelfeile, wie es sie in keinem Werkzeuglager von ganz Moskau gab, zuzustecken? Ohne Papier und Unterschrift? Oder sie ließen einfach etwas mitgehen, steckten es in die Tasche, auf Nimmerwiedersehen. Die Leute kriegten jetzt alles fertig, Werkzeuge gab es nirgendwo.

Wir arbeiteten zwölf Stunden, von acht bis acht, weil wir nicht als Fabrikabteilung galten, sondern als Werkstatt. Wir bauten Flugzeugkühler. Ich stand morgens um sechs auf und kam abends um zehn nach Hause, anderthalb Stunden brauchte ich für einen Weg. Es blieb nicht mal die Zeit, ein Buch zu lesen. In der Metro schlief ich. Wo hätte ich die Zeit für eine Liebschaft hernehmen sollen? Ich hatte noch nie eine gehabt, kannte so etwas nur aus den Büchern, die ich vor langer Zeit gelesen hatte. Meine Vorstellung von Liebschaften war so wie die von Flugzeugkühlern. Ich hatte nie einen fertigen Kühler gesehen. Anfangs zog ich auf einer Ziehbank Rohre, später glühte ich in der Schmiede Rohrenden, danach drehte ich Ziehringe, dann reparierte ich Stanzformen für Ziehringe, doch wieso und wozu das nötig war, wußte ich nur vage oder, ehrlich gesagt, überhaupt nicht. Und es drängte mich auch nicht, dahinterzukommen. Es war mir egal. Ich dachte: Irgendwann, ein andermal, komme ich dahinter. Am arbeitsfreien

Tag rannte ich zum Puschkin-Platz und sah mir im Kino die neuesten Filme an. Das war wichtiger als alles andere. Viel wichtiger als Liebschaften. Jenen Unsinn hatte sich Terentjewitsch nach einer Nachtschicht in den Kopf gesetzt, als er früher erschien und Nadja beim Schlafen in der Schleifmittelkammer erwischte. Ich war in der Werkstatt und hörte ihn nicht an der Tür pochen. Der Alte wurde, weil er warten mußte, so wütend, daß er Nadja mit hundsgemeinen Flüchen überschüttete, sie fing an zu weinen – ihr kamen überhaupt rasch die Tränen –, und ich trat für sie ein. Da verstummte er plötzlich, guckte mich verblüfft an und sagte: „Ach du, Hu ... Hundesohn!" Weiter sagte er nichts, doch seitdem machte er Anspielungen und höhnische Witze. Es war alles dummes Zeug, zunächst lachte ich, später wurde ich wütend, danach hörte ich nicht mehr hin, dann aber kam der November dreiundvierzig, der Vorabend des Revolutionsfeiertages, Kiew war befreit, und aus diesem Anlaß wurde in Moskau Salut geschossen. Wir liefen in den zweiten Stock, wo wir die Verdunkelungsrollos hochziehen durften, und schauten auf die rosaroten, blauen und weißen Blitze des Feuerwerks, klatschten Beifall und riefen hurra. Das Salutschießen war damals etwas Neues. Das erstemal war drei Monate zuvor in Moskau Salut geschossen worden. Anfang August, anläßlich der Einnahme von Orjol und Belgorod. Die Flak feuerte vom Dach unserer Fabrik, die Fensterscheiben klirrten, als ob Bomben fielen, kreideweißes Licht erleuchtete momentweise den schmalen Hof zwischen den Fabrikgebäuden, die großen dunklen Fenster und die Menschen, die dort unten standen und gebannt zum Himmel schauten. Bis zur letzten Salve konnten sie den Blick nicht vom Himmel losreißen. Ich sah die weißen, hochgereckten Gesichter. An Salut waren wir noch nicht gewöhnt, es war ein überwältigendes Zeichen des neuen, des weiß-rosa-blauen Lebens und vielleicht des Glücks, das nicht mehr weit war.

Lew Senin, der Chef, rief alle für einen Moment zu sich in den ersten Stock und gab jedem einen Schluck Schnaps und ein Stück Zucker. Wir tranken, lärmten, beglückwünschten einander mit Tränen in den Augen, der Sohn der Ausgeberin Polina war zweiundvierzig bei Kiew gefallen, und Senin, der aus Kiew stammte, hatte dort alle Angehörigen verloren. Sascha Antipow flüsterte mir ins Ohr: „Ebenso mein Vater, der ist nach Kiew gefahren, und weg war er ..." Nadja vergoß natürlich die meisten Tränen und fiel erst Ljuda, dann mir um den Hals. Mit heißen Händen nahm sie mein Gesicht, berührte meine Wange rasch mit den Lippen, ganz nahe dem Mund, es war ein blitzartiger richtiger Kuß, die anderen aber küßte sie nicht ab. Ihr rannen die Tränen, und sie lächelte wie betrunken. Senin sagte: „Nadja, nicht so hitzig. Kollegen, anläßlich des Feiertages könnt ihr Schuhmarken bekommen. Hier quittieren." Wieder riefen wir hurra, drängten uns in Senins kleinem Büro und mochten nicht auseinandergehen. Aber noch mehr Küsse bekam ich nicht.

Ich ging mit Sascha die schwarze, nasse Gasse zur Metro, vorbei an der Tabakwarenfabrik und, um die Ecke, an der Uhrenfabrik, frohe Menschen überholten uns, kleine Jungen rannten auf dem Fahrdamm, Sascha sagte mürrisch:

„Die Frau erregt mich."

Ich begriff sofort, daß er Nadja meinte. Bestimmt war er neidisch auf mich.

„Hast du schon Liebschaften gehabt?" fragte ich.

„Kommt darauf an, was du unter Liebschaften verstehst. Eigentlich ja. In der Schule."

„Richtige?" fragte ich zweifelnd.

„Kommt darauf an, was du unter richtigen verstehst. Bis zu einem gewissen Grad ja. Aber diese Frau erregt mich wirklich. Obwohl sie meine Tante sein könnte und so ein unglückliches, mitgenommenes Gesicht hat."

„Aber mit Spuren vergangener Schönheit", warf ich ein.

„Mag sein", pflichtete er bei. „Ich sage ja: Sie hat das gewisse Etwas."

„Die wär was", sagte ich. „Aber nicht bloß eine Tante."

„Ja, die wär was", sagte er.

So unterhielten wir uns ernst und würdevoll und waren mit der Unterhaltung zufrieden. Aber Antipow mißfiel mir. Er hatte etwas an sich, was mich beunruhigte. Ich konnte es lange nicht begreifen, bis ich dahinterkam: er war mir zu ähnlich. Sogar äußerlich: auch er trug eine Brille, war wortkarg, bedächtig. Verdammt noch mal, ich wollte doch der einzige Wortkarge und Bedächtige sein! Wir waren fast gleichartig, ich war nur ein halbes Jahr jünger. Beide waren wir elternlos, ich lebte bei meiner Großmutter, er bei seiner älteren Schwester und einer angeheirateten Tante. Und er war ebenso ein Dichterling wie ich und träumte davon, nach dem Krieg am Literaturinstitut zu studieren. Ich traute mich nicht, von meinen Wunschträumen zu sprechen, für ihn dagegen war es eine einfache, längst durchdachte Sache, die er genauso unbekümmert erörterte wie zum Beispiel die Tatsache, daß er am nächsten arbeitsfreien Tag nach Kunzewo fahren und Kartoffeln besorgen müsse. „Nächstes Jahr, wenn ich mein Fernstudium aufnehme ...", sagte er ohne eine Spur von Zweifel. Ich ging auf diesen Ton ein. Plötzlich erklärte ich ihm selbstsicher, man brauche, um Schriftsteller zu werden, nicht unbedingt am Literaturinstitut zu studieren. Ich zum Beispiel hätte das nicht vor. Er stritt mit mir und erklärte es mir ziemlich herablassend, wie ein Experte. Ich antwortete noch nachdrücklicher und hochmütiger. Wir stritten lange, und schließlich stellte sich heraus, wir hatten vor dem Krieg beide den Literaturzirkel des Pionierhauses in der Stopani-Gasse besucht. Allerdings erinnerten wir uns nicht aneinander. Dieser neue Beweis der *Ähnlichkeit* dämpfte die Rivalität nicht, sondern entfachte sie noch mehr, und niemand außer uns beiden wußte davon. Übrigens spielte sich das im geheimen und vielleicht unbewußt ab. Er mißfiel mir, weil ich an ihm *mein Übel* empfand. Und dagegen konnte ich nicht an. Wie ein auf die richtige Wellenlänge eingestelltes Radio meldete *mein Übel* unverzüglich *sein Übel*. Ich hörte die Prahlerei heraus, wenn er vom Literaturinstitut sprach, und konnte mich nicht enthalten, ebenfalls zu prahlen, wenigstens mit der Stopani-Gasse. Darauf antwortete er mit noch größerer Prahlerei und Sachkenntnis, während ich mich bemühte, seine Sachkenntnis abzuwerten. Unsere Schicksale waren sich bitter ähnlich, und wir wußten das, sprachen aber nie über das Schmerzliche und Bittere. Dafür erzählte er, was sie für eine Wohnung gehabt hatten und was für eine Datsche in Serebrjany Bor und was für ein Motorboot und was für ein schwarzes englisches Auto den Vater jeden Morgen abgeholt hatte und wie er selber mal in der Poliklinik in der Wosdwishenka behandelt worden war und einmal mit Diphtherie in einem Einzelzimmer gelegen und, als die Speisekarte gebracht wurde, sich Nachspeise ausgesucht hatte, und diese armselige nachträgliche Angeberei bewirkte, daß auch ich beschämendes Zeug daherredete. Zum Beispiel, daß mein Vater nicht mit einem alten Reisewagen abgeholt worden sei, sondern mit einem nagelneuen Emka. Und daß wir nicht mit einem Motorboot, sondern mit einem Motorkutter auf dem See herumgefahren wären. Anstatt einander zu umarmen und zu weinen, nahmen wir das Maul voll und prahlten. Oder wir wetteiferten mit unserer Kraft – er hob ein Zwanzigkilogewicht elfmal, ich neunzehnmal. Und ich besiegte ihn beim Armdrücken. Nur um ihm nicht nachzustehen, sagte ich lässig: „Die wär was", und er bestätigte wie ein Experte: „Ja, die wär was."

Wir bauten Flugzeugkühler. Sascha und ich waren wegen schlechter Augen nicht an die Front geschickt worden, und als wir uns nach dem Schulabschluß an einer Militärschule bewarben, wurden wir abgelehnt. Darum konnten wir weiter nichts machen als Kühler bauen. In der Werkstatt des Werkzeuglagers, an der dunklen, felsenfesten Arbeitsbank – sie stand hier noch aus der Zeit, als der frühere Besitzer, ein Franzose, in diesen Gebäuden Fahrräder produzierte –, feilten wir quadratische Öffnungen in die Ziehringe, durch die Stahlrohre gezogen wurden, die Kühlrippen. Terentjewitsch beugte sich auch über den Schraubstock, bedachte uns aber mit schiefen, argwöhnischen Blicken. Er mochte uns nicht. Wir hielten die Feile nicht richtig, wir stellten uns nicht richtig an den Schraubstock, wir sprachen nicht so mit ihm, wie es sich gehörte. Ich ärgerte ihn durch überflüssige Witzeleien, Sascha verwickelte ihn in Streit. Als Sascha bei uns auftauchte, hatte Senin dem Alten gesagt, er solle dem Burschen leichtere Arbeit geben und ihm keine Überstunden aufhalsen, denn Sascha bereite sich aufs Institut vor und schreibe Gedichte. Für Terentjewitsch waren das leere Worte. Er begriff nur eines: Der Natschalnik bemühte sich, folglich handelte es sich nicht um einen einfachen Jungen. Mit ihm mußte man vorsichtig sein. Senin hatte sich aber gar nicht weiter bemüht, er hatte lediglich jemandem von der Hauptverwaltung einen Gefallen erweisen wollen, einem Allmächtigen auf dem Gebiet der Fräserei, der Saschas Vater vom Bürgerkrieg her gekannt und seine Hochachtung vor ihm insgeheim bewahrt hatte und jetzt dem Sohn helfen wollte – ein klein wenig helfen, ohne daß jemand von seiner Hilfe erfuhr. Senin hatte gehofft, über diesen Mann Zuweisungsscheine für zwei Werkbänke zu bekommen, die dringend gebraucht wurden und an die auf anderem Wege nicht heranzukommen war, und der Mann von der Hauptverwaltung hatte es versprochen, aber sein Versprechen nicht gehalten. Anscheinend konnte er nicht. Senin verbarg die Kränkung, legte sich nicht mit dem Mann an, wurde aber Sascha Antipow gegenüber merklich kühler. Für Sascha kamen schlechte Zeiten: Senin machte ihn alleweil zum Lückenbüßer, schickte ihn als Träger mit dem Vertreter Viktor Iwanowitsch auf langweilige Dienstfahrten, lud ihm die schwerste, dreckigste Arbeit auf, mal in der Transportabteilung, mal als Ladenarbeiter. Soeben waren aus Sibirien Werkbänke und Ausrüstungen von zwei Betrieben eingetroffen, die einundvierzig evakuiert worden waren, und nun gab es viel zu schleppen und zu montieren, es fehlte an Leuten, aus jeder Abteilung wurden drei, vier Mann hingeschickt, von uns aus dem Werkzeuglager immer zwei Maschinenarbeiter und Sascha Antipow, manchmal auch ich. Sascha aber auf jeden Fall. Er sagte zu keiner Arbeit nein. Gegen Tagesende sah man zwei den Korridor entlanggehen: voran Viktor Iwanowitsch mit dem hageren, geröteten Gesicht des Tuberkulosekranken, straff und schneidig, mit Aktentasche, zwischen den Goldzähnen eine Papirossa (Viktor Iwanowitsch hatte zwar das Rauchen vor langer Zeit aufgegeben, doch eine Schachtel Kasbek zum Anbieten hatte er bei sich, und er kaute ständig auf einer nicht angezündeten Papirossa herum), und hinter ihm stapfte, gebeugt, einen Sack auf den Schultern, todmüde, durchgeschwitzt, mit beschlagener Brille, Sascha Antipow. Sein Gesicht sah grau aus, verriet kein Murren, dennoch war es stolz. Er beklagte sich nie über Senins Schurigelei, ja, vielleicht bemerkte er sie gar nicht. In den Säcken schleppten wir Werkzeuge. Senin war fortwährend am Besorgen, Erbitten, Tauschen, und seine beiden Vertreter klapperten unermüdlich die Moskauer Werkzeuglager, Büros, Fabriken und Stützpunkte ab oder fuhren auch auswärts herum, nach Ljuberzy und Tomilino.

So ging alles seinen Gang, bis zu der Geschichte mit den Kartoffeln. Hier verlor Senin jedes Maß. Hier riß ihm die Geduld – ansonsten war unser Abteilungsleiter geduldig und gewitzt, er war kerngesund, ging nicht, sondern lief durch die Gänge und Stockwerke, selbst in der Kantine lief er mit seinem Napf Kohlsuppe, er sprach schnell und nicht sonderlich deutlich, hatte ein unauslöschliches Blitzen in den schwarzen, ölig schimmernden Augen, brachte Tage und Nächte in der Fabrik zu, übernachtete so manches Mal auf dem Ledersofa in seinem Büro –, und nun platzte ihm also der Kragen, und er fragte Sascha unverblümt: „Sag mal, gedenkt dein Verwandter sein Versprechen zu halten?“ – „Was für ein Verwandter?“ – „Der von der Hauptverwaltung. Der deinetwegen bei Wassili Arkadjewitsch angerufen hat.“ Sascha wußte nicht, wovon die Rede war. Er wußte nichts von der Hauptverwaltung. Außer der Schwester hatte er keine Verwandten in Moskau. Senin, der Saschas Verwunderung sah, ihm aber nicht glaubte, brüllte zornig: „Wozu, zum Teufel, bist du nütze? Ich brauche Gewindedrehbänke, aber nicht einen Verladearbeiter, der Gedichte schreibt! Was nützt du der Abteilung?“ Das spielte sich in der Werkstatt ab, Ljuda und Nadja waren in der Nähe, und wir drei – Terentjewitsch schwieg – traten für Sascha ein, sagten, er sei ein fleißiger, anstelliger Bursche, arbeite gut und nütze der Abteilung sehr wohl. Senin rannte wütend weg und knallte die Tür dermaßen zu, daß die Glasscheibe wie während des Flakfeuers klirrte. Terentjewitsch, insgeheim zufrieden – er konnte nicht mal sein Grinsen verbergen –, sagte, anscheinend habe unser Senin von Wassili Arkadjewitsch, dem Chefingenieur, eins auf den Deckel gekriegt. „Wo sollen wir auch Gewindedrehbänke herkriegen? Die werden heutzutage mit Gold aufgewogen. Verrückt spielen hilft nicht, nur Köpfchen." Den ganzen Tag war Senin übler Laune, fauchte die Leute aus seiner Abteilung an, scheuchte die Lagerarbeiter der Fabrikabteilungen und donnerte sie wegen Belanglosigkeiten zusammen, man hatte Angst, mit einer Anforderung zu ihm zu gehen. Den ganzen Tag unterschrieb er nur zwei Anforderungen, in den übrigen Fällen hieß es: „Nicht da" oder „Nicht nötig" oder „Ihr kommt auch ohne aus". Doch am Abend kam er ins Zentrale Werkzeuglager, als suche er etwas, flitzte zwischen den Regalen herum – Terentjewitsch immer hinter ihm her, zwar nicht auf den Fersen, aber ohne ihn aus den Augen zu lassen –, und sagte beiläufig zu Sascha: „Entschuldige, Antipow, daß ich explodiert bin. Das war dumm, was ich zu dir gesagt habe, mach dir nichts daraus, alles Quatsch. Ich habe nichts gegen dich." Und Sascha antwortete gutmütig: „In Ordnung, Lew Filippowitsch, schon vergessen." Natürlich hatte er es nicht vergessen, doch sein Ärger richtete sich nicht gegen Senin, sondern gegen seine Schwester Ljudmila. Er vermutete, sie habe diese Gemeinheit mit dem angeblichen Verwandten von der Hauptverwaltung ausgeheckt. Sie drückten einander die Hand, doch im Weggehen zwinkerte Senin Sascha zu und sagte halblaut: „Klemm dich trotzdem mal dahinter wegen der Drehbänke. Wenn ich keine Gewindedrehbank auftreibe, drehen sie mir den Kopf ab. Oder hakken ihn ab, wie du willst." Sascha schrie geradezu auf: „Aber was kann ich denn da tun, Lew Filippowitsch? Ich hab den Kerl nie im Leben gesehen!" Senin winkte begütigend ab und lächelte. „Macht nichts, du wirst es schon schaffen, wirst ihn schon kennenlernen ..."

Sascha ging niedergeschlagen nach Hause, zankte sich mit seiner Schwester, sprach eine ganze Woche nicht mit ihr. Um sich mit dem Bruder zu versöhnen und ihm zu helfen, suchte sie den Mann zu Hause auf, bat um die Drehbänke, doch er wies sie ab. Alles ging Sascha schief, und die Sache wurde immer verfahrener. Und je mehr der Natschalnik ihm zürnte – Senin hatte sich zwar entschuldigt, war aber eingeschnappt, und seine Gereiztheit staute sich, er glaubte, Sascha könne, was die Gewindedrehbänke betraf, etwas ausrichten, wolle nur nichts tun, weil er faul und undankbar sei, und Terentjewitsch, der den Sinneswandel bei seinem Chef gewahrte, wurde auch gehässig und fing an, Sascha zu schikanieren –, je mehr das alles deutlich wurde, desto rascher schwand meine frühere Feindseligkeit, und Sascha wurde mir sympathisch. Mich wunderte, wie ruhig und friedlich er alles ertrug. Nein, ich hätte das nicht gekonnt! Ich hätte Senin längst mal angefahren und dem Alten für seine Schikanen und Stänkereien gezeigt, wo er mich könne. Mich hätte Terentjewitsch auch nicht dazu gebracht, Tabak zu holen, und schon gar nicht, Tabak gegen Kohl einzutauschen. Gehustet hätte ich dem was! Zwischen ihm und Sascha gab es Streit. Die Tabakfabrik lag gegenüber, und wenn die Lastwagen mit Ballen von Tabakblättern langsam die Gasse heraufkamen und ins Tor einbogen, schafften es Jungen, mit Hilfe von Haken ein oder zwei Ballen herunterzuangeln. Die Tabakblätter verkauften sie dann auf dem Tischinski-Markt oder gleich vor der Fabrik, vertauschten sie gegen Brot. Und gegen Kohl. Wir bekamen manchmal etwas zusätzlich zu den Lebensmittelmarken, zum Beispiel Auflauf oder Kohl. Immerhin bauten wir Flugzeugkühler. Der Auflauf war aus Soja, ein süßlicher Brei, der wie sauer gewordenes Eis aus der Vorkriegszeit schmeckte. Der größte Vorzug des Auflaufs, dessentwegen ihn alle liebten, war, daß man ihn geschenkt bekam, auf Zusatzmarken. Darum hieß er Zusatzmarkenauflauf. Man konnte ihn nur aufessen, sich damit den Bauch vollschlagen, während sich für den Kohl etwas Gutes eintauschen ließ. Eines Tages also bat Terentjewitsch Sascha – das heißt, er bat nie um etwas, sondern sprach in einem knurrigen, halb befehlsmäßigen Ton in den Raum –, er solle, wenn er zum Mittagessen gehe, seinen, Terentjewitschs, Kohlkopf nehmen und dafür bei den Bengels Tabakblätter eintauschen. Sascha wollte nicht recht. Er sagte: Nein, er gehe nicht, die Bengels würden gejagt, und wer ihnen etwas abkaufe, könne wegen Hehlerei eingelocht werden. Die Wahrheit war wohl, er wollte dem Alten keinen Gefallen tun. Terentjewitsch hänselte ihn leise: „Da sieht man's, was du für ein Held bist! So einer bist du also! Einlochen ... Die ganze Fabrik tauscht doch ... Und ich dachte, dich nehmen sie nicht wegen deiner schlechten Augen!" Sascha schwieg gequält, plötzlich aber schrie er: „Mir reicht's, halten Sie das Maul!", nahm den Kohlkopf des Alten und rannte weg. Und es war klar, daß ihm etwas passieren würde.

Zehn Minuten später bekam Senin einen Anruf vom Pförtner, dann einen von der Verwaltung. Ein Malheur! Senin kam in finsterer Wut zu uns, schnauzte alle an, nannte Sascha einen Idioten, Terentjewitsch einen „alten Kulakenstiefel", schrie: „Ich weiß vor lauter Arbeit nicht, wo mir der Kopf steht, und jetzt kriege ich auch noch Ärger wegen solchem Dreck!" und sauste zur Werkleitung – um sich einen Anschiß abzuholen. Er konnte sich einfach von Sascha distanzieren. Was lag ihm an Sascha? Die Ordnungshüter gedachten die Sache vor Gericht zu bringen, damit den anderen der Appetit verging: die Direktion der Tabakfabrik verlangte Unerbittlichkeit. Sie erklärten: „Unsere Produktion ist auch kriegswichtig. Der Tabak geht an die Front. Wer ihn stiehlt, nimmt den Soldaten eine Freude und untergräbt den Kampfgeist der Armee. So was muß nach dem Kriegsrecht geahndet werden." Sascha saß arg in der Klemme. Nachher stellte sich heraus, es war alles noch schlimmer! Wir erschraken. Sascha wurde den ganzen Tag nicht aus der Verwaltung herausgelassen, und wir erfuhren nicht gleich, was los war. Senin erzählte, über Saschas Idiotie empört: Ein Wächter, der im Hof der Kantine aufpaßte, habe Sascha gerade in dem Augenblick gerufen, als ihm ein minderjähriger Übeltäter Tabakblätter aus einer Zeitung in die Mütze schüttete. Er habe ihn träge und gutmütig gerufen, daraufhin hätte Sascha schlicht die Flucht ergreifen oder sich schnellen Schrittes entfernen müssen, am besten auf die Straße. Die Bengels hätten das auch getan, unser Trottel aber sei stehengeblieben und habe den Wächter doof angeguckt. Die Zeugen sagten, sie hätten den Eindruck gehabt, der Mann sei wie versteinert gewesen. Jedenfalls sei dem Wächter weiter nichts übriggeblieben, als hinzugehen und ihn zu fragen, was denn hier los sei. Und darauf habe dieser Typ die Wahrheit gesagt. Nun habe der Wächter ihn nicht laufenlassen können und ihn zur Pförtnerloge und weiter zur Verwaltung geschleppt. Unser Verwalter sei bekanntlich alles andere als eine Verstandesleuchte. Und die beiden hätten zueinander gepaßt: der bockige Idiot und der beschränkte Verwalter.

Senin kam just in dem Augenblick herein, als der Verwalter wie wild mit der Faust auf den Tisch schlug und wissen wollte, wessen Kohlkopf das gewesen sei. Sascha, bleich, aber gefaßt, blieb fest: „Das kann ich Ihnen natürlich nicht sagen." Es war alles Schwachsinn, die Frage des Verwalters und Saschas sinnloses Leugnen, doch merkwürdigerweise wuchs sich der Schwachsinn aus, bekam Gewicht, gewann Kraft, und man ließ Sascha zwar wieder laufen, hatte aber die Miliz gerufen und ihn unterschreiben lassen, daß er sich nicht aus seinem Wohnort entfernen werde. Als Sascha am nächsten Tag in der Werkstatt erschien, wurde er sofort in Smerins Büro gerufen. Dort brachte er den ganzen Tag zu. Wir wußten nichts von ihm.

Der Tag war ruhig wie selten einer. Aus den Werkhallen kam niemand. Terentjewitsch mußte ins Krankenhaus, weil durch die Aufregung sein Magengeschwür aufgebrochen war. Der Schlosser Lobow, ein hagerer, mürrischer Mann, der an Asthma litt, nutzte Terentjewitschs Abwesenheit und drehte den ganzen Tag Zigarettenspitzen aus Plexiglas, und ich ging gegen Abend ins Lager, um zu rauchen und mit den Frauen zu schwatzen. Nadja zog mich irgendwie an. Vielleicht, weil der törichte Terentjewitsch uns weiterhin beargwöhnt und sogar ein Schloß vor die Schleifmittelkammer gehängt hatte. Nadja hatte sich darüber aufgeregt und war mir aus dem Weg gegangen. Doch jetzt, in Terentjewitschs Abwesenheit, war sie verändert: sie schaute mich unbekümmert an, unterhielt sich ohne weiteres mit mir, während mir in ihrer Gegenwart ganz mulmig wurde. Ich wollte ihr gern auf den Zahn fühlen – wegen einer vagen Vermutung. Wir sprachen von Sascha: wie ihn anfangs keiner mochte und wie wir ihn jetzt, sei es auch mit Scherzen und Gelächter, von Herzen bemitleideten. Es war einfach nicht zu glauben, daß so etwas Belangloses – die Tabakblätter von den Jungen fanden doch bei allen reißenden Absatz – schlimm ausgehen könnte. Doch es war eine harte Zeit, der Tod hielt reiche Ernte, wir bauten Flugzeugkühler. Smerins Gesicht war tiefrot wie Siegellack, er hatte schwarze Brauen, schwarze Augen und einen quadratischen schwarzen Schnurrbart. Er ging in Zivil, doch manchmal zog er Majorsuniform an, den langen Mantel trug er wie einen Umhang.

Am meisten verängstigt war Ljuda.

„Ach, ich glaube nicht, daß Senin ihm hilft! Der Junge ist verloren ..."

„Ach was!" sagte Viktor Iwanowitsch sorglos, doch in Wirklichkeit schadenfroh. Er fuhr nicht gern mit Sascha, weil der ihn bei jedem möglichen Anlaß in Streit verwickelte und überhaupt zeigen wollte, daß er besser beschlagen sei. „Sie waschen ihn ein wenig durch und hängen ihn auf die Leine zum Trocknen. Er ist doch ein bockiger Kerl."

„Wo denken Sie hin, Viktor Iwanowitsch! Er ist treuherzig, der Sascha ..."

„Ein Schafskopf ist er, aber nicht treuherzig. Hat eine Menge Bücher gelesen, aber nichts daraus gelernt. Wodka trinken kann er auch nicht. Er nimmt so kleine Schlucke, als wär's Tee."

„Wer sollte es ihm beibringen? Er ist doch Waise, der Ärmste." Die mitleidsvolle Ljuda gab nicht nach. „Hat weder Mutter noch Vater ..."

Senin lief herbei, nahm sich irgendein Werkzeug und teilte im Vorübergehen – besser gesagt im Vorüberlaufen – mit, Sascha habe immer noch nicht gestanden, wem der Kohlkopf gehörte und wer ihn geschickt habe. Deshalb werde er festgehalten. Man wolle es herauskriegen. Man wolle einen Schauskandal daraus machen und ihn exemplarisch bestrafen. Und durch sein idiotisches Verhalten hätten sie leichtes Spiel.

„Sie werden sich noch ausdenken, ich hätte ihn zum Tabaktauschen geschickt! Na und? Keine schlechte Idee! Obwohl alle wissen, daß ich Nichtraucher bin ..." Senin winkte halb ärgerlich, halb erschrocken ab und eilte davon.

Es war nicht klar, ob er etwas unternahm, um Sascha zu helfen, oder ob er ihn aufgegeben hatte. Über die Sekretärin des Direktors, mit der Viktor Iwanowitsch bekannt war, erfuhren wir dann: Er unternahm etwas. Er war beim Direktor gewesen. Er hatte mit dem Parteiorganisator der Fabrik gesprochen. Und natürlich mit Wassili Arkadjewitsch Olsufjew, dem Chefingenieur, eine Unterredung geführt, denn durch den war Sascha hergekommen. Doch es war ein ungünstiger Zeitpunkt – das Monatsende. Niemand hatte für ihn Zeit. Der Direktor sagte: „Ihr halst mir anderer Leute Arbeit auf. Ich mische mich nicht in Angelegenheiten der Sicherheitsorgane ein." Sascha wurde abends nicht aus der Verwaltung herausgelassen, brachte die Nacht dort zu, und am nächsten Morgen kam ein Mann und holte mich in die Werkleitung zum Genossen Smerin. In einem stark geheizten kleinen Zimmer saß Smerin, rotgesichtig, schwarzhaarig, er lehnte sich zurück und betrachtete mich von weitem mit schiefgehaltenem Kopf, wie ein Maler sein Modell.

„Du ahnst, weshalb ich dich herbestellt habe?"

„Nein", sagte ich. „Das heißt, vielleicht ja ..."

„Vielleicht? Soso, vielleicht ..."

Smerin schüttelte den Kopf und knurrte, als verblüffte ihn meine freche Antwort. Ich war zum erstenmal hier und sprach zum erstenmal mit Smerin. In seinem dickbäckigen, tiefroten Gesicht und in seiner abgehackten, pausenreichen Sprechweise lag etwas undurchsichtig Vielsagendes. Es war, als wollte er seinen Gesprächspartner über die Hauptsache rätseln lassen. Plötzlich fragte er:

„Bist du ein guter Physiognomist?"

„Ich weiß nicht", sagte ich.

„Schau dir mal das Foto an. Wem sieht dieser Mann ähnlich?"

Er reichte mir ein Foto. Ein Mann in mittleren Jahren, schwarzhaarig, mit Zwicker, in hellem, engsitzendem Anzug, weißem Hemd und Krawatte, auf den Knien ein etwa fünfjähriger kraushaariger Bengel. Ich sagte, den Mann kennte ich nicht. Ich hätte ihn nie gesehen.

„Du hast recht. Ihn hast du nicht gesehen. Aber den – den siehst du jeden Tag." Sein Finger zeigte auf den Bengel. „Vor dir liegt ein Foto des vor sechs Jahren erschossenen Volksfeindes Antipow, Vater des Werkzeugtechnikers Antipow, der bei dem Versuch geschnappt wurde, gestohlenen Tabak zu kaufen. Es wird einen Schauprozeß geben. Die Leitung der Tabakfabrik hat dringend gebeten: Macht den Diebstählen am hellichten Tag ein Ende! Es ist unsere Pflicht, zu helfen und den Dieben und Schiebern auf die Pfoten zu hauen ..."

Dann die Frage, wer Antipow geschickt habe, Tabak einzutauschen. Ich sagte, ich wisse es nicht. Ich wisse nur, daß Antipow Nichtraucher sei und keinen Tabak brauche. Das stimmte, Sascha fing erst zwei Jahre später an zu rauchen. Smerin mißfiel meine Antwort.

„Du willst ihn decken?" Er kniff ein Auge ein, das andere schwarze, zottige zielte wie eine Mündung auf mich. „Das ist nicht richtig von dir. Das solltest du nicht tun. Bedenke, in jeder Kleinigkeit, selbst so einer harmlosen – was tut's schon, daß er den Jungen Tabak abgehandelt hat –, steckt jetzt ein politischer Hintergrund. Stimmst du mir zu?"

„Ja", sagte ich. „Aber einen Hintergrund kann man natürlich anhängen ..."

„Wie das?"

„Na, wie man den eben anhängt ..."

„Quatsch!" Smerin schlug mit der flachen Hand auf den Tisch. „Laß diese Witze! Hintergründe werden nicht angehängt, sondern aufgedeckt. Verstanden? Glaubst du denn, es ist Zufall, daß gerade in eurem Nest solche Sachen passieren? Da ist die Tscherepowa, die Bucklige, die wie wahnsinnig raucht, die war Nonne, bis das Kloster geschlossen wurde und alle diese dummen Weiber einen Tritt in den Hintern kriegten. Und der Alte, der Lagerverwalter? Ein schlauer Fuchs! Der schiebt andere vor. Er selber verkriecht sich mit einem offenen Magengeschwür im Krankenhaus. Der Alte gehört zu den Entkulakisierten, wir wissen genau Bescheid. Er ist seit zweiunddreißig in Moskau. Und Nadja Nowikowa, das ist auch so ein Früchtchen: Ihr Mann sitzt als Invalide zu Hause, und sie, du lieber Gott ... wieso sich schämen? Der Krieg entschuldigt alles. Na, und ihr beiden Grünschnäbel – wie kommt's, daß ihr beide auf Grund des gleichen Augenfehlers an ein und dieselbe Stelle gesetzt werdet? Aber was tun, wenn es an Leuten fehlt, sag selbst. Und das nutzt ihr aus, Herrschaften." Er blickte streng und zog die schwarzen Brauen über der Nasenwurzel zusammen. „Ich würde euch natürlich für eine andere Arbeit einsetzen. Doch auf alles kann man nicht aufpassen. Mein Lieber, es ist ein großer Krieg, und der Sieg wird von ungeheurem Wert sein ..."

Ich saß still da, hörte zu, versuchte zu ergründen und zu begreifen: Was sollte das alles? Plötzlich kam es heraus: Das Mißfallen richtete sich hauptsächlich nicht gegen Sascha, nicht gegen die ehemalige Nonne Ljuda oder den entkulakisierten Terentjewitsch, sondern gegen Lew Filippowitsch Senin. Denn ein Fisch faule vom Kopf her. Und nun gelte es herauszubekommen, ob die Leute im Materiallager zufällig oder nicht zufällig ausgesucht worden seien. Senin habe sie natürlich nicht selber ausgesucht, sondern jemand habe sie ihm zugeschoben. Von wem komme zum Beispiel Antipow? Etwa vom Chefingenieur Wassili Arkadjewitsch Olsufjew? Es sei wichtig, das genau zu wissen. Berieten Senin und Olsufjew oft miteinander? Komme Olsufjew öfter ins Materiallager? Sei er mit Terentjewitsch bekannt? Und die Tscherepowa, führe sie religiöse Gespräche? Bringe sie irgendwelche Bücher mit? Ich antwortete, was ich wußte. Ich wußte fast gar nichts. Olsufjew hatte ich nie mit eigenen Augen gesehen. Religiöse Gespräche hatte ich nie gehört. Die Bedeutsamkeit der Unterredung wurde immer nebulöser, die Angelegenheit immer verworrener. In Smerins Augen war ich einer, der kein Vertrauen genoß – das sagte er offen –, trotzdem sprach er vertraulich und bat sogar um meine Mithilfe. Doch ich konnte nicht mithelfen, denn ich wußte nichts. Von Olsufjew hatte ich gehört, doch von seinem Stellvertreter Maidannikow, über den Smerin gern etwas erfahren hätte, hörte ich zum erstenmal. Den Tabak und den Kohl, womit alles angefangen hatte, vergaßen wir beide. Doch als sich Smerin unvermittelt erhob, seine ziemlich kleine, ein wenig dickbäuchige Gestalt in der Uniformjacke am Tisch aufrichtete und sagte: „Du kannst gehen!“, da fragte ich, ob es ohne Schauprozeß abgehen würde. Er sagte: „Es hängt alles von Antipow ab. Und von dir.“ Wieder der bedeutsame bohrende Blick des zottigen Auges. Ich forschte nicht, was er meinte.

Als ich in die Werkstatt zurückkam, war Sascha dort: über den Schraubstock gebeugt, feilte er verbissen an einer Stanzform. Beim Arbeiten hatten sein Gesicht und die ganze Gestalt immer etwas Verkrampftes und eine etwas hektische Spannung. Terentjewitsch unterwies ihn oft: „Leichter, leichter! Wieso schmeißt du dich auf den Schraubstock wie auf ein Weib?“ Ich fragte Sascha:

„Hast du diese Nacht geschlafen?"
„Fast gar nicht."
„Wieso haben sie dich nicht laufenlassen?"
„Haben sie, aber zu spät. Die Metro fuhr nicht mehr. Ich bin hiergeblieben, aber schlafen konnte ich kein bißchen ..." Er verstummte, wischte sich mit dem Handrücken den Schweiß von den Wangen. Sein Gesicht war schmutzig. Am Schraubstock kam er immer ins Schwitzen. „Ich begreife nicht, was sie wollen."
„Und was glaubst du?"
„Wer weiß. Wohl eine exemplarische Bestrafung."
„Und was willst du machen?"
„Ich? Sollen sie mich doch bestrafen." Sascha zuckte die Achseln. „Ich hab nichts dagegen."
Es war Krieg, Flugzeuge wurden gebraucht. Wir bauten Flugzeugkühler, alles andere war bedeutungslos. Ljuda kam und flüsterte mit freudestrahlendem Blick auf Sascha:
„Gott sei es gelobt ... Ich habe für dich gebetet ..."
„Das ist gut", sagte Sascha.
Er wartete darauf, daß Nadja in die Werkstatt kam, doch sie hatte keine Zeit. Sie hatte das Materiallager unter sich, solange Terentjewitsch im Krankenhaus lag und sein Magengeschwür kurierte, das heißt sich von dem Schreck erholte. Nach drei Tagen erschien er wieder, abgemagert, still und mit silbrigem Bart, schlurfte wie ein alter Mann über den Zementfußboden, interessierte sich für gar nichts, schaute aber Sascha verlegen und erwartungsvoll an. Doch Sascha erzählte ihm nichts. Terentjewitsch erfuhr es von den Frauen. Eines Morgens brachte er einen zusammengerollten alten, abgewetzten Gürtel aus dickem Leder zum Vorschein und reichte ihn Sascha.
„Nimm ... Ich sehe, deiner taugt nichts ... Du

verlierst ja die Hosen ..." Er blickte düster, ohne Lächeln. „Der ist noch von meinem Sohn."

Terentjewitschs Sohn war einundvierzig als Pioniersoldat gefallen. Terentjewitsch sprach nie von ihm, als hätte es den Sohn nie gegeben und nicht den Gram, überhaupt klagte er nicht über sein Schicksal. Als er nun seinen Sohn erwähnte und einen Gürtel von ihm verschenkte, wunderten sich alle. Irgendeine Kraft in seiner Seele, die diese Seele starr und hart gemacht hatte, war geschwächt. Der Schreck saß ihm noch in den Gliedern, denn der Fall Antipow war nicht abgeschlossen. Ich aber wußte, daß es kein Fall Antipow war, sondern ein Fall Senin und womöglich gar ein Fall Olsufjew. Der Alte hätte noch fünf Tage im Krankenhaus bleiben können, doch die Angst um die Regale – wenn nun etwas passierte mit den wunderbaren Korundschneidwerkzeugen und den schiefergrauen Nadelfeilen in Wachspapier –, diese Angst war stärker gewesen. Senin war eine ganze Woche mürrisch, ging, ohne aufzublicken und schweigend, den Korridor entlang, sprach abgehackt, und es war unbegreiflich, in was für einer Welt wir lebten. Es hieß, Smerin habe ihn auch zu sich gerufen, und als er, fahl vor Wut, zurückgekommen sei, habe er eine Riesenanforderung der fünften Werkabteilung kurzerhand auf die Hälfte zusammengestrichen. Es gab Krach, Senin und der Chef der fünften Abteilung brüllten einander auf der Treppe an. Der Chef der fünften brüllte: „Die haben recht, es ist Zeit, daß eure Bande auseinandergejagt wird!"

Ich fürchtete, das Auseinanderjagen werde bald beginnen. Es sah ganz danach aus. Abends ging ich ins Materiallager zu den Frauen, und als ich an der verglasten Zwischenwand mit dem Fensterchen vorüberkam, hörte ich Nadja halblaut erzählen: „Ich sag zu ihm: ‚Schreib an den Volkskommissar', sag ich. ‚Wir müssen dem Jungen helfen', sag ich. Darauf er: ‚Warum ausgerechnet ich? Und wer hilft mir?' – ‚Hör mal zu', sag ich, ‚wenn du so ein Armleuchter bist und nicht schreibst, kannst du mir …'" Sie prustete los, flüsterte etwas, was ich nicht hörte. Die bucklige Ljuda antwortete flüsternd, die beiden kicherten. Ich blieb an der Tür stehen: sollte ich eintreten oder nicht? Das Geflüster und Gekicher der Frauen war keine Ermunterung für mich. Doch Ljuda hatte mich durch die Scheibe erblickt und winkte mit ihrer affenartig langen, flinken Hand.

„Komm rein! Komm, komm, komm!"

Ich trat ein und setzte mich auf eine Kiste neben dem Tisch.

„Senin hat mit Smerin Krach gehabt. Und wie!" raunte Ljuda, und ihre Augen strahlten vor Aufregung.

„Woher wißt ihr das?"

„Er hat es jemandem erzählt. ‚Setzen Sie mich doch von meinem Posten ab', hat er gesagt, ‚und schicken Sie mich an die Front, von mir aus in ein Strafbataillon. Darum bitte ich schon lange. Die Deutschen haben meine ganze Familie umgebracht', hat er gesagt, ‚deshalb will ich sowieso an die Front.'"

„Und Smerin?"

„‚Keine Sorge', hat er gesagt, ‚schicken werden wir Sie – aber in die entgegengesetzte Richtung. Wegen Verstoß gegen die Kaderpolitik, weil Sie feindliche Elemente in die Abteilung eingeschleust haben.' Und darauf hat unser Chef gesagt … Was hat er gesagt, Nadja?"

„Er hat gesagt: ‚Ihre Sorge sind die feindlichen Elemente und meine die praktischen Instrumente.' So ungefähr, ganz witzig. ‚Und wer wen wohin schickt', hat er gesagt, ‚das ist noch nicht raus.'"

Die Frauen lachten, wobei sie mich verschmitzt anschauten. Jetzt wußte ich auch, *wem* Senin das alles erzählt hatte. Ich hatte so etwas geahnt, darum traf es mich nicht sonderlich, als es sich nun bestätigte. Das heißt, es traf mich, aber nicht tief. Ich fragte, ob Senin Sascha helfen werde, ob er Möglichkeiten habe. Nadja sagte: „Ja." Und nach kurzem Schweigen fügte sie hinzu: „Geringe Möglichkeiten hat er. Er will natürlich keinen Prozeß und wird sich mit aller Kraft widersetzen. Aber was dabei herauskommt ..." Sie zuckte die Achseln. Ich glaubte ihr alles. Und vor allem glaubte ich meiner Ahnung. Sascha aber lebte in einer seltsamen Ruhe, ohne zu wissen, daß die Stürme über ihm und über uns allen weitertobten. An unserem freien Tag verabredeten wir uns, ins Kino zu gehen. Wir hatten Ende Februar, es war naßkalt und öde. Und als wir nach der Vorstellung – wir hatten den „Großen Walzer" gesehen und waren beide sehr ergriffen, besser gesagt, mitgenommen – schnellen Schrittes die Gorkistraße hinunter zur Metro gingen, um bis zur Sperrstunde, also gegen halb zwölf, zu Hause zu sein, da schütteten wir einander plötzlich das Herz aus. Ich erzählte von Olga, wie sie im Sommer zu mir gekommen war, den Abend und die Nacht aber mit meinem Freund verbracht hatte, wie ich sie verachtet und bedauert und mich gequält und im Oktober einundvierzig von ihr Abschied genommen hatte, jetzt sei sie wer weiß wohin evakuiert, doch ich könne sie nicht vergessen. Was für Frauen ich auch begegnete, in Gedanken kehrte ich immer zu Olga zurück. Übrigens sehe sie Dina Durbin ein wenig ähnlich, habe genauso ein ovales Gesicht und genauso ein Lächeln. Nein, ich könne sie nicht vergessen, obwohl sie mich verraten habe. Sascha erzählte eine Geschichte, die ihm kürzlich passiert war. Er kam ins Materiallager, unterhielt sich mit Nadja und Ljuda, Terentjewitsch wuselte bei den Regalen herum, und plötzlich ging das

Licht aus. In der ganzen Fabrik war der Strom abgestellt worden. Unten hörte der Preßlufthammer auf zu wummern, oben in der Werkzeugmacherei verstummten die Drehbänke, und die verglaste Zwischenwand klirrte nicht mehr. Terentjewitsch tappte im Dunkeln herum und knurrte: „Wo ist eine Kerze? Ljuda, such eine Kerze!“ Ljuda fand nichts, polterte und stolperte herum, die Ärmste, und Sascha saß schweigend auf dem Stuhl. Es fand sich keine Kerze, Terentjewitsch schlurfte murrend an der Zwischenwand entlang zur Tür, Sascha aber erstarrte, denn es bot sich eine einmalige Gelegenheit: Nadja war neben ihm, und es war still und dunkel. Plötzlich Nadjas Stimme: „Sascha, willst du eine rauchen?“ Eine leichte Hand tauchte aus der Dunkelheit und berührte seine Schulter, seine Wange, seine Lippen, er bekam Herzklopfen, mit leichten Fingern, die ein wenig bebten, verhielt sie auf den Lippen, als stocke sie, eilig und ratlos, und taste im Dunkeln, nur für ein, zwei Sekunden, denn in der nächsten Sekunde antworteten seine Lippen den leichten Fingern, und sie verschwanden. Ehe er es sich versah, riß jemand ein Streichholz an, ein Stuhl knarrte und – es wurde hell. Er saß am Tisch der Werkzeugausgabe, und an der anderen Seite des Tisches saß Ljuda, während Nadja weiter weg stand. Es war gar nicht ihre Hand gewesen. Was für zarte, körperlose Finger Ljuda hatte! Nadja rauchte geruhsam, hielt Sascha von weitem eine Papirossa hin – obwohl er Nichtraucher war, doch sie vergaß es immer –, Ljuda aber barg das Gesicht in den Händen, beugte den Kopf – ihr Haar war schwarz und glatt wie das Gefieder einer großen alten Krähe – tief über den Tisch und stammelte tonlos vor sich hin.

„Weißt du, natürlich war ich einen Moment erschrocken ... Nein, das stimmt nicht ... Das ist nicht wahr ...“, murmelte Sascha. „Wie ein Umsturz war es einen Moment. Plötzlich stürzte alles um ... Nur finde ich Ljuda wirklich gut, sie ist bestimmt die Beste von uns ... Ihre Finger sind so sanft ... Sie hatte Mitleid mit mir ... Aber als ich mit einemmal glaubte und jubelte – wie irrsinnig, verstehst du? –, da war einen Augenblick lang so eine Kraft ... so ein ...“

Er erklärte es nicht. Ich begriff: Glück. Das hatte er im Februar vierundvierzig im Werkzeuglager erlebt, bei Tage, im Dunkeln, als der Strom abgeschaltet war und Krieg war und der Krieg Flugzeugkühler verschlang. Mir wurde schwer ums Herz vor Mitgefühl, denn ich wußte schon – aus dem Glück würde nichts werden. Sollte ich es ihm sagen? Ihn warnen? Das brachte ich nicht fertig.

Es wurde März. Senin erschien eines Tages in der Werkstatt und fuhr Terentjewitsch und uns wütend an:

„Wo sind die A-12-Stanzen? Alles liegenlassen und die Stanzen reparieren! Was seid ihr für welche? Was ist das für eine Schlamperei! Ich hab gestern klipp und klar gesagt: Morgen alles zum Teufel und die Stanzen machen, nichts als die Stanzen! Wozu rennt man euretwegen mit dem Kopf durch die Wand? Wie? Was?“ Er stürmte an der Werkbank vorbei, kam zurückgelaufen und sagte: „Antipow, du kannst weiter Gedichte schreiben. Du kriegst eine strenge Rüge, weiter nichts. Smerin dachte, mich kann er fressen, aber daran wäre er fast krepiert. Der wird an mich denken! Soll er mir mal sagen, wo es noch so ein Werkzeuglager gibt wie unseres! Wo gibt's so eine Auswahl von Bohrern? Wo gibt's solche Fräsen? Ganz Moskau kommt zu uns betteln. Senin rauszuschmeißen ist kein Kunststück, aber was dann? Übrigens, Antipow, ich hab deinen Verwandten bei der Hauptverwaltung angerufen. Laß dir gesagt sein: Er ist ein Dreckskerl. Er behauptet, er sei nicht mit dir verwandt und kenne dich nicht. Aber ich habe andere Hebel in Bewegung gesetzt ... Was machen Sie da, Terentjewitsch?!" brüllte er außer sich. „Wer nimmt denn dafür eine Handsäge?"

Er sprang auf Terentjewitsch zu, riß ihm die Säge aus der Hand und warf sie angewidert beiseite. Dann eilte er ins Materiallager, und ich sah durch die Glasscheibe, wie er, als er an den Frauen von der Ausgabe vorüberkam, Nadjas golden schimmernden Kopf berührte und kurz zauste, dann verschwand er hinter der Ecke eines Regals. Nadja erzählte nachher Ljuda, und die teilte es mir im Vertrauen mit, Senin habe gestanden: „Ich hätte ihm nicht geholfen, aber mit einemmal fiel mir ein: Er ist Waise. Ich bin selber durch den Krieg verwaist. Vielleicht ist es Unsinn, aber wir Waisen müssen einander helfen ... Und noch unsinniger: Alle ringsum sind Waisen und müssen helfen ..." Das sagte Senin. Und damit hatte die ganze Sache ihr Bewenden. Es war alles beim alten. Doch der Krieg verlagerte sich nach Westen, man konnte aufatmen, darum blieb nicht alles beim alten, das Alte war unnötig, verhaßt, sollte verschwinden, für immer wegsein, mit jedem Tag aber klärte und näherte sich das Neue. Und als Vorbote des Neuen gab es etwas Vergessenes, ein schwaches Vorzeichen besserer Zeiten, Sascha und ich kannten so etwas gar nicht: eine Abendfete.

Ljuda lud uns ein, sie wurde vierzig, der Frauentag stand bevor, an der Front gab es Erfreuliches, jede Woche Salut, fast die ganze Ukraine war befreit, die Unsrigen stürmten an der Leningrader und an der Wolchowfront, und an einem freien Tag, als es allen paßte, wurde eine Fete gefeiert! Das windschiefe Holzhaus lag in einer Quergasse der Nishnjaja Maslowka, nicht weit von der Fabrik. Durch die Maslowka, die Prawda-Straße hinunter, zweite Gasse links – dort war die Fabrik. Für die

Fete gab jeder fünfzig Rubel, Senin hundert, auf Marken wurden Wodka, Bonbons, ein paar Fischkonserven gekauft, der eine brachte Kartoffeln mit, der andere Zwiebeln, der dritte Kohlrüben, gemischter Salat wurde bereitet, wir setzten uns dicht gedrängt um den Tisch, lärmten, schrien, tranken aus Schnapsgläsern Wodka, dann Tee, dann wieder Wodka, sangen Lieder, es war schwül, schrecklich überheizt, doch alle vergnügten sich, es war ungemein lustig. In meinem Leben hat es nichts Lustigeres gegeben. Ebenso in Saschas. Wieder gerieten wir aneinander: wer kämpft den anderen nieder? Viktor Iwanowitsch wettete einen Zehner auf mich, Senin einen auf Sascha, der Tisch wurde abgeräumt, wir stemmten den Ellbogen auf, packten an und versuchten, den Unterarm des Rivalen niederzudrücken, ich trickste, half mit der Schulter nach, ohne daß es jemand bemerkte, sein Unterarm senkte und senkte sich langsam, mochte er auch das Gesicht verziehen und mit den Zähnen knirschen, ich drückte ihn nieder. Alle schrien durcheinander, beglückwünschten mich, Sascha aber zog ein finsteres, böses Gesicht. Zum erstenmal wurde ich gewahr, wie böse er gucken konnte. Sicherlich verdroß es ihn, daß ich ihn vor Nadja besiegt hatte. Plötzlich sagte Senin: „Komm, ich werde Antipow rächen!“ Er krempelte seinen Ärmel bis zum Ellbogen auf, kniff die ölig schimmernden Augen ein, sein rötlich behaarter Arm war schmal, aber sehnig, und ehe ich es mich versah, drückte er frech und gegen die Spielregeln mit dem ganzen Körper und preßte meinen Arm natürlich auf den Tisch. War das ein Wunder? Er hatte mich unverhofft überfallen, wie Deutschland uns überfallen hatte. Ich protestierte, er lachte: „So wird's gemacht! Köpfchen!“

Und plötzlich sagte Nadjas Mann Serafim – der Invalide mit den Krücken, der eine Hakennase hatte und bläuliche Flecke im Gesicht, er hatte die ganze Zeit wortlos am Tisch gesessen und nicht mitgesungen –, plötzlich sagte er mit einer wie vom Grund eines Flusses kommenden, unheimlich glucksenden Stimme: „Wetten, daß ich jeden unterkriege?“ Es klang so, daß niemand Lust hatte, gegen ihn zu kämpfen. Wir taten, als hätten wir nichts gehört. Denn wer seine athletischen Schultern und die kräftigen und gewandten, durch die Krücken über die Maßen trainierten Arme sah und die absonderliche Stimme hörte, glaubte ihm, daß er es schaffen würde. Das eine Auge war zu einem dunklen Schlitz verquollen, das andere war hell, rund, schön und blickte streng, und ich merkte nicht gleich, daß es ein Glasauge war. Serafim hatte durch eine Bombe ein Bein und ein Auge verloren. Mit dem Wodka im Leib saß er und schaukelte, stieß von Zeit zu Zeit dumpfe, im allgemeinen Lärm untergehende Laute aus, wie Stöhnen. Ljuda und Nadja hatten das Haar aufgelöst. Ljudas war schwarz, Nadjas schimmerte wie goldener Flaum, sie hatte den Zopf aufgeflochten, und das Haar hing offen über den Schultern. Die beiden sangen sehr schön zweistimmig. Ljuda hatte eine feine, zarte, mädchenhafte Stimme, Nadja aber sang mit tiefer Stimme. In Ljudas Zimmer – hier hatten sie den Tisch gedeckt, weil mehr Platz war, Nadja und Serafim bewohnten das Nebenzimmer, die Tür war weit geöffnet – stand in der Ecke ein Klavier, Ljuda spielte fast pausenlos. Woher nahm ihr schwächlicher Körper die Kraft? Ohne den Buckel und das bleiche, gelatinefarbene Gesicht hätte sie wirklich wie ein junges Mädchen ausgesehen. Ich bemerkte im Zimmer nichts, das an eine Nonne erinnerte. Bis auf die Ikone, die in der Ecke hing.

„Jetzt leg ich euch eine Polka hin!“ rief Ljuda und warf die schmalen Finger hoch über den Kopf. Unermüdlich flitzten die Finger. Und als Ljuda einen

Augenblick innehielt, um zu verschnaufen und in den zerfledderten Noten zu blättern, erzählte sie munter und fröhlich vom Meistergeiger Valerian, einem unglaublich schönen jungen Mann, der vor dem Krieg in sie verliebt gewesen sei und sie angefleht habe, seine Frau zu werden, aber sie, dumm, wie sie sei, habe ihn abgewiesen. Er sei oft in dieses Zimmer gekommen – damals lebte ihre Mutter noch, und Serafim und Nadja wohnten nicht hier –, habe sich hingesetzt und sie leise gebeten: „Spiel, Liebste, spiel! Ich kann dir immer und immer lauschen!" Und er habe mit geschlossenen Augen gelauscht. Lange, dunkle Wimpern habe er gehabt. Oft habe er sich auf die Fußmatte niedergelassen wie ein Hund und mit den Lippen nach ihren Händen gehascht – dann sei's aus gewesen mit dem Klavierspielen ... Ich hörte verblüfft zu. Was für ein wunderbarer Mensch muß man sein, um ein buckliges Mädchen liebzugewinnen!

„Du schwindelst doch, Ljuda", sagte Viktor Iwanowitsch. „Spielen kannst du gut, aber schwindeln mußt du nicht."

„Wieso schwindle ich, Viktor Iwanowitsch?" In Ljudas Stimme war nicht Kränkung, sondern wie zuvor Freude, Betäubung. „Ich schwindle kein bißchen. Dort in dem Kästchen sind seine Briefe. Er schickt mir an jedem freien Tag eine Nachricht. Von der belorussischen Front."

„Schreibst du dir die nicht selber?"

„Aber Viktor Iwanowitsch! Ich feiere fröhlich, warum wollen Sie mich blamieren?" Lachend winkte sie mit der affenartigen Hand ab.

Wir saßen lange, bis elf, fast bis zur Sperrstunde, da ging wie in der Fabrik plötzlich das Licht aus, wir lachten, erzählten im Dunkeln unanständige Witze, Viktor Iwanowitsch kannte viele, und was für welche – oho! Das Licht ging an, Ljuda lief zu den Nachbarn, bat um Papirossy und Machorka, und als sie zurückkam, saßen alle ruhig und gemütlich da und schwatzten fröhlich – über Terentjewitsch, über seine Alte, vor der er eine Mordsangst hatte, sie hatte ihn nicht zu der Fete gelassen, und er „liebte" sie so sehr, daß er lieber in der Schleifmittelkammer als zu Hause übernachtete, und über seinen Argwohn, darüber, daß die Kammer seine Phantasie erhitze, über all diesen Unsinn – und plötzlich sahen wir über dem Tisch langsam eine Krücke in die Höhe schweben. Ohne ein Lächeln und schweigend hielt Serafim die Krücke mit einer Hand über dem Tisch.

„Was machst du denn, Serafim?" fragte Ljuda.

„Nimm sie sofort runter!" sagte Nadja.

Serafim nahm die Krücke nicht weg. Er richtete sie auf Senin, hielt den breiten Griff mit dem abgewetzten Lederpolster genau über dem Kopf unseres Chefs.

„Was soll das heißen?" knurrte Senin und schob die Krücke weg, doch Serafim richtete sie erneut auf Senins dunkelroten Haarschopf. Im übrigen tat das Senin keinen Schaden. Die Krücke schwebte ein paar Fingerbreit über ihm, ohne die Haare zu berühren. Aber natürlich war es unangenehm, die Unterhaltung stockte, alle verstummten. Senin stieß die Krücke zweimal weg, doch Serafim brachte sie hartnäckig wieder in die gleiche Stellung. Erwähnt sei, daß er die schwere Krücke mühelos mit einer Hand hielt. Natürlich hätte Senin die Krücke packen und sie Serafim, der ihm gegenübersaß, aus der Hand reißen können, doch dann hätte es einen Skandal oder eine Prügelei gegeben, was er nicht wollte, darum saß er starr und still, sogar irgendwie erschrocken, wagte nicht aufzustehen und wegzugehen, um nicht mit dem Kopf gegen die Krücke zu stoßen, und erinnerte an einen Käfer, über dem ein Kescher schwebt. Schließlich stellte er sich um und tat, als wäre die Krücke nicht da, als wäre alles in Ordnung und man könne die Unterhaltung über Terentjewitsch fortsetzen.

„Nein, seht mal“, sagte er, „Terentjewitsch ist ein ungewöhnlicher Mensch ... Er ist nach einem langen Leben in die Fabrik gekommen, nach allerlei Aufregungen ... Trotzdem, versteht ihr ...“

Sosehr Senin auch ruhig bleiben wollte, es gelang ihm nicht, er wurde rot, spannte den Hals, seine Lippen preßten sich unnötig und unkontrolliert zusammen, die Krücke über seinem Kopf aber begann zu hüpfen: Serafims Hand wurde müde. Doch womöglich zielte die Krücke, wie sie am besten auf das hochgekämmte Haar niedersausen könne. Alles war bis zum äußersten gespannt, jetzt mußte es etwas geben – eine Explosion, Geschrei. Serafims Gesicht war naß und starr, sein Kopf zitterte. Nadja drängte sich zu ihm, umarmte ihn und flüsterte:

„Serafim, Liebster, warum machst du das?“

Serafim schwieg. Seine Hand zitterte stark.

„Mein Gott, warum denn ...?“

„Genauso schwebten sie über uns“, versetzte Serafim plötzlich mit seiner Stimme vom Grund des Flusses. „Das gefällt euch nicht? Das wollt ihr nicht hören?“

„Das ist lange her, Serafim. Denk nicht daran.“

„Wieso lange her? Vorgestern.“

„Das ist lange, lange her, Serafim, streite nicht“, flüsterte Nadja, die Serafim umarmt hielt. „Ich war damals bei Wolokolamsk zum Holzfällen ... Dort sind viele Mädchen umgekommen ... Wir kriegten achthundert Gramm, und ich brachte das Brot meiner Mutter ... Ich lief, ohne zu fragen, für einen Tag nach Moskau ... Und wißt ihr, wodurch die Mädchen umkamen? Die Kiefern ... erschlugen sie ... Wir konnten es einfach nicht lernen ...“

„Abwurf – und weg waren sie“, sagte Serafim. „Schwenkten gemütlich ab ...“

Die Krücke drehte sich in der Luft, beschrieb zügig einen weiten Kreis über unseren Köpfen, senkte sich und verschwand unter dem Tisch. Nadja küßte Serafim auf die Schläfe und streichelte seine blaugefleckte Wange. Senin erhob sich.

„Also dann, Herrschaften ..." Er zog einen Kamm hervor und kämmte sich. „Danke für die Liebenswürdigkeit. Wir gehen. Und Kartoffeln besorge ich euch. Ich hab noch einen Sack gut. Nur hergeholt muß er werden."

Während wir, fast im Dauerlauf, zur Metro eilten, sprachen wir nur über die Geschichte mit der Krücke. Sascha sagte, Serafim sei wohl durch die Verwundung ein bißchen durchgedreht. Doch mir schien, es sei etwas anderes. Sascha ahnte nichts. Senin seufzte: „Arme Nadja! Mit so einem Gespenst zu leben!" Sascha sagte: „Ich finde, er ist ein guter Kerl." – „Na und? Ist's mit einem guten Gespenst eine Freude?" Viktor Iwanowitsch, der meinte, man müsse über alles offen, ohne Umschweife reden, bemerkte: „Lew Filippowitsch, Sie hätten nicht zu dem Abend kommen sollen." Senin wunderte sich: „Wieso denn?" – „Das wissen Sie selbst. Sie hätten es nicht tun dürfen. Darum ist das passiert." Senin zuckte die Achseln, schüttelte den Kopf, murmelte: „Na, ich weiß nicht, ich weiß nicht ..." Die Metro war leer. Bis zum Zentrum fuhren wir gemeinsam, dann trennten wir uns: Senin fuhr bis zur Kirowskaja, Viktor Iwanowitsch zum Kursker Bahnhof und Sascha und ich zum Kulturpark, nur stieg ich schon an der Lenin-Bibliothek aus, nahm den Obus. Während wir durch den verödeten Tunnel gingen, wo Frauen mit Schrubbern den Fußboden scheuerten und ein chemischer, nächtlicher, unterirdischer Geruch herrschte, erzählte Sascha, im Materiallager sei, als das Licht erlosch, noch einmal der gleiche Blödsinn passiert. Sie habe sein Gesicht gestreichelt, seine Hand an die Lippen gepreßt. Ihr habe das gefallen! Doch er habe ihre Hand zurückgestoßen. Und bestimmt grob. Er habe sich nicht beherrschen können, aus einer plötzlichen Abneigung heraus. Wieso mache sie das? Jetzt bewege es ihn, quäle ihn.

„Ich hab ein Gefühl, als hätte ich sie geschlagen. Was bin ich für ein Schwein!"

Ich beschwichtigte ihn: Ach was, er sei kein Schwein. Ich hätte bestimmt genauso gehandelt. Hauptsache, der heutige Abend sei gelungen. Es sei doch prima gewesen. Das fand er auch. Und wir glaubten insgeheim und fürchteten uns, daran zu glauben, daß uns im Leben noch viele solche prima Abende bevorstanden.

Wir bauten jeden Monat mehr Flugzeugkühler. Unsere Fabrik bekam eine Wanderfahne, und die Zeitungen schrieben darüber. „Die Fabrik und ihr Direktor, Genosse ..." Die Betriebsnummer wurde natürlich nicht mitgeteilt. Im Materiallager trafen nun amerikanische Werkzeuge in bunter Verpakkung ein. Besonders gefielen mir die schönen Schleifsteine. Jetzt hatte Terentjewitsch allen Grund zu zittern! In der Kantine gab es zu Mittag geschmortes Schweinefleisch aus Büchsen. Manchmal bekamen wir auf Fleischmarken Büchsen mit wundervoller rosafarbener Wurst, die man wie Honig mit dem Löffel essen konnte. Oder noch besser – in der Pfanne mit Kartoffeln braten. Sie war saftig, und man brauchte kein Fett zum Braten. Aber solche Leckerbissen waren selten, die Hauptnahrung, die einen rettete und deren man nie überdrüssig wurde, bildeten Kartoffeln. Und wer keine mehr hatte, empfand Besorgnis und Angst. Kartoffeln waren am allerwichtigsten: wichtiger als Schweinefleisch, wichtiger als Zucker, Streichhölzer, Petroleum, Seife.

Senin sagte: In Odinzowo auf einer Datsche stehe ein Sack Kartoffeln. Der gehöre ihm. Der Mann, der den Sack Kartoffeln habe, sei ihm etwas schuldig, und als Bezahlung seien Kartoffeln vereinbart. In der Nähe gebe es eine Fabrik, aus der Werkzeug geholt werden müsse, zwei Päckchen Bohrer, die man in die Tasche stecken könne. Er werde einen Dienstreiseauftrag ausschreiben. Man könne am Tage hinfahren. Und plötzlich sträubte sich Viktor Iwanowitsch – es gab Tage, an denen ihn eine stumpfe, wütende Sturheit befiel – und sagte, die Bohrer werde er holen, die Kartoffeln nicht.

„Bei Gott, Lew Filippowitsch, das geht schließlich nicht!" sagte er mit der inbrünstigen Stimme eines Wahrheitsfanatikers. „Es sind doch Ihre privaten Kartoffeln, nicht wahr? Und die wollen Sie von anderen während der Arbeitszeit holen lassen."

„Ich will sie nicht für mich."

„Für wen denn, wenn ich fragen darf?"

„Für einen Kriegsinvaliden."

„Ach, für einen Kriegsinvaliden!" Viktor Iwanowitsch lachte auf. „Diese Liebe zu den Kriegsinvaliden! Dann fahre ich erst recht nicht. Das wäre doch idiotisch. Nein, völlig ausgeschlossen, den Sack im Vorortzug mitzunehmen. Wer weiß, was für Kartoffeln ..."

„Sie brauchen ihn doch nicht zu schleppen, Viktor Iwanowitsch!" schrie Senin, und seine kleinen schwarzen Augen funkelten zornig. „Die Jungs werden ihn tragen. Haben Sie jemals was schleppen müssen?"

„Na, ich weiß nicht, Lew Filippowitsch. Und wieso sollen die Jungs ihn schleppen? Sind sie in einen Rüstungsbetrieb gekommen, um für Sie Kartoffeln zu schleppen?"

„Ich werde die Jungs darum bitten, verdammt

noch mal!" brüllte Senin, sein Gesicht und der Hals liefen rot an, die Augen röteten sich. „Wieso sollten sie es nicht machen? Wieso sollten sie keine Dankbarkeit kennen? Ich werde sie in aller Freundschaft bitten, nach der Arbeit, an einem freien Tag ..."

Sascha und ich standen dabei, doch sie taten, als bemerkten sie uns nicht.

„Nach der Arbeit wäre es etwas anderes. Darauf lassen sie sich vielleicht ein." Viktor Iwanowitsch zuckte die Achseln. „Das ist Ihre Sache."

„Genau! Und nicht Ihre!" dröhnte Senin. „Sieh einer an, so was von Pflichtbewußtsein! Dann gehen Sie in die Hauptverwaltung zu Suprunow und holen Sie Auslieferungsscheine. Aber kommen Sie nicht ohne die Scheine zurück. Sie reisen doch nicht gern umsonst herum."

„Ich würde mich nicht darauf einlassen", sagte Viktor Iwanowitsch, der eine Papirossa kaute.

„Gehen Sie bitte!" schrie Senin, und als der Vertreter hinausgegangen war, fluchte er. „Krepieren sollst du an deiner Schwindsucht ..."

Wir standen schweigend da. Die Kartoffeln zu holen, hatten wir natürlich keine Lust. Noch dazu an einem freien Tag. An einem Arbeitstag, das wäre noch gegangen. Darum sagten wir nichts zu ihm; genauso, wie er und Viktor Iwanowitsch getan hatten, als bemerkten sie uns nicht, taten wir, als hätten wir die Unterhaltung nicht gehört. Senin stapfte in der Werkstatt herum, eilte ins Materiallager, kehrte wieder zurück – ohne seine Bitte zu äußern. Bestimmt hoffte er, wir würden uns von allein erbötig machen, doch das taten wir nicht. Als er weggegangen war, sagte Terentjewitsch:

„Recht so, Jungs. Soll er sie selber herbuckeln oder ein Auto nehmen."

Aus dem Materiallager kam Ljuda unhörbar angehuscht.

„Wir meinen auch", flüsterte sie, „soll er doch bei der Fahrbereitschaft um ein Auto bitten. Wozu die Schlepperei, hab ich nicht recht?"

„Aber die Kartoffeln sind doch für euch, Menschenskind!" sagte der Schlosser Lobow.

„Wieso für uns?"

„Für Serafim und Nadja. Weißt du das nicht?"

„Wie soll ich das wissen?" Ljuda winkte ein wenig verwirrt ab. „Ich mische mich nicht in ihre Angelegenheiten ein ..."

Damit hatte sich die Sache. Wir drängten uns nicht auf, und er bat nicht. Der ganze Heckmeck hatte sich überhaupt nur ergeben, weil Viktor Iwanowitsch an jenem Tag in seinem kleinen Zimmer am Rasguljai-Platz in übler Laune aufgestanden war: ihm tat der Rücken weh, und das war ein schlimmes Zeichen.

Vor dem freien Tag sagte Sascha auf einmal zu mir, er wolle tags darauf nach Odinzowo fahren und die Kartoffeln holen, er habe es Senin versprochen und von ihm die Adresse bekommen. Das mißfiel mir. Es lag eine Spur von Streikbrecherei darin. Wir beide hatten uns anfangs davor gedrückt, dabei hätte man bleiben müssen, denn jetzt sah es so aus, als wären alle *schlecht* und nur er *gut*. Ich sagte ironisch:

„Den Chef sitzenlassen ging nicht?"

„Doch", sagte Sascha. „Aber ich wollte nicht. Er hat was Gutes für mich getan, und das vergesse ich nicht."

„Na hör mal", sagte ich. „Das wär ja noch schöner: Gutes tun und Gegenleistungen dafür verlangen."

„Er hat gesagt, er gibt Serafim einen halben Sack ab. Und Serafim kann die Kartoffeln nicht holen."

„So?" fragte ich ironisch. „Woher denn diese Liebe zu Serafim? Nicht bei ihm, meine ich, bei dir?"

Er guckte mich verdutzt an, und schlagartig wurde sein Blick böse. Wortlos ging er weg. Ich machte mich an meine Arbeit. Wir waren in der Werkstatt beschäftigt. Eine ganze Stunde sprachen wir kein Wort miteinander, doch mit anderen unterhielten wir uns. Viktor Iwanowitsch kam herein, wir erörterten die Ereignisse, die zweite Front, dann mußte ich in die benachbarte Werkhalle, und im Vorübergehen sagte ich zu Sascha:

„Denk daran, du wirst blöd dastehen."

Sascha antwortete nicht. Nach der Arbeit gingen wir getrennt zur Metro: er beeilte sich und lief voraus. Er stolperte sogar, der Ärmste. Was an dem freien Tag geschah, erfuhr ich abends.

Er fuhr bei Tage nach Odinzowo, doch während er auf der Suche nach der Straße und dem Haus im tiefen Schnee zwischen den vernagelten Datschen umherstapfte, wurde es dunkel. Schließlich fand er das Häuschen mit der Veranda, im Fenster brannte eine Kerze. Jemand erkundigte sich hinter vorgelegter Kette eingehend, von wem er komme und wieso. Sascha steckte einen Zettel von Senin durch. Ein kleiner alter Mann öffnete, der eine lange, fast bis zu den Knien reichende Strickjacke und Filzstiefel trug, einen Schal um den Hals gewickelt hatte und heiser sprach. Er war Fotograf und ein entfernter Verwandter von Senin. Ein kleiner Hund sprang im Zimmer herum. Er trug eine gestrickte Weste. Im Zimmer war es kalt und vom Kerzenlicht schummrig. Der Alte sagte, er habe jetzt wenig Arbeit und wisse nicht, wovon er leben solle. „Aber ich wäre noch heute bereit zu sterben", sagte er. „Bitte, ich wäre bereit. Meine Reichtümer sind nicht von dieser Welt. Ich hänge nicht am Leben." Doch den Sack Kartoffeln wollte er nicht herausrücken. Er sagte, er brauche die Kartoffeln selber. Ja, er sei Senin etwas schuldig. Das bestreite er nicht. Aber Senin sei auch so einer:

habe ihm Isolierband und Schalter versprochen, doch beides nicht geliefert. „Hat er Ihnen Isolierband mitgegeben?" – „Nein." – „Na sehen Sie. Also höchstens einen halben Eimer." – „Wieso einen halben Eimer!" Sascha war erschrocken. Er wollte die Kartoffeln gar zu gern nach Moskau bringen. Sie begannen zu streiten, Sascha redete dem Alten zu, der sträubte sich, dann bat er Sascha, ihm die Pekesche zu verkaufen – Sascha trug einen schönen alten Pelzüberrock von seinem Vater aus dem Bürgerkrieg –, doch Sascha sagte dem Alten, wenn er nicht am Leben hänge, brauche er weder die Pekesche noch die Kartoffeln. Da gestand der Alte, daß ihn Selma ans Leben binde – er zeigte auf den Hund, der, mit dem Stummelschwanz wackelnd, vor Antipow stand und ihn unentwegt anstarrte, die schwarze Schnauze hochgereckt, eine weise, treue Greisin. Sie stritten und feilschten, bis es ganz dunkel war. Am Ende knöpfte Sascha dem Fotografen den Sack Kartoffeln ab und buckelte ihn im Dunkeln zur Bahnstation. Der Sack war aus dickem festem Papier, das im Frost knisterte. Er wog etwa fünfzig Kilo – so behauptete Sascha später, doch Sascha übertrieb gern, also wohl vierzig Kilo –, war nicht gar zu schwer, aber unhandlich. Sascha mußte ihn auf der Schulter tragen oder in die Arme nehmen wie ein Kind. Auf dem Rücken ließ er sich nicht schleppen, weil er starr war und keinen Zipfel zum Anfassen hatte. Verdammtes Ding! Ich beneidete Sascha nicht. Mühsam gelangte er zur Bahnstation, die Beine knickten ihm ein, und er hatte keine Kraft, sich am Fahrkartenschalter anzustellen. So fuhr er ohne Fahrkarte. Uff, war das ein Sack. Ich kannte solche Säcke gut: wir bekamen die amerikanischen Schleifsteine darin.

Der Siebenuhrzug war gerammelt voll, die Arbeiter eilten nach Moskau zur Nachtschicht. Sascha blieb im Windfang stehen, stellte den Sack neben sich hin, auf allen Stationen stiegen viele Leute zu, im Windfang gab es ein fürchterliches Gedrängel, und als auf dem Belorussischen Bahnhof alles ausstieg, wurde der Kartoffelsack umgestoßen. Sascha wollte „Halt!" rufen, genierte sich aber. Wer hätte auch darauf gehört? Die Leute fluchten, stolperten, trampelten über den Sack hinweg, jemand sagte: „Hier liegt einer", ein anderer: „Ja, wohl ein besoffenes Schwein", und ein dritter stellte fest: „Da ist ein Sack hops gegangen". Sie zerstampften ihn zu Fetzen, die Kartoffeln kullerten im Windfang herum, die Hälfte fiel hinaus, unter die Räder. Sascha kroch herum und sammelte auf. Auf den Bahnhöfen war jegliches Licht verboten, es war stockdunkel – was war das für ein Aufsammeln? Ich hatte ihn ja gewarnt: Du wirst blöd dastehen.

Sascha häufte die Kartoffeln auf dem Bahnsteig und versuchte sie zu verkaufen, denn er hatte nichts, um sie darin wegzutragen. Ich kann mir sein demütiges Gemurmel vorstellen: „Wer will Kartoffeln ... Ich geb sie billig ab ..." Die Leute rannten vorbei, hatten keine Zeit, mußten zur Arbeit – wer würde im Dunkeln Kartoffeln kaufen? Wenn sie nun verfault waren? Sascha wurde sie nicht los. Er steckte soviel wie möglich in die Taschen und stieg in die Metro. Das Häufchen Kartoffeln würde bis zum Morgen auf dem Bahnsteig liegenbleiben, und wenn die ersten Vorortzüge fuhren, würden sie bestimmt weggeschleppt.

Am späten Abend kam Sascha bei mir hereingeschneit, ich war noch wach, meine Großmutter schlief schon, wir unterhielten uns in der Küche, tranken Tee mit Sacharin, und er erzählte mir von dem ganzen Ärger mit dem Sack Kartoffeln, als mache er sich darüber lustig, doch insgeheim war er verzweifelt. Er sah verstört aus. Er fragte, ob ich ihm helfen könne, die Pekesche zu verkaufen, meinte wohl, ich verstünde mich besser aufs Handeln. Ich riet ihm ab: So eine wunderbare Pekesche könne er noch zwanzig Jahre tragen, die halte was aus, ob er denn verrückt sei – so eine Pekesche zu verkaufen! Doch er sagte, es sei sein fester Entschluß; unterwegs zu mir habe er alles bedacht und begriffen, die Pekesche war der einzige Ausweg. Am nächsten Tag gingen wir auf den Danilowski-Markt, ich markierte einen Käufer, und es gelang uns, einem Mann in einem versengten Mantel siebenhundertfünfzig Rubel für die Pekesche abzuknöpfen. Ein Sack Kartoffeln kostete sechshundert. Wir kauften noch einen selbstgebauten Schlitten und fuhren den Sack im nassen, tauenden Schnee die Bolschaja Serpuchowskaja entlang. In der Luft schwebte schon Wärme. Der Winter lag hinter uns. Sascha ging in Wattejacke und pfiff vor sich hin.

Wir kamen in die Kirowskaja, in die Quergasse, in das einstöckige Haus mit dem Eingang vom Hof, schleppten den Sack zu zweit die hölzerne Treppe hinauf. Ich war noch nie bei Senin gewesen. Eine Frau öffnete, zeigte uns, in welches Zimmer wir gehen sollten, und murmelte hinter uns her: „Immerzu schleppen und schleppen sie was her …“ Senin saß im weißen Hemd am Tisch, im Schein einer Tischlampe tief über eine Konstruktionszeichnung gebeugt.

„Ah, die Kartoffeln!“ sagte er. „Das ist gut. Wieso in einem anderen Sack?“

„Der alte ist gerissen, ich mußte sie umschütten“, sagte Sascha. „Der alte ist futsch.“

„Ah!“ sagte Lew Filippowitsch. „Schade. Aber du bist tüchtig. Das hast du richtig gemacht.“

Hinter einem Vorhang patschte Wasser, und etwas klapperte – offenbar wurde Wäsche gewaschen. Die Waschschüssel stand wohl auf einem

Hocker, dessen Beine auf dem Fußboden klapperten. Plötzlich kam Nadja hervor, in einem langen abgetragenen Kittel, wie ein gestreifter Herrenpyjama, die Ärmel aufgekrempelt, die Hände naß.

„Oh!“ rief sie halb erfreut, halb erschrocken. „Das habt ihr wohl nicht erwartet?“ Sie lachte. „Ich helfe dem Chef.“

„Nadja hilft mir. Leider nicht oft. Trotzdem bin ich ihr dankbar. Gleich trinken wir Tee!“ sagte Senin und ging hinaus.

Sascha schwieg unbewegt in seiner beliebten Salzsäulenhaltung, mit halboffenem Mund, und ich sagte:

„Wieso nicht? Na klar haben wir das erwartet.“

„Wißt ihr, Jungs“, flüsterte Nadja, „mir tut Lew so leid. Ich bin überhaupt mitleidig. Wer soll ihm denn die Wäsche waschen und bei ihm aufräumen? Sie haben doch alle seine Angehörigen umgebracht. Sogar die neunzigjährige Urgroßmutter ...“

„Und mit uns haben Sie kein Mitleid?“ fragte ich frech.

„Mit euch?“ Sie lachte wieder, und ihr Gesicht strahlte glücklich. „Wieso sollte ich mit euch Mitleid haben? Ihr seid jung. Ihr werdet noch Mitleid finden.“

Wir brauchten kein Mitleid. Wir bauten Flugzeugkühler. Und der Krieg näherte sich dem Ende. Im Sommer vierundvierzig erreichte Senin, was er wollte: er wurde an die Front geschickt; wir hörten nie wieder von ihm. Bald darauf wurden wir alle auseinandergerissen. Der Krieg führte Menschen zusammen und verstreute sie für immer. Sascha traf ich noch manchmal, aber die anderen blieben verschwunden. Als ich ein halbes Lebensalter später zufällig in die Gasse hinterm Belorussischen Bahnhof kam und die Mauer sah, dunkel vom Ruß, alt, ohne die Ziegelfarbe, da erkannte ich meine Fabrik, und alles fiel mir wieder ein.

Twerskoi-Boulevard – 3

Sie verschwand im Frühjahr, war weg wie der Schnee und nirgendwo, nirgendwie, nirgendwann zu finden, statt dessen strahlte ein blauer Himmel, die Alleen trockneten, auf dem Boulevard gruben Frauen die Erde um, zartes Laub lechzte in der Luft. Der Sommer kam, sie war und blieb weg. Im Haus in der Leniwka-Straße, wo sie ein Zimmer bewohnt hatte, wußte man nichts. Sie sei weggefahren, es fehle jede Spur. Auch im Internat wußte man nichts. Ihre Freundin Vika hatte sie zuletzt Anfang April gesehen, da habe sie von einem akademischen Urlaub gesprochen und sei dann wie vom Erdboden verschluckt worden. Sie habe ja ihre Schrullen. Und als das damals passierte, wäre sie völlig durchgedreht. Jeden Tag sei sie nach Wagankowo auf den Friedhof getrabt. In einer Bierkneipe in Presnja habe man sie mit irgendwelchen heruntergekommenen, versoffenen Typen gesehen. Gott, jetzt könne man viel erzählen! Sie sei verschwunden, basta. Allmählich befreite er sich von ihr, doch eines Tages kam er mit einem neuen Freund, dem rotbäckigen, glotzäugigen Großmaul Markuscha, der mit Büchern handelte – zum erstenmal hatte er ihn in Kijanows Wohnung gesehen, später aber hatte die Straße sie zusammengeführt, genauer, jener Fleck in der Passage am Künstlertheater –, eines Tages also kam er mit

Markuscha in die winklige Gasse, wo Laden an Laden und Menschen über Menschen waren, wo sich sonntags Leute drängten, die Bücher verschacherten, echte Sammler, Trinker, Gauner, kleine Glücksspieler, alle kannten Markuscha, und Markuscha kannte alle, und da traf er den langen Ljowa und fragte ihn, ob er nichts von Natascha wisse. Ljowa hatte das blutleere, teigige Gesicht eines Rauschgiftsüchtigen, der Kopf schwankte leicht, er preßte einen zerlesenen Band der „Niwa" an die Brust, den er für hundertfünfzig Rubel, spottbillig, verkaufen wollte. Ljowa brauchte dringend Geld.

„Wieso willst du das wissen?" fragte Ljowa und fixierte Antipow mit trübem, bösem Blick.

„Mich interessiert's einfach", sagte Antipow. „Weißt du noch, wie wir das Klavier geholt haben?"

„Was? Na klar. Dich interessiert's einfach", knurrte Ljowa. „Weißt du, was einfach ist? Einfach! Armleuchter ... Willst du nicht die ‚Niwa' kaufen? Für fünfzehn?"

„Verdammter Schnupfer, antworte vernünftig!" schrie Markuscha. „Weißt du was von Natascha?"

„Halt die Klappe, Laus. Gib mir erst mal den Stefan Zweig wieder ..."

Und Ljowa ging mit schlurfenden Gummischuhen weiter, bohrte sich in ein Häuflein von Bücherhökern mit Aktentaschen, er hatte weder ja noch nein gesagt, hatte es vergessen, Markuscha lief ihm nach, sie tuschelten miteinander, Ljowa schüttelte den langen grauen Schädel. Doch als Antipow sich eine Weile herumgedrängelt hatte, ohne zu finden, was er suchte – Bunin in beliebiger Ausgabe –, als er sich aus der Menge herauszwängte und in Richtung Kusnezki-Brücke gehen wollte, pfiff Ljowa und schlurfte rasch auf ihn zu.

„Wart mal! Ich hab die Adresse. Ich hab Natascha

selber zur Bahn gebracht und ihr Gepäck getragen ..."

„Ja?"

„Lächerlich, bloß ein Korb ... Zwanzig Rubel."

Antipow überschlug: Er hatte sechzehn in der Tasche. Ljowa steckte die Geldscheine mit zitternden Fingern unter die Jacke, blickte umher, verzog das Gesicht und sagte verbittert:

„Hol dich der Teufel: Region Krasnodar, Staniza Labinskaja. Weiter weiß ich nichts, und weiter frag mich nichts."

Seit dem Tag entbrannte in Antipow der Gedanke, ja nicht mal der Gedanke, sondern die Phantasie, die bloße Hoffnung: in einen Zug steigen, sei es einer ohne Platzkarten ... Unverhofft vor ihr stehen, damit sie staunt und sagt: „Du bist gekommen? Prima! Ich freue mich ..." Denn nichts, was ihm in seinem Leben begegnet war, hatte etwas so Geheimnisvolles gehabt wie sie, die Verschwundene. Das quälte ihn zeitweise – nachts – sehr stark. Susannas Geheimnis war ziemlich rasch geschwunden, wie Morgennebel überm Fluß: die Sonne wärmt ein bißchen, und anstelle der geheimnisvollen Silhouetten sieht man unschöne Silberweiden, ein altes Boot am Ufer, einen Plankenboden zum Wäschewaschen. In Moskau war es feucht und schwül, der Sommer hatte mit Regen und Hitze begonnen, alle waren weggefahren – Praktikum, Ausflüge, Datsche, einige waren aufs Geratewohl in den Süden gereist, um sich in reichen Kolchosen durchzufressen und sich zum Beispiel bei der Weinlese vollzuschlagen. Es war niemand da, den er um eine Dienstreise bitten konnte. Susanna aber war in der Stadt geblieben, und Antipow ging nach anfänglichem Zögern – denn wozu sollte er blauen Dunst machen, wenn alles klar zutage getreten war – zu dem bekannten Haus, kaufte unterwegs eine Flasche Portwein und eine Büchse Krabben. Er fürchtete, sie werde ihm die kalte Schulter zeigen, er hatte sich anderthalb Monate nicht sehen lassen, doch ein anderer Ausweg blieb ihm nicht. Doch wieder versetzte Susanna ihn in Erstaunen – mit einem freudigen Ausruf drückte sie ihn zwischen die parfümierten Arme und den gewaltigen Busen, schmiegte ihre Wange an die seine, und in dem kurzen Sichanschmiegen waren Verzeihung für irgendwas, ergebene Liebe und noch etwas kaum wahrnehmbares Neues, mit einer Spur von Kameradschaftlichkeit, und das war herrlich.

„Wo hast du so lange gesteckt, du Strolch?" fragte Susanna laut, neckisch und fröhlich, nahm ihn an der Hand und zog ihn ins Zimmer.

An dem runden Tisch, an dem Antipow so manches Mal gesessen hatte und vor ihm Miron und vor Miron irgendwelche anderen Kommilitonen, vielleicht sogar Kijanow, saß jetzt Felix Gustschin mit dem schwarzen, kurzgeschorenen Haar, ohne ein Lächeln und mit starrem Blick. Das hatte nichts zu bedeuten, Gustschin guckte immer so.

„Darf ich vorstellen, die verloren geglaubte Seele Sascha Antipow", sagte Susanna. „Ich hoffe, ihr habt nichts gegeneinander? Oder, wie man heute sagt, ihr rauft euch zusammen?"

„Klar", sagte Antipow.

„Hm", bestätigte Gustschin.

Sie gaben sich die Hand. Gustschin war ein seltsamer Kerl, wenn er sprach, dann nicht über das, worüber alle sprachen, sondern über etwas Eigenes, Absurdes. Er hatte eine leise Stimme und schien sich überhaupt nicht darum zu scheren, ob man ihm zuhörte und ihn verstand. Er schrieb Gedichte, die wohl nicht schlecht, doch irgendwie aberwitzig und untauglich waren und die man nicht veröffentlichen konnte, so sagten die Kommilitonen aus dem Seminar. Außerdem trieb er

Boxsport, trug das Abzeichen eines Meisters des Sports an der Jacke, doch Miron behauptete, es sei nicht echt, Gustschin sei kein Boxer, sondern ein Visionär, er habe Halluzinationen und gebärde sich, als wäre er Maeterlinck. Gustschin brachte Boxhandschuhe ins Institut mit und erbot sich nach den Vorlesungen, jedem, der Lust hatte, Boxkünste beizubringen, das Auslegen, die Schläge, alles, was einem auf der Straße zustatten kommen konnte. Zweimal ließ sich auch Antipow auf solche Lektionen ein, doch Miron lachte ihn aus. Susanna plapperte, während sie den Portwein einschenkte: „Wunderbar, daß ihr euch zusammenrauft, Gott sei Dank, ich freue mich, ich habe die Mißhelligkeiten satt. Alle seid ihr was Besonderes, jeder für sich, jeder hat Komplexe. Ich dachte, bloß bei uns Weibern gibt's solche Quidproquos, aber jetzt sehe ich ... Ich sehe, ich sehe!" Lachend drohte sie Antipow und Gustschin mit dem Finger, als habe sie die beiden ertappt. „Ihr seid noch schlimmer als wir, Jungs! Viel schlimmer, das muß ich sagen! Aber trotzdem liebe ich euch kleine Dummchen ..."

Ihr entblößter Arm berührte Gustschins Schulter halb stupsend, halb tätschelnd.

„Wirklich?" fragte Antipow, der sich die Krabben schmecken ließ.

„Wirklich. Ihr seid wahrhaftig wie junge Hunde, wenn ihr euch mit euren Mappen und Heften blind und hilflos herumschubst und man euch jagt. Immerzu werdet ihr gejagt, ihr Ärmsten ... Haha ... Hihi, mein Gott, euch darf man doch nichts übelnehmen ..." Sie prustete vor Lachen, hatte Tränen in den Augen, war aber bemüht, sich möglichst aufrecht zu halten und stolz den Hals zu recken. „Ehrlich, Jungs, ich habe Achtung vor euch. Ich denke: Welch höllische Willensstärke und welch unerschütterlichen Ehrgeiz muß man haben, um trotz allem und gegen allen Augenschein loszulegen ..."

Da unterbrach Gustschin den beleidigenden Satz, nicht absichtlich, sondern weil er in seinen Gedanken war, und sagte:

„Der Mensch muß eines fürchten – sich selbst. Nicht wahr? Du, Antipow, mußt Antipow fürchten. Sie, Susanna, müssen Susanna fürchten ..."

„Was redest du? Hör auf! Quatsch!" Sie küßte Gustschin auf die Backe. „Wieso soll ich mich vor mir selber fürchten? Mich fürchten vor so einer netten, gutmütigen, immer noch charmanten Frau?" Wieder lachte sie, prustete, hatte Flecke im Gesicht, vergoß Tränen, wischte sich mit dem molligen Handrücken die Augen. Antipow sah, er war umsonst gekommen. Trotzdem fing er davon an: Wo kriege er eine Dienstreise her? Niemand sei mehr in Moskau, Roitek sei weggefahren. Aber die Dienstreise brauche er unbedingt. Susanna winkte warnend mit der offenen Hand: „Nicht von der Arbeit! Wer von der Arbeit anfängt, zahlt Strafe. Antipow, warum bist du so geschäftlich?"

Nun ja, sie war angeheitert, sah nicht mehr ganz durch. Er hätte nicht davon anfangen dürfen.

„Nein, Antipow, mein Lieber, sag mir: Warum bist du so geschäftlich? Wie? Du kommst nur geschäftlich?" Sie zog ihn am Arm, verlangte eine Antwort, und ihr flammendes Gesicht veränderte sich dauernd: bald lächelnd, bald feindselig. „Mal soll ich dir bei Roman Roitek weiterhelfen, mal bei jemand anderm, dann soll ich dir eine Dienstreise besorgen. Immerzu soll ich raten, helfen ... Ich habe es satt, ich will, daß man mir rät, mir hilft ... So geht's doch nicht, Sascha, immer nur geschäftlich ..."

Er errötete, war unschlüssig und betreten.

„Warum sagst du nichts? Beweise mir das Gegenteil. Sag: ‚Liebe Susanna, das stimmt nicht' ..."

„Wieso das Gegenteil …“, murmelte Antipow.

„Genau darum liebe ich dich: weil du ehrlich und treuherzig bist. Ein ehrlicher, treuherziger kleiner Egoist. Du hast eine Menge Kindliches an dir. Aber du mußt noch an dir arbeiten, nimm dir ein Beispiel an Felix. Er verlangt nichts. Ein Künstler und Geschäfte – das ist scheußlich, plebejisch. Ich bitte euch, Jungs, ich flehe euch an – seid nicht so geschäftlich … Nicht wahr, Felix?“

„Was?“ Felix schaute geistesabwesend in den leeren Raum zwischen Susanna und Antipow und sprach plötzlich gereimt: „Am allerbesten ging es mir als klitzekleinem Knilch, im Winter trug ich Filzstiefel, im Sommer trank ich Milch …“

Susanna schloß die Augen. Dann kam ein Gedicht über eine Atombombenexplosion, über das Ende der Welt. Susanna hatte die großartigen Gedichte anscheinend schon gehört, denn sie kommentierte flüsternd:

„Am meisten fürchtet er die Bombe … den totalen Tod … Und dann …“

Antipow fand die Gedichte langweilig. Als er sich erhob, um zu gehen, lud Gustschin ihn ein, am Dienstag ins Institut zu kommen: Es sei keiner da, sie könnten im Saal boxen. Handschuhe werde er mitbringen.

Susanna bestürmte Antipow plötzlich, er solle bleiben, legte ihren mächtigen Arm um seinen Hals, packte mit der anderen Hand Gustschin und zog ihn hinterm Tisch hervor. Es war nicht leicht, sich zu befreien. Der vertraute schwüle Parfümgeruch benebelte Antipow. Susanna sagte, sie wolle nicht, daß man auseinandergehe, Antipow und Gustschin sollten zusammenbleiben, immer und in allem, sie seien so verschieden, könnten sich aber so gut zusammenraufen. Es wäre unglaublich dumm, jetzt auseinanderzugehen. Doch Antipow blieb fest und entwischte in den Vorraum.

Susanna band ihm die Krawatte, die sich gelokkert hatte, sah ihm in die Augen und sagte leise, nüchtern:

„Sei nicht sauer, die Dienstreise deichseln wir. Wäre dir Molodoi Kolchosnik recht?"

„Ja", sagte Antipow.

„Na schön, geht in Ordnung. Du mußt nur Kijanow bitten, daß er dir eine Empfehlung schreibt, den Brief erledige ich. Mach's gut, mein Lieber." Sie küßte ihn auf die Backe. „Laß dich mal wieder sehen!" Sie stupste ihn leicht in den Rücken, als er zur Tür hinausging.

Tante Margaritas Freundin aus der Gymnasiumszeit brachte ein Paket: die Tagebücher ihres umgekommenen Mannes, der in fernen Zeiten mit Boris Kijanow befreundet gewesen war. Sie sollten Kijanow übergeben werden. Davon war seit langem die Rede, doch die Freundin, Tatjana Robertowna, Tante Margarita nannte sie Tanja, war seltsam unschlüssig, rang mit sich, war mal bereit, die Tagebücher herzugeben, dann wieder überlegte sie es sich anders, und dann verlangte sie, daß Antipow zu Kijanow kein Wort sage. So ging es den ganzen Winter, und im Frühjahr erkrankte Tatjana, lag drei Monate im Krankenhaus und war endlich nun entschlossen, sich von der Kostbarkeit zu trennen. Aber warum sollte ausgerechnet Kijanow sie bekommen? Immerhin hatte sich der gegenüber Mischa Teterin, Tatjanas Mann, nicht ganz einwandfrei benommen. Sie waren Jugendfreunde, doch nach dem glänzenden Erfolg von „Aquarium" wurde Mischa schlagartig berühmt, Kijanow war mißgünstig, es kam zu einer Abkühlung, später geschah die Tragödie, und Kijanow benahm sich sozusagen nicht hundertprozentig wie ein Gentleman. Antipow hatte nie davon gehört. Die literarische Welt wußte natürlich nichts davon. Antipow gehörte nicht zur literarischen Welt. Er wartete noch im Vorraum. Nun, Kijanow hatte nichts Schreckliches getan, nur eine Kleinigkeit: Er hatte Mischas Namen als Mitautor des Theaterstücks, das sie vierunddreißig gemeinsam geschrieben hatten, gestrichen. Wahrscheinlich auf Befehl von oben. Trotzdem war es für Tatjana unmöglich, sich mit ihm zu treffen, er brannte ebenfalls nicht darauf, rief anfangs öfter an, gab es dann aber auf, doch die Tantiemenanteile schickte er mit der Post. Es war ein patriotisches Stück, es lief während des Krieges. Heute wurde es fast gar nicht mehr gespielt. Ja, und das war der Grund, weshalb Tatjana zweifelte und mit sich rang. Jetzt war sie wegen ihrer Verfassung entschlossen. Tante Margarita widersprach – was für eine Verfassung? Man habe sie aus dem Krankenhaus entlassen, sie sehe bestens aus, solle sich nur nichts einreden.

„Ich habe nicht mehr lange zu leben."

„Tatjana! Warum sagst du so was?" rief Tante Margarita ärgerlich und zugleich weinerlich. „Bitte, sag nicht so was. Außerdem ist es nicht wahr."

„Es ist wahr. Verwandte habe ich nicht, Erben auch nicht. Das Literaturmuseum will die Sachen nicht haben. Wem soll ich sie überlassen? Zwar lebt Mischas erste Frau noch, aber du kennst sie ja – mit der kann ich nicht. Dann gebe ich sie lieber Boris. Ein Feind ist er schließlich nicht, Verrat hat er nicht begangen, er war nur ein bißchen feige."

Antipow betrachtete das unschöne kleine Gesicht mit den feinen Falten, den feinen grauen Locken und war erschüttert, er hatte Tatjana so manches Mal gesehen, aber nicht gewußt, daß sie die Frau Teterins gewesen war, des Schriftstellers, von dem er gehört hatte und dessen Bücher er sich zu beschaffen versuchte. Er fragte gleich, ob sie nicht etwas von ihm habe. Er lese schnell, ein Buch pro

Nacht. Absolute Garantie für pflegliche Behandlung und Diskretion. Tatjana zog alle feinen Falten um den vertrockneten Mund zusammen, wollte etwas hervorbringen, die Lippen bewegten sich ein wenig, öffneten sich aber nicht – schweigend schüttelte sie den Kopf. Tante Margarita erklärte es: Tatjana besitze von ihrem Mann kein einziges Buch mehr. Dann kramten sie in Erinnerungen an die vergangenen Jahre, an das Gymnasium, Tante Margarita konnte sich an alles gut entsinnen und sprach viel, Tatjana aber warf selten und zusammenhanglos ein paar Worte ein, die immer Mischa Teterin betrafen. Plötzlich erzählte sie von jener Nacht, als Mischa nach Leningrad fuhr und nie mehr zurückkehrte – was für einen sonderbaren Traum sie damals gehabt habe. In Mischas Arbeitszimmer steht vor den Bücherregalen eine Ziege, die gemolken werden muß, doch fürchtet sie sich, die Ziege anzurühren. Mischa sagt streng: „Du mußt es lernen. Das ist außerordentlich wichtig." Dies war seine Lieblingsfloskel: „Das ist außerordentlich wichtig." Aber wieso, du lieber Gott? Ich will nicht! Ich kann nicht! Nein, du kannst und du wirst es tun. Es ist lebensnotwendig. Und plötzlich hört sie die Ziege flüstern: „Es ist ganz einfach. Wie auf einer Nähmaschine. Ich bringe es Ihnen bei." Da erwachte sie von einer unerklärlichen Angst. Am nächsten Tag rief er weder morgens noch abends an, sie telefonierte mit Freunden, und die sagten, er sei zu jemand auf die Datsche gefahren, ins Dorf Kosino. Als sie Kosino* hörte, stockte ihr das Herz – sie begriff, es würde unabwendbar etwas passieren. Die Freunde sprachen vergnügt, ahnten nichts, doch sie zitterte schon. Zwei Tage lang wußte sie nicht ein noch aus, es kam weder ein Anruf noch ein Telegramm, dann

* Kosa – die Ziege (Anm. d. Übers.)

nahm sie den Zug nach Leningrad, und dort erfuhr sie es. Noch so etwas, das sie Kijanow niemals verzieh – man hatte ihn am gleichen Tag aus Leningrad angerufen und es mit Umschweifen zu verstehen gegeben. Das heißt, er hatte Bescheid gewußt. Aber er hatte nicht gewagt, es ihr zu sagen. Und sie war voller Ungewißheit umhergeirrt. Aber wenn er es gesagt, wenn sie es erfahren, wenn sie nicht drei Tage verloren hätte – hätte denn das etwas geändert? Natürlich nicht. Der furchtbare Schlag wäre drei Tage früher gekommen. *Trotzdem wäre es seine Pflicht gewesen, es ihr zu sagen.* Dann sprachen die beiden Frauen über Krankheiten und über jemanden, der mit Kräutern heile.

Antipow ging in das kleine Zimmer, wo er immer schlief, wenn er zu Tante Margarita kam, und legte sich auf das Sofa. In dem Zimmer roch es süßlich nach trockenem Lavendel. Tante Margarita sagte – gegen Motten. Antipow dachte voller Mitleid an Kijanow. Er vergaß, daß er zu ihm fahren und ihn um die Dienstreise bitten mußte. Und als es ihm einfiel und er ins große Zimmer ging, war Tatjana nicht mehr da.

„Wir dachten, du hättest dich schlafen gelegt. Darum hat Tanja sich nicht von dir verabschiedet“, sagte Tante Margarita. „Weißt du, Tanja hat beschlossen, die Tagebücher wieder mitzunehmen. Du sollst ihn erst fragen, ob er bereit ist, sie zu nehmen. Schließlich kann er es auch ablehnen, verstehst du? Wozu sie ihm dann bringen?“

„Gut“, sagte Antipow. „Ich frage ihn. Aber wenn er ja sagt und sie es sich wieder anders überlegt?“

„Unglückliche Tanja!“ seufzte Tante Margarita und winkte schwach ab. „Was willst du von ihr verlangen ...“

An einem heißen Sonntag sprang Antipow vom Trittbrett des Waggons auf den bretternen Bahnsteig, ringsum war Wald, es roch nach Tannengrün, der Julimittag strahlte und zirpte, die Reisenden zogen mit Taschen und Rucksäcken den Pfad zur Anhöhe hinauf, er war steil, die Frauen blieben öfters stehen. Antipow hatte die Hände frei, nahm einer alten Frau das Netz und einer jungen, die immerzu lachte und etwas erzählte, die Tasche ab. Der Weg führte durch den Wald und an einem See vorbei. Es war heiß. Im See planschten viele Leute, von ein paar Booten knarrten die Ruderdollen. Es war ein wunderschönes Plätzchen. Die alte Frau sagte, sie sei am Ziel, verneigte sich und sagte: „Vergelt's Ihnen Gott! Vergelt's Ihnen Gott!", und das bezog sich auf Antipow und auf die junge Frau. Antipow gab der Alten ihr Netz, das mit Streichholzschachteln und Brotlaiben vollgestopft war. Die junge Frau sprach über alles lachend. „Ich heiße Hortensia", sagte sie und lachte. „Sie können mich einfach Tesia nennen." Sie trug eine Brille und hatte blondes Haar. Ihr Rücken war vom Sonnenbrand gerötet und voller Sommersprossen. Bei Hortensia war Antipow kein bißchen schüchtern. Er stellte überhaupt fest, daß er in letzter Zeit nicht mehr schüchtern war und wegen Belanglosigkeiten nicht mehr aus der Fassung geriet. Sogar jetzt, da er als ungebetener Gast mit einer Bitte zu Kijanow ging, empfand er merkwürdigerweise keinerlei Verlegenheit – zu gern wollte er losreisen und in der Region Krasnodar Natascha finden. Hortensia blieb stehen und sagte: „So eine Hitze! Haben Sie nicht Lust zu baden?" Er sagte: „Nein, jetzt nicht. Auf dem Rückweg." Hortensia nahm ihre Tasche, ging in die Sonne und zog das Kleid aus. Sie war breit in den Hüften und hatte lange Beine. Ihr Haar war hell wie Werg. Vielleicht färbte sie es, vielleicht wirkte es auch nur in der Sonne so hell. Ohne die Brille abzunehmen, lief sie ins Wasser, plumpste hinein und schwamm, den Kopf hochgereckt. Antipow blickte ihr nach und erinnerte sich an Natascha. Er erinnerte sich selbst dann an Natascha, wenn er an etwas anderes dachte. Eine halbe Stunde später stand er vor einer Pforte in einer dichten Einzäunung, drückte auf den Klingelknopf, hörte Hundegebell, dann rief eine Frau: „Boris, erwartest du jemand?“ Es verstrich eine geraume Weile, bevor jemand an der Pforte erschien und die gleiche Stimme fragte: „Wer ist da?“ Antipow nannte seinen Namen.

„Ah! Guten Tag. Sind Sie mit Boris Georgijewitsch verabredet?“

„Nein“, sagte Antipow. „Aber ich wollte nur einen Moment ...“

„Kommen Sie rein. Aber ich bitte Sie, Antipow“, flüsterte sie, „halten Sie sich wirklich nicht lange auf, ja? Entschuldigen Sie, daß ich es so unverblümt sage, aber wir sind doch unter uns, nicht wahr? Boris Georgijewitsch geht es nicht besonders gut, ich will nicht, daß er ermüdet wird. Und sprechen Sie nicht über Unangenehmes mit ihm.“

„Was meinen Sie?“

„Nun, über Artikel, Zeitungen und so weiter.“

Antipow hatte keine Ahnung, worauf sie hinauswollte, sagte aber: „In Ordnung.“ Kijanow empfing ihn freundlich, sie setzten sich auf die Terrasse auf der Schattenseite. Das große Haus hatte noch zwei Terrassen, unten und im ersten Stock, doch sie gehörten anderen Leuten, ebenfalls Schriftstellern. Den einen Schriftsteller sah Antipow: In blauen Pumphosen spazierte er auf dem Gartenweg, die Hände auf dem Rücken, in tiefem Nachdenken. Ein junger Bursche, anscheinend sein Sohn, fummelte an einem Fahrrad herum, das er mit den Rädern nach oben hingestellt hatte. Kijanow fragte nach den Studenten, wer was mache, wer wohin gefahren sei und wer was schreibe; ihn interessierten natürlich seine Lieblinge. Antipow erzählte:

Tolja Kwaschnin sitze über Sommer in einer Redaktion und beantworte Leserbriefe, Wolodja Gusselstschikow sei ans Weiße Meer gefahren, auch Ellotschka sei irgendwohin gereist. Slata veröffentliche in der „Wetschernjaja Moskwa" Theaterkritiken unter dem Pseudonym Slatnikowa. Dima Chomutowitsch habe im Kinderbuchverlag ein Märchenbuch herausgegeben. „So?" fragte Kijanow verwundert und zog die Brauen hoch. Nein, er wirkte weder krank noch bedrückt, im Gegenteil, er sah viel besser aus als in der Stadt: braungebrannt und lächelnd, allerdings ein wenig schläfrig, er gähnte immerzu und reckte sich. Der leinene Vorhang auf der Terrasse blähte sich und schlug, der Wind war heiß, es roch nach Phlox, Valentina Petrowna brachte ein Glas Most und eine Wurstschnitte. Antipow fand die Wurst köstlich. Drei Scheibchen geräucherte harte Wurst. Er wollte Kijanow eben auf die Dienstreise und die Empfehlung ansprechen, der Moment war günstig, Valentina hatte sich entfernt, in ihrer Gegenwart wollte er um nichts bitten, doch Kijanow beugte sich plötzlich zu ihm und fragte halblaut:

„Haben Sie die ‚Literaturnaja Gaseta' gelesen? Ich wußte gar nicht, daß ich ein verkappter Dekadenter bin. Aber zu Valentina kein Wort! Sie nimmt es sich zu Herzen ..."

Valentina kam zurück, brachte ein Glas Most und noch eine Wurstschnitte. Kijanow nahm die Schnitte, begann träge zu essen.

„Boris, das war für den Gast. Was sagen Sie dazu?" Sie lachte, holte aber keine neue Schnitte, sondern setzte sich an den Tisch und fächelte sich mit einem Fächer Kühlung zu. Alles lief gut, Antipow erzählte Neuigkeiten, der Direktor sei krank, und im September sollten Koreaner und Albaner kommen, er erwähnte Molodoi Kolchosnik und spielte auf die Empfehlung an, Kijanow nickte wohlwollend und sagte: „Aber ja! Aber ja!“, da brachte Valentina unvermittelt und mit überraschendem Nachdruck das heikle Thema zur Sprache:

„Ich verstehe nicht, wieso ihr euch gemütlich unterhaltet, während sich Gott weiß was zusammenbraut. Wie erklären Sie es sich, daß so etwas erscheint wie dieser gemeine Artikel gegen Boris? Was hat das zu bedeuten?“

„Valentina!“ Kijanow blickte erschrocken.

„Sind Sie nicht im Bilde? Nun, in der ‚Literaturnaja Gaseta‘ steht ein Artikel von Prawdenko – natürlich ein Pseudonym, aber wir ahnen, wer sich dahinter verbirgt – über Boris’ letzten Essayband.“

„Valentina, ich bitte dich!“ Kijanow faßte seine Frau bei den Schultern und führte sie festen Schrittes von der Terrasse ins Zimmer. Er schloß die Tür und kam zurück, setzte sich wieder in den Sessel und klopfte seine Pfeife aus. Doch die Tür öffnete sich wieder, und in dem Spalt erschien Valentinas Gesicht, bleich, mit blitzenden Augen.

„Dieser Mensch hat in unserem Haus verkehrt! Ich bin entsetzt über die Schamlosigkeit der Menschen!“ Die Tür schlug zu.

„Achten Sie nicht darauf“, murmelte Kijanow. Kopfschüttelnd und wie vor Schmerz ächzend, ging er auf der Terrasse hin und her, hatte Antipow vergessen und wiederholte: „Achten Sie nicht darauf.“ Lange ging er hin und her, und Antipow wußte nicht, was er machen sollte. An die Empfehlung zu erinnern wäre unpassend gewesen. Mindestens zehn Minuten mußte er warten. Um nicht schweigend dazusitzen, kam er auf Tatjanas Anliegen zu sprechen: auf die Tagebücher. Ob Kijanow bereit sei, sie zu nehmen.

Kijanow blieb stehen, und seine vorquellenden blauen Augen musterten Antipow erstaunt.

„Von wem reden Sie?“

„Von Tatjana Robertowna."
„Mischa Teterins Frau, ja?"
„Ja."
„Und was haben Sie mit ihr zu tun?"
„Das habe ich Ihnen gerade erzählt, Sie haben nicht zugehört. Meine Tante Margarita war mit ihr zusammen auf dem Gymnasium ..."
„Ah! Verstehe."
Von unerwarteter Seite ertönte Valentinas Stimme – sie war im Garten und stand neben der Terrasse.
„Du darfst keine Schriften annehmen."
„Wieso denn nicht?"
„Ich sage dir: Du darfst nichts annehmen."
Ihre Stimme klang nervös. Kijanow paffte seine Pfeife und überlegte. Es war, als lösten beide schweigend eine schwierige Aufgabe. Antipow spürte plötzlich: In der Atmosphäre dieses Hauses und dieses Gartens war etwas umgeschlagen, so wie an einem heißen Tag der Wind dreht und es mit einemmal wie im Norden ist. Er wußte genau, mit der Unterhaltung war es aus, und die Leute wollten, daß er wegging. Sofort stand er auf, verabschiedete sich, erklärte verworren, daß er spät dran sei, und eilte zur Pforte, die Empfehlung für Molodoi Kolchosnik hatte er ganz vergessen. Kijanow begleitete ihn schweigend zur Pforte und sagte, während er den Riegel zurückschob:
„Richten Sie ihr aus, daß ich nicht verstehe, was ich mit den Tagebüchern soll. Tatjana Robertowna soll mich anrufen und selber sagen, was sie will. Ich kenne sie ein wenig und bin deshalb vorsichtig. Leben Sie wohl!"
Er verbeugte sich. Alles war verändert: das Gesicht und der Blick. Nach ein paar Schritten fiel Antipow die Empfehlung ein, doch zurückzugehen war unmöglich. Er hatte etwas Unerlaubtes berührt, und alles war zunichte. Verdammt noch mal,

dachte er, immer muß ich in fremde Geschichten hineingeraten. Das reinste Verhängnis: immer wieder. Na schön, ich werde ohne das Ding auskommen. Er ging auf dem gleichen Weg zur Bahnstation zurück, kam am See vorbei und sah die weißblonde Hortensia an derselben Stelle, wo sie sich verabschiedet hatten; neben ihr im Sand saß unter einem Sonnenschirm ein vierjähriges Mädchen, ebenfalls mit Brille. Es hatte ebenso helle Haare. Antipow blieb bei den beiden stehen und zögerte: sollte er baden oder nicht? Eigentlich war ihm nicht danach. Einen ganzen Tag hatte er verloren. Außerdem hatte er fürchterlichen Hunger. Doch die Spätnachmittagshitze drückte so sehr, daß er sich rasch auszog, über den heißen Sand lief und ins Wasser sprang. Es war kühl, in der Nähe befand sich wohl eine Quelle, im Wasser schwammen Lehmklumpen und Grasbatzen vom Ufer. Hortensia rief ihm etwas zu, schwenkte die Arme, doch er verstand nicht und sah sie ohne Brille nur als einen von der Sonne beschienenen fleischfarbenen Fleck. Er tauchte, schwamm ein Stück auf dem Rücken, lag reglos mit ausgebreiteten Armen und Beinen und dachte: Wenn ich doch lernen könnte, nicht in fremde Geschichten hineinzugeraten. Schließlich hatte er ja gespürt, daß mit den Tagebüchern etwas nicht stimmte. Tatjana hatte nicht von ungefähr mit sich gerungen. Etwas hatte sie zurückgehalten. Aber er hatte aus idiotischer Naivität, besser gesagt, aus idiotischem Leichtsinn nichts begriffen, hatte sich manipulieren lassen und war nun hineingeraten. Als er wieder zum Ufer blickte, sah er Hortensia noch immer die Arme schwenken: der verschwommene Fleck zitterte am oberen Rand. Er schwamm näher, Hortensia rief: „Gleich regnet's! Wir müssen gehen!“ Er hatte gar nicht bemerkt, daß eine Gewitterwolke aufgezogen war. In der Nähe donnerte es schon.

Hortensia sammelte die Sachen zusammen, griff auch sein Hemd und seine Hose und bat ihn, das Mädchen auf den Arm zu nehmen. Der Regen prasselte plötzlich und heftig los. Mitten auf dem See tummelten sich Jungen kreischend und lachend, doch alle, die am Ufer waren, rannten und suchten Zuflucht unter dem Vordach eines kleinen hölzernen Pavillons oder unter den Bäumen, die den Weg säumten. Ohne Brille und mit dem Mädchen auf dem Arm zu laufen war nicht einfach. Das Mädchen fing an zu weinen, ihre Mutter mit knallrotem Rücken und rosa Beinen sauste im Badeanzug vornweg wie eine Sportlerin und lachte. Sie liefen die Stufen zu einer verglasten kleinen Veranda hinauf. Hortensia hatte auch keine Brille auf, sie lächelte grundlos, das Haar klebte am Kopf, sie sah aus wie ein Junge. Das Gewitter tobte. Vorm Fenster war alles weiß, wie im Schneesturm. Unter Grollen und Krachen prasselte der Regen nieder, Blitze spalteten die Umgebung. Das Mädchen begann plötzlich zu hopsen und zu schreien und in die Hände zu klatschen, die Mutter schnappte sie und lief mit ihr ins Zimmer. Antipow saß in Turnhose auf der fremden Veranda, betäubt vom Rauschen des Wassers, und dachte: Gerate ich schon wieder in eine Geschichte hinein? Er saß ziemlich lange so, das Gewitter entfernte sich allmählich, der Regen ließ nach, und Hortensia erschien in einem flauschigen Bademantel, gekämmt und mit Brille, ganz rosig und flammend, sie hatte einen mächtigen Sonnenbrand; sachlich fragte sie: „Wollen wir essen?" Er sagte: ja. Es gab Klopse mit Tomaten und Gurken, dann tranken sie ein Glas selbstgemachten Kirschlikör, fühlten sich wohl, waren vergnügt, tranken Tee. Hortensia erzählte von sich: Sie arbeitete als Krankenschwester in einer Eisenbahnpoliklinik, ihre Tochter war die Woche über im Kindergarten, einen Mann hatte sie nicht, sie verdiente durch Strickarbeiten etwas hinzu, in den Datschen hatte sie viele Kundinnen. Das alles erzählte sie lachend. Antipow spürte, bei dieser Frau konnte er sich viel erlauben, doch irgendwie gefiel sie ihm nicht. Obwohl sie eine hübsche Blondine mit sportlicher Figur war und ihm solche Frauen sonst eigentlich gefielen. Doch mit ihr stimmte etwas nicht. Ein Motorrad fuhr heran, auf der Vortreppe trappelte es, zwei Männer traten ein, der eine – ein Blonder mit breiten, hängenden Schultern und ohne Hals wie ein Bär – fragte: „Was sitzt hier für'n Scheißer? Schnapp ihn!" Der andere packte Antipow am Arm und zerrte ihn gewaltsam vom Tisch weg. Hortensia schrie auf, der Blonde schubste sie ins Zimmer, schloß die Tür, Antipow dachte gerade noch: Na bitte ... – da spürte er einen Schlag unter den Rippen, der ihm den Atem benahm, alles schwand, bis auf die Ahnung: Das sind bestimmt ... Noch ein Schlag ins Gesicht, ein Stoß mit dem Knie hinterher, und sie schleppten ihn weg, stießen ihn die Vortreppe hinunter, und er flog der Länge nach ins nasse Gras. Der Blonde schrie: „Wenn ich dich noch mal erwische, du Scheißer, dann fährst du auf dem Leichenwagen von hier weg!" Antipow konnte sich nicht rühren, aus Nase und Mund floß Blut, doch im Bewußtsein blitzte ein Gedanke auf: eine Erzählung mit dem Titel „Die Kette". Denn es hatte damit angefangen, daß er sich erbot, der Frau die Tasche zu tragen. Natürlich mußte er alles etwas komplizierter machen, es mußte eine lange Kette von Ereignissen sein, vielleicht über mehrere Tage und sogar Jahre, der Held konnte die Frau heiraten ... Antipow bekam wieder Luft, setzte sich hin und blickte um sich, aber es war nichts Geeignetes da. Er drehte einen bemoosten Ziegelstein aus der Erde und erhob sich taumelnd. Nun, zum Beispiel so: Der

Held erschlägt mit einem Ziegel seinen Rivalen, den Geliebten dieser Frau, den blonden Mistkerl. Nein, das wäre nichts. Das wäre oberflächlich. Antipow warf den Ziegel weg. Er hielt sich kaum auf den Beinen. Die Tür der Veranda öffnete sich, der Blonde erschien und rief: „Landsmann, entschuldige! Ich dachte, du bist Nikolai. Komm rein, Kamerad, hau mir in die Fresse, dann sind wir quitt."

Der Blonde und sein Freund halfen Antipow die Stufen hinauf ins Haus, setzten ihn an den Tisch. Hortensia brachte eine neue Flasche Likör. Der Blonde hieß Lawr und war Hortensias Bruder. Er haßte einen gewissen Nikolai, den er nicht kannte, doch über den er gehört hatte, daß er Hortensia beleidige. „Und wer meine Schwester beleidigt, der kann was erleben. Deinen Nikolai schlag ich noch zum Krüppel." Lawr hatte blaue, tiefliegende Bärenaugen, die völlig ausdruckslos waren, weder böse noch gut, weder warm noch kalt. Er arbeitete als Kraftfahrer, im Krieg war er Kundschafter gewesen, hatte achtundvierzig Gefangene über die Frontlinie zum Verhör geholt. Seine Hauptleidenschaft: Gerechtigkeit üben und Störenfriede bestrafen. „Gestern im Lebensmittelladen beim Schlangestehen hat einer laut gemeine Ausdrücke gebraucht. Zweimal hab ich's ihm im guten gesagt, aber denkste, und da hab ich ihm draußen aufgelauert, ihn in einen Hof reinbugsiert und verdroschen. Und als ich ihn verdroschen hatte und er ohne Mucks dalag, hab ich gesagt: ‚Merk dir, Scheißer, wie man sich in der Öffentlichkeit benimmt!' Und ob er sich das merkt! Falls er am Leben bleibt …" In dieser Art erzählte Lawr ausgiebig. Hortensia blickte den Bruder voll tiefem, längst unterdrücktem Entsetzen an. Sie lachte nicht mehr und sagte nichts, trug schweigend auf und räumte ab, und Antipow fing einen bittenden Blick von ihr auf. Sie flehte ihn um etwas an. „Hier genauso:

Ich gehe am See lang, sehe drei Kerle am Ufer eine Schnapsflasche zerkloppen. ‚Ihr Schweine', sag ich, ‚was macht ihr denn? Die Leute gehen hier barfuß, Bengels laufen rum, und ihr zerkloppt Glas. Los', sag ich, ‚die Scherben aufsammeln! Aber bis zum letzten Splitter.' Die haben mich ausgelacht, na, und da gab's Dresche. Hatte ich eine Wut im Bauch! Ich hab gedroschen und gedroschen, Leute liefen zusammen, wollten sie mir wegreißen, den einen hab ich zu Mus geschlagen, die beiden anderen sind getürmt. Für die Gerechtigkeit drehe ich noch mal einem den Hals um ..." Die zweite Flasche Fruchtlikör wurde leer gemacht, die letzten Gurken und Tomaten aufgegessen, dann schwangen sich Lawr und sein Freund aufs Motorrad und knatterten davon.

Der Regen hatte längst aufgehört. Es war spät am Abend und sternklar. Zur Bahnstation konnte Antipow nicht mehr gehen. Hortensia begann zu weinen und sagte: „Stell dir vor, die ganze Kindheit war ich seine Sklavin. Wir standen allein, hatten weder Vater noch Mutter, Großmutter oder Großvater. Schrecklich, nicht?" Und plötzlich hörte sie auf zu weinen und lächelte. „Nein, und trotzdem, wenn ich etwas nicht wollte, was er verlangte, blieb ich stur, dann konnte er gar nichts machen. Wie er mich auch piesackte und schlug, ich gab nicht nach." Antipow schaute die blonde Frau mit dem dunklen, im elektrischen Licht mulattenartig wirkenden Gesicht an und dachte: Ihr Vater war Botaniker. Er ist früh gestorben. Er hat Pflanzen gesammelt. Im Haus war eine Menge unnützer, halb zerfallener getrockneter Pflanzen. Es war gefährlich, aber bezaubernd, beängstigend, aber verlockend. Der Sonnenbrand quälte Hortensia. Wahrscheinlich hatte sie Fieber. Sie bat ihn, ihr die verbrannten Stellen mit saurer Milch einzureiben, legte sich, bis zum Gürtel entblößt, auf eine Liege, und er strich mit der Hand vorsichtig – ihre Haut brannte, jede Berührung tat weh – saure Milch auf Schultern, Rücken, Kreuz, auf den ganzen langen, vor Hitze glühenden Körper. Es endete damit, daß sie die ganze Nacht nicht schliefen. Die Liebe roch nach saurer Milch. Als der Morgen graute, schliefen sie ein, doch um sieben mußte die Tochter mit dem Vorortzug in den Kindergarten gebracht werden, und sie gingen im klaren, kühlen Morgen zusammen zur Bahnstation.

Ende August kam Antipow ins heiße, hitzedunstige Kubangebiet mit den perlgrauen Bergkämmen, fuhr von Staniza zu Staniza, saß in vollgequalmten Sälen auf Kolchosversammlungen, holperte im Pferdewagen durch die Steppe, füllte zwei Notizbücher mit Namen, Zahlen und Bezeichnungen, mit absonderlichen Bitten aus Eingaben auf Schulheftseiten, mit Reden von Versammlungen, mit Schimpfwörtern von den Viehhöfen, mit Diskussionen über Mais, Superphosphat und Koriander, über Einsilieren und Karpfenzucht und Ersatzteilbeschaffung, mit Redensarten und Ausdrücken, wie „Die Pferde sind wie gemeißelt" oder „Die Stute war wie ein Ofen" oder „In diesem Herbst sind wir so reich und im Frühjahr so alt, daß wir das Dach abdecken" oder „Wir Kolchosbauern dürfen uns nicht lumpen und sie nicht hängen lassen" oder „Wie ich alles abgeklappert habe" oder „Der Dorfklub hat einen täglich benutzten Wald" und ähnlichen hübschen Ausdrücken; er magerte ab, wurde von der Sonne verbrannt, atmete sich satt an der bitteren und staubigen Weite, rauchte weidlich Machorka, trank wer weiß wieviel selbstgebrannten Rübenschnaps, sättigte sich fürs ganze Leben an Wassermelonen, war in Ust-Labinskaja und in Labinskaja und in den Stanizen um Labinskaja herum, fragte überall nach Natascha

Stanischewskaja aus Moskau, doch fand sich keine Spur. Er verlor die Hoffnung. Aber es bekümmerte ihn nicht allzusehr, denn das Gesehene überwältigte ihn, und Mitte September war das, was ihn hierher getrieben hatte, in Vergessenheit geraten.

Und nun saß er, kurze Zeit vor der Heimreise, in der Verwaltungsstube des „Roten Kavalleristen", hörte Gespräche, Geschwafel, Beschwerden, Bitten, notierte sich einiges, doch nicht mehr so begierig wie in den ersten Tagen, er hatte auch davon genug, wie von den Melonen, und beobachtete den blinden Jakim, wie er mit bewundernswerter Geduld versuchte, sich eine Papirossa anzuzünden: er knetete den Zunder weich, nahm den Feuerstein, schlug dreimal, führte ihn an die Lippen und pustete, aber da war kein Feuer. Und so ging das wohl fünfzehnmal mit gemessenen, ruhigen Bewegungen, doch die Lippen spürten kein Feuer. Antipow beobachtete ihn geradezu wie ein Forscher, mehr und mehr gebannt: wann würde ihm die Geduld reißen? Und wann würden die Männer es bemerken und dem armen Kerl helfen? Doch er blieb geduldig, und die Männer waren von der lautstarken Diskussion über den Bau eines Schwitzbades gefesselt. „Wozu drei Fenster? In 'ner Schwitzbadhütte muß man nicht gut sehen können. Wir machen zwei ... Den Kessel etwa hierher. Im Frauenbad einen kleineren Kessel, die mögen sich nicht so durchdampfen lassen, und bei den Männern einen größeren ... Und was für Abmessungen empfehlt ihr? Ich schlage vor: fünfzehn mal fünfzehn ... Den Sockel machen wir anderthalb Ziegel hoch ... Der Ingenieur vom Kreis empfiehlt ein gemeinsames Schwitzbad, nicht getrennt für Männer und Frauen ..."

„Was willst du, Alter?"

„Ich hab einen Bienenstock und möchte einen Schwarm ..."

Der Blinde schlug unentwegt den Feuerstein. Ein junger Bursche bat um einen Bezugsschein für Tomaten. Es gab keine Tomaten. Wie das? Was soll ich im Winter essen? Ich wohne bei meiner Tante und bestehe auf der Wohnung. Der Vorsitzende, brünett, mit einem Schnauzbart wie Tschapajew, fuhr drohend auf: „Wieso sind Sie nicht in der Steppe?“ Ein alter Mann bat um Geld für eine Frauenjacke. Er hatte kein Geld. Ich werde dir Hosen kaufen. Eingabe von Tschumakow – er war hundertdrei Tage als Wächter im Schwitzbad, aber sie hatten ihm nichts angerechnet. „Er hat das ganze Holz geklaut!“ Ein anderer alter Mann: Ich ziehe ein Mädchen auf, ihren Vater und ihre Mutter haben die Deutschen umgebracht, sie ist noch nicht volljährig, hat aber hundertsiebzig Arbeitseinheiten geleistet. Die Regierung sagt doch jetzt, in unsrer bäuerlichen Wirtschaft soll eine freundliche Kultur durchgeführt werden. Bitte geben Sie ihr den Weizen für die Jahre fünfundvierzig, sechsundvierzig …

Der Blinde schlug und schlug noch immer den Feuerstein. Endlich wurde man aufmerksam, gab ihm Feuer. Was willst du, Jakim? Drei Bund Stroh. Um das Dach dicht zu machen. Ach, Jakim, bei uns gilt für alle das gleiche: Willst du Stroh, so gib Heu. Mähe drei Bund Gras, dann kriegst du Stroh. Wer soll mir Gras mähen? Die Alte, das wißt ihr, hat geschwollene Füße, und die Nichte kann es nicht, sie stammt nicht vom Dorf. Für gute Worte bekam er kein Stroh, die Ablehnung war kategorisch, der Blinde hätte gehen können, doch er ging nicht, saß da und lauschte, überlegte, mischte sich unerwartet mit einer sachlichen Bemerkung ein. Sein Gedächtnis war wie ein Buch. „Wo arbeitet denn der Grinin jetzt?“ Sie schwiegen, versuchten sich zu erinnern. „Na, in der ersten!“ sagte plötzlich der Blinde. „Und was hat der Kohl jetzt auf dem Markt in Labinskaja gekostet?“ Wieder Verwirrung, niemand wußte es, der Blinde half ihnen auf: „Die alte Marewna sagt: Vierzehn pro Stück! Trotzdem reißender Absatz!“

Sie erzählten Antipow: Die Deutschen hatten das Kosakendorf in Brand gesteckt, und Jakim versuchte die Bewohner zu retten, aber er versengte sich dabei die Augen. Als er dreiundvierzig zurückkam, war seine Familie nicht mehr – Kollaborateure, die als Polizisten für die Faschisten arbeiteten, hatten seine Frau umgebracht, aus Haß, weil sie sich ihnen immer in den Weg stellte und keine Angst hatte und natürlich weil ihr Mann Partisan war. Die Kinder hatten sie davongetrieben, nach Deutschland oder in ein Arbeitslager in der Nähe, sie blieben verschwunden. Nur die Großmutter war übriggeblieben, die beiden lebten nun auf der Hühnerfarm in einem kleinen, engen Tal hinter der Staniza. Antipow war Feuer und Flamme: Er wollte mehr von Jakim erfahren, ihn nach dem Partisanenleben fragen, denn er spürte, hier verbarg sich erstrangiges Material. Heldentum, Selbstaufopferung, Leiden und Einsamkeit – was könnte ergiebiger sein für Prosa! Es war viel wichtiger als alles, was Antipow bisher erfahren und notiert hatte, bloß gut, daß er dem Blinden begegnet war – sei es auch erst drei Tage vor der Abreise. Der Abendhimmel färbte sich gelb, vom Himmel kam Kühlung, die über Tag aufgeheizte Steppe atmete trokkene Hitze. Die beiden gingen langsam die staubige Dorfstraße entlang, voran, mit dem Stock aufstampfend, nicht allzu schnellen, aber sicheren Schrittes der Blinde, er erzählte. Antipow prägte es sich ein.

Als die Deutschen einmarschierten, kamen in der Staniza sofort die Schlimmsten hoch. Der Faschismus ist das Hochkommen der Schlimmsten. Andere Erklärungen braucht man nicht. Die schlimmsten Leute, die verbreiten diese Pest. Man denke an die Geschichte von den Mädchen, die sie im Keller gefangenhielten. Und wie sie Menschen in einen Schacht warfen und mit Steinen zuschütteten. Das alles hat sich erst vor vier Jahren hier abgespielt, wo jetzt Stille ist, Zikaden zirpen, ein Traktor leise tuckert, die Felder mit den Wintersaaten geeggt werden! Plötzlich packte Jakim Antipow am Arm und hielt ihn zurück. „Hören Sie!“ Es war nichts zu hören außer dem leisen Summen, das an stillen heißen Abenden immer in der Steppe ist. „Die Bienen meine ich! Hören Sie genau hin! Die fliegen wie Bomber!“ Antipow bemerkte in der Nähe einen Bienenstand, und kaum hörbar drang das Gesumm her. Ein paar Bienen flogen bis zu ihnen, sausten wie Kugeln über den Weg. Sie sammelten Nektar von Sonnenblumen und Hanfnesseln, kleinen weißen Blumen, die wie Unkraut auf den Brachflächen wuchsen.

„Und Pantelej, den Pferdeknecht“, fuhr Jakim fort, „den haben sie zum Zugführer gemacht, ihm eine deutsche Mütze gegeben, nur ohne Adler …“

Der Faschismus ist noch eines: Straflosigkeit. Aus irgendwelchen Gründen nehmen sie an, ihnen wäre alles erlaubt. Für sie gäbe es keine Grenzen. Wie verführerisch für die arme Menschheit! Aber das ist ein Irrtum – es gibt eine Grenze. Sie liegt in solchen wie diesem grauhaarigen Mann mit dem sonnverbrannten, blaufleckigen Gesicht und dem rötlich-blonden Schnauzbart. Solche werfen sich ins Feuer, retten andere, retten die Menschheit, und das ist es, was der Faschismus nicht voraussieht. Es gibt eine Grenze. Als Jakim erblindet in die Staniza zurückkehrte, hatte er am ersten Tag gebeten, ihn aufs Melonenfeld zu führen, hatte sich niedergebeugt, die Wassermelonen berührt: „Ich will sie wenigstens fühlen …“

Vom Gipfel des Hügels sah Antipow zwei strohgedeckte Häuschen und rings herum verstreut weiße Krümel im Grün – die Geflügelfarm. Außer Jakims Großmutter arbeitete hier noch eine Frau, sie war jetzt an Malaria erkrankt. Ihre Tochter, ein zwölfjähriges Mädchen, rief mit heller Stimme: „Put, put, put!" Antipow setzte sich auf eine wer weiß woher stammende alte Gartenbank, zückte Notizbuch und Stift, kritzelte geduldig, um nichts zu vergessen.

„Na und? Haben die Deutschen Sie ertappt?"

Merkwürdig, wie sich seine Sprache in den drei Wochen verändert hatte, es rutschten Wörter hinein, die er früher nicht gebraucht hatte, „ertappt" statt „erwischt", und das unabsichtlich, ohne sich anbiedern zu wollen, ganz von selbst. Er hatte sich an diese Ausdrücke gewöhnt wie an Machorka; Zigaretten waren vergessen. Jakim erzählte, Antipow schrieb, ein kleiner weißer Hund mit Stummelschwanz preschte herbei, sprang und raste um sie herum, kläffte den Himmel an.

„Jag sie, jag sie! Ein kluger Hund, der Beltschik", sagte Jakim. „Jag sie, die Verfluchten."

Über der Talsenke kreisten langsam hellbraune Milane mit dunklen Flügeln. Das kleine Mädchen lief mit einer Klapper herum und rief fröhlich:

„Husch! Husch! Husch!"

Unwillig, in weiten Kreisen stiegen die Milane höher und verschwanden. Nicht für lange, sagte Jakim, sie schweben den ganzen Tag über der Farm, und manchmal fällt etwas für sie ab. Aus dem Häuschen trat eine junge Frau mit schulterlangem schwarzem Haar, sie trug eine Schüssel mit Wäsche, und Antipow sah – Natascha.

Er springt auf, Notizbuch und Stift fallen auf die Erde.

„Du?" sagt Natascha und kommt lächelnd näher, berührt ihn mit ruhiger Hand. „Ich wußte, daß du kommst. Nur dachte ich, früher."

Antipow schweigt überwältigt. Er hatte sie fast vergessen. Nein, nicht vergessen, aber sie war in unerhört ferne Vergangenheit gerückt. Er hatte vergessen, daß sie hier sein mußte und daß er ihretwegen gekommen war. Staunend betrachtet er sie: mager, beinahe dürr, sonnverbrannte Haut, die sich auf der Nase und den scharf hervortretenden Backenknochen pellt, und durch einen Schlitz des kurzen Kleides sieht er den von der Sonne dunklen Körper. Und er sieht, daß sie unter dem Kleid nichts anhat. So läuft sie hier vor einem Mann herum? Aber Jakim ist ja blind ...

„Bin ich unschön geworden?"

Er schüttelt den Kopf.

„Unsinn! Als ob ich je schön gewesen wäre ... Du guckst mich ganz verdattert an ... wie ein Hund einen Käfer ..." Sie macht es nach.

Er sieht den lachenden Mund, die weißen Zähne. Sie nimmt ihn an der Hand und führt ihn ins Haus. Eine hochgewachsene alte Frau, die im Bett sitzt, sie hat wohl gelegen und sich nun aufgerichtet, nickt und schüttelt ihre Zotteln, flüstert etwas Gutmütiges, sie hat ein braunes, unten breites Gesicht voller keramischer Falten und schmale, undurchdringlich schwarze kaukasische Augen. Genau wie Natascha. Es ist ihre Urgroßmutter. Natascha hat mal gesagt, unter ihren Vorfahren sei ein Tscherkesse. Und wieso das alles? Und wie lange noch? Der Urgroßmutter gehe es schlecht, sie könne sie nicht verlassen. Noch vor kurzem, voriges Jahr, habe sie das Gefühl versorgt, und es sei ihr ganz gut gegangen, doch jetzt habe sie Beine wie Holzklötze. Sie sei achtundsiebzig Jahre alt.

Und Jakim – da tappt er herein, klopft mit dem Stock auf die Schwelle – sei ein Enkel der Urgroßmutter, genauer gesagt, ein Großneffe, und für sie, Natascha, ein Onkel zweiten Grades. Er und die Urgroßmutter hätten von niemandem Hilfe zu erwarten, ihre Angehörigen seien umgekommen. Er solle heiraten, sei noch nicht alt, sei kräftig, packe zu wie ein Fangeisen. Aus seinem Griff reiße sich keiner los. Eine unglaubliche Kraft, dagegen komme keiner an. Aber heiraten wolle er nicht.

Jakim sitzt auf der Bank und hört, was über ihn gesagt wird, läßt den Kopf hängen, pflichtet bei.

„Sie wollen ihn mit einer älteren Unverheirateten zusammenbringen. Warum willst du nicht, Jakim?"

„Weil sie mich nicht lieben kann", sagt Jakim rasch, es ist die gewohnte Antwort. „Bemitleiden könnte sie mich, aber Mitleid brauche ich nicht."

„Sie sagt, sie könnte dich lieben."

„Ha! Denkst du, eine Stute liebt das Joch?"

Jakims Stimme klingt fröhlich, in seinem rötlichblonden Schnauzbart sitzt ein Lächeln. Er wirkt nervös und ungeduldig, sitzt unruhig, klopft mit dem Stock immerzu leise auf den Fußboden. Plötzlich fragt er:

„Und wann geht's zurück nach Moskau, Antipow?"

„In drei Tagen."

„So bald?" fragt Natascha verwundert.

„Tja!" sagt Jakim. „Zu Besuch sein ist gut, zu Hause sein besser ..."

Natascha führt ihn in den Hühnerstall. Er folgt ihr wie im Schlaf, sieht sich, ohne einen Gedanken fassen zu können, einen kleinen Verschlag mit einer niedrigen Trennwand an, wo Küken piepsen, taucht ins Halbdunkel, schaut umher, atmet die dumpfe Luft eines Zoos. Der Fußboden im Hühnerstall ist mistig. Die Hühner spazieren auf den Stangen hin und her, beobachten Antipow abwartend. Die Glucken haben sich auf den oberen Nestreihen verkrochen, sitzen unsichtbar im Stroh. Und beim Hühnergestank, beim Geraschel und Gescharre Nataschas Stimme:

„Ich kann nicht dorthin zurück ... Irgendwann ja,

aber nicht jetzt ... Im Oktober fahre ich nach Saratow, dort haben wir eine Stelle gefunden, an einem Kindertheater ... Aber vielleicht fahre ich nirgendshin."

„Willst du hier bleiben? Bei den Hühnern?"

„Bei der Urgroßmutter. Sie ist die Beste von meiner ganzen Verwandtschaft. Wie schade, daß ich sie erst jetzt gefunden habe, wo es mit ihr zu Ende geht ..."

Da schlurft und klopft es, und Jakim kommt hereingestapft in das stickige Halbdunkel.

„Was ich sagen wollte, Antipow, die Wölfe und vor allem die Füchse sind eine Plage. Darum, wie man sagt, haben die Hähne einen so unruhigen Schlaf ..."

Im Nu vergeht der Tag. Sie sitzen beim Kerzenschein, in einem gußeisernen Topf sind Eier, das Weizenbrot schmeckt säuerlich, die Milch ist dick und schwer, Antipow hat sich schon daran gewöhnt, solche Milch riecht wie ein frischer Körper. Sie unterhalten sich, bis es dunkel ist, bis die späten nächtlichen Sterne da sind, und Jakim sitzt dabei, obwohl er nicht zu hören ist und sie nichts angeht, er gähnt und schnauft, schläft oder lauert, geht aber nicht weg. Er wohnt in dem anderen Häuschen, bei der malariakranken Frau. Die Urgroßmutter schläft längst. Sie unterhalten sich über Belanglosigkeiten, über vergessene, unwichtige Moskauer Angelegenheiten, doch er denkt an etwas anderes: Was hat sie beide für kurze Zeit miteinander verbunden? Und was hat sie auseinandergerissen? Warum das jetzt wieder? Hat all dieses Flüchtige und Merkwürdige einen Sinn? Warum ist dieser Blinde vom Himmel gefallen und hat ihn, mit dem Stock tappend, in den grünen Talkessel geführt? Und Natascha denkt, während sie nach Belanglosigkeiten fragt: Es hat keinen Sinn. Der Tod hat sie vernichtet. Und sie hat nicht die Kraft, wiederherzustellen, was vernichtet ist, darum hat es keinen Sinn. Ob man den gefunden habe, der Boris getötet hat? Den *Unmenschen*, der gegen seinen Kopf getreten hat wie gegen einen Fußball? Eine Zeitlang habe sie selber nach ihm gesucht, ganz Presnja durchgekämmt, alle Ganoven in den Imbißstuben, an den Bierständen, auf den Pferderennbahnen und in den Billardstuben befragt, und wäre sie auf seine Spur gestoßen, es wäre aus gewesen. Doch plötzlich habe sie gemerkt: Sie wurde verrückt, sie mußte fliehen. Sie sei geflohen. Aber Flucht sei unmöglich.

„Sascha, du begreifst nicht, was er für mich war. Der Erste – in allem ... Und als er nicht mehr war, bin ich eine andere geworden. Nicht nur ein anderer Mensch, ein anderes Wesen ..."

Er möchte ihr sagen, auch er sei während der Trennung ein anderer geworden – er habe eine Erzählung veröffentlicht und erfahren, was Liebe sei. Er sei in jeder Hinsicht ein richtiger Mann geworden. Doch er schäm sich, darüber zu reden, außerdem sitzt Jakim dabei und kann es hören. Antipow findet Jakim immer unsympathischer. So ein aufdringlicher Kerl! Will zeigen, daß er Rechte auf Natascha hat – wohl gar väterliche?

„Ich bin auch ein anderer geworden", sagt Antipow. Und fügt vielsagend hinzu: „Ein ganz anderer, kann man sagen."

Er nimmt Nataschas Hand und preßt sie an die Lippen, sie wehrt sich nicht. Mutig zieht er sie an sich, geschmeidig und leise rückt sie auf der Bank zu ihm, und er umarmt sie, drückt seinen Mund auf den mageren, sonnverbrannten Hals, auf die Lippen, die bitter sind, trocken und hart, doch sie sträuben sich nicht, nichts sträubt sich, willig, träge und ruhig nimmt ihr Körper die lautlosen Zärtlichkeiten an. Jakim regt sich, hebt den Kopf, lauscht in die eingetretene Stille.

„Nun, Antipow“, sagt er. „Wie spät ist es?“

„Geh, Onkel Jakim. Gute Nacht. Ich leg mich jetzt schlafen.“

„Und Antipow?“

„Der ist nicht da. Er ist schon gegangen. Geh nur, geh, Jakim Andrejewitsch!“

Jakim sitzt ein paar Minuten starr da, der Kopf ist auf die Brust gesunken, er lauscht angestrengt, dann erhebt er sich von der Bank und sagt:

„Er ist hier. Ich höre ihn atmen. Was soll das Lügen? Von mir aus können zehn hierbleiben …“

Langsam stapft er hinaus. Auf dem Hof bellt ein Hund. Kühle Nachtluft strömt zur Tür herein. Sie gehen hinaus unter die Sterne, und sie kehren zurück. Natascha pustet die Kerze aus. Antipow beginnt zu zittern, ihm kommen die Tränen, und was dann geschieht, ist anders als das mit Hortensia und Susanna, ihn erfüllt etwas *anderes*. Die Tränen kommen ihm vom unendlichen Bedauern, weil er nicht helfen kann, weil er Abschied nehmen und ohne sie weiterleben muß. Am Morgen summt die Urgroßmutter ein Lied, und er schreibt es sich auf: „An der Kura weidet ein Kosak sein Roß, und als er's geweidet und an die Leine gebunden, rupft er Steppengras, legt gesengtes Gras auf seine schmerzenden Wunden.“ Viele Jahre sollten vergehen, bis er begriff, jenes *andere,* das ihn die drei Nächte in der Steppe erfüllt hatte, war das, was keinen Namen hat und was der Mensch immer sucht. Und am letzten Morgen, als der Kutschwagen des Kolchosvorsitzenden auf dem Hügel hält, der Kutscher Wolodka vom Bock herab grinst und irgendwelche Zeichen macht und der blinde Jakim stramm wie ein Soldat dasteht, einen irdenen Topf voll Honig in den Händen, und als das Leben zusammenstürzt und ein Schmerz bald im Herzen, bald im Bauch nagt und Natascha neben ihm sitzt und ihn lächelnd anblickt, da schreibt er das letzte

Lied der Urgroßmutter auf: „Mein Pferd ist gesattelt, vom Hof geht's hinaus. An die stille Donau soll mein Rappe mich tragen. Dort werde ich stehen, was ich tun soll, mich fragen: erhängen oder ertränken oder zurückkehren nach Haus …"

Twerskoi-Boulevard – 4

An einem Wochentag im Februar neunzehnhundertfünfzig nahm Antipow in der Subowskaja ein Taxi, ließ Miron und Tolja Kwaschnin, der sich zufällig eingefunden hatte, hinten einsteigen – er hatte mit Miron an der Taxihaltestelle in der Schlange gestanden, als Tolja vorüberkam, und ihn im Gefühlsüberschwang plötzlich eingeladen, obwohl es zwischen ihnen beiden nie innige Freundschaft gegeben hatte –, setzte sich neben den Fahrer und verkündete laut, munter, glücklich: „In die Sustschowskaja!" Der Frühling biß sich durch. Die Bürgersteige dunsteten von der Erwärmung. Das Himmelsblau verschwand, doch bald strahlte es erneut, die Sonne beschien das gute alte Gelb der Häuser, die bläulichen Schneehaufen und die Fußgänger mit den blassen, winterlichen, nicht lächelnden Gesichtern, in denen eines stand: *Unwissenheit*. Keiner von ihnen wußte, warum Antipow in die Sustschowskaja eilte. Dabei wäre es für sie so wichtig, so unerhört interessant gewesen, es zu erfahren! Denn niemand auf der ganzen Welt – abgesehen vielleicht von der Mutter und bis zu einem gewissen Grad von der Schwester, aber sie war bisweilen auch unsicher geworden – hatte daran geglaubt, daß dies jemals geschehen, daß er ein Kunststoffköfferchen nehmen, sich in ein Taxi schwingen und in die Sustschowskaja fahren würde. Wieso mit einem Köfferchen, wußte er selber nicht genau. Das, was er in der Sustschowskaja bekommen sollte, fand durchaus in der Jackentasche Platz. Doch irgendwie war das Köfferchen nötig. Er hatte mal gehört, irgendwer habe sein erstes Honorar mit einem Köfferchen abgeholt. Für Kwaschnin kam das alles völlig überraschend – er war so daran gewöhnt, daß nur er allein Erfolg hatte! –, doch selbst Mirons Wohlwollen war nicht allezeit ernst zu nehmen gewesen, in ihnen steckte soviel Wirrsal, unglaubliche Wirrsal, es gibt keine komplizierteren Geschöpfe als Freunde, und nun hatte er ihnen diese Prüfung auferlegt, mit ihm hinzufahren und sich mit ihm zu freuen. Übrigens vergaßen sie ihn rasch und begannen, kaum daß sie im Taxi saßen, zu streiten: über eine Rezension, die Kwaschnin über das Buch eines gemeinsamen Bekannten geschrieben hatte. Miron warf ihm vor: „Du hattest kein Recht dazu! Du hast dich selbst erniedrigt!" Kwaschnin rechtfertigte sich matt. Bis sie die Sustschowskaja erreicht hatten, wurde daraus durch Mirons Schuld ein heftiges Wortgefecht, sie warfen sich scharfe Sätze an den Kopf: „Mit welcher Berechtigung übst du Kritik?" – „Aus Freundschaft!" – „Aber ich will sie nicht hören!" – „Und ich will keine Unanständigkeiten lesen!" – „Dann lies sie nicht, aber spiel nicht den Empfindlichen ..."

Das Auto hielt vor der Betontreppe. Antipow fragte:

„Rennt ihr mir nicht weg?"

„Nein, nein!" sagte Kwaschnin. „Geh nur."

„Wieso sollten wir wegrennen, wenn du uns zum Essen eingeladen hast?"

Auf der Treppe und dann im gedrängt vollen Fahrstuhl – heute war Zahltag, die Autoren eilten in den fünften Stock zur Buchhaltung – dachte Antipow vergnügt über sich, die Freunde und die kräftezehrende Sache nach, mit der sie sich auf eigenes Risiko, auf eigene Gefahr beschäftigten und die sie unausstehlich reizbar sein und an der eigenen Unsicherheit und an fremden Erfolgen leiden ließ. Das waren mißvergnügte Gedanken. Doch an solch einem Tag konnte er sich keine trüben Gedanken machen. Also dachte er vergnügt an das Trübe. Sogar die lange Schlange, die sich in dem großen halbdunklen Raum vor der Kasse ringelte und mindestens eine Stunde zu verschlingen drohte, beeinträchtigte nicht seine Laune. Ich müßte hinunterlaufen und das Taxi wegschicken! dachte Antipow vergnügt. Da erschien Victoire Kotow – nicht wiederzuerkennen in schwarzem Ledermantel und grünem Hut, mit feinem, gerötetem Gesicht und sorgsam gestutztem schwarzem Schnauzbart –, schob Antipow frech vorwärts, und nach fünf Minuten erhielten sie beide ihr Geld. Das war ein Erfolg. Ein wenig störte daran nur, daß Kotow sich nun anhängen und er ihn bis zum Abend nicht loswerden würde. Doch Antipow merkte sehr bald, daß Kotows berüchtigte *Aufdringlichkeit* ebenso verwandelt war wie alles andere: Gesicht, Kleidung, Schuhe, Schnauzbart, Gang. Er ging jetzt anders, nicht mehr im Laufschritt, sondern gemessen. Und er sprach ein wenig näselnd und nicht sonderlich deutlich. Da sah man, was selbst ein mickriger Posten und geringfügige Macht aus einem Menschen machen – Redakteur in einem Filmstudio! Nein, Kotow wollte sich nicht *aufdrängen.* Doch als sie auf die Straße traten und er das Taxi sah, die bekannten Gesichter hinter der Scheibe und neben dem Auto den auch wegen eines Honorars hergeeilten Lyriker Prjachin, der sich mit Tolja Kwaschnin unterhielt, da gab es ihm, wie Antipow spürte, insgeheim den gewohnten, aber sofort unterdrückten Ruck, sich *aufzudrängen.* Er winkte den Freunden von weitem einen Gruß zu, rührte sich aber nicht von der obersten Stufe des Haupteingangs. Er hatte Lust, sich *aufzudrängen,* wartete jedoch, daß man ihn einlud.

Kotow murmelte etwas von einem Szenarium, murmelte und murmelte, ohne sich von der Stelle zu rühren, und Antipow fragte ihn zu guter Letzt, ob er sich anschließen wolle. Was habt ihr denn vor? So und so. Und wo wollt ihr hin? Wissen wir noch nicht. Kotow zögerte zum Schein ein bißchen, dann willigte er ein, nachdem er wie ein vielbeschäftigter Mann auf die Uhr geschaut hatte. Prjachin lief sein Geld holen. Miron fragte:

„Ich hoffe, wir warten nicht auf ihn?"

„Für ihn ist sowieso kein Platz", sagte Kwaschnin.

„Fahren wir zur Schaschlykstube", schlug Kotow vor. „Chef, zum Nikitskije-Tor."

„Der findet uns auch dort." Kwaschnin kicherte.

„Wer?"

„Fjodor Prjachin. Er hat doch gesagt: ‚Ich finde euch.'"

„Dem werden wir was!" sagte Miron. „Antipow hat ihn nicht eingeladen. Antipow ist heute Gastgeber."

„Macht nichts, er kommt ohne Einladung. Er ist nicht stolz."

„Mich hat Antipow eingeladen", sagte Kotow gewichtig, „ich gehöre dazu."

„Von dir spricht keiner", knurrte Miron. „Aber diese Fresse will ich nicht sehen ... Der geht mir gegen den Strich ..."

„Er wird schon nicht kommen", sagte Antipow. „Wieso sollte er kommen?"

Aber nach zwei Stunden – sie hatten gegessen und getrunken, waren vollgesogen mit Tabakqualm und Schaschlykduft in der engen Gaststätte, wo die Tische dicht bei dicht standen wie auf dem Bahnhof, hatten über vieles gesprochen, sich gestritten, krakeelt und dem Herzen Luft gemacht, denn sie hatten einander Wochen und Monate nicht gesehen, und Kwaschnin hatte mit seinem zweiten Buch geprahlt, damit, daß er jetzt *einen Roman hinklotze*, deshalb ein spartanisches Leben führe, weder trinke noch Frauen habe, sondern abends zwei Stunden spazierengehe, und Miron hatte geprahlt, sein Kriegsbuch, an dem er schon das fünfte Jahr *feile*, würde etwas Einmaliges werden, vom Sinn des Lebens und vom Schicksal der Wissenschaft, keiner habe so eine Biografie wie er, für einen Schriftsteller aber sei die Biografie alles, insofern habe er keine Sorge, er besitze Stoff genug bis ans Lebensende, und Kotow hatte mit seiner einflußreichen Position geprahlt, damit, daß er Wohltaten erweisen, Szenarien herausfischen, den Stuß rezensieren lassen könne und daß man bei ihnen „anständig zahle", und Antipow hatte sich daran geweidet, daß keiner von ihnen, die den Vorschuß für sein Buch verpraßten, auch nur ein einziges Wort über das Buch gesagt hatte, das noch gar nicht existierte, erst noch geschrieben werden mußte, doch daran lag es nicht, sie brachten es einfach nicht fertig, über sein Buch zu sprechen, und er dachte nicht verärgert daran, sondern vergnügt, voller Neugier auf die Menschen, und sie hatten Kognak und Kaffee bestellt, und Miron begann wieder mit Kwaschnin wegen dessen Rezension über Filipp Sibirjakows Roman zu streiten –, da erschien plötzlich Prjachin in der Tür und steuerte unverzüglich mit festem Soldatenschritt auf Antipows Tisch zu. Er erklärte, er habe sie durch das Fenster gesehen, fragte freundlich: „Wird der Vorschuß versoffen?" und schaute sich nach einem freien Stuhl um. Antipow hatte im Grunde nichts dagegen, Kotow freute sich über den Saufbruder, Kwaschnin triumphierte, weil er recht behalten hatte, und sprang betont eilfertig auf, um einen

Stuhl zu suchen, Miron aber zog ein finsteres Gesicht. Warum er Prjachin nicht mochte, war unklar. Beide waren an der Front bei den Partisanen gewesen, Miron nicht lange, Prjachin immerhin zwei Jahre, doch zwischen ihnen bestand eine tief verborgene Feindschaft. „Vor dem sieh dich vor!" sagte Miron oft zu Antipow. Aber das sagte er von vielen. Der Kellner brachte einen Stuhl. Prjachin setzte sich und fragte:

„Ich störe doch nicht?"

Miron knurrte. Antipow machte eine Gebärde: Was soll das? Prjachin nahm ein leeres Weinglas, schenkte Kognak ein und wandte sich hochtrabend, doch gefühlvoll an Antipow:

„Sascha, auf dein Wohl! Ich freue mich sehr. Aller Anfang ist schwer. Ich habe deine Erzählung gelesen und bin überzeugt, dein Roman wird großartig ..."

Prjachin schwenkte das Glas. Es war ein neuer, feierlicher Ton. Doch Antipow war gerührt. Prjachin streckte den Arm aus, sie stießen an. Einen Augenblick drängte es Antipow sogar, den zottigen, pockennarbigen, einem gutmütigen Bären ähnlichen Fjodor Prjachin abzuküssen, doch Miron unterbrach die sich anbahnende idyllische Szene:

„Den Vorschuß feiern? Quatsch! Das fände ich genauso blöd, wie wenn man die Nachricht feiert, daß eine Frau schwanger ist. Erst mal gebären, hervorbringen." So tat er Prjachins Trinkspruch verächtlich ab. „Wir haben uns aus einem anderen Grund versammelt. Doch was dich betrifft, mein Lieber", er wandte sich an Tolja, „mach, was du willst, aber du hast kein Recht."

„Hör mal, Miron ..."

„Das akzeptiere ich nicht!"

„Es gab keinen Ausweg, verdammt noch mal! Er hat mich gezwungen: Schreib über Sibirjakow. Er ist doch mein Chef. Was sollte ich machen?"

„Über diesen Kerl zu schreiben ..."
„Es war Zwang! Dem hab ich mich gebeugt! Schließlich und endlich fügen sich alle dem Zwang, so oder anders. Denkst du, du bist dem entgangen?"
„Ich bin dem entgangen."
„Haha. Mach dich nicht lächerlich."
„Ich sage dir: Ich bin dem entgangen."
„Du irrst dich."
„Freunde, im englischen Militärreglement steht etwas sehr Kluges", sagte Prjachin. „Kennt ihr das? Ein guter Rat für Frauen: Wird man vergewaltigt und kann sich nicht retten, dann soll man sich dreinschicken und versuchen, es zu genießen."
„Toll!" Der betrunkene Kotow wieherte.
„Wieder Quatsch", sagte Miron. „Wenn Sie gemeine Witze erzählen wollen, brauchen Sie nicht hier zu sitzen."
„Miron, halt die Klappe", sagte Antipow.
„Wieso zum Teufel setzt er sich her und erzählt Gemeinheiten?"
Prjachin erhob sich, er lächelte über das ganze breite, mächtige Gesicht.
„Freunde, ich bitte um Verzeihung. Einer von euch ist sehr reizbar, und damit nichts passiert, gehe ich. Sascha, nochmals meinen Glückwunsch!" Er hob die verklammerten Hände und schüttelte sie. „Ich laß mich in den nächsten Tagen mal bei dir sehen und zeig dir was."
Er stellte den Stuhl beiseite, den er mit ungewöhnlicher Leichtigkeit an zwei Fingern hielt, und verbeugte sich förmlich, doch Antipow sprang unvermittelt auf.
„Fjodor! Halt!" schrie er. „Wieso gehst du weg? Du bist mein Gast! Ich habe dich eingeladen! Setz dich sofort wieder hin und trink mit diesem Sobakewitsch. Er ist nicht so schlecht, wie er scheint. Eigentlich ist er goldrichtig. Du bist auch goldrichtig. Fjodor ..." Antipow packte Prjachin an der

Hand und wollte ihn an den Tisch ziehen, doch der stand wie ein Fels. „Setz dich! Tolja, rück den Stuhl her. Und du benimm dich anständig, Sobakewitsch. Ich weiß wirklich nicht, ob du ein Sobakewitsch oder ein Nosdrjow* bist. Eine Mischung ..."

„Soll er hier sitzen", knurrte Miron. „Nur ohne Gemeinheiten ..."

„Fjodor, bitte setzen Sie sich", sagte Tolja.

„Nein, nein, ich gehe. Was soll's? Ich setze mich woanders hin, ich will zu Abend essen." Prjachin machte wieder eine Verbeugung. „Freunde, ich wünsche euch das Allerbeste."

Prjachin ging weg. Nun wurde am Tisch über ihn gesprochen, sie sprachen lange, bestellten noch Kognak. Prjachin war ein seltsamer Mensch, schon älter, fast vierzig, und aufdringlich, er erschien oft im Literaturinstitut, wenn es Stipendium gab, saß, wie andere ehemalige Studenten, mit den Jüngeren in der Bar, schwatzte klug, beteiligte sich manchmal an Prügeleien, was ihm Ruhm einbrachte. Bekannt war er nicht nur als Dichter – er hatte drei oder vier Gedichtbände veröffentlicht –, sondern auch als eingefleischter Büchersammler, der sich jedes Jahr nach Riga aufmachte und dort Läden und alte Wohnungen abklapperte. Er besaß die seltensten Bücher und rückte sie ohne weiteres heraus. Man brauchte ihn, doch wozu brauchte er Antipow und seine Freunde? Antipow meinte: wegen der Einsamkeit. Miron sagte: Nicht die Bohne! Es steckt etwas anderes dahinter. Tolja, als großer Schriftsteller, blickte tiefer: ein geheimes Laster. Kotow aber begeisterte sich unentwegt für den guten englischen militärischen Rat: „Ach, sind die gerissen! Ach, sind das Schurken! Stimmt doch haargenau!"

* Personen aus „Tote Seelen" von Gogol (Anm. d. Übers.)

Der Abend nahm ein schlechtes Ende. Alle hatten ziemliche Schlagseite, und als Leute vom Nachbartisch um Streichhölzer baten, sich höflich an Miron wandten, ihn aber mit Moses anredeten, bekamen sie statt Streichhölzer eine grobe Antwort; sie blieben friedlich, wandten sich aber nach einer Weile erneut höflich an Miron: „Moses, dürfen wir um Feuer bitten?“ Miron antwortete nicht. Er wollte keine Prügelei. Aber sie ließen nicht lokker und quengelten leise: „Moses, he, Moses! Wir geben dir die Schachtel zurück, sei unbesorgt, wir geben sie dir wirklich zurück!“ Miron sagte, er würde ihnen auf der Straße Feuer geben. Antipow zahlte, sie traten auf die Straße, es war gegen elf, sie gingen über die Straßenbahngleise auf den Boulevard, der völlig menschenleer war. Kein Milizionär zu sehen. Die Rauferei entspann sich sofort, jedoch recht schwunglos – keine Rauferei, ein Geschubse. Es waren freche junge Burschen, die wie Studenten aussahen. Plötzlich erschien Prjachin, und schlagartig tobte eine wilde, erbitterte, lautstarke Prügelei, bei der die Knochen krachten. „Äk!“, „Äk!“ sagte Prjachin zu jedem Schlag. Mit einem Hieb legte er den ersten um, packte den nächsten, der Miron Moses genannt hatte, am Genick und duckte ihn, stieß ihm den Kopf gegen die Kante einer Bank, schlug dreimal zu, wobei er jedesmal „Äk!“ sagte, und der Bursche sackte zusammen, die beiden anderen flüchteten zurück in die Schaschlykstube. Prjachin ächzte atemlos, seine Augen funkelten im Dunkeln. „Na? Alles in Ordnung! Zum Schutzheiligenfest haben wir immer unsern Spaß getrieben ...“ Die beiden blieben am Boden liegen, doch Prjachin meinte, die stünden schon wieder auf. Trotzdem, sagte er, solle man schleunigst die Beine in die Hand nehmen, der Portier rufe schon Nullzwei an.

„Macht’s gut!“ rief er und trollte sich im Laufschritt in Richtung Arbat. „Sascha, ich lasse mich bei dir sehen! Ich will dir ein Poem vorlesen!"

Die Mutter und die Schwester tranken im Zimmer Tee. Seit Faina vor einem Jahr zu ihrem Mann, einem Bruder der Mutter, nach Noginsk gezogen war – sie wollte nicht, sträubte sich nach Kräften, doch Onkel Pjotr bestand darauf –, hatte sich das Leben zu Hause, insbesondere das *abendliche und nächtliche*, sehr verändert. Die Mutter und die Schwester konnten zum Beispiel bis nach Mitternacht im Zimmer Tee trinken und sich unterhalten, ohne das Licht auszuknipsen. Antipow aber konnte stockbetrunken nach Hause kommen, im Zimmer auf einen Stuhl plumpsen, dummes, trunkenes Zeug reden, prahlerisch Geldscheinpäckchen schwenken und sie großspurig auf den Tisch werfen; auf dem Tisch sah er einen Teller mit einem Stück Wurst und eine Tasse Kefir, von der Mutter für ihn hingestellt, er erinnerte sich, für die Mutter und die Schwester eine Schachtel Konfekt und zwei Büchsen Sprotten gekauft zu haben, aber er hatte das Kunststoffköfferchen in der Garderobe der Schaschlykstube vergessen; plötzlich übersah er alles, begriff und schrie in Gedanken entsetzt auf: Was bin ich für ein Schwein!

Mitten im Sommer war das Geld alle. Das Buch war nicht fertig. Es kamen schwere Zeiten. Wenigstens bis September mußte er durchhalten. Antipow verdiente fast gar nichts, schrieb ab und zu für die Sportzeitschrift, bei der Miron arbeitete, doch die Mutter und die Schwester taten ihr Möglichstes, damit er nicht abgelenkt wurde und in Ruhe sein Werk schuf. Sie glaubten inbrünstig an sein Werk. Sogar mehr als er selber. Doch was war das für eine Ruhe! Sie mußten sich einschränken. Die Schwester wagte nicht, sich einen Mantel zu kaufen, Antipow ging weder ins Theater noch zum Fußball, sogar ins Kino kam er selten. Er fühlte sich wie in einem dunklen endlosen Tunnel, durch den er gehen und gehen mußte, ohne innezuhalten, ohne Licht zu sehen. Er mußte gehen, und basta. Sie lebten von zwanzig Rubel am Tag. Anfang Oktober war das Manuskript endlich fertiggestellt und abgeschrieben, wie immer von Tante Margarita, und Antipow trug die dicke Mappe in die Redaktion. Im November hatte man es durchgelesen und sagte ihm: „Nein, es taugt noch nichts. Es muß überarbeitet werden." Doch er erhielt ein bißchen Geld, und das dämpfte den Schicksalsschlag. Die Mutter und die Schwester freuten sich, kauften das Notwendige, richteten sich darauf ein, ihn weiterhin nach Kräften zu unterstützen, doch Antipow ließ den Mut sinken. Ihm war, als habe er keine Kraft mehr zum Überarbeiten. Zwei Tage konnte er kein Papier sehen, am dritten setzte er sich an den Tisch und arbeitete eine Weile, und dann ging alles wie zuvor. Im Dezember erkrankte die Schwester an einer Blinddarmentzündung, wurde zu spät operiert, bekam eine Bauchfellentzündung, konnte mit Mühe und Not gerettet werden. Im Januar neunzehnhunderteinundfünfzig wurde Antipow schließlich mit dem Überarbeiten fertig, sechs Kapitel hatte er umgeändert, vier neu geschrieben, das Manuskript war auf dreihundertfünfzig Seiten angeschwollen, und brachte es abermals in die Redaktion.

Der frühere Redakteur war nicht da. Antipow wollte nicht mit einem neuen zu tun haben, denn den alten hatte er trotz seiner Strenge gemocht, immerhin hatte der ihn unter Vertrag genommen, und deshalb sagte er, er werde warten, bis der alte wieder da sei. Man sagte ihm, der werde nicht zurückkommen. „Nie wieder?" fragte Antipow scherzhaft. „Wer weiß!" antwortete das Mädchen, das die Manuskripte verwaltete. Ihr Schrank sah aus wie eine Gepäckaufbewahrung, wo verschiedenerlei Mappen, manche von enormer Stärke, gestapelt lagen. Als er einen ungeheuer dicken Schinken sah, fragte Antipow bang, ob das auch ein Manuskript sei. Das Mädchen sagte, es sei der dritte Teil einer Trilogie. Die beiden ersten Teile seien bereits erschienen. Sie nannte den Namen des Autors, Antipow kannte ihn. Sie schaute ihn mitfühlend an, und als er die Anteilnahme spürte, tat er sich selber leid: er fühlte sich weiter vom Ziel entfernt als je zuvor. Niemals würde er so etwas schaffen wie eine Trilogie aus drei dicken Schinken.

Der neue Redakteur ließ über das Mädchen ausrichten, er werde das Manuskript frühestens in zwei Monaten gelesen haben. Entmutigt fragte Antipow:

„Und was machen Sie heute abend?"

Sie hieß Tanja. Nach dem Kino mußte man irgendwo einkehren, wenigstens in ein Eiscafé, doch Antipow hatte kein Geld mehr. Er dachte, er habe noch fünf Rubel in der Tasche, sein Geld zu zählen wäre aber unschicklich gewesen. Auf dem Majakowski-Platz bat er Tanja zu warten, ging in die Toilette und zählte nach. Es war noch weniger: vierachtzig. Ins Café brauchte er damit gar nicht erst zu gehen. Er kehrte zu Tanja zurück, die geduldig an derselben Stelle wartete, obwohl Schneeregen fiel und die Leute in den Häusern Zuflucht suchten. Er nahm sie bei der Hand, sie liefen zurück ins Kino, stellten sich im Vestibül unter. Immer mehr Leute sammelten sich dort, die der Schneematsch auf dem Platz überrascht hatte, die Menge drängte sich, wurde immer dichter. Jetzt kam richtiger Regen. Tauwetter Mitte Januar. Antipow und Tanja wurden tiefer ins Vestibül geschoben, zur Kasse hin. Ihm gefiel es, daß sie im nassen Schnee gewartet hatte wie ein Soldat auf Posten. Überhaupt gefiel sie ihm. Ein nettes, ernsthaftes

Mädchen. Der Regen hatte ihre Brille verschmiert, sie nahm sie ab und putzte sie mit dem Taschentuch, und er blickte in ihr rundes, blasses Gesicht mit den leicht hervortretenden Backenknochen und den kastanienbraunen Locken, die unter der Mütze hervorschauten. Das Tauwetter war Antipows Rettung, es blieb nichts weiter übrig, als Karten für die nächste Vorstellung zu kaufen, zumal die Menge sie schon zur Kasse gedrängt hatte. Sie sahen einen Landschaftsfilm. Hin und wieder überfiel ihn Verzagtheit – wieder diese Ungewißheit und dieses Warten auf Geld. Als sie aus dem Kino kamen, hatte es aufgehört zu schauern. Schwarzes Silber einer mondlosen Nacht und nasser Asphalt. Er brachte sie nach Hause.

„Haben Sie ein Geheimnis?“ fragte sie.

„Ja“, sagte er nach kurzem Nachdenken.

„Ich auch“, sagte Tanja.

Seufzend meinte er:

„Geheimnisse hat wohl jeder. Das größte Geheimnis ist, daß man nicht weiß, was kommt. Morgen – das ist das größte Geheimnis.“ Er fand, er habe etwas sehr Schönes gesagt, und trällerte albern: „Ich habe eine Tanja, und Tanja hat ein Geheimnis, und das Geheimnis hat ein Lied ... Brumbrum-brum ... Das Lied bist du ...“

„Tanja hat ein Geheimnis, aber Sie haben keine Tanja“, sagte sie, ohne zu lächeln.

„Na gut, aber richten Sie dem Typ aus, er soll sich mit dem Lesen beeilen.“

„Wem?“

„Ihrem Sajassow. Der gesagt hat, er braucht mindestens zwei Monate. Ich kann nicht warten. Sagen Sie ihm: Es ist unmenschlich. Es verstößt gegen die Haager Konvention. Und widerspricht jedem Horoskop.“

Tanja antwortete nicht. Er legte beide Hände um ihre Schulter, fragte: „Sagen Sie es ihm?“ und wollte sie an sich ziehen, ohne recht zu wissen, warum. Sie gefiel ihm, doch nicht so, daß er sie gleich bei den Schultern nehmen und an sich ziehen mußte. Da war etwas Unbestimmtes. Sie schwieg und schob nachdrücklich seine Hände weg. „Sagen Sie es ihm?“ wiederholte er und machte noch einen schwachen Versuch, sie an sich zu ziehen. Sie schüttelte den Kopf. Es war nicht klar, worauf sich das Nein bezog. Sie blieben stehen. Tanja blickte ihn gar zu streng an. Nur in der Jugend hat man diesen unbestechlich strengen Blick. Er sagte – und es war unklar, warum –, er werde sie am nächsten Abend anrufen. Sie antwortete darauf weder „Gut“ noch „Tun Sie das“ oder „Bis morgen“. Antipow rief nicht an. Das Leben warf ihn in einen jener unverhofften Strudel, in denen man plötzlich seine Kräfte und sein Gedächtnis und bisweilen den Atem verliert.

Es fing harmlos an. Alles Weitere ließ sich nicht einmal ahnen. Alexander Grigorjewitsch, Mirons Vater, machte Antipow bei einer Tasse Tee den Vorschlag, in einem Fall, der ihn als Rechtsanwalt beschäftigte, als literarischer Gutachter aufzutreten. Antipow willigte leichtsinnigerweise sofort ein. Er fand es außerordentlich spannend und ehrenvoll. „Literarischer Gutachter“ klang fast so eindrucksvoll wie „Professor“. Er fragte, worin die Pflichten eines literarischen Gutachters bestünden. Kleinigkeit, auf zwei, drei Seiten die literarische Qualität eines Textes erörtern, einmal vor Gericht erscheinen – und fünfhundert Rubel kassieren. Die kämen sehr zustatten. Alexander, der durch Miron von Antipows Schwierigkeiten wußte, wollte ihm einen Verdienst zuschanzen. Guter Alter!

Nach dem Teetrinken vergingen zwei Wochen, doch vom Fall Dwoinikow – so hieß der Direktor des Verlags Literatur und Schule, der des Plagiats und des Amtsmißbrauchs beschuldigt wurde – war nichts zu hören. Antipow sagte sich, man habe einen anderen Gutachter vorgezogen, und war ein wenig verstimmt. Er hatte sich schon überlegt, wofür er das Honorar ausgeben würde: für tschechische Schuhe mit Kautschuksohlen, wie Kotow sie hatte. Plötzlich rief Alexander an und bat ihn, sofort zu kommen und sich mit dem Fall vertraut zu machen, denn das Gutachten werde dringend benötigt. Es gehe um eine Intrige. Stellvertreter kontra Direktor. Wegen einer Frau. Doch das sei nicht der Punkt, Dwoinikow sei das Opfer einer Provokation, er sei schon älter und Kriegsteilnehmer, habe ein Gefäßleiden, man müsse ihn retten. Der Stellvertreter aber sei ein herzloser Kerl, ein Karrierist, der auf Dwoinikow neidisch sei und sich wegen der Frau an ihm rächen wolle. Ach, er müsse die Frau mal sehen! Mit der würde man nur ins Bett gehen, wenn einen das Oberste Gericht dazu verurteilte! Jedenfalls sei, um den alten Frontkämpfer zu retten, eines notwendig: der Nachweis, daß die Broschüren aus der Serie „Russische Klassiker“, die der Verlag herausgebe, kein Plagiat seien. Arbeit für einen Abend.

Sie tranken Tee vor der abgewetzten Wachstuchdecke, Alexander erklärte, bewegte die kurzen, vom Tabak gelben, wurmartigen Finger, rauchte Pfeife, bot ihm Halwa an, und seine Frau erkundigte sich nach der Gesundheit von Mutter und Schwester. Antipow kam rasch zu dem Schluß, hier sei alles klar und er müsse nach Hause eilen, um die Broschüren zu lesen. In seiner Vorstellung – und so hatte Alexander es dargestellt – war der Fall völlig klar, der Frontkämpfer müsse gerettet und der Karrierist bestraft werden, die Gerechtigkeit werde triumphieren, und sein Gutachten sei eine reine Formsache. Das Gericht habe lieber mit einem jungen Schriftsteller zu tun als mit einem alten Krauter. Wieso, woher wissen sie, daß ich Schriftsteller bin? dämmerte es Antipow schwach, aber der Gedanke weckte nicht den leisesten Argwohn, denn er hatte die feste Vorstellung von sich selbst, Schriftsteller zu sein. Alexander fragte: „Besitzen Sie ein Diplom, daß Sie das Literaturinstitut absolviert haben? Sehr gut, man muß gewappnet sein." Antipow wurde auch jetzt nicht stutzig. Die Überzeugung, Schriftsteller zu sein, war unerschütterlich. Und als echter Schriftsteller hatte er die Pflicht, Gerichtsverfahren kennenzulernen, sie sind das Brot des Schriftstellers. Lew Tolstoi zum Beispiel hatte an einem Prozeß teilgenommen und einen Soldaten verteidigt, zwar erfolglos, doch es hatte ihm bei der Arbeit an „Auferstehung" geholfen.

Genau das sagte Antipow beim Abendessen zu Mutter und Schwester, die schüchtern Zweifel anmeldeten, ob er das bewältigen würde und ob er sich damit nicht übernommen habe. In der Stimme der Mutter schwang Angst.

„Irgendwie habe ich eine schlimme Vorahnung. Ist Mirons Vater ein ordentlicher Mensch?"

„Mama, er hat dir so viele gute Ratschläge übermitteln lassen!"

„Du bist ein Freund seines Sohnes, er mag dich. Das ist etwas anderes. Aber ist er sonst ordentlich?"

„Und wie!" versicherte Antipow hitzig.

Er war davon fest überzeugt. Ebenso wie davon, Schriftsteller zu sein. Und als letzten Beweis fügte er hinzu:

„Wenn du ihre Wohnung gesehen hättest! Die gleiche Armut wie bei uns. Ein durchgesessenes Sofa. Kein heiler Stuhl. Und überhaupt, Mutter, hör auf, vor allem und jedem Angst zu haben. Es reicht, verstehst du?"

„Ich kann nicht“, sagte die Mutter. „Ich bin ein gebranntes Kind oder, wie man sagt, eine erschreckte Krähe.“

Antipow wurde immer wütend, wenn er das hörte. Eine erschreckte Krähe, ein gebranntes Kind! Wie viele Jahre konnte man das sein? Die Mutter sagte immer: Krähen sind weise Tiere, mein Sohn. Sei nicht verächtlich zu uns Krähen. Nach dem Abendessen setzte sich Antipow hin und las. Er studierte die schmalen Broschüren, die sechsunddreißig und neunundvierzig erschienen waren, gründlich durch und war bald überzeugt, daß von einem Plagiat überhaupt nicht die Rede sein könne, weil *Graues grau umgeschrieben* worden war. Die hölzerne Sprache des Jahres sechsunddreißig unterschied sich wenig von der hölzernen Sprache des Jahres neunundvierzig, und die Fakten des Lebens und des Schaffens der großen Schriftsteller ließen sich nicht verdrehen, deshalb glichen sich die Bücher wie Brüder. Nein, es handelte sich keineswegs um ein Plagiat. Es war einfach *Vermehrung von Stuß.* Stümperei hat immer das gleiche Gesicht. Plagiieren kann man eine fremde Erfindung, ein fremdes Talent, aber nicht irgendwelches Allerweltszeug. Auf den schmalen Büchern von sechsunddreißig standen die Namen A. W. Osols, I. J. Viktorowitsch und J. N. Samodurow. Auf den Büchern von neunundvierzig: T. W. Dianina, S. G. Suchow, P. G. Plushnikow, B. W. Skoptschenko und N. F. Tugouch. Keinen dieser Namen hatte Antipow jemals gehört. Plushnikow und Skoptschenko waren „Kandidaten der philologischen Wissenschaften“. Reinen Gewissens konnte er schreiben: „Die Artikel in beiden Publikationen sind von derart niedrigem Niveau, daß von einem Plagiat nicht die Rede sein kann. Man kann nur von wissenschaftlicher und künstlicher Unbedarftheit der Autoren sprechen.“

Ein wenig beunruhigte ihn nur, ob seine Darlegungen, die vom Standpunkt der großen Literatur und der wahren Wissenschaft richtig waren, sich auch als juristisch hieb- und stichfest erweisen würden. Wenn nun eine haarspalterische Betrachtung ergäbe, daß es sich doch um ein Plagiat handelte? Darauf könnte er natürlich antworten, die Bücher von sechsunddreißig seien wahrscheinlich ebenfalls nicht originär, sondern von etwas noch älterem *Grauem* abgeschrieben. Aber dazu mußte er Nachforschungen anstellen. Er brauchte Beweise. Das, was einfach und klar erschienen war, hüllte sich in leichten Nebel, etwas Wichtiges fehlte, um klarsehen und mit Entschiedenheit erklären zu können: Es ist kein Plagiat, und Dwoinikow ist unschuldig. Antipow fand, als er sich hinlegte, lange keinen Schlaf und grübelte, bis ihm plötzlich aufging, was fehlte: Menschen. Die handelnden Personen waren mit Papier getarnt. Er konnte nicht über sie urteilen, wenn er sie nicht wie lebendige Menschen sah und spürte. Sorgenvoll schlief er ein: mit dem Fall war nicht zu spaßen.

Tanja hatte er völlig vergessen. Er rief sie weder am nächsten noch am übernächsten Tag an, am Freitagmorgen aber meldete sie sich. Ihre Stimme klang offiziell.

„Alexander Nikolajewitsch? Ich verbinde Sie mit Viktor Semjonowitsch. Einen Augenblick ..."

Das war alles, was er an diesem Tag von ihr hörte. Viktor Semjonowitsch – das war Sajassow, der Neue, der an die Stelle des früheren Redakteurs getreten war und bei dem sich Antipows Manuskript befand. Antipow hatte nur einmal mit ihm gesprochen und ein Gefühl von Fadheit und Farblosigkeit zurückbehalten. Der Mann war weder Fisch noch Fleisch.

„Alexander Nikolajewitsch, guten Tag, hier Sajassow, entschuldigen Sie die Störung zu früher

Stunde ... Ich weiß, daß Literaten um diese Zeit ... Es geht darum ..." Sajassow sprach schnell und sehr leise. So leise, daß Satzteile untergingen. Aufgeregt strengte Antipow sein Gehör an, sosehr er konnte. „Eine dringende Arbeit ... Zu diesem Zweck möchte ich aufräumen ... Ihr Manuskript zuallererst ... Ich habe es in zwei Tagen durchgelesen."

„Sie haben es gelesen?" staunte Antipow und wußte nicht, ob er sich freuen oder sich fürchten sollte. Er hielt sich ein Ohr zu, preßte den Hörer an das andere Ohr und horchte, sosehr er konnte.

„Ich habe es gelesen. Gestern abend hatte ich es durch, und ich bin bereit."

„Und?"

„Ich sage doch, ich bin bereit. Wir besprechen es, Alexander Nikolajewitsch. Kommen Sie, wenn möglich, heute gegen Abend."

Antipow kam gegen fünf hin. Während der Fahrt hatte er gerätselt: Würde es gut oder schlecht ausgehen? Ob Tanja Sajassow gebeten hatte, sich mit dem Lesen zu beeilen? Sie war nicht im Zimmer. Ihr Pelzmantel und ihre Strickmütze hingen nicht am Garderobenständer neben der Tür. Ihr Schreibtisch war aufgeräumt, der Papierkram lag, sorgsam gestapelt, links und rechts, die Bleistifte und Füller standen in einem Glas, und unter einer Glasscheibe lag ein Bild von Alexander Block. Es war niemand da, den er hätte fragen können! Blieb nur eines – dem Ungewissen entgegenzugehen.

Vor der Tür mit dem Schild „V. S. Sajassow" – noch vor kurzem hatte hier ein anderes Schild geprangt – saß auf einem Stuhl ein alter Mann, der einen großen kahlen Kopf mit violetten Auswüchsen darauf hatte, mit einem gespannten, hungrigen Gesichtsausdruck. Er hielt eine Mappe hochkant auf den Knien und trommelte mit den Fingern darauf. Die lauernde Haltung des Alten – er hatte den fleckigen Schädel vorgereckt – bedeutete, er war bereit, in das Zimmer hineinzustürmen, sobald die Tür sich einen Spalt öffnete. Antipow setzte sich ein Stück entfernt auf einen Stuhl. Plötzlich überkam ihn Verzagtheit: daß er dringlich herbestellt worden war, konnte nichts Gutes bedeuten. Wenn es etwas Gutes bedeutete, hätte Sajassow am Telefon wenigstens einen Satz dazu gesagt. Doch er hatte ihm keinerlei Hoffnung gemacht. Sein Tonfall war unbeteiligt gewesen, wie leblos. Diesen leblosen Ton schlagen Natschalniks bei kategorischen Ablehnungen an. So fällt ihnen die Ablehnung leichter. Doch warum hatte er Antipow *sofort herbestellt*? Wozu dieser Sadismus? Antipow preßte die Zähne zusammen: Wenn die Antwort negativ ausfiel, würde er sofort zu einem anderen Verlag gehen, in die Puschkinskaja, den Vorschuß aber nicht zurückzahlen. Er mußte sich wehren. Er mußte aus Leibeskräften kämpfen. Kunst verlangt Ausdauer, hatte Balzac geschrieben. Der Alte mit dem kahlen Schädel zum Beispiel wehrte sich bis zum letzten. Er würde niemanden vorgehen lassen. Welch strenge, warnende, wachsame Blicke er Antipow zuwarf: Lassen Sie es sich nicht einfallen, junger Mann, außer der Reihe hineinzugehen! Ich lasse Sie nicht vor! Sie sind in zwölf Jahren an der Reihe!

Die Tür öffnete sich, und ein blonder Mann in schwarzem Anzug sagte leise: „Genosse Antipow, bitte."

„Aber ich glaube", murmelte Antipow, „er war früher da ..."

„Der Genosse ist von sich aus erschienen, aber Sie sind *bestellt*", schnitt ihm Sajassow nachdrücklich das Wort ab, wobei er „bestellt" betonte.

Dem Alten gab es einen Ruck, als wollte er aufschreien oder sich vom Stuhl erheben, doch er blieb sitzen, trommelte noch stärker mit den Fingern und summte plötzlich etwas vor sich hin, wie ein Lied ohne Worte. Antipow schritt in größter Verlegenheit – sein Handikap im Alltag war das qualvolle Unvermögen, sich vorzudrängeln – eilig durch die Tür, suchte sich einen Stuhl, plumpste darauf und erstarrte. Sajassow raschelte mit dem Manuskript. Die gerunzelte Stirn, die zusammengepreßten Lippen zeigten strenges Nachdenken. Er wußte nicht, wie er anfangen sollte. Er mußte etwas Unangenehmes sagen. Das Rascheln dauerte an, er räusperte sich, nahm die Brille ab, putzte sie mit einem dunkelroten Taschentuch, setzte sie wieder auf. Nachdem er noch ein Weilchen herumgeraschelt hatte, hob er seinen leichten, blauen Blick – er hatte kleine, engliegende Augen wie ein Affe –, sah Antipow an und sagte, fast flüsternd:

„Nun, Alexander Nikolajewitsch, machen wir das Buch? Wie? Stürzen wir uns in das Abenteuer?“ Er lachte.

Antipow bekam Herzklopfen und lachte ebenfalls.

„Aber ich warne Sie!“ Sajassow hob einen schmalen, knabenhaften Finger. „Ich warne Sie.“ Er schüttelte den Finger und runzelte wieder die Stirn. „Es steht noch viel Arbeit bevor. Sehr viel. Und zwar ernsthafte Arbeit ...“

Länger als eine Viertelstunde redete er nebulös Vorwurfsvolles. Dies und das und jenes fehle, dies sei ungenügend, jenes müsse weiter ausgeführt werden, außerdem fehle noch folgendes. Er sprach nur von dem, was fehlte. Von dem, was vorhanden war, kein Wort. Doch Antipow fühlte sich ermuntert – er hatte Schlimmeres erwartet. Immerhin lief es ja darauf hinaus, daß das Buch insgesamt existierte oder zumindest nach einigen zusätzlichen Bemühungen existieren würde. Mit Hilfe von Sajassow. Es sah nicht gar so finster aus. In die Puschkinskaja mußte er nicht.

„Wenn ich meine dringende Arbeit hinter mir habe", raunte Sajassow, „dann setzen wir uns ran, gehen den Text mit dem Bleistift durch, und Sie machen alles Nötige."

Er hatte das Manuskript gewissermaßen einmal kurz durchgeackert, um sich einen allgemeinen Eindruck zu verschaffen. Das Tiefpflügen Seite für Seite stand noch aus. Damit war die geschäftliche Unterredung beendet. Antipow machte eine Bewegung und wollte sich erheben – er dachte an den Alten, der vor der Tür schmachtete –, doch Sajassow gebot ihm mit einem Wink des Kinderfingers Einhalt.

„Alexander Nikolajewitsch, noch eine beiläufige Frage: Haben Sie mit dem Fall Dwoinikow zu tun?"

„Hab ich", sagte Antipow. „Ich wurde als literarischer Gutachter bestellt."

„Wirklich? Also habe ich mich nicht getäuscht, Sie sind es!" Sajassow lachte erfreut. „Man hat mir gesagt, Gutachter sei der Schriftsteller Antipow, doch ich war nicht sicher, daß Sie es sind. Na wunderbar. Übrigens, ich habe auch mit dem Fall zu tun – mein Bruder tritt als Kläger auf. Dmitri Sajassow, der Stellvertreter von Dwoinikow. Ich will Sie für alle Fälle warnen: Seien Sie vorsichtig, Dwoinikow ist ein gefährlicher Mann. Was der im Verlag getrieben hat!" Sajassow zog eine verächtliche Grimasse und schüttelte den Kopf.

Antipow schwieg. Die Neuigkeit war niederschmetternd. Jetzt konnte er klarsehen, konnte alles überblicken. Wie aus der Vogelperspektive.

„Der Rechtsanwalt hat Sie bestellt? So ein kleiner mit dichtem Haar?" fragte Sajassow.

„Ja", sagte Antipow.

„Wieso ist er auf Sie verfallen, Alexander Nikolajewitsch?"

„Die Sache ist die ... Er hat einiges gelesen."

„Von Ihnen?"
„Ja."
„In Zeitschriften?"
„Ja."
„Alles klar. Verstehe. Schriftsteller gibt es viele, die Auswahl fällt schwer, gewöhnlich bestellt man Prominente. Der Gutachter muß, wie man so sagt, in Geist und Stil ähnlich sein …"
„Ja", pflichtete Antipow bei.
„Aber vor allem muß er ehrlich sein und das bestätigen, was er sieht. Und nicht das, worum man ihn bittet. Nicht wahr, Alexander Nikolajewitsch? Die Wahrheit und nichts als die Wahrheit. Wie in unserem Fach, der Literatur." Sajassow lächelte. „Noch etwas – und dann will ich nicht mehr zu diesem Thema zurückkehren: Ich liebe meinen Bruder, ich weiß, was er gelitten und wie dieser Gauner ihn verhöhnt hat. Welch ein Risiko war es für meinen Bruder, den Kampf aufzunehmen – er hat im wahrsten Sinn Kopf und Kragen riskiert, denn man hat ihm gedroht, ihn physisch zu vernichten. Dreimal habe ich bei ihm übernachtet, eine Schreckschußpistole unterm Kopfkissen. Ich sage Ihnen, dieser halb krepierte Intelligenzler ist ein Gangster reinsten Wassers. Jetzt verschlingen alle den amerikanischen Roman ‚Tuckers Bande'*. Ich könnte einen noch größeren Reißer schreiben: ‚Dwoinikows Bande'. Aber, Alexander Nikolajewitsch!" Sajassow klopfte mit der flachen Hand auf den Tisch, blickte Antipow streng und kalt in die Augen und raunte: „Ich bitte Sie, unsere Arbeitsbeziehungen haben nicht das geringste mit dieser Geschichte zu tun. Ich hoffe, Sie glauben nicht, ich wollte Sie irgendwie unter Druck setzen! Das wäre mir sehr unangenehm. Es ist mein Prinzip: Fliegen breitklatschen und Koteletts breitklopfen – das ist

* „Tucker's people" von Ira Wolfert (Anm. d. Übers.)

zweierlei. Sie haben es doch nicht etwa geglaubt? Beichten Sie es ruhig. Ein wenig haben Sie es doch geglaubt?"

Antipow sagte, er sei noch gar nicht richtig zum Nachdenken gekommen. Doch wenn er beichten solle: etwas Ähnliches sei in seinem verdorbenen Bewußtsein aufgetaucht.

„Ist es das?" Sajassow war bekümmert. „Das hatte ich befürchtet. Sehe ich denn aus wie ein Ganove, der seine dienstliche Stellung ausnutzt, um jemanden zu erpressen? Ebendeshalb hasse ich ja Ihren Dwoinikow."

„Wieso *meinen* Dwoinikow?"

„Natürlich Ihren. Weil der Rechtsanwalt Sie natürlich beeinflußt hat."

„Viktor Semjonowitsch, so etwas sollten Sie nicht sagen ..."

„Ja, ja! Ich bitte um Verzeihung. Ich bin zu weit gegangen. Um den Punkt aufs i zu setzen, verrate ich Ihnen meine Überzeugung: Ihr Dwoinikow ist ein Plagiator ..."

„Er ist nicht mein Dwoinikow."

„Gut, Dwoinikow, nicht Ihr Dwoinikow, ist ein Plagiator, er hat Bücher aus den dreißiger Jahren gefleddert, sie unter Pseudonym neu herausgegeben und das Honorar mit seiner Geliebten Samodurowa und mit zwei Kumpanen geteilt. Er hat Notsituationen von Leuten ausgenutzt und sie als Neger für sich arbeiten lassen. Es war ein ganzer Konzern, in den mein Bruder hineingestoßen hat wie mit einem Stock in ein Wespennest. Das ist die ganze Geschichte. Entschuldigen Sie, aber dafür braucht man keinen Gutachter." Antipow gewahrte plötzlich einen gehässigen Blick.

Antipow erhob sich, verbeugte sich und ging zur Tür. Das war töricht, doch eine jähe Welle der Feindseligkeit hatte ihn vom Stuhl gerissen und weggetrieben. Das Ende des Satzes: „... braucht man keinen Gutachter", klang in ihm nach. Als er schon die Türklinke in der Hand hatte, drehte er sich um und sah, daß Sajassow ihm verdattert nachsah.

„Wo wollen Sie hin?"

„Auf Wiedersehen", sagte Antipow. „Ich glaube, wir sind uns einig geworden."

„Habe ich Sie irgendwie gekränkt?" Sajassows Blick war wie zuvor blau und leicht. „Das wäre mir wirklich unangenehm. Nun, wir sind uns einig geworden. Unsere Sekretärin Tatjana Nikolajewna – Sie sind mit Tanja bekannt? – wird Ihnen das Weitere mitteilen."

Er mußte Miron sehen. Nur Miron konnte ihm helfen, sich in diesem Wirrwarr zurechtzufinden, der sich noch mehr zu verwirren drohte, denn noch am selben Abend rief Mirons Vater an und fragte streng – mit der Stimme eines Arbeitgebers –, ob das Gutachten fertig sei, worauf Antipow antwortete, im großen und ganzen ja, doch habe der Fall sich als nicht so einfach erwiesen. „Was heißt ‚nicht so einfach', Sascha?" Nein, es sei nicht eindeutig. Man könne Dwoinikows Arbeit als Plagiat oder auch nicht als Plagiat betrachten, ganz nach Belieben. Alexander sagte: „Hören Sie, Sascha, ich brauche es so, daß es kein Plagiat ist." Antipow fragte, ob er nicht einen anderen Gutachter auftreiben könne. Alexander heulte förmlich ins Telefon: „Wo denken Sie hin, Sascha, mein Bester? Das wäre ein Dolchstoß! Mittwoch ist die Gerichtsverhandlung, wo soll ich bis dahin einen neuen Gutachter hernehmen?" – „Ich besorge Ihnen einen!" schrie Antipow, der sofort an Kotow dachte. „Nein, ausgeschlossen, Sascha. Ihre Ablehnung wäre ein Trumpf in den Händen des Klägers. Sie würden mich schrecklich aufsitzen lassen. Sie können sich nicht vorstellen, wie wichtig es ist, daß ein junger Schriftsteller wie Sie als Gutachter auftritt! Einer, der einen Namen und einen guten Ruf hat. So was macht Eindruck auf das Gericht." Das war eine offene Übertreibung. Antipow merkte es, doch irgendwie wurde er weich. Eine Weile sträubte er sich schwach: Ob denn sein Rückzieher überhaupt bekannt werden müsse? Alexander kategorisch: „Auf jeden Fall! Sie sind gemeldet! Das wäre das Ende! Dann kriege ich einen Herzinfarkt!" Da sagte Antipow: Wenn es keinen anderen Ausweg gebe und ein Rückzieher ausgeschlossen sei, müsse er sich näher mit der Sache befassen. Alexander pflichtete ohne Enthusiasmus bei: „Bitte sehr, tun Sie das ... Ich mache Sie damit vertraut ..." In diesem schleppenden Tonfall versikkerte das Gespräch.

Jetzt mußte Miron her, doch ihn zu finden war nicht einfach: Ein halbes Jahr zuvor hatte er geheiratet und war aus der väterlichen Wohnung zu Lucienne nach Sokolniki gezogen. Dort hatte er kein Telefon. Auf Arbeit war er nicht zu erreichen, er war nicht mehr beim Rundfunk, sondern bei einer kleinen Sportzeitschrift, wo es für die ganze Redaktion nur ein Telefon gab, und das war natürlich immer besetzt. Seinen Vater besuchte Miron nur selten, denn Lucienne mochte Mirons Eltern nicht. Lucienne war eine Schönheit. Sie tanzte im Berjoska-Ensemble. Antipow fand, sie sei nur für eines gut, ansonsten sei mit ihr nichts anzufangen, und es wurde ihm langweilig, sich mit Miron in dessen Wohnung zu treffen, zumal Miron jetzt von uninteressanten Leuten umgeben war, von Geschäfts- und Handelsleuten, Kürschnern, Schuhmachern. Während des letzten halben Jahres war Antipow nur zweimal bei Miron gewesen, das erste Mal, als so eine Art Hochzeit veranstaltet wurde, irgendein Administrator Tolja Kwaschnin beleidigte und Miron – Antipow erlebte das erstmals – klein beigab und sich schweigend auf die Seite aller dieser Leute stellte, die auf der Hochzeit die Mehrheit bildeten; das nächste Mal hatte er zufällig bei Miron hereingeschaut, und Lucienne versuchte ihn zu bezirzen, flirtete mit ihm und brachte ihm Rock 'n' Roll bei, doch er blieb ungerührt: sie war nur für eines gut und ansonsten langweilig.

Es half alles nichts, Antipow mußte am Sonnabend auf gut Glück nach Sokolniki fahren. Lucienne wohnte in einem datschenartigen Holzhaus mit hölzernem Schuppen, Hundehütte und Brunnen auf dem Hof. Vor der Wohnung im Erdgeschoß hing ein Schloß. Antipow schrieb auf einen Zettel: „Miron! Ich brauche dich" und setzte drei Kreuze darunter, nach ihrem Code aus der Studentenzeit die höchste Dringlichkeitsstufe. Damals hatten sie sich während der Vorlesungen Zettel zugeworfen: „Besorg mir für heute den Schlüssel" oder „Brauche einen Zehner", und als Kennzeichen folgten ein Kreuz, zwei Kreuze oder drei. Bei drei Kreuzen wurde die Bitte um jeden Preis erfüllt. Und richtig, Sonntag früh kam Miron angesaust.

Am Abend davor aber war ein ungebetener Gast erschienen: Prjachin.

„Mein Lieber, ich hatte doch versprochen, dir mein Poem zu bringen", verkündete er freudestrahlend und kramte aus einer Militärledertasche einen Packen zerknitterter Blätter hervor. „Soll ich's vorlesen? Störe ich auch nicht?"

Er lud Antipows Mutter und Schwester herzlich ein zuzuhören, und obwohl die beiden sich für den Abend wichtige Haushaltsarbeiten vorgenommen hatten, willigten sie sofort ein und sagten: „Danke, mit Vergnügen." Die Mutter, die Freundlichere, sagte sogar: „Mit Genuß!" Antipow aber sank der Mut – er würde mindestens zwei Stunden festsitzen! Der Abend war vermasselt, und er hatte noch arbeiten wollen. Das Poem behandelte ein Kriegsthema, hatte Prolog, Epilog und Abschweifungen, war glatt gereimt und abgedroschen. Die Lesung dauerte vierzig Minuten. Antipow war zeitweise mit Ohren und Gedanken weit weg, grübelte über sein Buch, über Sajassow, über Alexander, der solch enorme Hartnäckigkeit an den Tag legte, und darüber, daß in Vater und Sohn, Alexander und Miron, dieser feste Kern steckte, den man nicht gleich bemerkte. Eine Abschweifung des Poems erregte Antipows Aufmerksamkeit: etwas über Erbarmungslosigkeit. Über die Notwendigkeit der Erbarmungslosigkeit. Es wurde die Hinrichtung von Verrätern beschrieben. Die Partisanen hatten keine Patronen mehr und richteten Kollaborateure, die den Faschisten als Polizisten gedient hatten, mit Bajonetten hin. Antipow hörte zu. Das war kühn! Ein paar Strophen: hart, ausdrucksstark, voll derber, kalter Kraft. Und überhaupt nicht abgedroschen. Dann folgte wieder Blech. Prjachin sagte, er habe sein Poem der Zeitschrift „Oktjabr" gegeben.

Mutter und Schwester waren von dem Poem beeindruckt, die Mutter wischte sich die Augen mit dem Taschentuch. Ljudmila, vor Erregung errötet, lief in die Küche und setzte Teewasser auf, doch Prjachin lehnte den Tee ab: Er habe Karten für einen deutschen Film über Rembrandt, für die letzte Vorstellung. Für alle Fälle habe er vier Karten gekauft. Die Mutter blieb zu Hause, um die Haushaltsdinge zu erledigen, Antipow wollte arbeiten, also ging die Schwester mit Prjachin ins Kino.

„Aber komm ein Stück mit", sagte Prjachin. „Wir müssen was bekatern."

„Das Poem? Habe ich dich nicht genug gelobt?"

„Ach was, nicht das Poem! Damit ist alles klar.

Ein genialer Wurf. Spaß beiseite, ich muß noch daran arbeiten, weiß ich. Nein, wegen Sajassow. Er ist doch ein guter Freund von mir."

„Der Redakteur?"

„Ja, Viktor Sajassow. Er hat zwei Bücher von mir herausgebracht. Früher arbeitete er in der Lyrikredaktion. Ich kenne seine Mutter, seine Frau, seinen Bruder, eine wunderbare Familie von unserem Blut ..."

„Wie meinst du das?"

„Nun, eine Familie von Arbeitern, Werktätigen ..."

„Wieso erzählst du mir das?" fragte Antipow, der schon ahnte, woher der Wind wehte, und sich innerlich spannte.

„Damit du Bescheid weißt. Denn du kennst ja Viktor nicht weiter. Er hat gesagt: ‚Ich hatte ein harmloses Gespräch mit Antipow, aber er denkt jetzt bestimmt sonstwas von mir. Erklär es ihm', hat er gesagt, ‚daß ich keine Silberlöffel klaue und keine kleinen Kinder fresse.' Darum erklär ich es dir."

„Danke."

„Doch, er ist wirklich ein prima Kumpel. Glaub mir, ich bin ein Menschenkenner. Wenn er es sich vorgenommen hat, boxt er dein Buch bei der Chefredaktion durch und bringt es über sämtliche Klippen. Wie er meins durchgeboxt hat! Bei zwei ablehnenden Gutachten!"

„Wie denn?"

„Wie? Er hat geboxt und geboxt – bis er's durchhatte. Ich saß ganz schön in der Klemme ... Sascha, im Ernst – hilf seinem Bruder. Verschaff ihm, was nötig ist. Da ist doch nichts Faules bei, es ist eine saubere Sache. Ich weiß natürlich nicht, was ihr da habt, aber Viktor meint: ‚Jetzt hängt viel von Antipow ab.'"

„Er hat dich gebeten, mit mir zu sprechen?"

„Er? Nein. Das mache ich von mir aus. Er hat nur das von den Silberlöffeln und den kleinen Kindern gesagt."

Die Schwester war vergnügt, sie ging selten mit jungen Leuten ins Kino. Prjachin lachte albern und gekünstelt, aber Antipow zog ein finsteres Gesicht. Mürrisch kehrte er nach Hause zurück. Das Problem wurde immer verzwickter. Anstatt zu arbeiten, zerbrach er sich den Kopf über unnötige Rätsel. Schlimmer noch: Wie konnte er sich aus der Schlinge ziehen? Miron mußte her.

Miron erschien Sonntag früh, nervös und ärgerlich – er hatte einen Kater. Er kam herein, plumpste sofort auf die Sofarolle bei der Tür und ließ merken, daß er keine Zeit habe.

„Was ist?"

Antipow erzählte. Prjachin erwähnte er nicht, um Miron nicht unnötig zu reizen. Es sei eine heikle Situation, und am besten wäre es, sich abzuseilen. Aber wie? Würde es seinem Vater nicht schaden? Was halte er überhaupt von den Angelegenheiten seines Vaters? Könne man da nicht auf die Nase fallen?

„Und ob!" knurrte Miron. „Was hast du denn gedacht, wofür Gutachter ihr Geld kriegen? Für ihr Risiko, auf die Nase zu fallen."

Miron wußte nichts Genaues über den Fall Dwoinikow, er hatte nur gehört, daß eine Frau in den Fall verwickelt sei, mit der beide, Kläger und Verklagter, etwas gehabt hätten. Doch wer gut und wer schlecht sei, Dwoinikow oder Sajassow, davon habe er keine Ahnung. Auf den Vater nahm er keinerlei familiäre Rücksicht, wahrscheinlich war der ihm gleichgültig, vor dessen Rechtsanwaltstätigkeit hatte er wenig Achtung, und auf die direkte Frage, wie er sich an Antipows Stelle verhalten, wem er in die Hand spielen würde, antwortete er nach kurzem Nachdenken klipp und klar:

„Ich fürchte, ich enttäusche dich, aber ich an deiner Stelle würde Sajassow in die Hand spielen. Denn für unsereinen ist das Buch die Hauptsache. Warum sich den zum Feind machen, der dein Buch herausgibt? Das wäre unsinnig."

„Er hat geschworen, das eine habe mit dem anderen nichts zu tun."

„Und das glaubst du? Noch am selben Tag, an dem du auch nur ein Wort sagst, fliegt dein Buch achtkantig aus dem Plan. Formal nicht sofort, aber in seinem Bewußtsein augenblicklich. Alles Weitere ist eine Frage der Technik. Zweifelst du daran? Ich habe einiges von Sajassow gehört. Er ist doch ein Freund von Prjachin, diesem Schweinehund. Armer Vater, wie miserabel er alles organisiert hat! Der ist auf die Nase gefallen!" Miron pfiff und schüttelte den Kopf. „Du hast keinen anderen Ausweg. Mein Vater würde mich totschlagen, wenn er das hören könnte ..."

Es war wie bei einer Katzbalgerei in einem dunklen Schulkorridor. Einer will einen anderen verprügeln, die beiden wälzen sich auf dem Fußboden, ein dritter wirft sich darauf, auf den dritten läßt sich zum Spaß der vierte plumpsen, auf den vierten stürzt sich der fünfte, der dem zuunterst Liegenden helfen will. Und für ihn, den Eingequetschten, kommt ein Augenblick des Entsetzens. Solch ein Augenblick kam für Antipow in der Nacht von Montag zum Dienstag, nachdem die Katzbalgerei sich zwei Tage lang ausgeweitet hatte – auf den fünften war der sechste gesprungen, auf den sechsten der zwölfte ... Nachdem Miron ihm morgens eiskalt den für seinen Vater schädlichen Rat erteilt hatte, gab es beim Mittagessen eine Unterhaltung mit der Mutter und der Schwester: unverhofft sprangen auch die beiden mit drauf. Prjachin hatte auf dem Heimweg vom Kino Ljudmila alles erzählt, und sein Bericht war offenbar derart packend und detailliert gewesen, daß die Schwester nachts um halb eins in höchster Angst und Aufregung nach Hause gekommen war. Am Morgen hatte sie immerzu mit der Mutter getuschelt, aber Miron war dagewesen, und sie hatten nicht davon anfangen können, doch beim Mittagessen fielen sie zu zweit über Antipow her, den die Last schon völlig erdrückte. Die Schwester sagte, er solle sofort die Finger von diesem dubiosen Fall lassen. Wieso dubios? Dein Freund Prjachin hat es noch schärfer gesagt: von diesem schmutzigen Fall. Mein Freund Prjachin ist, was den Fall angeht, befangen, er handelt auf Bitten eines Redakteurs, der seine Bücher herausgibt. Das zur Richtigstellung. Aber wieso willst du dem Mann nicht entgegenkommen, der *auch dein Redakteur ist*? Weil ... Antipow stockte, denn er wußte nicht, wieso er ums Verrecken keine Lust hatte, dem Redakteur entgegenzukommen. Es war unerklärlich. Sajassow hatte ihm nichts getan. Nach allen Gesetzen der Logik wäre er verpflichtet, Sajassow entgegenzukommen – und auf Alexander zu pfeifen –, doch in seinem Innern sträubte sich etwas und ließ das nicht zu.

„Dann laß die Finger davon, Sascha!" sagte die Mutter. „Ich will nicht, daß du in diese Geschichte hineingerätst."

„Wieso?"

„Ich will es nicht. Ich habe Angst."

„Schon wieder?" Antipow blickte die Mutter scharf an. Der Ausdruck „gebranntes Kind" hing in der Luft.

„Wozu hast du das überhaupt nötig?" fragte die Schwester „Weshalb hast du dich darauf eingelassen? Das ist doch eine Falle."

„Ich hatte Lust, an einem Prozeß teilzunehmen. Mir wird die Neugier zum Verhängnis: Wie ein Falter, den es zum Licht zieht, werde ich mir die

Flügel verbrennen. Meine schönen silbernen Flügel."

„Prjachin meint übrigens, der Mann sei dermaßen heimtückisch, daß er aus Rache nicht nur dir etwas Schlimmes antun könnte, sondern auch …"

„Sondern?"

„… auch der ganzen Familie zum Beispiel. Der werde vor nichts zurückschrecken."

„Von wem sprichst du jetzt?"

„Von deinem Redakteur."

„Du lieber Gott, was für Leidenschaften!" Antipow lachte. „Was Prjachin euch Ärmsten für Angst eingejagt hat! Mir hat er was anderes erzählt: daß Sajassow ein ungewöhnlicher Mensch sei und daß man ihm wegen seiner wunderbaren Tugenden helfen müsse. Nun, Bürger Prjachin, wo sprechen Sie die Wahrheit? Mal sagen Sie dies aus, mal das. Zeigen Sie Ihr wahres Gesicht, Prjachin!"

„Du alberst herum", sagte die Schwester, „dabei sitzt du, finde ich, in der Klemme."

„Ach wo! Ich werde schon klarkommen. Nur keine Panik."

„Sascha, vergiß nicht – Mutter ist im Institut ohne feste Position …"

„Na und?"

„Nichts weiter. Du sollst es nicht vergessen."

„Siehst du, wenn Mutter so oft *das gebrannte Kind* spielt, ist sie natürlich ohne feste Position. Was denn sonst?"

Die Schwester winkte ab und verließ das Zimmer.

„Um mich macht euch bitte keine Sorgen", sagte die Mutter hinter ihr her. „Im Institut werde ich tadellos behandelt. Es ist ein sehr gutes Verhältnis. Und überhaupt – das ist dummes Zeug. Aber ich bitte dich, Sascha, lehne diesen unangenehmen Auftrag ab. Mirons Vater wird dich verstehen. Du kannst es ihm ja erklären."

„Na, ich weiß nicht", sagte Antipow. „Ich bin nicht sicher."

Und richtig, er konnte es Alexander nicht erklären. Für jedes Argument hatte der ein Gegenargument und brachte es augenblicklich und ohne zu überlegen vor, als wäre er ein Zauberkünstler und habe Antipows Gedanken in der einen Tasche und alle Antworten in der anderen. Nein, eine Absage sei jetzt aus vielen Gründen undenkbar, in erster Linie aus moralischen. Die Leute hofften und glaubten, Antipow werde ihnen helfen, und wenn er sich jetzt in die Büsche schlage, wäre das eine Katastrophe. Das würden die einen als Feigheit ansehen, die anderen als ein tragisches Zeichen dafür, daß die Gerechtigkeit schutzlos sei. Als Antipow in aller Offenheit zugab, daß er Angst habe, seine Beziehungen zu dem Redakteur zu verderben, von dem das Erscheinen seines Buches abhänge – und an das Buch habe er sein Leben und alle Hoffnungen gehängt, Alexander Grigorjewitsch müsse so etwas ja von seinem eigenen Sohn kennen! –, da holte Mirons Vater auch hierfür, ohne eine Sekunde zu zögern, eine Antwort aus der Tasche: „Dann legen Sie die Karten auf den Tisch, gehen zum Direktor, erklären ihm die Sache und sagen, Sajassow könne unter den Umständen nicht objektiv sein, und Sie müßten um einen anderen Redakteur bitten. Das ist die ganze Mechanik."

Wieder, wie neulich am Telefon, behielt Alexander unbegreiflicherweise die Oberhand und zwang Antipow, klein beizugeben – Antipow wollte weder ein Feigling noch ein Schuft sein noch auch die Hoffnungen guter Leute enttäuschen. Dann aber unterlief Alexander ein Lapsus: er sagte, Dwoinikow habe tausend Rubel versprochen. Antipow horchte auf.

„Was? Tausend Rubel für einen nichtliterarischen Text, der eine Seite lang ist? Schmiergeld, was?"

Alexander lachte auf. Nein, das sei kein Schmiergeld, sondern das Honorar. Antipow schüttelte erfreut den Kopf.

„O nein! Ich nehme kein Geld von Dwoinikow. Und überhaupt ist das irgendwie ...“

Antipow ging auf dem Bürgersteig, und Alexander trippelte neben ihm auf dem Fahrdamm. Er sah niedergedrückt aus, trippelte aber ziemlich schnell und versuchte Antipow an der Manteltasche festzuhalten.

„Warten Sie einen Moment!“

„Alexander Grigorjewitsch, nun lassen Sie mich doch los ...“

„Sie kennen die Umstände nicht ...“

„Ich will nicht!“

„Einen Augenblick! Warten Sie!“

Es gelang ihm, Antipow bei der Hand zu packen und zum Stehen zu bringen. Er atmete röchelnd, in den vor Aufregung und hohem Blutdruck hervorquellenden dunklen Greisenaugen hinter den dicken Brillengläsern glomm eine flehentliche Bitte.

„Sascha! Mein Lieber! Ich muß Ihnen sagen ...“, murmelte er atemlos, wobei er Antipows Hand festhielt, aus Furcht, der könne sich losreißen und weglaufen. „Glauben Sie einem alten Mann ... Ich werde Sie doch nicht belügen ... Hören Sie, Lew Dwoinikow ist in jeder Hinsicht ein anständiger Mensch! Mehr will ich nicht sagen ... Ob Sie mir glauben oder nicht: er ist ein sehr anständiger Mensch ... Ich weiß, was ich sage ... Ich kann es verantworten ... Viele sind ihm zu Dank verpflichtet, doch jetzt, wo er in Schwierigkeiten ist, können ihm die einen nicht helfen, und die anderen wollen nicht ...“

„Wieso schiebt er andere Leute vor?“

„Erstens braucht man Beweise. Und zweitens wird er selber nur vorgeschoben. Ach, Sascha, ich wiederhole, ich wiederhole ..." Alexander nickte verbittert. „Dwoinikow ist ein hochanständiger Mensch! Irgendwann erkläre ich es Ihnen konkret. Und jetzt steht es Ihnen frei, zu tun, was Sie für richtig halten. Wollen Sie gehen? Bitte sehr, gehen Sie. Ich kriege einen Herzinfarkt, aber was tut's. Einen Tag früher oder später, was macht das für einen Unterschied. Die Zeit ist gekommen. Aber Sie sind frei, Sascha. Zwingen werde ich Sie natürlich nicht."

Unvermittelt ließ er Antipow los.

Sofort war Antipow beklommen ums Herz: der schwer atmende alte Mann und der ihm unbekannte, in jeder Hinsicht anständige Dwoinikow und die anderen guten Leute, die auf etwas hofften, taten ihm leid. Doch er war entschlossen, sich abzuseilen. Er hatte keine Zeit, sich mit der Sache abzugeben. Außerdem sah er nicht klar.

Am Eingang zur Metro seilte er sich ab: Alexander blieb oben, mißmutig und unglücklich, Antipow aber verschwand unter der Erde. Er fuhr zum Verlag, Tanja hatte ihn morgens offiziell angerufen und hinbestellt.

Antipow hatte geglaubt, es würde wieder eine Unterredung mit dem Redakteur geben, doch der war merkwürdigerweise nicht da; auf Tanjas Tisch lagen ein Umschlag mit einem Zettel und drei Seiten Bemerkungen zum Text. Von dem, was Antipow quälte – und was auch Sajassow ernstlich zu beunruhigen schien –, auf dem Zettel kein Wort. Trokken und sachlich: „Alexander Nikolajewitsch, hier die erste Portion Bemerkungen zum Text, bis Seite achtzig. Leider muß ich dringend weg und kann nicht auf Sie warten. Auf Wiedersehen!"

Antipow saß auf dem Stuhl neben Tanjas Schreibtisch, von Zweifeln geplagt: Sollte er sie ins Kino einladen oder nicht? Er hätte es gern getan. Doch er fürchtete, einen Korb zu bekommen.

Tanja schien verschnupft. Er hatte ihr versprochen, sie anzurufen, sich aber nicht gemeldet und war nur geschäftlich wiedergekommen. Sie wußte ja von nichts! Er könnte es ihr erzählen, und sie könnte ihm einiges erklären. Zum Beispiel: *Wie war Sajassow wirklich?* Obwohl es Antipow erleichterte, sich abgeseilt zu haben, schwante ihm, dies sei noch nicht das Ende, vielmehr: Sajassow würde dieses Ende nicht als das Ende akzeptieren. Mit Tanja wollte er aus verschiedenen Gründen ins Kino gehen, auch, weil sie es ihm erklären könnte. Tanja, ohne den Kopf zu heben, schrieb emsig in großer, kindlicher Handschrift auf liniiertem Papier. Er sah den schmalen entblößten Nacken mit dem vorspringenden Wirbel, den vor Eifer gebeugten Kopf, den goldenen Flaum auf der Wange, den viereckigen Ausschnitt des Kleides und darin jenes Verborgene, was nur der Phantasie zugänglich war. Saß sie gebeugt, so zeichnete es sich deutlicher ab, richtete sie sich auf, so verschwand es.

„Kommen Sie klar?" fragte Tanja.

„Womit?"

„Mit dem, was er Ihnen dagelassen hat."

„Ja, natürlich." Er schwieg, sah sie fremd und gelangweilt an, ebenso wie sie ihn. „Aber etwas anderes ist mir nicht klar."

Tanja beugte sich wieder vor und schrieb. Es interessierte sie nicht, was ihm nicht klar war. Nein, sie machte keinerlei Anstalten, ihm etwas zu erklären. Plötzlich stellte er eine törichte Frage.

„Was ist Viktor Semjonowitsch eigentlich für ein Mensch?"

Tanja lächelte.

„Sieht man das nicht?"

„Nein."

„Ich finde, man sieht es. Es liegt auf der Hand." Sie schwieg einen Moment, blickte Antipow fest und kalt an, sagte: *„Ein sehr guter Mensch."*

Mit Papieren in der Hand verließ sie lächelnd das Zimmer. Sie blieb lange weg, und Antipow trat hinaus auf den Korridor, ohne zu wissen, ob er gehen oder warten solle. Er stand eine Weile, an die Wand gelehnt, rauchte und beobachtete die Vorüberkommenden – er kannte niemanden, und niemand kannte ihn, so daß es ihm nichts ausmachte, müßig herumzustehen –, stellte fest, daß es wenig junge Leute waren, sondern zumeist kränkliche, sorgenvolle, sah einen Zwergwüchsigen, einen richtigen Liliputaner, der gewichtig und langsam daherschritt, eine Hand geballt auf dem Rücken, im puppenhaften Mund eine riesige Papirossa. Der Zwerg trug eine bis oben zugeknöpfte khakifarbene Jacke wie Stalin. Sein blasses, runzliges Gesicht war hochmütig gereckt, und obwohl er winzig war, schien er auf alle, die ihm entgegenkamen, herabzublicken. Die Entgegenkommenden aber, merkwürdig genug, blickten gewissermaßen zu ihm auf. Plötzlich eilte Tanja, einen Packen Papiere in der Hand, um die Ecke, mit ihr noch zwei, und sie folgten dem Zwerg, umringten ihn, als sie ihn eingeholt hatten, redeten um die Wette auf ihn ein und verschwanden hinter einer Biegung des Korridors. Antipow hörte eine hohe, brüchige Stimme. Dann kehrte Tanja zurück, hochrote Flecke im Gesicht, ihre Augen glänzten triumphierend.

„Ich habe alle Unterlagen für die Buchhaltung unterschrieben gekriegt!" sagte sie und schwenkte die Papiere. „Ich dachte schon, ich erwische ihn nicht mehr. Heute ist doch der letzte Tag."

„Wen denn?"

„German Iwanowitsch!"

„Wer ist das?"

„Sie kennen German Iwanowitsch nicht? Der ist unser kommissarischer Direktor, schon das zweite Jahr, weil der Direktor krank ist. German Iwanowitsch Samyschljajew. Oh, ist der streitsüchtig! Wir alle fürchten ihn."

„Sajassow auch?"

„Natürlich. Alle fürchten ihn. Er ist unberechenbar."

„Daß er so ein Zwerg ist, tut nichts?"

„Inwiefern?"

„Es hindert einen nicht, ihn zu fürchten?"

„Wir bemerken das gar nicht. Für uns ist er ein Riese. Wie der einäugige Polyphem. Er ist merkwürdig: er kann gütig und gefühlvoll, aber auch böse und rücksichtslos sein, einfach schrecklich. Aber von ihm hängt alles ab. Unsere Autoren liegen vor ihm auf dem Bauch. Haben Sie ihn gegrüßt, als er den Korridor entlangkam?"

„Nein."

„Das ist schlecht. Er merkt es sich."

„Wirklich?"

„Er hat ein verdammt gutes Gedächtnis."

„Aber er kennt mich nicht."

„Er fragte: ‚Wer steht da an Ihrer Tür auf dem Korridor und raucht?' Ich sagte: ‚Antipow, ein junger Schriftsteller.' Darauf er: ‚Wieso ermahnen Sie ihn nicht, auf dem Korridor nicht zu rauchen?' Aber mir war klar, es ging nicht darum, daß Sie rauchten, nein, Sie haben ihm mißfallen. Haben Sie ihn etwa scheel oder spöttisch angesehen?"

„Nein, ich habe ihn gar nicht beachtet."

„Schon falsch. Man *muß* ihn beachten. Man muß ihn wie einen derben, gesunden Mann behandeln, der gern trinkt und sich über Fußball und über Frauen unterhält. Unsere Autoren erzählen ihm Witze, um sich anzubiedern. Aber ich bitte Sie, Sascha: Gehen Sie nicht diesen Weg!"

„Ich werde es nicht tun."

„Ich bin froh, daß ich die Unterschriften habe! Die Leute können übermorgen ihr Geld bekommen …"

Antipow erriet, ihr Gekränktsein – wenn sie gekränkt gewesen war – war verschwunden. Sie hatte jetzt bessere Laune, entweder aus Freude über den Erfolg mit den Unterschriften, oder weil er, Antipow, nicht weggegangen war, sondern auf sie gewartet hatte.

Während er sie nach Hause brachte, erzählte er ihr die ganze Geschichte von Dwoinikow und Sajassow. Er hatte sofort rückhaltlos Vertrauen zu ihr. Wieso eigentlich? Nun, er vertraute ihr eben. Er hielt ihren Ellbogen, drückte sie fest an sich und ging absichtlich langsam. Sie legten die ganze Strecke von der Sustschowskaja bis zum Gogol-Boulevard zu Fuß zurück. Tanja sagte, er dürfe sich von Sajassow nicht erpressen lassen. Der sei nicht so mächtig, wie man vielleicht denke. Antipow wagte nicht zu gestehen, daß er schon ausgestiegen war, nicht zuletzt unter Sajassows Einfluß. Er spürte, ihr würde das nicht gefallen. Um sich zu vergewissern, fragte er behutsam: „Und wenn ich nun drauf pfeife und es ablehne, ein Gutachten zu schreiben?" Es folgte eine Pause, er merkte an einer kaum wahrnehmbaren Bewegung ihres Ellbogens, daß sie ein wenig von ihm abrückte. „Damit würden Sie ihm einen Gefallen tun." Er schwieg auch eine Weile, fragte dann: „Und das soll ich nicht?" – „Ich finde", sagte sie, „Sie sollten sich gar nicht darum scheren, sondern tun, was Sie für richtig halten." Zu Hause bei Tanja aßen sie Rührei mit Speck. Tanjas Vater schenkte Wodka ein, sagte, er habe ein Magengeschwür und kuriere es damit. Er war klein und hager, hatte struppiges graues Haar, war sehr gesprächig und komisch, erzählte von den ersten Kriegstagen, so als wäre das alles nicht schlimm, sondern komisch gewesen. Er wurde rasch betrunken, und Tanja machte ihm auf dem Sofa das Bett zurecht. Ihre ältere Schwester Vika blieb bei ihm, während Tanja und Antipow in das kleine Nebenzimmer gingen, das Tanja und Vika bewohnten. Antipow löschte das Licht und umarmte Tanja, und sie schlang die Arme um ihn. Sie küßten sich stehend, dann setzten sie sich aufs Bett, nahmen beide die Brille ab, Tanja flüsterte: „Gib her!", legte beide Brillen im Dunklen irgendwo hin, sie küßten sich wieder, umschlangen sich noch enger, legten sich sogar seitlich aufs Bett, ließen die Beine herunterhängen, im Nebenzimmer polterte Vika mit den Stühlen, das Radio ertönte, seine Hand streichelte Tanjas runden Schenkel, zwischen seinen Fingern raschelte etwas, er mußte es zur Seite schieben, da war die heiße, seidige Zärtlichkeit der Haut und auf den Lippen der Geschmack von Haselnüssen, der Geschmack ihres Mundes. Tanjas Schwester wütete im Nachbarzimmer, klirrte ohne Rücksicht auf den Vater mit Geschirr. Tanjas schwache Hand drückte seine Finger, ließ sie nicht weiter, ihre Lippen hauchten mit einem Kuß: „Nicht". Er begriff. Sie war ein Mädchen, er sollte nicht, durfte nicht. Alles war schwindelerregend, unnötig, verbotenerweise lüstern in Gang gekommen, doch Tanjas Schwester konnte jeden Augenblick eintreten. Plötzlich löste sie sich aus seiner Umarmung, setzte sich im Bett auf – er sah sie nicht, ahnte aber, daß sie in der gewohnten gebeugten Haltung auf dem Bett saß – und flüsterte mit bebender Stimme:

„Sascha, hören Sie nicht auf mich. Machen Sie, was er verlangt. Er ist rachsüchtig ..."

„Ich habe keine Angst", sagte Antipow.

„Er ist der Schlimmste." Sie schwieg einen Augenblick. „Schlimmer als alle, die ich kenne."

Und in der Undurchdringlichkeit der Nacht, während es knisterte und das flüchtige Licht der wenigen vorbeibrummenden Autos über den Schrank und die Zimmerdecke huschte, kam –

und durchfuhr ihn eiskalt – ein Fiebertraum, ein Augenblick des Entsetzens. Er kann und kann nicht unter den sich auf ihm wälzenden Leibern hervorkommen. Er ringt nach Luft. Er kann nicht weg. Denn aus der Dunkelheit schlägt ihm blaues, blendendes Licht entgegen, es ist eine Lampe, die heiße, betäubende Strahlen aussendet, er kann ihr nicht entfliehen, das blaue Licht macht ihn kraftlos, nimmt ihm den Willen, schaltet den Kopf durch Migräne aus – die Lampe soll nicht heilen, sondern foltern. Den Scheinwerfer, aus dem das blaue Licht kommt, hält und lenkt ein Unsichtbarer. Vielleicht sind es auch zwei oder drei. Es sind wohl Sajassow und Fjodor Prjachin. Doch die Gesichter sieht Antipow nicht. Er ahnt, daß sie es sind. Sie stellen die Intensität ein – bald wird er von Hitze wie aus einem Backofen verbrannt und fürchtet, gleich werden die Haare Feuer fangen, bald läßt die Hitze ein wenig nach, und er kann atmen. Sobald die Hitze sich verstärkt, erklingt eine hohe, brüchige Stimme: „Sprechen Sie!“ Und Prjachins Baßstimme fällt ein: „Sprich, Hund, verfluchter!“ Herrgott, worüber soll er sprechen? Antipow begreift voller Verzweiflung, *er hat nichts, worüber er sprechen kann.* Er hat keine Gedanken, nichts und gar nichts im Kopf. Er krümmt sich in dem blauen Lichtstrahl, ist wie ein vom Scheinwerfer erfaßtes Flugzeug. Er muß ausbrechen aus dem Lichtkegel, ausreißen, ihm entgleiten und sich retten! Nur eine kleine Bewegung, und er könnte aus dem Lichtstrahl ins rettende Dunkel tauchen, doch er hat vergessen, was für eine Bewegung. Vergessen, vergessen! Er kann sich nicht retten. Plötzlich ist deutlich zu sehen, daß sich hinter dem Scheinwerfer nicht Sajassow verbirgt und nicht Prjachin, sondern ein runzliges, teefarbenes Gesichtchen mit einer riesigen Papirossa in der Fresse. Mit brüchiger Stimme sagt das Gesichtchen: „Nein, Antipow,

Sie dürfen auf dem Korridor nicht rauchen. Ich darf, aber Sie nicht." – „Was soll ich denn machen?" – „Das weiß ich nicht. Rauchen dürfen Sie nicht, aber die Papirossa wegzuwerfen, erlaube ich auch nicht." Es geht und geht nicht, um keinen Preis, mit keinen Kräften. Antipow will den Traum, das Entsetzen abschütteln, das tötende Blau abwerfen, doch jene befehlen: „Sprich!" Das ist nicht abzuschütteln. Es ist nicht Traum, sondern Wirklichkeit. Antipow richtete sich im Bett auf und sah mit Herzklopfen aus dem Fenster – im Schwarzen leuchtete blau und glitzernd die Mondscheibe.

Morgens gegen zehn rief Sajassow an und fragte – wieder kaum hörbar –, ob Antipow die Sendung erhalten und sich die Bemerkungen angesehen habe. Antipow bejahte. Im Hörer schrillte es unverständlich, Antipow konnte zu seinem Ärger nichts verstehen, bekam nur das fragende Ende des Satzes mit: „... alles verstanden?" Er antwortete auf gut Glück, natürlich habe er verstanden. Ob er viel Zeit brauche. Wahrscheinlich vier Tage. Sehr gut. Wieder unverständliches Flüstern und Schrillen, dann der Satz: Die Verhandlung sei verschoben, ob Antipow das wisse? Um zwei Wochen. Nein, er wisse nichts davon, habe aber den Entschluß gefaßt, sich aus der Sache herauszuhalten. Er schrie, er habe *leider keine Zeit*!

Schweigen, dann sagte die Stimme im Hörer schön deutlich:

„Ehrlich gesagt, Antipow, damit bin ich nicht sonderlich zufrieden."

„Wieso nicht?" fragte Antipow verwundert.

„Es ist mir unangenehm. Aus verschiedenen Gründen. Nein, mein lieber Antipow, das gefällt mir ganz und gar nicht. Es sieht so aus, als hätte ich Sie zu der Absage gedrängt. Nein, nein, entschuldigen Sie, Ihr Opfer akzeptiere ich nicht."

„Was für ein Opfer?" murmelte Antipow.

„Niemand wollte Sie drängen, darum ist es völlig unnötig, daß Sie, wie man das so nennt …", jetzt klang seine Stimme ganz kräftig, „*kneifen*! Antipow, wieso *kneifen* Sie? Zumal es eine klare, unzweideutige Frage ist und man nichts komplizieren sollte. Ich bitte Sie, *kneifen Sie nicht.* Kommen Sie, wenn möglich, heute zu mir, ich bitte Sie darum. Wir besprechen das Manuskript. Werden Sie kommen?"

Tante Margarita hatte ihn für zwei Uhr zum Mittagessen eingeladen. Antipow überlegte: gegen fünf könnte er im Verlag sein. Er sagte zu, gegen Abend zu kommen. Tante Margarita hatte die letzte Fassung seines Romans abgetippt, und Antipow war diesmal fest entschlossen, ihr die viele Arbeit zu bezahlen, alle früheren Schreibarbeiten hatte sie gratis erledigt und ihm, als er ihr dafür Geld geben wollte, eine Szene gemacht, nun war die Mutter behilflich gewesen, und mit vereinten Kräften hatten sie sie bewogen, nachzugeben und ein Geschenk anzunehmen. Antipow hatte Bücher verkauft und vierhundertfünfzig Rubel herausgeschlagen, und die Schwester hatte dafür Gardinentüll gekauft, den konnte Tante Margarita nicht ablehnen. Dieses ganze Hin und Her hatte sich im Dezember abgespielt, seitdem hatte Antipow seine Tante nicht gesehen. Er besuchte sie gern, hörte sie gern erzählen, außerdem schmeckte das Essen bei ihr großartig, doch wo sollte er die Zeit für das alles hernehmen? Tante Margarita hatte ihm gesagt, zum Mittagessen werde nur eine Freundin dasein. Antipow mochte auch die Freundinnen seiner Tante, zumeist intellektuelle Damen im vorgerückten Alter mit guter Bildung, aber in schlechter Position. Zum Beispiel Tatjana Robertowna. Wieviel Interessantes wußte sie über die zwanziger und dreißiger Jahre! Antipow dachte erfreut, bei seiner Tante werde er wenigstens für zwei Stunden all die Scherereien vergessen: Dwoinikow, Sajassow, Alexander und den Herzinfarkt, das Buch auf Messers Schneide …

Tante Margaritas Freundin war nicht alt, war schön geschminkt, hatte glattes graumeliertes Haar und einen großen Dutt im Nacken, trug ein enges Kleid, das die noch ansehnlichen Rundungen betonte, und am Hals ein Granatgeschmeide, hielt in den schmalen Fingern eine lange dünne Zigarette, doch ihre Augen wirkten greisinnenhaft. Als Antipow kam, saßen die Damen am Tisch und rauchten, und Tante Margarita sagte, das unterbrochene Gespräch fortsetzend:

„An Lew Dwoinikow kann ich mich gut erinnern. Er war doch in erster Ehe mit Shenja Gart verheiratet?“

„Nein, das verwechselst du“, sagte die Freundin. „Shenja Gart war die Frau von Lews Bruder Pawel …“

„Ach, richtig, richtig! Den haben sie doch damals …“

„Na, natürlich. Zusammen mit Juri!“

„Mein Gott, er war so begabt!“

„Eins muß man Lew lassen, gegenüber Pawel hat er sich tadellos benommen“, sagte die Freundin. „Shenja kam um, die Kinder wurden im Kinderheim erzogen, aber Lew half immer, wo er nur konnte …“

Die Frauen unterhielten sich, und Antipow saß wie betäubt.

Beim Mittagessen stellte es sich heraus: Das alles war arrangiert, um ihn mit Maria Samodurowa bekannt zu machen, der Frau und nunmehr Witwe von Juri Samodurow, einem Journalisten und Kritiker, der vor dreißig Jahren von der Bildfläche verschwunden war. Mit ihm war Tante Margarita besonders befreundet gewesen. Die anderen habe sie weniger gekannt. Juri habe in dem Verlag gearbeitet, wo jetzt soviel Staub aufgewirbelt werde. Er habe Broschüren über russische Klassiker geschrieben. Juri sei von lauter wunderbaren Menschen umgeben gewesen, auch Lew Dwoinikow sei ein wunderbarer Mensch. In ganz Moskau finde man keinen, der so uneigennützig und mutig sei wie Lew. Er helfe Leuten, beschaffe ihnen Arbeit, riskierte alles. Zum Beispiel Maria Samodurowa habe es allein ihm zu verdanken, daß sie noch existiere, ihre Tochter großziehe, ihre Mutter ernähre. Doch immer finde sich ein Schuft, der einen uneigennützigen Menschen beneide, ihn hasse und im Haß seinen Vorteil verfolge. Das möge sich Antipow gesagt sein lassen: Haß ist immer eigennützig.

Antipow war müde wie nach einer schweren Arbeit. Er war es müde, zuzuhören, zu überlegen und zu rätseln, was er tun solle. Er sagte zu Tante Margarita, es sei alles aus, sie komme zu spät mit den Frikadellen, den Kalbskoteletts, den mit geriebenem Käse bestreuten Makkaroni, mit dem Kompott aus Trockenobst und dem nach Zimt duftenden Teegebäck, das in diesem Hause so unerhört gut gebacken werde. Sie komme zu spät, denn es sei aus. Er habe kapituliert. Er habe sich gedrückt. Er habe Lew Dwoinikow seinem Schicksal überlassen.

„Wieso hast du kapituliert?“ rief Tante Margarita, und ihr Gesicht wurde immer länger, wurde hager und hart um die Augen. „Wie kann man einen Menschen seinem Schicksal überlassen ...“

„Man kann, man kann!“ Antipow winkte ab. „Weil sonst das Buch unter die Guillotine kommt. Die kleinste Bewegung – und das Fallbeil saust herunter, und es ist aus. Mit dem Buch, meine ich. Und dann vielleicht auch mit mir ...“

„Was?“ Maria war erstaunt. „Sie wollen nicht einmal aussagen, daß Dwoinikow kein Plagiator ist?“

„Nein! Ich sage es nicht! Ich kann es nicht! Ihr

Dwoinikow ist ein Strohmann!“ Antipow schrie, seltsam berauscht vom Dessert. Er sprang auf, lief im Zimmer umher, stieß die Stühle beiseite, versetzte dem Kater einen Fußtritt und zerrte an der Balkontür – sie war mit Papier und Lappen abgedichtet –, riß gewaltsam alles ab, öffnete die Tür und trat auf den Balkon. Unten rauchten die blauen Dächer des alten Moskau. Die feuchte Luft drang Antipow bis auf die Knochen, er zitterte plötzlich und kehrte zitternd ins Zimmer zurück.

Tante Margarita nahm seine Hand und sagte leise:

„Komm, setz dich, wir trinken Tee.“

Sie saßen bis elf Uhr abends beim Tee. Antipow vergaß, daß er in den Verlag zu kommen versprochen hatte.

„Ich habe gestern bis sieben auf Sie gewartet. Wir waren doch verabredet, Antipow, Ihr Verhalten ist nicht sehr vornehm, aber Schwamm drüber, ich verzeihe Ihnen, Sie hatten natürlich Gründe, ich sehe es Ihnen an. Gut, vergessen wir's. Ich hatte Sie nur hergebeten, um Ihnen eine äußerst prekäre Nachricht mitzuteilen. Der Fall Dwoinikow übersteigt den Rahmen einer Strafsache und gewinnt den Charakter eines politischen Falles. Dwoinikow ist nicht einfach ein habsüchtiger Raffer, der sein Amt mißbraucht hat, sondern der Gönner von Personen mit zweifelhaftem Leumund. Überall hat man sie hinausgeworfen, aber er nimmt sich ihrer an. Natürlich zum eigenen Vorteil. Mit seinem Fall werden sich andere Organe befassen. Das war es, was ich Ihnen mitteilen wollte, lieber Freund.“

Der Knoten zog sich eng und enger zusammen, bis zum Gehtnichtmehr, er wurde unauflösbar. Was in Mirons Haus bei Tee und Bonbons so harmlos angefangen hatte, war nun dermaßen steinern und verhängnisvoll, daß man nur auf alles pfeifen und den Dingen ihren Lauf lassen konnte. Antipow begriff: Von seinem Auftreten vor Gericht hing es ab, was aus seinem Buch würde. Und aus ihm. Und da er nicht zurückkonnte, nichts zu bedauern hatte und Feigheit ihm nicht zu Gesicht stand, begriff er, es gab nur einen Ausweg: Er mußte die Wahrheit herausfinden. Und er fand sie heraus. So sah sie aus: Dwoinikow war tatsächlich ein Schlitzohr, hatte an anderen verdienen wollen, aber er hatte auch anderen großzügig geholfen. Wie vereinbarte sich das in einer Person? Es vereinbarte sich irgendwie! Er war ein Doppelgänger* durch und durch: zum eigenen Vorteil benutzte er die Artikel von Leuten, die in der Vorkriegszeit verschwunden waren, veröffentlichte sie unter Namen wie Tugouch, Skoptschenko und Dianina, und zugleich gab er Leuten Arbeit – und Brot –, die jetzt von der Bildfläche verschwunden waren, kein Obdach hatten und in Verruf standen. Gleichermaßen innig liebte er seine kranke Frau und Maria Samodurowa mit dem glatten graumelierten Haar und dem Dutt, die zur Herrin des Verlages geworden war. Er war ein mutiger und ein feiger Mann, hatte im Krieg für seine Tapferkeit Orden bekommen und fürchtete sich zu Hause vor der geliebten Tochter, die ihn manchmal schlug. Er war ein Greis und ein Jüngling, gepeinigt von Liebe und gepeinigt von Altersbeschwerden, einer Herzkrankheit und Hämorrhoiden.

Wie konnte er Dwoinikow – der in jedem Molekül gespalten war – zusammenfügen? Vor Gericht *gab es kein Wenn und Aber*, kein Unentschieden. Noch bevor Antipow den gebeugten, gelbgesichtigen Mann mit dem einst üppigen und pomadisierten, jetzt bemitleidenswert schütteren Haar im Ge-

* Dwoinik – Doppelgänger (Anm. d. Übers.)

richtssaal sah, der in Begleitung eines Milizionärs an seiner in der ersten Reihe sitzenden Ehefrau vorbeiging und sanft, schuldbewußt lächelte, noch bevor er den Kläger Sajassow sah, dessen Kaumuskeln unwillkürlich arbeiteten, dessen Adamsapfel unentwegt hüpfte und der wie sein Bruder die engliegenden Augen eines kleinen Tieres hatte, noch vor alldem hatte sich Antipow entschieden: wenn er alles auf die Waage legte, hätte die *Großmütigkeit* den höchsten Seltenheitswert und das größte Gewicht aufzuweisen. Großmütigkeit ist immer ein Wagnis, und diese zum Wagnis fähige Hälfte Dwoinikows gab den Ausschlag. Hier, dachte Antipow, lag der verhüllte, geheime Kern. Und er erhob seine Stimme, um diese Hälfte Dwoinikows zu verteidigen …

Antipow erklärte, er sehe kein Plagiat als solches. Die Kaumuskeln des älteren Sajassow arbeiteten. Sein Bruder, dessen Gesicht wie versteinert war, starrte Antipow aus der Tiefe des überfüllten Saales an, dann blickte er unentwegt aus dem Fenster. Antipows Buch flog aus dem Plan. Der Verfasser solle es von Grund auf umarbeiten. Das bedeutete: Für lange Zeit war alles zunichte. Miron beschimpfte ihn. Fjodor Prjachin kam voller Zorn angelaufen, schrie, er werde ihm „diese Gemeinheit nie verzeihen“ und es sei „zwischen ihnen jetzt Krieg“, und sammelte zur Bekräftigung alle seine Bücher ein, die er Antipow zum Lesen gegeben und nach denen er früher monatelang nicht gefragt hatte. Er war aufs äußerste ergrimmt. Mutter und Schwester waren ebenfalls verärgert, schalten Antipow, daß er nicht auf sie gehört habe, und als sie erfuhren, daß Tante Margarita mit der ganzen Sache zu tun hatte, zerstritten sie sich mit ihr und brachen für einige Zeit alle Beziehungen zu ihr ab. Alexander, Mirons Vater, war Antipow sicherlich dankbar, ließ es sich aber nicht anmerken.

Er händigte Antipow das ihm zustehende Honorar aus, fünfhundert Rubel für drei Wochen Selbstquälerei, und holte einen Umschlag hervor: „Und hier das von Lew Dwoinikow Versprochene." Antipow winkte ab, wollte nichts davon wissen. Alexander steckte den Umschlag achselzuckend wieder ein. Antipow sah und hörte nichts mehr von Dwoinikow, von Maria Samodurowa, vom älteren Sajassow mit den unwillkürlich arbeitenden Kaumuskeln, und ihm schien, die ganze Geschichte sei nur für einen einzigen Menschen von Interesse: *für ihn selbst.*

Doch in einer Nacht Anfang März, als plötzlich Frost kam – in der Wohnung von Tanjas Freundin, die in irgendeinen Krähwinkel gereist war, funktionierte die Heizung nicht, in der Küche brannte das Gas, die elektrische Kochplatte war angeschaltet, und sie verausgabten sich, gerieten gehörig in Schweiß, lagen reglos vor Erhitzung und Erschöpfung –, begann Tanja plötzlich zu weinen und sagte:

„Wenn dieses Schwein nicht gewesen wäre, hätten wir beide uns niemals ..."

„Wieso?" fragte Antipow.

„Ich habe mich an dem Tag in dich verliebt, als du ihn zum Teufel schicktest. Du wußtest doch, was daraus wird? Du hast es doch gewußt?"

Sie wärmten einander in den kalten Nächten, den ganzen März und bis Mitte April, solange Tanjas Freundin verreist war. Im April bekam Antipow einen Dienstauftrag von einer Literaturzeitschrift, bei der Tolja Kwaschnin in der Abteilung für Publizistik arbeitete – der hatte ihm die Dienstreise besorgt –, und fuhr an die Wolga, um eine Reportage über den Bau des Kuibyschewer Wasserkraftwerks zu schreiben. Er besaß nichts mehr zum Leben, wollte der Mutter und der Schwester nicht ewig auf der Tasche liegen. Auf den Verlag war nicht mehr zu hoffen, schon gar nicht, seit er sich im Keller vor der Garderobe ein Ding geleistet hatte. Am Abend zuvor hatte Tanja ihm gestanden: Ja, sie habe was mit Sajassow gehabt. Einmal. Er habe sie lange hofiert, sie dahin und dorthin eingeladen, sie zu bezirzen versucht und, als er das von ihrem Vater erfuhr, gedroht, er werde an den Direktor schreiben, falls sie nicht einwillige. Sie habe nämlich verheimlicht, daß ihr Vater in Gefangenschaft gewesen war, und Angst gehabt, man werde ihr dann die Arbeitsstelle nicht geben. Vielleicht hätte man sie ihr wirklich nicht gegeben, vielleicht aber sei ihre Angst auch unbegründet gewesen. Nach drei Monaten habe sie kapituliert, weil er drohte, auch dem Vater Unannehmlichkeiten zu bereiten. Einmal nur. Und im Grunde zähle das nicht. Dann sei es aus gewesen, er habe sie nie mehr belästigt. Für sie sei es eine Pein gewesen, für ihn ein sportlicher Rekord. Sie erzählte mit leiser Stimme, schleppend und leblos, blickte Antipow mit öden Augen an, wie eine Fremde. Er rannte aus dem Zimmer. Als er zurückkam, stand sie angezogen, die Tasche in der Hand, da und fragte ruhig: „Soll ich gehen?“ – „Wohin?“ Er stieß sie so heftig, daß sie aufs Bett fiel. Sie lag reglos, mit dem Gesicht auf der Bettdecke. Warum war er so ein Idiot gewesen und hatte davon angefangen! Er war außer sich gewesen, als er herkam. Denn ein Kerl hatte ihn geradezu niedergeschmettert: „Sie sprechen von Tanja? Der Redaktionssekretärin? Die ist doch Sajassows Liebchen.“ Antipow hatte sich kaum beherrschen können und gesagt: „Sie haßt ihn.“ – „Mein Lieber“, hatte der Kerl gesagt, „man kann jemanden hassen, aber mit ihm schlafen.“ Im Keller, wo sich die Garderobe befand, saß Antipow zwei Stunden auf einem harten Holzstuhl, bis er Sajassow sah: er kam die Treppe herunter zur Kantine. Mit ihm waren ein Mann und eine Frau. Und hinter ihnen ging Kijanow, den Antipow sah und doch nicht wahrnahm. Sajassow aber wußte sofort Bescheid, als er Antipow gewahrte, erbleichte und blieb auf der untersten Treppenstufe stehen. Der Mann und die Frau gingen weiter zum Garderobentresen. Antipow trat auf Sajassow zu, packte ihn an der Krawatte und zerrte ihn herunter. Sajassow war wie erstarrt und wehrte sich nicht, und seine Augen standen noch enger. „Du Hundesohn weißt, wieso und wofür." Antipow zog wieder an der Krawatte und hieb mit der Handkante zweimal gegen den hin und her ruckenden Kopf, plötzlich aber schmetterte ein Schlag in sein Gesicht, das Brillengestell brach, die Gläser knackten. Ringsum wurde geschrien, mit den Armen gefuchtelt, mit den Füßen gestoßen, der Garderobier lief herbei, eine Frau kreischte, Antipow stieß alle zur Seite, wollte sich bücken und die Brillengläser suchen. Dann ging er blind die sonnenbeschienene, frühlingshafte warme Straße entlang, rempelte Entgegenkommende an und murmelte lächelnd: „Entschuldigen Sie."

Kijanow holte Antipow auf der Nowoslobodskaja ein, nicht weit von der Metrostation. Die Szene im Garderobenraum hatte ihn entsetzt, allerdings nicht allzusehr. Er war es gewöhnt, daß die heutigen jungen Leute ihre Marotten hatten und meinten, die Durchschlagskraft eines Talents müsse mit den Fäusten bewiesen werden. Solche Tollköpfe hatte es auch in den zwanziger Jahren gegeben. Aber Antipow? Von jedem anderen hätte Kijanow derlei Eskapaden erwartet, nur nicht von dem. Der verstand sich doch gar nicht aufs Raufen. Auch der Blonde hatte sich nicht als Raufbold erwiesen. Antipow war von einem anderen zu Boden geschlagen worden, der von hinten hinzusprang, ihn noch weiter prügeln wollte, und eine Frau hatte ihre Aktentasche geschwenkt und gerufen: „Schlagt ihn! Ein Rowdy!“ Kijanow hatte sie mit Mühe und Not beruhigt und davon abgehalten, die Miliz zu rufen. Als er Antipow einholte, der schwankte und vor sich hin brabbelte, berührte er ihn an der Schulter und fragte:

„Antipow, was ist denn in Sie gefahren?“

Antipow wandte ihm das müde, blinde Gesicht zu und lächelte.

„Oh, Boris Georgijewitsch! Haben Sie diesen Blödsinn gesehen?“

„Was hat das zu bedeuten? Wer ist denn der Herr, über den Sie hergefallen sind?“

„Ach ...“ Antipow winkte ab. „Eine lange Geschichte ... Die haben mein Manuskript aus dem Plan geworfen.“

Kijanow dachte: Na bitte, wußte ich's doch, sie haben ein Manuskript rausgeworfen, also muß man ihnen auf die Schnauze hauen. Alle wollen sich mit Gewalt durchsetzen. Kein Wunder, daß der alte Trostjanezki sich beklagt, es seien lauter Rüpel. Ich, sagte er, sitze im Vorraum und warte auf den Redakteur, aber Ihr Schüler Antipow kommt außer der Reihe dran. Trotzdem tut er einem leid. Er ist nicht ohne Talent. Und er versteht sich nicht aufs Raufen. Anscheinend hat ihn etwas zum Platzen gebracht.

Wieder berührte er Antipow an der Schulter, sagte:

„Hören Sie, Antipow, bringen Sie mir Ihr Manuskript. Wollen mal sehen, vielleicht ...“

Für die nächste Zeit hatte Antipow nichts in Aussicht, wovon er leben konnte, darum nahm er die Dienstreise an, erhielt das Geld dafür und reiste los. Auf dem Weg zum Bahnhof fuhr er in die Bolschaja Bronnaja und gab Kijanow die Mappe mit seinem Roman.

Der Abend dämmerte, Antipow saß auf der Böschung, blickte auf den Fluß, auf das sanft ansteigende jenseitige Ufer mit dem gelben Sandstreifen, auf die bleigrau-blaue Fläche, die vom Schatten des Steilufers geteilt wurde – in eine ferne blaue und eine nahe bleigraue Hälfte –, und lauschte den schleppenden Worten Lukitschows, eines hageren, kränklich aussehenden älteren Mannes, dessen kleines Haus in der Nähe auf dem Steilufer stand. Im Häuschen war es dunkel und feucht, darum war Antipow herausgegangen in die Sonne, hatte sich ins Gras gesetzt, und Lukitschow hatte sich neben ihm hingelegt. Die Mächtigkeit der klaren, unendlichen blauen Luft fesselte Antipow. Er wollte zuhören, nachdenken, sich erinnern, sich vergessen. Vom Haus führte eine grob gezimmerte Treppe zum Fluß hinab, dort lagen zwei Boote. Neben Lukitschow hatte sich ein Hirtenjunge hingehockt, einen Strick über die Schulter, an dem ein kleiner Eimer mit dampfendem Kuhmist baumelte – gegen die Gnitzen. Lukitschow sagte: „Sie haben Glück, dieses Jahr gibt es wenig Gnitzen und Mücken, all solch Ungeziefer ...“ Und er erzählte:

„Ich war auch mal in Moskau, dreiunddreißig, brachte mit der Eisenbahn Schweine hin. In Sysran landete ich auf einem Abstellgleis, saß drei Tage fest. Dann belehrte mich ein junger Bursche: ‚Geh zum Fahrdienstleiter‘, meinte er, ‚sag ihm, das Futter ist alle, die Viecher fressen einander auf.‘ Gesagt, getan. Ich ging zum Fahrdienstleiter, sagte: ‚Ich bin mit lebendem Vieh da, das Futter ist alle, die Schweine fressen einander auf.‘ – ‚Binnen vierundzwanzig Stunden geht die Fahrt weiter!‘ sagte er. Und so bin ich nach Moskau gekommen.“

Lukitschow war Bojenwärter. In den dreißiger Jahren hatte er als Direktor eines Sowchos gearbeitet. Warum aus dem Sowchosdirektor ein Bojenwärter geworden war, wußte Antipow nicht genau, mochte aber auch nicht fragen. Seine Gedanken weilten in Moskau, das er vor einer Woche verlassen hatte und wohin er nicht so bald zurückkehren sollte. Plötzlich wurde ihm klar, er war über beide Ohren verliebt und die weitere Reise würde eine Qual werden.

Das Ende des Winters am Trubnaja-Platz

Vor hundertvierzig Jahren, nach dem Brand von Moskau, war dieses Haus von einem gewissen Sawitschew schräg in eine Biegung des Roshdestwenski-Boulevards hineingebaut worden. Er war ein reicher und geheimnisvoller Mann, der hier eine Geheimloge und so etwas wie ein Gasthaus für ihre von weit entfernten Gütern, ja sogar aus Europa anreisenden Mitglieder betrieb. Mitte des Jahrhunderts verkauften die Erben das Haus dem Fürsten Urussjew, der es in ein einträgliches Gebäude zu verwandeln wünschte und deshalb ein zweites Stockwerk aufsetzen ließ, mit kleinen Zimmern, die vermietet wurden, ohne daß sich die Sache aber rentierte, der Fürst war ein Spieler, das Haus wurde verspielt und kam unter den Hammer, wanderte dann dreißig Jahre lang von Hand zu Hand, bis es in den Besitz des Moskauer Großkaufmanns Surgutow gelangte, der es nach seiner Fasson umgestaltete, im Erdgeschoß Geschäftsräume einrichtete, im ersten Stock Herrschaften, wie Rechtsanwälten und Kaufleuten, Wohnungen überließ und den zweiten Stock an einfachere Leute, jedoch keinen Plebs, vermietete. Zu Beginn unseres Jahrhunderts zog dort oben Weretennikow ein, der Geschäftsführer einer Fabrik für Waagen und Gewichte, der mit seiner großen Familie acht Zimmer bewohnte. Bis neunzehnhundertneunzehn lebten die Weretennikows trotz großer Aufregungen unbehelligt, denn der Mann war als Lagerverwalter in der Fabrik geblieben, beinahe als ein Proletarier, und die neue Macht duldete ihn. Nur bewirkte sie natürlich eine rationellere Nutzung und beschlagnahmte von den acht Zimmern sechs. Ende neunzehnhundertneunzehn konnte Weretennikow den Hunger und die noch schlimmere, noch rationellere Nutzung, die ein Nachbar, der dem Kommissariat nahestehende Genosse Iraklijew, ihm angedroht hatte, nicht mehr ertragen, er nahm allen Mut zusammen und machte sich mit Kind und Kegel auf, vermutlich in den Süden. Von der ganzen Familie Weretennikow blieb lediglich die Tochter Polina im Hause, die kranke Beine hatte, und mit ihr die alte Felizata, die abgelebt und klapprig war, aber trotzdem noch über zwanzig Jahre lebte und erst während des Krieges starb. Sie behielten das vorderste Zimmer mit einem winzigen Balkon, auf dem früher ein Blumentopf gestanden hatte und auf dem nun Polina stundenlang saß und auf den Boulevard hinunterschaute. Sie freute sich, daß der Balkon so winzig und gemütlich war, wie ein Futteral für etwas Kostbares, das Kostbare aber war ein Sessel. Wäre der Balkon größer, freute sich Polina, dann wären die Iraklijews bestimmt mit der rationellen Nutzung gekommen, hätten die Wand durchbrochen und sich nicht gescheut, auch noch eine Hälfte ihres Zimmers rationell zu nutzen. So aber gehörte der Balkon ihr, Polina Weretennikowa, bis zu ihrem Tode. Als Antipow vor zwei Jahren mit Tanja und dem drei Monate alten Stjopka herzog, hatte er die kraftlose mächtige Greisin mit dem dunkelroten Gesicht in Pelzmantel und mit Männerpelzmütze auf dem Balkon sitzen sehen und von Leuten gehört: „Die alte Weretennikowa amüsiert sich."

Auf dem Boulevard lag stellenweise Schnee, die

Bäume sahen dunkelgrau und nackt aus, und auf dem schwarzen Asphalt, auf den Straßenbahnschienen und in der Mitte des Boulevards liefen Leute zum Trubnaja-Platz. Der Winter ging zu Ende, die Luft war eisig. Und ein eisiger Wind trieb die Menschen zum Trubnaja-Platz. Im Gewerkschaftshaus, so hieß es, liege der Tote aufgebahrt, ab zwei Uhr sei Einlaß, doch die Leute strömten schon jetzt hin. Antipow wäre sicherlich mit allen anderen hingelaufen, das, was geschehen war, erregte ihn schrecklich, durchfuhr ihn so eisig, daß er zitterte, doch er konnte nicht von zu Hause weg, weil er auf den Arzt Iwan Wladimirowitsch wartete, und vor Ungeduld stellte er sich auf die Straße. Er fürchtete, der Arzt könnte sich verirren und das Haus nicht finden, denn auf der Straße herrschte solch ein Chaos, daß der Alte womöglich gar nicht von Samoskworetschje, wo sich das Krankenhaus befand, hierhergelangte. Das Stadtzentrum, so hieß es, sei gesperrt, in die Metro werde niemand hineingelassen, er konnte nur über den Pawelezki-Prospekt und die Taganka fahren. Antipow hatte morgens noch gehofft, ein Taxi zu erwischen und, nachdem er Stjopka zur Großmutter, das heißt zu seiner Mutter, gebracht hatte, was unbedingt sein mußte, den Arzt vom Krankenhaus abzuholen, doch die Taxis waren verschwunden, auf dem Boulevardring fuhr keine Straßenbahn, und so war ihm nichts weiter übriggeblieben, als mit Stjopka auf dem Arm zur Sretenka zu laufen und von dort zur Pokrowka, wo die Mutter wohnte, und genau halb elf, wie verabredet, war er atemlos, todmüde nach Hause zurückgekehrt, voller Besorgnis, er komme zu spät, aber er war nicht zu spät gekommen. Der Arzt war auch jetzt, zwei Stunden später, noch nicht da.

Nun stand er auf dem vereisten Bürgersteig, hörte, was die Leute redeten, die schnellen Schritts in Gruppen oder einzeln dem Trubnaja-Platz zustrebten – einige gingen in Reihen, hatten sich wie bei einer Demonstration an den Händen gefaßt, manche machten ein trauriges, ausdrucksvolles, gar feierliches Gesicht, andere waren verweint, wieder andere finster, manche unterhielten sich laut, junge Leute alberten herum und wurden angezischt, irgendwo Gelächter, irgendwo lautes Weinen, kleine Jungen flitzten in der Menschenmenge umher, allen war das anzumerken, was auch Antipow spürte, eine Art Halbwahnsinn, der alle erfaßt hatte wie ein Rausch – und er dachte: Die Menschen in hundert Jahren werden niemals verstehen, daß wir in diesem eisigen März in der Seele gezittert haben und halb wahnsinnig waren und wie man an solch einem Tag nervös werden kann wegen eines Taxi oder weil der Arzt sich verspätet, weil der Sohn bockig ist und die Mutter argwöhnisch fragt: „Wieso müßt ihr den Fußboden bohnern?"

Antipow rief der alten Weretennikowa zu, sie solle doch, wenn sie einen hochgewachsenen alten Mann in langem schwarzem Mantel sehe, ihm sagen, wie er ins Haus gelange, das Tor sei zugenagelt, er müsse durch den Nachbarhof gehen; das hatte Antipow ihm am Vortag telefonisch erklärt, doch der Arzt war zerstreut. Die Weretennikowa nickte mit ihrem quadratischen Bärenschädel in der schwarzen Pelzmütze. Sie sagte selten etwas, nickte meistens nur oder schüttelte den Kopf oder blickte streng, mißbilligend.

Antipow lief hinauf. Er war besorgt um Tanja, wußte, die Beherrschung kostete sie das Äußerste, nichts ist schlimmer als Warten, zumal Warten auf Schmerzen, Tanja aber war nicht tapfer. Und richtig: sie lag, bleich, die linke Hand auf dem Herzen, mit ihrem ganzen Aussehen Erbarmen und Mitgefühl herausfordernd, und blickte geistesabwesend zur Decke. Auch als Antipow hereinstürmte, veränderte sie ihre Pose nicht, wandte den Blick nicht von der Decke. Nein, niemand habe angerufen. Eine Katastrophe, aber was tun? Das Krankenhaus meldete sich nicht.

„Bitte gib mir Herztropfen. Fünfundzwanzig", sagte sie mit schwacher, monotoner Stimme.

Er gab ihr die Tropfen. Tanjas Hand war kalt. Antipow bebte vor Mitgefühl, preßte ihre Finger, sagte, so lieb und ruhig er nur konnte:

„Tanja, laß uns noch einmal ... Vielleicht muß es nicht sein? Wie? Ich kann dich gar nicht ansehen."

„Es muß sein", sagte sie kaum hörbar und schloß die Augen.

Im Korridor entferntes Getrappel, Türenschlagen, Schluchzen. Antipow trat hinaus. In der Küche weinte jemand. Wer, war nicht weiter interessant, Antipow aber wußte nichts mit sich anzufangen, wartete ungeduldig, wollte noch eine halbe Stunde ausharren und – trottete in die Küche. Zwei Frauen weinten: Warganows Frau Anna krümmte am Fenster ihren breiten Rücken, die fetten Schultern zuckten, das Weinen klang rauh, heiser, wie bei einem Mann, sie murmelte Unverständliches, Iraklijews Frau Bella drehte Fleisch durch den Wolf, krümelte Brot hinein, weinte dabei, aber unterdrückt, mit zusammengebissenen Zähnen, Tränen rannen über ihr Gesicht. Beide weinten ganz für sich, hatten einander den Rücken zugekehrt und schienen einander gar nicht zu bemerken. Antipow stapfte in der Küche umher, riß den einen, dann den anderen Schrank auf, füllte den Wasserkessel und stellte ihn aufs Gas. Die beiden Frauen waren ihm wenig sympathisch, darum sprach er sie nicht an. Wären Sonja Tichomolowa oder Tonjetschka in der Küche gewesen, die oft zur alten Weretennikowa kamen, oder selbst Sanka Iraklijew, die hätte er bestimmt angesprochen, doch die beiden Frauen konnte er nicht ausstehen. Besonders zuwider war ihm die Warganowa mit ihrem ewig tastenden, scharfen, irgendwie erwerbsbedachten Blick unter den starken Augenbrauen. Sie hatte Brauen und eine Stimme wie ein Mann. Eine Frau mit solch einer Baßstimme mußte derb, offen, bieder sein, sie aber war giftig, verschlagen, gerissen, erwerbsbedacht, lauerte fortwährend, wo einer auf schwachen Füßen stand, ein unsicheres Leben führte, wo etwas nicht stimmte ... Antipow und Tanja hatten ihr Zimmer von Tanjas Tante Xenia Wassiljewna gemietet, die seit einigen Jahren verwitwet war, die Tante hatte ihnen das hintere, am Ende des Korridors gelegene Zimmer vermietet und das Nebenzimmer behalten, wo sie oft Besuch empfing: Freundinnen aus der Gymnasiumszeit, ältliche Lehrerinnen, trostlose Witwen; am häufigsten kam – und wohnte sogar wochenlang bei ihr – Jekaterina Gurjewna zu Besuch, eine etwa fünfzigjährige Frau, die eine Leidenszeit in entlegenen Gegenden verbracht, ihren Mann, ihren Sohn und die Wohnung in Moskau verloren hatte und mal hier, mal dort unterkroch, bald von Almosen, bald von ihrer Hände Arbeit als Schneiderin lebte. Antipow mochte Jekaterina: sie erzählte großartig von den entlegenen Gegenden, eigenartigerweise ohne Bitterkeit, ohne Jammer; richtig lustig erinnerte sie sich bald an Scherze, bald an gute Menschen, sie hatte immer nur gute Menschen getroffen und sagte nur selten von jemandem kurz, mißvergnügt: „Das war ein Kerl" oder „Das war eine schlechte Frau". Über solche Menschen mochte sie sich nicht auslassen. Jekaterina machte sich nützlich: nähte, flickte, wendete etwas, ging einkaufen, kochte Suppe. Xenias Bekannte gaben ihr gern ein Kleid in Auftrag, sie verlangte nicht viel dafür. Nur Tanja und Xenia baten sie um nichts, denn sie wußten, Jekaterina würde keine Kopeke nehmen. Aber sie schneiderte ungebeten für die beiden. Ihr Leben war kein Zuckerlecken, denn sie besaß keine Aufenthaltsgenehmigung für Moskau und mußte ständig auf der Hut sein, beim geringsten Anlaß ihre Habseligkeiten schnappen und von diesen guten Leuten zu anderen verschwinden. Dem Abschnittsbevollmächtigten Rede und Antwort stehen zu müssen wäre nicht angenehm gewesen.

Nun hatte die Warganowa, das dickärschige Aas, ausspioniert, was mit Jekaterina los war, und es ihr heimtückisch zu verstehen gegeben: sie bestellte sich bei ihr aus uraltem, verschossenem Flausch einen Morgenrock. Jekaterina mochte für die Alte nichts nähen, schob es auf und drückte sich, doch Xenia überlegte sich die Sache und schlußfolgerte vernünftig: „Du mußt, Jekaterina! Du kommst nicht drum herum." Zwei Wochen plagte sich Jekaterina mit dem Morgenrock ab, machte Anproben, arbeitete um, bis sie ihn endlich abliefern konnte – am Abend sollte es dann Tee mit Torte und eine Flasche Kagor geben, denn wenn Kunden gezahlt hatten, pflegte Jekaterina allen ein Abendessen zu spendieren. Diesmal erschien sie ohne Torte und ohne den roten georgischen Dessertwein und teilte bekümmert mit: „Heute, meine Lieben, komme ich ohne Geschenke. Nur ein paar Bonbons habe ich bekommen. Sahnebonbons, hat sie gesagt." Und sie schüttelte aus einer Tüte Bonbons auf einen Teller. Niemand fragte weiter, sie erzählte es dann von sich aus. Die Warganowa hatte den Morgenmantel übergezogen, sich wohlgefällig im Spiegel betrachtet und gesagt: „Danke, meine Liebe. Jetzt sitzt er gut." Weiter nichts. Und als Jekaterina von der Bezahlung anfing, zeigte die Warganowa mit dem Finger auf sie und sagte: „Merken Sie sich: Ich brauche Ihnen nichts zu bezahlen. Sie müssen mir etwas bezahlen. Verstehen Sie, meine Liebe?" Antipow geriet, als er das hörte, in solche Wut, daß er in die Küche stürmte, wo das Scheusal gewöhnlich herumlungerte, doch Tanja rannte hinter ihm her, klammerte sich an ihn, hielt ihn von Unbesonnenheiten zurück. Jekaterina und Tante Xenia waren in heller Aufregung: Nur keinen Lärm, sagten sie, nur keinen Skandal, wir müssen es in Kauf nehmen und vergessen, mit schlechten Menschen darf man sich nicht einlassen. Überhaupt hatte Jekaterina die Gewohnheit, die Antipow auch an seiner Mutter aufgefallen war, sich nicht zu widersetzen, sondern sich abzufinden. Sie winkten ab und waren still, wo er aus der Haut fuhr. Vielleicht taten sie recht daran. Vielleicht waren sie deshalb lebend zurückgekommen. Doch in der Wohnung den Frieden zu bewahren fiel immer schwerer: die Warganowa verlangte von Jekaterina, ihr eine Bluse zu nähen, danach sollte sie ihr einen alten Pelzmantel neu füttern und schließlich, die Frau wurde ganz unverschämt, gar einen Herrenpyjama aus Trikotstoff stopfen. Jekaterina führte demütig alle diese Aufträge aus, jetzt allerdings heimlich, damit Antipow es nicht erfuhr. Er kam trotzdem dahinter, denn der Pyjama, in dem Warganow, dieser Wurm mit dem erdfahlen kleinen Gesicht, jeden Morgen auf dem Korridor umherlief, verriet es, da ertrug es Antipow nicht mehr, lauerte der Warganowa im Korridor auf, stieß sie ins Badezimmer, schloß die Tür und sagte: „Wenn Sie nicht aufhören, Jekaterina Gurjewna auszubeuten … Ich warne Sie … Hier, in dieser Wanne …" Das war natürlich töricht – wollte er sie in der Wanne ertränken? Die Warganowa aber war zu Tode erschrocken, ihre Basedowaugen fielen fast heraus, der Mund stand offen, es hatte ihr die Sprache verschlagen. Antipow ließ sie völlig erstarrt stehen und ging weg, überzeugt, wenn er nach Hause komme, werde ihn die Miliz oder eine Vorladung zum Staatsanwalt oder zum Gericht erwarten, doch er kam in eine wohltuend stille Wohnung. Jekaterina wurde mit Aufträgen verschont, wurde aber dessen nicht recht froh, denn vorher hatte sie sich viel sicherer gefühlt! Antipow triumphierte, Jekaterina jedoch gestand: „Wissen Sie, Sascha, die Frau mag der Teufel holen, ich hätte ihr Klamotten genäht, nur um sie nicht zum Feind zu haben. Jetzt habe ich Angst, herzukommen ..." Und richtig, sie kam seltener zu Besuch und vermied es, in der Wohnung zu übernachten. Die Warganowa und der Wurm, die Antipow vorher wenig beachtet hatten oder ihm vielleicht aus dem Weg gegangen waren, musterten ihn jetzt wachsam und ein wenig unschlüssig. Sie konnten sich wohl keinen Vers darauf machen, was Antipow für einer war: angeblich Schriftsteller, wie eine Nachbarin sagte, sogar ein *berühmter*, aber ohne eigene Wohnung, er hauste in einer armseligen Kammer in diesem Wanzenloch; wäre er ein richtiger Schriftsteller, so müßte er eine eigene Wohnung haben; manchmal fuhr ein Auto vor und holte ihn zu seiner *Lesung* ab, oder er wurde am Telefon von wichtigen *Redaktionen* und *Institutionen* verlangt, dann wieder kam er bei Regen auf Schusters Rappen heim wie ein Vagabund oder saß wochenlang in seiner Höhle, ohne daß jemand nach ihm verlangte; mal briet Tanja eine Ente, oder sie tranken Tee und aßen Torte aus dem „National" – ansonsten gab es Suppe oder in Sonnenblumenöl gebratene Kartoffeln. Außerdem sprach er mal hochgestochen wie ein Studierter, gebrauchte wissenschaftliche Ausdrücke und sagte alleweil „Entschuldigen Sie" und „Erlauben Sie", mal aber fluchte er greulich ins Telefon oder benahm sich, wenn er betrunken war, wie ein Rowdy. Kurz, er war ein undurchsichtiger Bursche, um den man lieber einen Bogen machte. Darum verwunderte es Antipow, daß die Warganowa nun plötzlich zu weinen aufhörte, sich umwandte und mit harter Stimme fragte:

„Warum sind Ihre Augen trocken, junger Mann?"

„Was geht Sie das an", erwiderte er einfallslos und verließ die Küche, da er sich seiner Einfallslosigkeit schämte. Ihn drückten andere Sorgen. Alles schien in einen Abgrund zu fliegen – alles, was sie sich zurechtgelegt, sich nach langem Zögern vorgenommen hatten. Und schuld war nicht nur das Ausbleiben des Arztes, ein Unfall oder weiß der Himmel was, sondern auch der schreckliche Lärm draußen, das tausendstimmige Getöse: dort bäumte und krümmte sich etwas, kroch langsam wie ein Gletscher, entblößte Steine, nackte Erde, blutendes Fleisch.

Die beiden Frauen – Tante Xenia und Jekaterina – saßen, von Angst erfaßt, im Zimmer. Antipow spürte es untrüglich. Jekaterina stopfte, Tante Xenia legte Patience, beide schwiegen, doch aus ihrer gebeugten Haltung, ihren bedrückten Gesichtern und ihren Blicken spürte er am ganzen Leibe, wie man Kälte spürt: Angst war im Zimmer. Aber sie war überall: auf den Straßen, in der Luft. Nur Nikolai Jefimowitsch, Tanjas Vater, war gestern gut gelaunt, mit einem Schwips gekommen, seine blauen Augen hatten geglänzt, und er hatte immerzu gezwinkert, kaum hörbar geflüstert, mit dem Finger bald auf die Decke, bald auf den Fußboden gezeigt, bald war er sich, verschmitzt dreinblickend, mit dem Finger um den Hals gefahren. Die Frauen hatten ihn mißbilligend angesehen. Jetzt fragten sie nicht nach dem Arzt, obwohl sie wußten, wie sehr Tanja und Antipow auf ihn warteten. Sie wußten auch, weswegen. Das Ganze war lange erörtert worden, Tanja und Antipow hatten es Tante Xenia nicht verschwiegen und einen anderen Ort dafür zu finden versucht, jedoch keinen gefunden, und da hatte Tante Xenia ihre Angst bezwungen und – was ungemein hochherzig war – ihnen sogar zugeredet, es in ihrer Wohnung zu tun. Es blieb gar nichts anderes übrig. Alles andere wäre noch schlimmer gewesen.

Doktor Iwan Wladimirowitsch hatte struppiges graues Haar und war von hoher, aufrechter Gestalt, er bewegte sich langsam, erinnerte irgendwie an ein Gespenst, aber kein schreckliches, sondern ein komisches, sein Gesicht war wie vom Frost gerötet, der breite Mund lächelte immer, die Augen in den dunklen Höhlen waren wäßrig, sahen aber scharf. Er redete alle mit „Kindchen" an. Antipow kannte ihn seit langem, Iwan Wladimirowitsch war mit seinem Vater befreundet gewesen, sie stammten aus demselben Dorf. Als der Vater nicht mehr da war, hatte der Arzt zu den wenigen gehört, die die Familie Antipow nicht im Stich ließen, sondern nach Kräften unterstützten, dann war eine Trennung für sechs Jahre gefolgt: Er hatte als Chirurg in Frontlazaretten gearbeitet und war nach dem Krieg noch lange Militärarzt geblieben.

Antipow verblüfften an Iwan Wladimirowitsch zwei Eigenheiten: sein ständiges Lächeln und die Fähigkeit, selbst in den verhängnisvollsten Augenblicken des Lebens zu singen, vielmehr zu trällern. Es war unvergeßlich, wie er am Morgen nach jener Nacht, in der sie von der Mutter Abschied nehmen mußten, nichtsahnend angerufen und aus der Stimme von Antipows Schwester alles herausgehört hatte und sofort gekommen war. Und schon im Korridor, noch in Galoschen und seinem langen schwarzen Mantel mit dem Lammfellkragen, den er bis heute trug, hatte er *etwas vor sich hin geträllert* und gesagt, er würde Antipow und seine Schwester, wenn sie wollten, adoptieren. Aber Antipow und seine Schwester hatten damals kaum etwas begriffen und gar nichts gewollt.

Und nun schwankte er wie ein mächtiger schwarzer Turm zur Tür herein, mit einer Lammfellmütze, lächelnd und trällernd, erklärte gemächlich, auf welchem Wege er von Samoskworetschje hergelangt war, daß ihn ein Militärlastwagen mitgenommen hatte und daß in der Soljanka-Straße einer Frau schlecht geworden war, so daß er Erste Hilfe leisten mußte; man hatte sie in ein Haus getragen, und es hatte sich herausgestellt: Sie war im fünften Monat ...

„Ich sage: ‚Kindchen, sind Sie von Sinnen? Wie kann man in Ihrem Zustand zu einem derartigen ägyptischen Begräbnis gehen?' Darauf sie: ‚Großvater, mich selbst hatte ich vollkommen vergessen. Ich war vor Gram wie irre.' Ja, Sascha, das Volk ist wundervoll und uneigennützig, alle rennen wie Kinder auf die Straße und weinen ..." Und ohne Übergang: „Das Material liegt bereit, ich habe die Dokumente gefunden, meine alten Tagebücher, Hefte von der Universität, jetzt bist du an der Reihe, Sascha. Für die Zeitschrift ‚Ogonjok'. Ich stehe jederzeit zur Verfügung."

Der Alte deutete schon seit langem an – vielmehr, er drängte schüchtern und treuherzig –, Antipow solle für irgendeine Zeitschrift eine Reportage über ihn schreiben. Einmal, als Iwan Wladimirowitsch die Mutter besuchte, hatte Antipow unbesonnen zugesagt, doch er war noch nicht dazu gekommen. Und hatte natürlich keine Lust gehabt. Er hatte mit einem Freund von der Zeitschrift „Ogonjok" schon etwas verabredet, zum Beispiel: „Ein treuer Wächter der Gesundheit" oder „Vierzig Jahre für das Wohl der Menschen", hatte es aber immer vor sich hergeschoben. Antipow war noch immer kein Profi, sondern ein Dilettant, konnte nur das schreiben, was ihn interessierte, alles andere kostete ihn unerhörte Anstrengungen. Jetzt schämte er sich und schwor im stillen: In allernächster Zeit mache ich's unbedingt, sonst soll mich der Teufel holen ...

„Ich weiß", sagte er. „Wird gemacht, Iwan Wladimirowitsch."

Tanja nahm sich aufs äußerste zusammen. Sie lächelte Iwan Wladimirowitsch zu, bot ihm unsinnigerweise Tee an. Iwan Wladimirowitsch murmelte, mitten im Trällern: „Nein, Kindchen, später, später ...", holte die Instrumente aus seinem Köfferchen und breitete sie auf dem Tisch aus. Das Lächeln verschwand nicht von seinem breiten roten Mund. Die Instrumente sahen mittelmäßig aus, doch gerade diese Mittelmäßigkeit, diese häusliche Gewöhnlichkeit war so beängstigend. Antipow spürte, wie ihn Zittern erfaßte. Er brachte es nicht fertig, Tanja anzublicken, nahm ihre Hand und drückte sie. Sie antwortete mit einem leichten Druck und flüsterte: „Reg dich nicht auf!" Nie hatte er sie so sehr geliebt wie in diesem Augenblick, als er die Skalpelle klappern hörte, die großen knorrigen Finger sah, die die Skalpelle behutsam und gelassen zurechtlegten. Ein wenig zu behutsam und gelassen. Iwan Wladimirowitsch trällerte weiter vor sich hin. Sein Geträller wurde unerträglich. Am liebsten hätte Antipow gesagt: „Iwan Wladimirowitsch, hören Sie doch um Gottes willen auf zu singen!" Wenn es schon für ihn eine Pein war, wie mußte es erst Tanja peinigen? Gehorsam tat er alles, worum er gebeten wurde: Er lief in die Küche, füllte zwei Töpfe mit Wasser, brachte den einen und stellte ihn auf die Kochplatte, trug den anderen in Tante Xenias Zimmer und setzte ihn dort auf die Kochplatte. Anders konnten sie nicht Wasser abkochen. Iwan Wladimirowitsch saß im Sessel, ein Bein übers andere geschlagen, und unterhielt sich ruhig mit den Frauen; er sah Tante Xenia zum erstenmal, nannte sie trotzdem „Kindchen", Jekaterina kannte er, hatte sie bei den Antipows kennengelernt. Jekaterina war in Kasachstan kurze Zeit mit Antipows Mutter zusammen gewesen, dann hatte das Schicksal sie auseinandergerissen, die Mutter hatte in einer Ziegelei arbeiten müssen, Jekaterina war in dem Kombinat in Dolinka geblieben. In Moskau hatten sie sich bei einer gemeinsamen Freundin wiedergetroffen, bei Tanjas Tante Xenia. Antipow hatte das erst erfahren, als er Tanja schon kannte, nach der Lichow-Gasse und ihrem Einzug am Roshdestwenski-Boulevard im März vor zwei Jahren, als alles triefte, Bäche zum Trubnaja-Platz hinunterströmten und Tichomolows Sohn Wolodka, ein friedlicher Geistesschwacher, der nicht sprechen konnte, nur Laute von sich gab und die Augen strahlen ließ, vom Dachboden Tauben in den feuchten Himmel schleuderte. Damals war Antipow zum erstenmal hergekommen, nicht als Bewohner, sondern als Gast. Er hatte dieses Menschengewühl gesehen: wortkarge Arbeiter wie Iwan Tichomolow, der in einer Chemiefabrik arbeitete, und seine Frau Soja, die Reinemachefrau war, die abgehalfterten Iraklijews, einst mächtig, jetzt müde und geschlagen, mit ihren seltsamen Söhnen, dem ganovenhaften Waljuscha und dem Aspiranten Borja, der traurig und grau wie ein Nachtfalter war, die rätselhafte alte Weretennikowa, die wer weiß wovon lebte, nirgendwo arbeitete, tags auf dem Balkon „sich amüsierte“, aber der immer irgendwer half, und die Eheleute Warganow, die unmittelbaren Nachbarn, die mit den Iraklijews um die Herrschaft wetteiferten in diesem Staat der mit Suppengeruch vollgesogenen Tapeten, des alten Parketts, des nicht funktionierenden Bades, der trüben Lampen im Korridor. Und natürlich hatte er Tante Xenia gesehen und liebgewonnen. Er hatte sie liebgewonnen, weil sie für Tanja wenn nicht die Mutter, so doch eine nahestehende Seele geworden war. Tanjas Vater blieb für sich, ihre Schwester lebte ihr eigenes Leben. Und wohl am ersten Morgen war er an der Badezimmertür einer grauhaarigen, dunkeläugigen Frau begegnet. „Jekaterina Gurjewna!" hatte er überrascht hervorgestoßen. „Sascha!" hatte sie geflüstert. Und sie hatten sich freudig und stumm umarmt und plötzlich eine geheime Einheit empfunden: beide waren sie *illegitim* hier. Alles war fertig. Nein, nicht fertig. Noch ein paar Minuten, dann würde alles endgültig, für immer, für alle Zeiten fertig sein. Irgend etwas war noch notwendig, etwas mußte noch abgekocht werden. Vorbereitungen, um die Geliebte unmenschlich zu peinigen, ins Fleisch zu schneiden, Leben abzutöten. Dieses Leben mußte nur deshalb unters Fallbeil, die Guillotine, *weil die Redaktion einer Zeitschrift ein achtzehnseitiges Manuskript abgelehnt hatte*! Nicht zu einem Manuskript, sondern zu einem Schicksal, zu einer Hoffnung hatten sie nein gesagt, zu einem verzweifelten Schrei in die Tiefe des Universums: Wie sollen die handeln, die nach Glück streben? – denn nichts anderes wollen die Menschen. Sie verstehen es nur verschieden. Antipow dachte: Glück ist das Ende der Qual. Das, was etwa gegen halb sechs eintreten wird. Es war ein Monat der fieberhaften Entscheidungen gewesen, des Schwankens, der Ungewißheit, der nächtlichen Gespräche im Flüsterton, der Unmöglichkeit, sich jemandem anzuvertrauen, des Alles-vor-allen-Versteckens, der Träume, der Tränen, der Unerträglichkeit des Anblicks des unschuldigen Stjopka und der Angst. Das, wozu seine und ihre zaghafte Seele geneigt hatten, war die Erlösung von der Angst. Der Angst, ebensolche Krämpfe und Ungewißheiten würden das neue Geschöpf quälen. Es würde ebensolche Fragen beantworten müssen und das gleiche zu verbergen trachten. Schwitzend vor jäher Hitze würde es vor einem Blatt Papier sitzen, die Hand kraftlos über der Zeile erstarrt: schreiben oder nicht? Worte des Mitgefühls würde er hören und Worte aus Stahl – solche, wie Tanja sie kürzlich zu hören bekommen hatte: „Nein, wir können Sie nicht zur Arbeit einstellen. In unserem System wird Sie auch niemand nehmen." Da hatte es sich ihr entrungen: „Was soll ich denn machen?" – „Das weiß ich nicht." Wegen dieser Angst, es würde zu hören bekommen: „Das weiß ich nicht", und niemand würde ihm helfen, und sie beide würden dann nicht mehr dasein, Stjopka allein aber würde sich mit Gottes Hilfe schon durchschlagen, hatten sie mehr und mehr dazu geneigt ... Iwan Wladimirowitsch war ein Freund, er würde nicht sagen: „Das weiß ich nicht", er wußte, er konnte, er heilte von der Angst, er nahm kein Geld ... Und da hatten sie, am Ende ihrer Kraft, außerstande zu einem Entschluß, sich dem Schicksal überlassen. Wie das Schicksal entschied, so sollte es werden. Würde das Schicksal das kümmerliche Manuskript von achtzehn Seiten – die Erzählung „Das Schaltjahr", die er vor drei Monaten einer Zeitschrift geschickt hatte – akzeptieren? Gelesen hatten sie es bestimmt, doch die Antwort war ausgeblieben. Antipow hatte den unangenehmen Anruf hinausgezögert, nichts war schlimmer, als das Schweigen einer Redaktion zu stören und sich in Erinnerung zu bringen. Man hatte ihm gesagt, es sei noch nicht klar, die Meinungen seien geteilt, auf der Sitzung des Redaktionskollegiums werde sich alles entscheiden. Dann und dann finde sie statt. Dieser Zeitpunkt hatte kurz vor dem von Iwan Wladimirowitsch genannten letztmöglichen Termin gelegen, und plötzlich hatten sie einfach den Entschluß gefaßt: Wie die Entscheidung, so soll es sein. Das Schicksal hatte geantwortet: Nein. Der Stellvertreter des Redakteurs, einflußreicher als der Redakteur selbst, hatte mit der Stimme des Schicksals verkündet: Die Erzählung ist in Bunins Manier geschrieben, das taugt überhaupt nichts. Bunin ist ein Emigrant und ein Feind. Ach nein! Nicht Bunin war schuld gewesen, nicht die Stumpfsinnigkeit des Redakteurs, sondern der Februar mit der tödlichen Kälte. So ein Wahnwitz – Mörder in weißen Kitteln. Menschen kommen zu Besuch, trinken Tee, brechen auf, verabschieden sich, bedanken sich, morgens ein Anruf: Der und der ist aus dem Fenster gesprungen, in den Tod. Warum? Er hat doch gestern noch Tee getrunken? Das erklärt niemand per Telefon. Wir teilen Fakten mit, die Schlußfolgerungen ziehen Sie selbst. Ja, es ist sehr schade um ihn. Ein bettelnder Amputierter sitzt an der Einzäunung des Parks, sammelt in der Schirmmütze Geldstücke, schreit: „Du, Bebrillter, geh vorbei! Bebrillte haben Hundeblut!" Er wird schreien: „Du Halbbebrillter, geh vorbei! Halbbebrillte haben Katzenblut!" Verwechselt war das Blut, verwechselt waren die Zeiten. Doch der Tag der Guillotine war nicht zu verwechseln, er lag seit langem fest. Seit zwei Wochen. Seit die Luft ausgegangen war. Iwan Wladimirowitsch konnte keinen Tag länger warten, weil er verreisen mußte. Daß es mit dem Begräbnis zusammenfiel, traf sich gut: alle aus der Wohnung, ausgenommen Bella, die Warganowa und natürlich die alte Weretennikowa, waren auf die Straße gerannt. Auch die Küche war fast leer. Doch Iwan Wladimirowitsch konnte nichts riskieren, darum: Kochplatten, halblaute Gespräche, der Vorraum mit Decken verhängt, alle Ritzen mit Kissen zugestopft, damit nichts von dem tierischen Schmerz hinausdrang.

„Dieses Ding wirst du halten, Sascha", sagte Iwan Wladimirowitsch. „Du wirst mir helfen. So, nach unten."

„Wie ... soll ich es halten?" fragte Antipow beklommen.

„Ich zeige es dir. Sieh mal, so ist es richtig." Er führte es in der Luft vor. Tanja lag im Nebenzimmer.

„Aber vielleicht ... kann es ein anderer besser? Jekaterina Gurjewna?"

„Nein, Kindchen, du hast eine kräftige Hand. Du kannst es besser. Es ist überhaupt nicht schlimm. Glaub mir. Wir tun Tanja nichts Böses. Auch der Schmerz ist keineswegs so schrecklich, wie viele meinen. Der läßt sich aushalten ..." Iwan Wladimirowitsch zog, während er sprach, die Handschuhe an. Dann ging er ohne Eile in das Zimmer, wo Tanja lag. „Heute morgen, Sascha, fiel mir eine hochinteressante Episode ein, die sich für deinen Bericht sehr gut eignet: wie ich mit einem Schwamm nach dem Bildungsminister Kasso geworfen habe ... Neunzehnhundertelf ..." Er raunte: „Aber natürlich nicht jetzt, nicht jetzt! Erinnere mich daran, ich erzähle es dir ..."

Tanja lag unter einem Laken. Ihr Bauch, dem noch nichts anzumerken war, zeichnete sich ab. Sie blickte Iwan Wladimirowitsch unbewegt und kalt an.

Draußen schrie eine Frau. Der Schrei war so durchdringend, daß Tanja zusammenfuhr und erbleichte und alle anderen aufschraken: sie hörten den dunklen Lärm der Masse. Jetzt klang er ganz anders als vor einer Stunde – kein Schlurfen, kein Trampeln, keine Unterhaltung, vielmehr ein dumpfes, verschwommenes Tosen, als gingen dort unten nicht Menschen, sondern als flösse Wasser oder vielleicht Lava, etwas Unterirdisches, und in dem Strom schwebten undeutliche, untergehende Schreie. Doch der Schrei der Frau war durchdringend und klar: „Hilfe!" Antipow trat ans Fenster und sah ein Gewirr von Mützen, Kragen und unbedeckten Köpfen, so dicht zusammengedrängt, daß sie nicht vorankamen, sondern stillstanden. Er sah den erstarrten Fluß der Steine, den vereisten Strom. Der Blutkreislauf stockte. Da, wo die Umzäunung des Boulevards endete, gab es eine schwarze Ballung von Lastwagen, die seitlich zur Masse standen, ein Wall aus Militärlastwagen. Die Blutgefäße waren verstopft. Gleich würde das Herz aussetzen. Nein, die Masse stand nicht wie tot, sie schwankte, wogte, pferchte sich, bog sich innerlich, Köpfe und Hände ragten aus dem dunklen Gewirr, die Menge bewegte sich dennoch kaum merklich vorwärts. Schrecklich langsam. Sie stand fast. Aber sie bewegte sich! Das helle Kopftuch einer Frau schaukelte unter dem Fenster, und schon war es ein Stück weiter. Wie Pech wälzte sich die Masse zum Trubnaja-Platz. Wie ein Fleck schimmerte ein emporgerecktes Gesicht. Schwache, kindliche Schreie ertönten dort unten. Antipow riß das Fenster auf, Kälte strömte ins Zimmer, und man hörte unmenschliches Geheul. Nein, da schrien nicht Kinder, sondern Männer und Frauen. Es schrie das die Gefäße sprengende Blut. Soldaten zogen einen Menschen über die Seitenwand eines Lastwagens. Auch auf einen anderen Lastwagen wurden Menschen gehievt. Antipow blickte hinunter, aber er bemerkte nicht oder begriff nicht, was er erblickte. Mit seinen Augen war etwas geschehen: sie erfaßten und sahen lauter Einzelheiten, verbanden sie jedoch nicht zu einem Bild. Sein Herz hämmerte. Plötzlich erriet er: Das, was sich ihm unvermutet vom Fenster aus darbot, war keineswegs die tausendköpfige Masse, war nicht der Boulevard, nicht das Geschrei der Erdrückten, nicht die Abenddämmerung mit kaltem Wind, sondern – die verrinnende Zeit. Es war die Zeit, die sich donnergrollend zum Trubnaja-Platz wälzte. Das, was man niemals sehen kann. Und die Zeit gab ein unmenschliches Geheul von sich. Antipow blickte sich um: Tanja saß auf dem Sofa, das

Laken umgehängt, darüber den Mantel, und zitterte vor Kälte, Iwan Wladimirowitsch aber sah ihn an und sagte etwas, mit den Lippen schmatzend, doch Antipow verstand ihn nicht.

„Ich liebe dich, Tanja", sagte Antipow. „Es muß überhaupt nicht sein. Das Leben geht weiter."

Er setzte sich neben sie auf das Sofa. Tanja nahm seine Hand, preßte sie an die Lippen, und plötzlich warf sie sich schluchzend an seinen Hals. Tante Xenia hockte sich komisch hin und schwenkte die Arme, rief: „Oi! Oi!" Von der Straße drang herzzerreißendes Schreien herein. Kälte erfüllte das Zimmer. Iwan Wladimirowitsch schloß das Fenster, und erneut war es, als schrien draußen Kinder.

Als Antipow in die Küche ging, um kaltes Wasser zu holen, lungerte dort wieder die Warganowa, als warte sie auf ihn.

„Ich weiß, wer zu Ihnen gekommen ist und warum!" raunte sie, und ihre Brauen hüpften vor Lüsternheit und Ungeduld. „Bei dem Doktor hab ich mal in Samoskworetschje im Krankenhaus gelegen. Er ist ein guter Arzt und eine Seele von Mensch. Nur seinen Namen, den hab ich vergessen. Wie heißt er?"

„Wozu wollen Sie das wissen?"

Die Warganowa blickte Antipow schweigend an, dann sagte sie:

„Um es der Miliz zu melden. Damit nicht gegen die Gesetze verstoßen wird."

„Zu spät, Miststück", sagte Antipow und drohte ihr mit verächtlicher Gebärde.

Der Abend dämmerte, das Tosen verebbte nicht, jemand kam von der Straße herauf: Getrappel im Korridor, Geschrei, Lärm. Im Badezimmer heulte, wie in einem epileptischen Anfall um sich schlagend, Iraklijews ältester Sohn Waljuscha, von dem man nicht wußte, wo er arbeitete. In Tante Xenias

Zimmer aber saßen sie bis spät in die Nacht beim Tee, und Iwan Wladimirowitsch, der nicht nach Hause gehen konnte und hier übernachten mußte, erzählte, wie die Studenten der Universität neunzehnhundertelf gegen die Verbannung von Professoren protestiert hatten, und als der Minister, der berüchtigte Dunkelmann, in den Hörsaal kam, da hatte er, Iwan Wladimirowitsch Gorelow, den Schwamm zum Leichenwaschen nach ihm geworfen ... Dafür war er ins Gouvernement Wologda verbannt worden. Dann Krieg, Gefangenschaft, Internierung, Hunger ... Nach Rußland zurückgekehrt, hatte er ab neunzehnhundertneunzehn in der Gegend von Tula gearbeitet.

Das Geschrei draußen war unerträglich. Antipow eilte hinunter zum vernagelten Vordereingang, brach die Tür mit dem Beil auf, ein paar Leute stürzten herein, fielen auf die Fliesen, atemlos, sich vor Schmerz krümmend, fluchend und weinend, andere liefen vor Angst die Treppe hinauf in den zweiten Stock. Die meisten aber blieben draußen und drängten sich weiter.

Auf dem winzigen, futteralartigen Balkon aber saß in Pelzmantel und Pelzmütze die Weretennikowa und blickte hinunter in die mit Leuten vollgestopfte, heulende todesnahe Nacht. Längst war es Schlafenszeit, doch die alte Frau konnte sich nicht losreißen. Von diesem Balkon hatte sie in ihrem Leben so viel gesehen, daß sie jetzt gar nicht alles ins Gedächtnis zurückrufen konnte: wie Berittene eine Masse von Frauen auseinandertrieben, wie Junker über den Boulevard zur Sretnka rannten, wie am Haus gegenüber das Firmenschild „Gebrüder Schmidt“ abgerissen wurde, wie Leute mit Fahnen und mit Trommeln marschierten, wie irgendwelche Flieger empfangen, wie Flugblätter abgeworfen wurden, wie die leeren Häuser, die Fenster mit Papier zugeklebt, nachts schwarz waren und wie Panzer vorüberdonnerten und auf den Trubnaja-Platz einbogen und die Erde so beben ließen, daß auch der Balkon erzitterte. Wie von selbst rannen Tränen über das Gesicht der alten Weretennikowa. Niemand hätte erklären können, und auch sie selbst wußte nicht, warum sie weinte.

Bolschaja Bronnaja

Schon drei Wochen waren vergangen, seit Kijanow die Neuigkeit erfahren hatte: Michail Teterin sei zurückgekehrt, man habe ihn in der Stadt gesehen. Kijanow hatte sich gewundert, allerdings nicht allzusehr: es war eine Zeit überraschender Neuigkeiten, plötzlicher Veränderungen, unglaublicher Gerüchte, und alle hatten sich daran gewöhnt. Gab es zwei, drei Tage keine Neuigkeiten, so wurde es langweilig. Teterin tauchte im Sommer auf, mitten in der Zeit der grandiosen Neuigkeiten und erschütternden Gerüchte, über die man im Flüsterton sprach, und sie verschluckten natürlich die Nachricht von seiner Rückkehr. Alle hatten andere Sorgen. Kijanow aber wunderte sich: Wieso ließ sich Michail nicht blicken? Er rief nicht an und ließ auch keine Grüße ausrichten. Irgendwer erzählte, Teterin habe sich außerhalb der Stadt niedergelassen, könne nicht in die alte Wohnung zurück, dort wohne Tatjana Robertowna, er aber habe eine Frau mitgebracht. Es hieß, er sei abgemagert, kahlköpfig, sehe wie ein gerupfter Hahn aus, habe die Zähne verloren, wirke jedoch rege und munter, obwohl er, weil er sich beim Holzfällen ein Bein verletzt hatte, am Stock hinke. Tatjana Robertowna leide sehr, habe wohl gar kein Gift nehmen wollen. Sie tat Kijanow leid. Für klug und interessant hielt er sie nicht, und Valentina, seine verstorbene Frau, hatte sie geradezu verachtet und hinterm Rücken „Nudel" genannt, doch das war etwas anderes, Tatjana Robertowna hatte Teterin die Treue bewahrt und verdiente Mitgefühl. Sie hatte seinen Nachlaß aufgehoben, hatte Kijanow mit der Ankündigung geschreckt, ihm Teterins Tagebücher zu übergeben, sich aber dann nicht dazu entschließen können, sie hatte Anstand bewiesen, außerdem war sie jetzt, so erzählte man, ernstlich krank. Nein, so etwas hätte Teterin nicht tun dürfen. Aber das war sein Stil. Genauso war er in den zwanziger und dreißiger Jahren gewesen: an seine eigenen Handlungen hatte er einen besonderen Maßstab angelegt. Und nach dem Erfolg von „Aquarium" war er vollends übergeschnappt. Er hatte ohne Ironie von sich gesagt: „Ein Schriftsteller wie ich." In wesentlichen Dingen – was seine Beziehungen zu Frauen, seine Rücksichtslosigkeit betraf – hatte er sich demnach nicht verändert. Die Frage aber war: Sollte er, Kijanow, ihn suchen?

In den ersten Tagen, nachdem er von Teterin gehört und sich gewundert hatte, daß der sich nicht blicken ließ, war Kijanow entsetzlich flackerig und nervös, rief da und dort an, vor allem natürlich bei Tatjana Robertowna, doch deren Nachbarin sagte, sie sei im Krankenhaus, und von Teterin wußte sie nichts; er hörte aufregende Äußerungen und Eindrücke von verschiedenen Leuten, die Teterin in verschiedenen Häusern getroffen hatten, niemand aber hatte ihn nach Kijanow fragen hören, und das war so absurd, daß Kijanow glaubte, man mache ihm etwas vor, die Leute seien so sehr mit sich selber beschäftigt, daß sie nicht hörten, wenn über andere gesprochen wurde; doch ein Tag um den anderen verstrich, und Teterin kreuzte nicht auf, zweimal war ihm auf Kijanows Bitte die Telefonnummer übermittelt worden, aber Teterin hatte ihre Freundschaft, die ein Vierteljahrhundert gewährt hatte, beginnend an jenem warmen Septembertag neunzehnhundertzwölf, als sie sich auf dem Hof des Gymnasiums in Jaroslawl begegneten, durchgestrichen und weggeworfen wie einen mißratenen Text, den man in den Papierkorb steckt, höchst merkwürdig und dumm war das, diese Leute meinten, nur sie hätten wirklich gelitten, die Leiden gewöhnlicher Menschen zählten nicht, es war der Hochmut der Unglücklichen und vom Leben Enttäuschten, es gab nichts Vertrackteres als diesen Hochmut, denn man wußte nicht, wie man sich dazu verhalten sollte – welche Wahrheit man auch sagte, sie würde unangebracht erscheinen, und welche Ungerechtigkeit ein anderer auch begangen hatte, sie würde als begreiflich akzeptiert. Darum wartete Kijanow mit angehaltenem Atem. Grigori war gestorben, von denen, die Teterin und Kijanow von Kindesbeinen gekannt hatten, lebte niemand mehr. Niemand konnte Kijanow helfen, auf Umwegen herauszufinden, was passiert war. Ihm erging es wie einem Käfer auf einem Waldweg, der ein Geräusch hört und auf den Rücken fällt, starr liegenbleibt und sich totstellt.

An einem der Tage des unruhigen Wartens hatte Kijanow einen Traum: Ein riesiger leerer, wohl unterirdischer Raum, trübe beleuchtet, fast dunkel, mit Zementfußboden und einer breiten Treppe, die irgendwohin emporführt, und er steht auf dem Zementfußboden und versteckt sich hinter einem mächtigen viereckigen Pfeiler – alles in dem Raum ist aus Beton und viereckig, nach dem abscheulichen konstruktivistischen Prinzip, das Kijanow stets ebenso verhaßt war wie der ganze linke Humbug, dieser Schwindel der zwanziger Jahre, über den man damals nicht die Wahrheit sagen konnte –, er steht, hinter der Säule versteckt, von vager Angst erfaßt, und plötzlich sieht er, nein, zunächst hört er nur ein Geräusch über sich, im darüberliegenden Stockwerk, ein bedrohliches, flüchtiges Rascheln, als öffne sich ein Tor und der Wind fege eine Menge Papiere über den Zementfußboden, und dann sieht er auf der breiten Treppe Menschen herunterlaufen, sie bilden eine geschlossene Mauer, wie Marathonläufer am Anfang des Rennens, und sind barfuß, darum hat sich das Klatschen der nackten Füße oben nicht wie Getrappel angehört, sondern wie Rascheln, alle sind weiß gekleidet, haben eine weiße Binde um die Augen und in den Händen etwas, das wie ein Messer aussieht. Wohin sie so rasch und einträchtig laufen und was sie in den Händen halten, ist unbegreiflich, doch eine kalte Angst läßt Kijanows Herz erstarren, er will verschwinden, preßt sich an den Beton, verbirgt sich im Schatten der Säule, ist nicht zu sehen, doch er sieht gut und aus der Nähe, wie die Menge der Barfüßigen mit verbundenen Augen vorbeiläuft. Als er mit Herzklopfen erwachte, fiel ihm ein: Das alles, auch die Angst in dem trübe beleuchteten Raum aus Beton, der einem Luftschutzbunker glich, war vor zwanzig Jahren dagewesen, war bekannt. Doch es war ebenso unbegreiflich wie damals. Die Uhr zeigte Viertel fünf, draußen dämmerte blaugrau der Morgen. Kijanow mochte Susanna nicht wecken, die im selben Zimmer auf dem Sofa schlief – das hatte sich eingebürgert, seit er nachts manchmal stenokardische Attacken hatte, dann legte Susanna ihm Senfpflaster auf –, er ging ins Nebenzimmer, setzte sich im Morgenmantel an den kleinen Mahagonitisch, den Valentina vor drei Jahren gekauft hatte, als das Geld für die einbändige Ausgabe kam und sie nach langen Jahren erstmals erleichtert aufatmete und ins Möbelkommissionsgeschäft lief, die arme Valentina, sie hatte danach nicht mehr lange zu leben, knipste über dem Tischchen die Wandleuchte mit dem sumpffarbenen Seidenschirm an und nahm das dicke Heft, in dem er seine Träume aufzeichnete. Auf dem Umschlag stand in schwarzer Tusche: „Träume". Kijanow schrieb:

„14. August 1957. In einer Woche werde ich dreiundsechzig. Vor zwei Jahrzehnten hatte ich, scheint mir, den gleichen Traum wie heute nacht, jedoch eindrucksvoller, farbiger, Leute mit verbundenen Augen, mit irgend etwas bewaffnet, waren auf einem Hof herumgelaufen, der wie der Hof in Lopuchowo in meiner Kindheit aussah, jetzt das gleiche, nur in einem Luftschutzbunker. Der merkwürdige Traum ist auch deplaciert: *damals* war das begreiflich, aber jetzt, wo sich alles lockert? Der Bunker sah aus wie riesige, von mächtigen Pfeilern getragene Betonränge und erinnerte an den Raum unter den Tribünen im Dynamo-Stadion, wo ich unlängst, vor acht Jahren, mit den Studenten war, auf der Flucht vor irgend etwas und in der Hoffnung, vom törichten Fußballfieber angesteckt zu werden, doch ich wurde nicht davon angesteckt. Das Scheußlichste und anscheinend durch nichts zu Bezwingende: Sogar in diesem Heft unterwerfe ich mich einer unglaublichen Selbstzensur. Ich träume zensierte Träume. Ein schrecklicher Anblick: rennende Leute mit Messern. Weil es unerklärlich bleibt. Ist vielleicht etwas vor sehr langer Zeit Verdrängtes herausgerutscht?"

Das Heft für die Träume hatte er im Krieg, während der Evakuierung, angelegt und mit einem Traum Valentinas eröffnet: sie sah Ljoscha an einem Sommertag im Paddelboot auf dem See, er paddelte weiter und weiter vom Ufer weg, sie und Kijanow winkten ihm zu, er antwortete mit gleichmäßigen Schlägen des Paddels, auf dem die Sonne blitzte, und da war die Angst, er werde nicht zurückkehren, paddele für immer weg, die Schläge des Paddels wurden immer stärker, und mitten auf dem See erhob sich das Boot, während das Paddel sich wie ein Propeller drehte, langsam aus dem Wasser, schwebte in die Luft und verschwand. Valentina erzählte den Traum so ausführlich, und Kijanow war so betroffen – plötzlich schwante ihm Schreckliches –, daß ihm schien, er hätte den Traum selber geträumt. Kurz darauf kam die verfluchte Benachrichtigung. Valentinas Traum war der letzte Gruß von Ljoscha. Das Boot lag bis heute im Schuppen der Datsche, auf der Bordwand der von Ljoscha gemalte Name: „Speranza", das heißt „Hoffnung". Wegen des Namens hatte Valentina das Boot nicht verkaufen wollen, obwohl viel Geld dafür geboten wurde. Der Traum von dem Boot war der erste, danach machte sich Kijanow regelmäßig Aufzeichnungen – von seinen eigenen und von Valentinas Träumen –, denn er hielt solche Aufzeichnungen für eine nützliche schriftstellerische Gymnastik und hoffte, er würde sie irgendwann brauchen, doch er brauchte sie nie. Es gab Zeiten, da erschienen die Träume dichter, überwältigender, zum Beispiel Ende des Krieges und Anfang der fünfziger Jahre, warum, wußte er nicht, sie kamen zyklisch, wie Pilze, und es gab fünfjährige Phasen, die unergiebig und leer waren, und solch eine Zeit war jetzt angebrochen. Deshalb beunruhigte es Kijanow ein wenig, daß er von den Leuten mit verbundenen Augen geträumt hatte. Und mit Messern in der Hand. Die Aufzeichnungen in dem Heft waren längst nicht mehr einfach eine Beschreibung der nachts gesehenen Bilder, sondern ein Versuch, sie zu deuten: das war das verlockendste an der ganzen Beschäftigung. Und da die Arbeit nicht vorankam, der angefangene Roman festgefahren war und es überhaupt Anzeichen gab – erschreckende, man mochte gar nicht daran denken –, Anzeichen für das Erlöschen jener Energie, die man schriftstellerische Libido nennen könnte, versenkte Kijanow sich mit um so größerem Eifer ins Nachdenken über Träume und das, was sie begleitete, suchte darin Erlösung. Kijanow schrieb weiter:

„Michail Teterins Rückkehr, von der ich früher so stark und innig geträumt habe, hat sich für mich in eine qualvolle, zunehmend grausamere Folter verwandelt. Die Qual liegt darin, daß ich mich ihm gegenüber schuldig fühle. Aber worin besteht die Schuld? Warum finde ich nicht die Kraft, ihn aufzusuchen, ihn freudig zu umarmen und mit ihm zu weinen? Uns verbindet unendlich viel, das vergangene Leben ist wie ein Fels, an den wir geschmiedet sind, und ich sage sogar: Wer steht mir näher als er, wen kenne ich länger als ihn? Wer auf der Erde erinnert sich heute noch an meine Mutter und meinen Vater, wer hat das Haus gesehen, wo meine Kindheit dahingerollt ist wie ein im Gras hüpfender Holzreifen? Das aus der Welt verschwundene Lieblingsspielzeug! Die heutigen Kinder spielen nicht mehr Reifentreiben. Meinen alten Freund, den Holzreifen, sehe ich nirgendwo mehr auf den Straßen. Und wer erinnert sich noch an den unvergeßlichen Großvater, den Helden des Krimkrieges, der Nekrassow gekannt, von ihm eine Kalesche gekauft hatte, die dann als größte Reliquie aufbewahrt wurde, bis Ende neunzehnhundertneunzehn eine Rotarmistenabteilung nach Kijanowka kam und sie für die Front requirierte? Großvater Iwan war am Anfang des ersten Krieges gestorben. Er wurde fünfundachtzig Jahre alt. Michail muß sich gut an ihn erinnern, denn auf dem Teppich in Großvaters Arbeitszimmer rangen wir miteinander, und der Großvater war Schiedsrichter. Wie dumm, daß zwei, die einander nahestehen wie niemand sonst, sich verstecken und nicht zueinander finden wollen auf diesem Marktplatz mit Millionen fremder Menschen. Wir waren immer zusammen, angefangen vom denkwürdigen Jahr zweiundzwanzig, als wir nach Moskau kamen, um etwas zu futtern und etwas anzuziehen zu bekommen, vor allem aber, um die Hauptstadt zu erobern, wir gaben eine Zeitschrift heraus, wurden zusammen verrissen, zusammen karikiert: am stolzen Baum der modernen Literatur hängen zwei verkümmerte, kränkliche Blättchen, auf dem einen, das an mein langnasiges Patrizierprofil erinnert, steht: ‚Kijanow', auf dem anderen, stupsnasigen: ‚Teterin'. Neunzehnhundertachtundzwanzig zog Gefahr auf, doch wir hielten durch, konnten Beweise bringen, uns behaupten. Erst nach vierunddreißig, als ‚Das Aquarium' erschienen war – ein talentvolles Buch, aber ätzend wie Vitriol, dafür mußte er sich verantworten, er hatte gewußt, worauf er sich einließ –, zeigte sich ein Riß. Denn, meine Lieben, in der Literatur hat sich jeder selbst zu verantworten. Die Literatur ist keine Verschwörung von Gleichen, keine Geheimgesellschaft und kein Zimmermannsartel. Irgendwer hat mal gesagt: Literatur ist Stückware. Auch Schriftstellerschicksale sind Einzelprodukte. Man darf dem Schicksal nicht böse sein. Wir wählen es selber. O nein, ich habe mich vergaloppiert! Die Sache ist schwieriger. Wir wählen es, um erwählt zu werden. Wir provozieren die Wahl des Schicksals. Unsere Rolle besteht nur darin, einen schüchternen Vorschlag zu machen, der abgelehnt werden kann, doch häufiger als eine Ablehnung hören wir vom Schicksal: ‚Ja!'

Kriminologen sind der Ansicht, an einem Mord sei das Opfer zu einem gewissen Teil selbst schuld: irgendwie habe es den Verbrecher ein wenig provoziert. Diese Theorie ist auch auf den Akt des Schicksals anwendbar. ‚Das Aquarium' war ein rein literarisches Phänomen, es wurde wegen des Stils kritisiert, doch alle ringsum behaupteten etwas Niederträchtiges: Der Stil sei sozial. Die Angelhaken wurden weit ausgeworfen, wie mit einer

Spinnangel, bis in die Flußmitte, die noch vom Nebel verhüllt ist. Vier Jahre später kam er nachts und sagte: ‚Mach du, was du willst, aber ich werde nicht gegen Semjon und die anderen sprechen. Soll kommen, was will. Ich kann nicht. Ich kann nicht, ich kann nicht, hol mich der Teufel!‘ Er zitterte, hatte entzündete Augen und sah krank aus. Es war Sommer, eine schwüle Nacht, er trug weiße Hosen und ein Hemd mit offenem Kragen, mit dem er sich dauernd Luft zufächelte, als könne er nicht atmen. Ich versuchte ihn zu beruhigen, schenkte ihm Tee ein. Er hatte mich erschreckt. Er verlangte, wir sollten im Flüsterton sprechen und Valentina dürfe nicht wissen, niemand dürfe wissen, daß er hergekommen sei, doch Valentina und Ljoscha machten Urlaub auf der Krim, das Haus war leer, niemand konnte uns hören, trotzdem beharrte er, wir müßten im Flüsterton sprechen. Ich überlegte, ob ich einen Arzt rufen sollte. Psychisch war er schon immer labil gewesen. Ich erinnere mich an seine hysterischen Anfälle im Sommer achtzehn. Doch er erriet meine Gedanken und sagte: ‚Denk nicht, ich sei verrückt geworden. Ich habe nur plötzlich klar gesehen, was ist und was sein wird. Ich habe das Ende gesehen. Und ich will mich vor dem Ende nicht beschmutzen wie ein Schwein in der Suhle.‘ Das erinnere ich genau: ‚mich beschmutzen wie ein Schwein in der Suhle.‘ Was ist denn das, wenn nicht die Wahl des Schicksals? Einen Monat zuvor waren drei aus unserem ehemaligen Redaktionskollegium verhaftet worden. Die Zeitschrift ‚Pritschal‘ (‚Ankerplatz‘) existierte schon seit vielen Jahren nicht mehr. Aber nach der Verhaftung von Semjon, Kuksow und Fridlandski sollte die kleine Zeitschrift nun auf einer Versammlung als systemfeindlich und als ein schlimmes Beispiel für die Ideologie der Poputtschiki (Weggenossen) verflucht werden, man sollte sich davon lossagen, obwohl das Leben die Zeitschrift längst hatte in Vergessenheit geraten lassen und mit ihr die ehemaligen Kollegen, mit denen man seit Jahren nicht in Verbindung stand. So wollten es die Regeln des ‚Schicksalsspiels'. Michail aber wollte die Regeln durchbrechen. Und er war gekommen, um mich zu warnen. Er sagte: ‚Nehmt euch vor Roitek in acht. Der bringt Unheil.' Roitek war der jüngste von uns, damals höchstens dreißig. Warum Michail das sagte, weiß ich nicht, und ich fragte auch nicht. Wahrscheinlich hatte man ihn wegen Fridlandski vorgeladen und sich auf Roitek berufen, doch Teterin scheute sich, es offen zu sagen, mahnte zur Vorsicht, deutete an. Es kam alles so, wie Michail es vorausgesagt hatte, bis auf eines: Er ist zurückgekehrt. Es war also nicht das Ende. Doch damals war er überzeugt, es sei das Ende. Und er sagte – damals war er nachts gekommen –, ich solle, falls ihm Schlimmes zustoße, das Theaterstück nicht in der tiefsten Schublade verstecken, sondern seinen Namen streichen und es nur unter meinem Namen herausgeben. Werde das Stück aufgeführt, so solle ich die Hälfte des Honorars Tatjana Robertowna geben. Um sie mache er sich Sorgen. Er liebe sie aufrichtig. Valentina und mich wunderte das freilich: Wie kann er so einen Nudelauflauf lieben? Er ließ mich schwören, daß ich von seiner Bitte weder ihr noch sonst jemandem etwas sagen, es niemals erzählen würde, und daran habe ich mich strikt gehalten, das Schweigen lag natürlich auch in meinem Interesse, und als das Stück zwei Jahre später in Moskau und anderswo in einem Dutzend Theatern gespielt wurde, überwies ich Tatjana Robertowna das Geld, aber als Autor stand nur einer auf dem Plakat. Das Geld hat ihr, glaube ich, in schwerer Zeit geholfen, ich weiß davon, obwohl wir uns nicht getroffen haben. Es geht hier, offen gesagt, noch um folgendes:

Im Grunde ist es mein Stück, ich habe zwei Akte geschrieben, von ihm stammt nur der erste, und selbst den habe ich von Grund auf umgeändert. Ich arbeitete Ende des Winters und das ganze Frühjahr daran, während er in Kislowodsk lebte. Ich messe dieser ungleichen Beteiligung an der Arbeit keinerlei Bedeutung bei und betrachte uns als Co-Autoren, zumal ihm bisweilen glänzende Ideen kamen – er telegrafierte aus Kislowodsk: ‚Demidow nach Spanien schicken!' oder schickte andere, umfangreichere Texte, die für mich alle von Nutzen waren –, doch als wir in jener schwülen Nacht miteinander sprachen, hatte ich das alles völlig vergessen, während er wohl daran dachte. Aber vielleicht auch nicht. Er war ja so ein Mensch: Er konnte vergessen. Wenn er sagte: ‚Ein Schriftsteller wie ich', meinte er wohl, drei Worte von ihm hätten mehr Gewicht als dreißig von unsereinem. Wie dem auch sei, ich tat, was er verfügt hatte, und half seiner Frau, die er jetzt sitzenläßt. Inwiefern bin ich schuldig? Daß wir das Stück gemeinsam geschrieben hatten, wußten wenige, doch natürlich wußten es die Leute von dem Theater, mit dem ein Vertrag bestand: Chefdramaturg war dort Roman Roitek. Bemerkenswerterweise bestellte ausgerechnet er mich kurz nach Teterins Verschwinden ins Theater und schlug mir diese Operation mit dem Namen vor, damit das Stück nicht platze. Nach seinen Worten war das die einzige Chance, das Stück zu retten. Ich gestand nicht, daß mich auch Teterin darum gebeten hatte. Ich hatte Angst vor Roitek – er redete stets auffallend schnoddrig und frei, entgegen dem Geist der Zeit – und wollte ihm nicht enthüllen, daß Teterin am Tag vor seiner Verhaftung offen mit mir gesprochen hatte. Darum druckste ich und wand mich, während Roitek Schnoddrigkeiten und Flunkereien losließ, als er mir den niederträchtigen Schritt vorschlug, ich tat, als kämpfe ich mit mir, und erbat mir zwei Tage Bedenkzeit, danach willigte ich ein. Er sollte auf gar keinen Fall dahinterkommen, daß ich Teterins Wunsch erfüllte! Das wäre gefährlich: ein Komplott mit einem Volksfeind. Roitek aber hatte eine gewöhnliche Leichenfledderung vorgeschlagen, und genauso mußte das alles aussehen. Für sich selber ergaunerte er auch etwas: am Tag vor dem Revolutionsjubiläum borgte er sich von mir dreitausend Rubel. Doch ich warnte ihn: ‚Roitek, laß dir gesagt sein: Sobald Teterin zurückkehrt, setze ich seinen Namen wieder ein.' Er guckte mich erstaunt an: ‚Bist du naiv oder blödelst du? Der kehrt doch in tausend Jahren nicht zurück! Das ist für immer!' Roitek ist ja heute obenauf und wird wohl noch weiter emporkommen, obwohl sich die Zeiten geändert haben und er im Gefängnis sitzen müßte. Ich bin überzeugt, alle Gerüchte und Klatschereien, die nach und nach über *meine Tat* durchsickerten, hat dieser Prostituierte, dieser Roitek, in die Welt gesetzt, obwohl er damals behauptete, man müsse wie das Grab schweigen, niemand dürfe von den wahren Autoren erfahren, denn käme die Sache heraus, so erginge es ihm schlecht. Er stellte sich sogar als Helden hin. Drei Jahre später, im Frühjahr einundvierzig, wollte er mich noch einmal melken und bat mich telefonisch um anderthalbtausend Rubel für eine Reise nach Sotschi. Die alte Schuld hatte er nicht beglichen. Ich lehnte ab, er antwortete mit einer vagen Drohung: ‚Na gut, du wirst sehen!' und hängte den Hörer auf. Womöglich hätte er sich an mir gerächt, doch dann brach der Krieg aus, und alles ging drunter und drüber. Jetzt erzählt man, Roitek habe sich an Teterin herangemacht, als der zurückkehrte, begleite ihn überall als sein bester Freund. Worüber können sie miteinander sprechen? Aber mich aufzusuchen, findet Teterin keine Zeit. Ein Witz.

Warum schreibe ich jetzt davon, nach dem gräßlichen Traum, der nur eines, die alte Todesangst, bedeuten kann! Ein bekannter Traum. In mir sind die alten Zeiten nicht gestorben, sie sind seit Teterins Auftauchen in Bewegung geraten, ich habe sie ja in meinen Venen, in meinem Fleisch, das noch auf etwas wartet. Auf den Tod? Auf ein Wunder? Auf ein neues Leben? Ohne Susanna wäre es der Tod. Aber auch mit ihr ist es Trübsinn. Sie hat erreicht, was sie wollte, wenn auch spät, kurz bevor sich der Vorhang senkt, doch ich beuge mich dem Druck des Schicksals, denn ich will nicht die Regeln durchbrechen. Heute kommt mein alter Schüler Antipow, warum, weiß ich nicht, wahrscheinlich, um mir ein Buch zu schenken. Er rief an und bat, mich besuchen zu dürfen. Er veröffentlicht jetzt viel und wird gelobt. Ich habe ihn ein paar Jahre nicht gesehen. Unser Verhältnis zueinander war immer – heute wie früher – ungleich, und das erschwert den Umgang. Na, Schwamm drüber. Die Menschen sind vergeßlich, leichtgläubig, letzten Endes dumm: Warum geht Teterin mit Roitek von einem zum anderen und hört sich Unsinn an? Er weiß doch, was los ist ..."

Damit beendete Kijanow die Arbeit. Er war müde. Die Uhr zeigte halb neun. Susanna sang im Nebenzimmer, dann erschien sie in einem gewaltigen blauen Morgenkleid mit Drachenmuster, das Gesicht vom Schlaf verquollen und gerötet, lächelnd.

„Du hast gearbeitet, Liebster?"

„Liebster" hatte ihn seit langem niemand genannt.

Er spürte die warmen Finger, die unter den Kragen seines Morgenmantels fuhren und seinen Hals streichelten. Susanna rauschte durch das Zimmer in den Korridor, die Falten über den mächtigen Rundungen des Morgenkleides blähten sich und verschwanden. Er sah die Falten und dachte: das blaue Morgenkleid des Schicksals. Wie er sich seit sechsundvierzig auch gewunden und gesträubt hatte, das Morgenkleid hatte ihn eingeholt – Dunst von Schwüle, Schweiß und Lust. Alle hatten dafür verbleichen müssen, erst Ljoscha, dann Valentina und Grigori. Beim Frühstück unterhielten sie sich über Antipow. Kijanow brachte das Seminar, die Genies und Halbgenies der vierziger Jahre ins Gespräch. Susanna erinnerte sich genauestens an alle, das waren ihre *Sternenjahre* gewesen – damals im Untergrund des Literaturinstituts hatte das angefangen, was sich später in das „blaue Morgenkleid" verwandelte –, doch Kijanow wollte ihr nicht zuhören, wollte gern selber sprechen. In ihrem Eifer lag Unaufrichtigkeit. Außerdem versuchte sie ihn zu necken. Darum unterbrach er sie schroff: „Kurz, ich brachte sein Manuskript zu der Zeitschrift, und da erschien es bald darauf. Mit einem Vorwort von mir. Ich habe aus ihm einen Schriftsteller gemacht." Sie sagte: „Und ich habe aus ihm ...", es folgte eine Pause, „einen Mann gemacht." Es war sonnenklar, was sie meinte, die Neckerei ging weiter, doch das berührte ihn nicht, er ärgerte sich über etwas anderes und sagte: „Ich wundere mich, wie wenig du mich kennst." Ihr Schweigen genießend, denn sie war entwaffnet, sagte er: „Von dem, was er später geschrieben hat, habe ich nichts gelesen. Ich finde seine Fähigkeiten ziemlich mäßig." Sie sagte: „Ich auch."

Das Unangenehme wurde bis zuletzt aufgeschoben, und am Tag vor der Abreise nach Jalta, als er wegen allerlei dringenden Angelegenheiten in der Stadt umherjagte, hätte Antipow fast vergessen, zu Kijanow in die Bolschaja Bronnaja zu fahren. Er hätte es so gern vergessen! Im Filmstudio hatten sie ihn vollgequatscht, im Verlag hatte er auf sein

Geld warten müssen, weil der Buchhalter in der Bank war, ohne Geld aber konnte Antipow nicht in die Buchhandlung gehen, außerdem hatte Tanja ihn gebeten, in der Apotheke eine Rotlichtlampe zum Bestrahlen zu kaufen, und weil ihre Beziehungen – wegen Jalta – gespannt waren, wollte er ihr die Bitte unbedingt erfüllen, doch zunächst scheiterte es daran, daß er kein Geld hatte, dann gab es keine Lampen, jemand riet ihm, zum Danilowski-Markt zu fahren, er sauste mit dem Taxi hin und erwarb eine Lampe, und da fiel ihm das Unangenehme ein. Der Danilowski-Markt verband sich mit Unangenehmem: mit der Erinnerung an den Krieg, den Hunger, die Armut, die langen Straßenbahnfahrten vom Belorussischen Bahnhof hierher, in der Nähe lagen die Fabriken, wo er Werkzeug abgeholt hatte. Das war unwahrscheinlich lange her, doch immer wieder schmerzte es ihn plötzlich, wie Gelenke von den abgelagerten Salzen schmerzen. Damals hatte er von weitem zum erstenmal Kijanow gesehen. Auf dem Hof des Literaturinstituts. Antipow rief von einem Münzfernsprecher an. Kijanow sagte lakonisch: „Ich habe den ganzen Tag auf Sie gewartet. Jetzt paßt es mir gar nicht." – „Ich könnte in fünfzehn Minuten da sein." – „Ist es so eilig?" – „Ja, Boris Georgijewitsch, entschuldigen Sie, ich werde es Ihnen erklären!" Schweigen, dann sagte Kijanow: „Na gut, kommen Sie her ..." Das Schweigen bedeutete, Kijanow ahnte oder witterte wohl etwas Schlimmes. Der Besuch war tatsächlich schlimm, aber es half alles nichts – weder Weigerung noch Vergessen. Vor ein paar Tagen hatten sie sich bei Ellotschka getroffen, Tee getrunken und beraten: Was sollte man mit dieser Geschichte anfangen? Ellotschka hatte sich am meisten ereifert: „Ich kann den Leuten nicht in die Augen sehen! Wenn so etwas von meinem Lehrer gesagt wird!" Kijanow war längst nicht mehr ihr Lehrer, und sie hatte auch gar nicht mehr mit Literatur zu tun, sondern redigierte technische Bulletins, doch sie hatte geschnaubt vor Aufregung und Zorn – auf wen, war nicht klar gewesen –, hatte alle zusammengetrommelt zu ihrem Geburtstag, in Wahrheit aber, um „den Fall Kijanow zu klären und eine gemeinsame Linie auszuarbeiten". Doch aus der Klärung des Falles war nichts geworden. Es waren nur drei erschienen: Antipow, Kwaschnin und Chomutowitsch. Kwaschnin, der mit dem Dienstwagen seines Direktors gekommen war und sich nicht lange zu bleiben getraut hatte, um den Chauffeur nicht zu verärgern, hatte zu allem rasch und unbekümmert gesagt: „Ach, Quatsch! Macht euch nichts daraus." – „Aber wie soll man sich nichts daraus machen", hatte sich Ellotschka erregt, „wenn sie sagen, dein Lehrer habe jemanden bestohlen? Wo ich solche Hochachtung vor ihm hatte!" – „Behalte deine Hochachtung", hatte Kwaschnin versetzt. „Niemand hat jemanden bestohlen. *C'est la vie*, sagt man dazu. Im übrigen kenne ich nicht die Einzelheiten." Chomutowitsch, dem noch gar nichts von der Sache zu Ohren gekommen war, hatte fassungslos geschwiegen. Antipow war sie zu Ohren gekommen, und nicht nur einmal, denn er gehörte dem Büro der Prosaautoren an, wo viel über die Sache getuschelt wurde, es hatten sich alte Feinde Kijanows gefunden, die nach Blut dürsteten, andere beschwichtigten sie, höheren Orts blieb man vage und hielt sich heraus, niemand wußte, *wie es weitergehen würde*, doch Antipow, als der jüngste und aktivste, hatte den Auftrag bekommen. Die anderen wollten sich einfach nicht einmischen, waren vor den blutdürstigen alten Feinden auf der Hut. Antipow glaubte nicht daran, daß alles genau so sei, wie das allgemeine Getuschel es darstellte. Da war etwas Kompliziertes, eine geheime Tür. Ellotschkas Aufbrausen, Kwaschnins lässig unbekümmertes „Ach, Quatsch!" hatten ihn geärgert. Er hatte gesagt, er würde mit ihnen keine gemeinsame Linie ausarbeiten. Er würde versuchen, selber dahinterzukommen. Dima Chomutowitsch hatte kleinlaut gefragt: „Wie steht er denn selber dazu? Hat er keine Courage mehr?" Am nächsten Tag hatte Kotow angerufen, aus dem Nichtsein aufgetaucht. Antipow hatte gehört, Kotow sei, weil er soff oder weil er eine Null war, überall hinausgeflogen und arbeite sozusagen als Bote in einem Verlag. „Alter!" hatte Kotow geächzt. „Erinnerst du dich, was ich dir als erster über Michail Teterin gesagt habe? Ich krieg eine Pulle Schnaps von dir! Hab bloß kein Erbarmen mit Kijanow, diesem gleichgültigen Schwein ..."

Nun stand Antipow vor dem zweistöckigen Haus in der Bolschaja Bronnaja. Zehn Jahre war er nicht hier gewesen. Irgendwie war der Zauber dieses Hauseingangs mit den gemusterten Fenstern im Treppenhaus verschwunden: es war ein gewöhnlicher feuchter, unangenehm riechender Aufgang mit kleinen Fenstern, ungepflegt und heruntergekommen. Antipow wußte, Kijanows Frau war gestorben und er lebte mit Susanna zusammen, sein letztes Buch – ein Roman über die Revolutionsjahre in einer kleinen Stadt im Norden, an dem er acht Jahre geschrieben hatte – war langweilig, niemand konnte es zu Ende lesen. Das alles weckte Betretenheit, und Antipow wußte nicht: Sollte er auf den Roman zu sprechen kommen? Sollte er Susanna duzen oder siezen? Sollte er Kijanow sein Beileid aussprechen? Oder war es nicht nötig, weil seit dem Tod der Frau schon ein paar Jahre vergangen waren? Doch es gab auch etwas Tröstliches: so eine Wärme von der Erinnerung an die jungen Jahre, an einstige Ängste, an armselige Freuden, an alles, was vergangen war. Und obendrein das stolze Bewußtsein, daß er, Antipow, zu Kijanow gehen sollte und kein anderer. Kijanow würde es bald begreifen, würde aufhören, lakonisch zu reden und herablassend zu lächeln, die Hände in den Taschen des Hausmantels, mit seiner ganzen Erscheinung bekundend, daß er trotz allem wie eh und je der Patron, Antipow aber der Klient sei.

Doch es wurde das gewohnte, scheußlich verklemmte Murmeln:

„Verstehen Sie, Boris Georgijewitsch, sie hat einen ziemlich scharfen Brief geschrieben … ist selber im Büro erschienen … Sie ist überhaupt aggressiv …"

„Und was will sie?"

„Schwer zu sagen. Etwas sehr Entschiedenes. Die ganze Zeit war von Satisfaktion die Rede."

„Und was hat das Büro beschlossen?"

„Eine Untersuchung. Damit wurde ich beauftragt. Ich wollte nicht recht, aber vielleicht ist es besser, wenn ich … und nicht sonstwer … So dachte ich … Natürlich nur, wenn Sie nichts dagegen haben …"

„Ich habe nichts dagegen." Kijanow schwieg, überlegte, rührte mit dem Löffel im Tee. „Aber trotzdem: Wieso ist die Wahl auf Sie gefallen?"

„Das ist doch begreiflich", sagte Susanna. „Alle wissen, Sascha Antipow ist dein Schüler."

Susannas Stimme war tief, männlich, wie früher. Hüften und Busen hatten unmäßig zugenommen, doch ihr Gesicht mit den unauslöschlich glänzenden Augen sah immer noch nett und jugendlich aus.

„Ich denke, es hat einen anderen Grund, Susanna Wladimirowna", sagte Antipow. „Man kennt mein Schicksal und hat mich für geeignet gehalten. Aber wahrscheinlich bin ich ungeeignet. Wollen wir nicht beraten, was werden soll?"

„Was denn beraten ..." Kijanow zerkrümelte nervös ein Stück Zucker zwischen den Fingern. „Ich weiß nicht: Was will sie konkret? Und was wollen Sie?"

„Ich will nichts."

„Sascha Antipow will natürlich nichts", sagte Susanna eifrig.

„Was gibt's zu beraten?" Kijanow hatte das Stück Zucker zerkrümelt und nahm sich noch eins. Seine Hand war träge und weiß mit braunen Altersflekken. Antipow sagte sich im stillen: Das mit den Zuckerstücken mußt du dir merken. Die majestätische Hand eines Impotenten. Er erzählte, was die Frau wollte, die fortwährend das Wort „Satisfaktion" wiederholt hatte, eine Frau mit gebogener Nase und Brille. Dina Jeremejewna heiße sie. Teterin und Dina Jeremejewna hätten während der Ansiedlung in Kasachstan wie Mann und Frau gelebt. Sie habe gesagt, Teterin gehöre zum zweiten Dutzend der besten Schriftsteller Rußlands – das „zweite Dutzend" hätte die Mitglieder des Büros am meisten verblüfft –, er sei ein stolzer Mensch, der viel gelitten habe und dem es nicht anstehe, Klinken zu putzen und um das zu betteln, was ihm rechtmäßig zustehe, doch sie werde die Sache ausfechten. Sie werde „Satisfaktion" erlangen, koste es, was es wolle. Dina habe lauter Stahlzähne und rauche unablässig. Sie habe im Sowchos als Veterinärin gearbeitet. Er, Antipow, habe bei ihrem Anblick gleich gedacht: Die Frau hat Teterin bestimmt gerettet. Sie hat ihn vielleicht dem Tod entrissen. Wenn sie mit ihren Stahlzähnen zubeißt ... Merkwürdigerweise habe er für alle, die von dort zurückgekehrt seien, Mitgefühl und Sympathie, doch diese Frau habe ihn bedrückt: ihre Worte hätten einen metallenen Beigeschmack. Nicht Teterin sei im Büro erschienen, sondern sie – um zu erklären, zu fordern, einen von ihm unterschriebenen Antrag vorzulegen, daß sein Name als Autor wiederhergestellt werde. Die Rede sei nicht nur von dem großen Dreiakter, sondern auch von zwei kleinen Einaktern, die unter fremdem Namen gespielt worden seien. Das betreffe nicht Kijanow, sondern einen anderen.

Kijanow sagte mit schwacher Stimme:

„Ich weiß nicht, warum er nicht zu mir kommt. Wir hätten uns einfach aussprechen können. Ich habe ihm nicht das geringste getan … Ich habe getan, worum er mich gebeten hat: seinen Namen weggelassen, aber das Geld seiner Frau geschickt …"

„Du hast ihm etwas getan", sagte Susanna. „Er war dort, aber du warst hier."

„Aber das … Wissen Sie …" Die fleckige Faust spannte sich, preßte, aber das Zuckerstück gab nicht nach. Schließlich brach es auseinander, und Kijanow sagte: „Ich hätte mir ein anderes Jahrhundert aussuchen sollen."

„Liebster", flüsterte Susanna, „deine Schuld ist nur, daß du begabt und berühmt bist, überlebt und dich bewahrt hast …"

„Ach, Unsinn! Er ist nicht weniger begabt. Und bewahrt hat er sich auch. Aber ich fürchte …"

„Was?"

„Er hat sich nicht als der bewahrt, der er war."

Dann sagte er, er werde alles unterschreiben, was Teterin brauche. Plötzlich erbleichte er, sein Gesicht verfinsterte sich, er starrte unbewegt vor sich hin, als wäre ihm jäh ein bitterer Gedanke in den Sinn gekommen, erhob sich langsam vom Tisch und ging ins andere Zimmer. Susanna goß Wasser in eine Tasse, nahm ein Medizinfläschchen von der Kommode, wo mindestens ein Dutzend solcher Fläschchen standen, und folgte ihm. Ihre Bewegungen waren leicht, ihr Schritt ruhig, sie lächelte Antipow aufmunternd zu, sagte: „Nicht weiter schlimm, das kommt öfter vor!“ Allein geblieben, dachte Antipow: In alten Zeiten wurden Boten, die schlechte Nachrichten überbrachten, hingerichtet. Das geschähe mir recht. Vor allem, weil ich wieder in eine fremde Unannehmlichkeit hineingeraten bin ... Es war alles versackt. Er hatte überhaupt keine Zeit mehr. Er mußte nach Jalta fliegen. Susanna kam, setzte sich an den Tisch, Antipow gegenüber, sah ihn lächelnd an.

„Wie geht's dir, Sascha? Wegen Boris Georgijewitsch reg dich nicht auf. Er hat einen Krampf. Wenn er eine Weile gelegen hat, ist alles vorüber. Nun, wie geht's dir?“

„Gut“, sagte Antipow.

„Ich weiß, daß es dir gut geht. Von deinen Erfolgen haben wir gehört. Und die Kinder? Du hast zwei, nicht wahr? Einen Jungen und ein Mädchen?“

„Das ist alles gut“, sagte Antipow. „Ich weiß nur nicht, ob es gut ist, daß ich euch wegen dieser Sache auf die Bude gerückt bin. Ich hätte es nicht tun sollen, nicht wahr? Was hat mich dazu getrieben?“

„Aber das haben wir doch erwartet! Das haben wir die ganze Zeit erwartet“, flüsterte Susanna. „Was hilft's? All das Verhedderte muß entwirrt werden. Obwohl es, ehrlich gesagt, keine Kopeke wert ist und man darauf pfeifen sollte ... Wenn es nach mir ginge ...“

„Mir scheint irgendwie ...“, murmelte Antipow, „das läßt sich nicht entwirren.“

„Aber ja! Boris Georgijewitsch entwirrt das. Reg dich nicht auf. Er liegt eine Weile, bis sich sein Herz beruhigt hat, dann entwirrt er das alles bestens. Er braucht doch nur zu erklären, wie es gewesen ist, dann entwirrt sich alles von selbst. Man darf das nicht dramatisieren. Boris ist freilich sehr mißtrauisch. Er hält Roitek für den Hauptübeltäter, aber was ist der schon für ein Übeltäter?“

Sie schwatzte, und dabei lächelte sie unentwegt und blickte Antipow voll freudigem Interesse an. Er fragte:

„Und wie geht's dir?"

„Mir? Großartig! Boris Georgijewitsch und ich leben wunderbar zusammen, wir arbeiten eifrig, gehen ins Konservatorium. Ich arbeite auch, mach dich nicht über mich lustig!" Susanna drohte mit dem Finger. „Ich schreibe über Ostrowskis Dramatik und Poetik. Mein Vertrag lautet auf zwölf Druckbogen, aber es werden bestimmt fünfzehn. Erinnerst du dich, daß ich mich im Literaturinstitut für Theater interessiert habe? Nein? Merkwürdig!" Sie lachte. „Ich war irrsinnig theaterbesessen ..."

Antipow erinnerte sich nur an etwas wie ein Badezimmer voller Dampf. An das Herzklopfen von der heißen, stickigen Luft. Susanna berührte seine Hand.

„Sascha, aber wenn du die Wahrheit wissen willst ...", flüsterte sie. „An allem, was Boris jetzt quält, ist Valentina schuld. Kanntest du Valentina? Eine eigenartige Frau ... Einerseits krank, schizoid, ständig im Krankenhaus, andererseits zäh, eigennützig, habgierig. Nein, ihre Qualitäten bestreite ich nicht ... Sie hatte welche – zum Beispiel einen bewundernswert leichten Gang. Sie hat Boris Georgijewitsch zu der Sache mit diesem Theaterstück veranlaßt ... hat ihn buchstäblich mit Gewalt genötigt ..."

„Aber hat denn Teterin ..."

„Ja, ja! Teterin hatte darum gebeten", flüsterte sie, „aber Boris Georgijewitsch zögerte. Sie hat ihn veranlaßt, es zu tun. Aber jetzt ist sie nicht mehr da ..."

Die Tür knarrte, Kijanow trat ein. Er war bleich, lächelte aber irgendwie entrückt, erleichtert.

„... und er leidet", schloß Susanna.

„Wer leidet?“ fragte Kijanow.

„Wir erinnern uns gerade ... an alte Bekannte“, sagte Susanna. „Erinnerst du dich an Felix Gustschin? Den Lyriker? So einen Schwarzhaarigen? Der euch Boxen beibrachte?“

„Ja“, sagte Antipow.

„Weißt du, was aus dem geworden ist?“

Antipow wußte es nicht. Felix war seit langem in einer psychiatrischen Klinik, litt unter der fixen Idee, er sei eine Atombombe, könne explodieren und Moskau zerstören. Um die Stadt zu retten, flüchtete er immer wieder, wurde in der Eisenbahn oder in anderen Städten aufgegriffen. Susanna schlug vor, ihn im Krankenhaus zu besuchen. Antipow willigte ein. Kijanow hörte düster, ohne Interesse zu. Er blickte aus dem Fenster. Antipow dachte: Ich muß gehen. Plötzlich sagte Kijanow:

„Um die Geschichte zu beenden: Sagen Sie, daß mir jede Lösung recht ist. Selbst wenn die Sache dem Obersten Gericht übergeben wird. Ich habe nichts dagegen. Und wie sieht's aus im Leben? Erzählen Sie!“

Antipow fing von den grandiosen Neuigkeiten und den erschütternden Gerüchten an, von denen damals alle munkelten, doch Kijanow unterbrach ihn bald:

„Hören Sie, ich werde Ihnen etwas anderes erzählen, Antipow. Einfach zu Ihrer Information ... und um das allgemeine Durcheinander zu verschlimmern. Vielleicht wissen Sie es, vielleicht auch nicht – als ich sechsundvierzig in Ihrem Seminar unterrichtete, gab man mir zu verstehen, Sie seien eine unerwünschte Person und hätten keine Perspektiven. Sie stammten aus einer Familie, die sozusagen ... Man riet mir, mich zu distanzie-

Susanna nickte.

„Ich erinnere mich genau. Ich weiß auch noch, wer dir den Rat gegeben hat.“

„Der Mann existiert nicht mehr. Im übrigen meinte er es gut mit mir. Es geht nicht darum, daß ich mich nicht von Ihnen distanzieren wollte, also ein wenig unvorsichtig war oder, sagen wir, zuviel Selbstachtung hatte, sondern darum … darum …“ Er verstummte und grübelte. „Ich weiß selbst nicht … Es war etwas anderes … Es war eine geringfügige Tat … Doch es gibt Zeiten, da liegt in geringfügigen Taten Größe. Ach, egal!“ Er winkte ab. „Ich bin nicht besser und nicht schlechter als andere.“

Am anderen Tag fuhr Antipow nach auswärts, fand die Siedlung, die Baracke, das Zimmer im ersten Stock mit Blick auf den Wirtschaftshof, wo gestapelt oder kreuz und quer Schalbretter lagen, auf denen Hühner herumspazierten, wo Wäsche getrocknet wurde und es vom Klohäuschen nach Chlor roch, schließlich kam der dürre, unsympathische Alte in kariertem Hemd und Leinenhose und mit abgetragenen Gummischuhen an den bloßen Füßen heraus, und Antipow redete auf ihn ein, er solle nach Moskau fahren und sich mit dem alten Kameraden treffen, der keinen Streit wünsche, zu allem bereit sei, woran hapere es denn, und wie sei die ausweglose Lage entstanden, man müsse begreifen, verzeihen, vergessen, anfangen, der Alte blickte kühl, seine Augen kniffen sich ein, die zusammengepreßten schmalen Lippen versanken zwischen den Kiefern, wodurch das Gesicht einen aufgeblasenen, hochmütigen Ausdruck bekam, doch Antipow sah, es war ein bewundernswerter alter Mann, wer weiß, durch welch ein Wunder zurückgekehrt, nicht Schriftsteller, sondern Holzfäller, Erdarbeiter, Faustkämpfer, Tierfänger, Pirat, der Messer werfen konnte, Antipow begriff das alles, das Verhedderte entwirrte sich, die Schlingen fielen ab, der Alte sagte, sie hätten auf einer Eisscholle gestanden, die auseinandergebrochen und auseinandergedriftet sei, und jetzt der Sprung zurück gehe über Menschenkraft, dazu habe er auch keine Lust. Aber könne er denn nicht Erbarmen haben? Der Alte lachte mit zahnlosem Mund: Oh, das sei das Kostbarste, was es auf der Erde gebe – wenn alle Kräfte den Menschen verlassen hätten, bleibe ihm noch die letzte, das Mitgefühl für den anderen, die Frau sei vorfristig aus dem Lager entlassen worden, sie sei beliebt gewesen, eine Menschenmenge habe ihr das Geleit gegeben, und sie habe immer wieder zu allen gesagt: „Auch ihr kommt raus, wie ich! Auch ihr kommt raus, wie ich!", habe mit den Händen beschwörende Zeichen gemacht, sei den ganzen Weg vom Tor bis zur Anhöhe rückwärts gegangen, immerfort flüsternd, was schon niemand mehr hörte: „Auch ihr kommt raus, wie ich! Auch ihr kommt raus, wie ich!", und habe rufend die Arme bewegt, nichts anderes habe sie für jene, die sie zurückließ, tun können.

Am frühen Morgen klingelte das Telefon, Kijanow nahm den Hörer ab und vernahm die vertraute, aber alt und schwach gewordene, kaum hörbare Stimme – der Anruf kam von weit her oder von einem Münzfernsprecher –, und die Stimme sagte:
„Grüß dich, Boris. Hier Michail. Wie geht's dir?"
„Michail!" rief Kijanow. „Grüß dich, mein Lieber! Endlich kreuzt du auf!"
„Ich hatte allerhand zu tun, war in Jaroslawl, mußte dahin und dorthin, du verstehst. Es gibt einiges zu regeln. Und Zähne muß ich mir machen lassen, meine sind alle raus, ich nuschele gräßlich, es ist mir peinlich, mich mit Leuten zu treffen."
Trotzdem tust du es, dachte Kijanow, doch die unverhoffte Freude war stärker als der unangenehme Gedanke. Und er rief beglückt, schrie dermaßen, daß Susanna aus der Küche herbeilief:

„Mïchail, wann sehen wir uns?"

„Wir sehen uns", antwortete die schwache Stimme aus der Ferne ruhig. „Wir sehen uns unbedingt. Aber sag mal, besitzt du noch Bücher von mir? Ich hatte dir doch einige geschenkt: ‚Das Aquarium', die Erzählungsbände …"

„Bücher von dir?" fragte Kijanow bestürzt.

„Verstehst du, ich brauche sie für den Verlag. Ich bemühe mich um Neuauflagen. Ich besitze kein einziges Exemplar, Tatjana hat auch nichts oder will vielleicht nichts herausrücken. In ganz Moskau ist nichts zu finden, nicht mal in den Bibliotheken, weil die Bücher seinerzeit entfernt wurden – kannst du dir die Blamage vorstellen? Der Schriftsteller lebt, aber seine Bücher sind verschwunden. Gewöhnlich ist es umgekehrt: die Bücher leben, aber der Schriftsteller ist verschwunden …"

Im Hörer erklang ein bestürzend vertrautes Lachen aus ferner Zeit. Kijanow überlegte: Wo steckten Teterins Bücher?

„Vielleicht hast auch du sie vernichtet?" mutmaßte Teterin. „Ein mißliebiger Name. Obendrein die Widmung … Nein?"

„Nein", sagte Kijanow. „Ich habe sie nicht vernichtet. Ich glaube, sie sind auf der Datsche. Ja, auf der Datsche."

Kijanow war froh, als ihm einfiel, daß die Bücher unversehrt in der Mansarde lagen, in der kalten Hinterkammer unterm Dach, wo manches aufbewahrt wurde, was eigentlich hätte vernichtet werden müssen, doch man hatte es entweder vergessen oder nicht fertiggebracht. Sie verabredeten, sich in drei Tagen zu treffen, nachdem Kijanow am Sonntag auf der Datsche gewesen war. Aber wo? Kijanow lud ihn zu sich ein, er wohne im selben Haus wie früher, in der Bolschaja Bronnaja, Teterin habe ihn ja oft besucht.

„So, so … Im selben Haus … Das ist wunderbar …“, murmelte die Stimme im Hörer und räusperte sich. „Sehr gut … Weißt du, wo wir uns treffen? Auf dem Twerskoi-Boulevard, wo das Puschkin-Denkmal gestanden hat. Wo ihr das schreckliche Weib aufs Dach gestellt habt.“

Am vereinbarten Tag trafen sie sich auf dem Boulevard, umarmten und küßten sich, schauten einander mit halbtoten Augen an, sahen Unglück, Krankheit, Alter, irgendeine Kraft zog sie über die Straße ins Theaterrestaurant, zu „Bart“, der Teterin um die Schultern faßte, ihn schüttelte, weinte, sie tranken viel, aßen, rauchten, tranken Kaffee und Wodka, verschiedene Leute setzten sich zu ihnen, störten das Gespräch, aber halfen auch, *halfen das Unerträgliche zu ertragen*, bei Salat, Zigarettenstummeln, Geschwätz über Fußball, schrecklichen Neuigkeiten, wer im Krieg gefallen war, wer wen verlassen hatte, wer zu wem gegangen war, man sollte sie zusammen sehen, und man sah sie zusammen, sie umarmten sich trunken, stießen mit allen Leuten an, verwunderte Blicke leuchteten auf, einer gab Kijanow nicht die Hand, küßte aber Teterin ab, das ließ sich übersehen, sie fuhren mit dem Taxi irgendwohin, das Herz tat weh, bei aufsteigender Wärme und Trunkenheit kam Kijanow auf das Theaterstück zu sprechen, auf all den Kram, erklärte kläglich, Valentina habe sich um die Finanzen gekümmert, die Quittungen seien aufbewahrt, es lasse sich nachprüfen, doch Tatjana Robertowna liege im Krankenhaus, Teterins Kopf ruckte bald nach hinten, bald sackte er auf die Brust, sein silbriger Kahlkopf schimmerte im Laternenlicht, der Hut lag auf der Erde, Teterin sagte: „Das macht Dina … Soll sie … Mich kümmert es nicht … Mich laßt in Ruhe …“ Dann trafen sie sich noch zweimal, auch auf der Straße, gingen in ein Restaurant, einmal setzte sich Roitek dazu, Kijanow bezeigte

Verachtung, und Roitek verschwand, Teterin erzählte nichts, und als sie auf einem dunklen Platz auf ein Taxi warteten, sagte Teterin, der stark betrunken war: „Boris, verzeih mir, ich habe deinen Roman gelesen ... den historischen ... Ich hätte ihn nicht lesen sollen ... Ich finde, das ist Schund. Ich finde, um so einen Roman zu schreiben, hättest du nicht hier ...", er wies ringsum auf den Platz, wankte und schluckte, „... nicht hier bleiben müssen. Verzeih mir, Boris." Kijanow hörte schlecht. Was Teterin mit zahnlosem Mund brubbelte, war nicht zu verstehen. Kijanow fragte: „Erinnerst du dich, du hast mich gebeten, bei dem Stück deinen Namen wegzulassen, aber das Geld Tatjana zu schicken?" – „Wann?" krächzte Teterin. „Daran erinnere ich mich nicht ..." – „Im Sommer siebenunddreißig! Du kamst nachts zu mir gelaufen!" – „Ich erinnere mich an gar nichts. – Ich habe es vergessen, Boris ..." – „Wie konntest du es vergessen!" rief Kijanow leise. Teterin grinste und wakkelte mit seinem grauen Schädel. „Ich sag's dir ehrlich: Ich erinnere mich nicht."

Von Kijanows Tod erfuhr Antipow in Jalta, als er sich an einem Kiosk auf der Uferstraße eine Zeitung kaufte. Es war ein ungemein schwüler Sommer. Schon morgens um sechs besetzte man Plätze am Strand. Antipow hatte es satt und wollte weg. Über eine Stunde stand er Schlange vor einem Münzfernsprecher, um in Moskau bei einem Bekannten vom Büro anzurufen, und der erzählte, Kijanow habe irrtümlich eine Überdosis Veronal genommen, mit dem er überhaupt Mißbrauch getrieben hatte. Am Vortag habe die Beerdigung stattgefunden. Es seien viele Leute dagewesen. Vom Büro habe Nosdrin gesprochen, vom Sekretariat Korownikow, Kijanows alter Freund Teterin habe sehr geweint, man habe ihn nicht zu Wort kommen lassen, er sei betrunken gewesen, habe einen Skandal gemacht und ungebührlich herumgebrüllt. Nosdrin habe von Korownikow einen Anpfiff bekommen. Hinsichtlich der bevorstehenden Wahlen des neuen Büros sei Nosdrins Position ins Wanken geraten. Der Bekannte schrie: „Wie ist das Wetter in Jalta? Lohnt die Reise? Ich will für zehn Tage kommen!“ Antipow sagte: „Das Wetter ist herrlich. Kommen Sie her.“ Antipow stieg auf den erstbesten Dampfer, der in See stach, war gegen Abend in Feodossija, badete, aß im Restaurant zu Abend, hatte kein Geld mehr, lag auf der Uferstraße auf einer Bank in tiefstem Schlaf, bis ihn im Morgengrauen die Kälte weckte – rosa Nebel stand überm Meer, Wind wehte, etwas hatte sich verändert.

Das neue Leben am Stadtrand

Vor dem Fenster graue Ziegel, Blechdächer, Antennen in Reih und Glied, in der Schlucht des Hofes drunten Schnurrmurr, den der Bulldozer noch nicht weggeräumt hatte. Irgendwann würde dies ein großartiges Wohngebiet werden, eines der schönsten von Moskau. Jetzt aber waren hier Schneematsch, Unbehaglichkeit, Löcher, Zäune, Farbgeruch, und bis zur Metro brauchten sie mit dem Autobus zwanzig Minuten. Jemanden hierher einzuladen war eine Zumutung, trotzdem hatte es Antipow geärgert, daß Tanja stur blieb und nicht wollte. Nicht wegen der Entfernung, der Löcher und Bauzäune, nein – es sei unnötig! Nicht wegen des Geldes, nicht wegen der Ausgaben, o nein! Geiz könne er ihr nicht vorwerfen. Und Faulheit auch nicht. Sie sei bereit, von morgens bis abends im Haushalt zu wirtschaften, Geschirr zu spülen, Wäsche zu waschen, Fußböden zu bohnern, Türklinken zu polieren, Gardinen aufzuhängen und Essen zu kochen für vier Personen. Höchstens für fünf, wenn Antipows Mutter sie besuchte. Zur Not für sechs – wenn Ljudmila und ihr Mann kämen. Dann wäre es allerdings schon eine Strapaze. Tanja, wollen wir mal jemanden besuchen gehen? Nein. Was möchtest du denn? Mit dir allein sein. Tanja, wollen wir nicht jemanden zum Tee einladen? Von mir aus. Hast du keine Lust? Nein.

Wieso nicht? Das weiß ich nicht, ich weiß es wirklich nicht, ich sage es dir ehrlich. *Doch ihm hatte geschwant: Sie wußte es doch. Vor einem Jahr hatte das alles angefangen.* Tanja, Liebling, du bist zweiundvierzig, hast zwei Kinder, hast viel gearbeitet, warst auf Reisen, kennst eine Menge Leute, was soll dieser Schneckenhauskomplex, willst du dich bis ans Lebensende in deinem Schneckenhaus verkriechen? Ja, mit dir zusammen. Mein Gott, das wäre doch trübsinnig! Nein, du findest das, ich nicht, mit dir finde ich es niemals trübsinnig, trübsinnig werde ich, wenn du weggehst. Aber was sollen wir denn machen? Nichts weiter, mach, was du willst: Geh zu Freunden, unterhalte dich mit ihnen, kläre Probleme, erörtere, diskutiere, tratsche. Und du bleibst zu Hause? Ich warte auf dich. Ich habe viel Arbeit. Wenn du zurückkommst, sind wir beide wieder zu zweit. Wofür haben wir denn die Wohnung eingerichtet? Die verfluchte Wohnung! Die Wohnung ist nicht schuld, schimpf nicht auf die Wohnung. Und – ein vielsagender, rätselhafter Blick, ein geheimer Vorwurf. *Wieder hatte ihn die Ahnung geplagt: Sie weiß es. Aber es war doch alles vorbei, man konnte es vergessen.*

Es fiel nasser Schnee. Der Winter näherte sich. Tanja sagte:

„Ich hab dich gewarnt: Ein Treffen nach so langer Pause ist gefährlich. Was hat zum Beispiel Kwaschnin mit deinem Freund Miron gemein? Sie leben auf verschiedenen Polen, atmen verschiedene Luft, essen verschiedene Wurst. Worüber können sie sich unterhalten?"

„Über vieles", hatte er gesagt. „Du verstehst das nicht."

„Mag sein."

„Du verstehst nicht, was für ein starker Magnet die Vergangenheit ist."

„Ein Erinnerungsabend?"

„Nein. Wir feiern einfach unseren Einzug hier. Davor kann ich mich nicht drücken, versteh doch! Sie brennen darauf, herzukommen. Lucienne wird dir helfen."

Das Essen hatten sie im Restaurant „Budapest" bestellt, den Wein hatte Antipow aus der Stoleschnikow-Gasse geholt, auf dem Zentralmarkt hatte er Äpfel, Kräuter, georgische Bohnen, „Lobio", marinierten Knoblauch und große usbekische Rettiche gekauft. Über den Markt schlendernd, hatte er gegrübelt: Warum hängen Frauen weitaus weniger an der Vergangenheit als Männer? Das frühere Leben ist für sie aus und vorbei. Die volkstümliche Redewendung vom kurzen Verstand meint nicht den Verstand, sondern das Gedächtnis. Während er schrecklich teure Tomaten und schmutzige picklige Granatäpfel befühlte, hatte er sich berichtigt: Aber nur, wenn sie lieben! Wenn nicht, sind sie genauso wie wir. Vor zwei Jahren hatte Tanja eines Tages, als sie von der Arbeit kam, erzählt, es sei ein Mann aufgetaucht, den sie achtzehn Jahre nicht gesehen habe. Sie hätten damals zusammen im Verlag gearbeitet. Sajassow, der ehemalige Chefredakteur. Er sei völlig resigniert, es gehe ihm dreckig, seine Frau sei unheilbar krank, aus alter Freundschaft habe er um Hilfe gebeten: Er habe ein Manuskript mitgebracht, das dem Chef gezeigt werden sollte. Und du hast es genommen? Ja. Erinnerst du dich nicht, daß ich ihm in die Fresse gehauen habe? Doch, ich erinnere mich, da war so was. Und weißt du, weswegen? Sie hatte einen Moment verwundert geguckt, dann hatte sie kläglich gelächelt und genickt: Ich weiß. Aber er hatte es ihren Augen angesehen: Sie wußte es nicht mehr. Wie konnte sie das vergessen? Sajassow hatte sie doch gequält! Sie hatte erzählt, Sajassow habe sie einmal in ein Restaurant eingeladen und Fisch bestellt, nachts sei ihr davon so sterbensübel geworden, daß sie den Notdienst rufen mußten. Ihre Tante habe Sajassow am nächsten Tag, als er kam, weggejagt, weil er sie wohl habe vergiften wollen. Antipow hatte Tanja forschend, doch im Grunde gleichgültig angesehen: War das vorher oder *hinterher*? Sie hatte geschworen: Das alles sei weg aus dem Gedächtnis, wie der Geruch nach menschlicher Behausung weg ist aus einem Haus, wenn Türen und Fenster weit offenstehen. Sie habe sich seit Jahren nicht mit ihren Studienfreundinnen getroffen, ganz zu schweigen von Schulfreundinnen. Sie brauche niemanden als Antipow und die Kinder. Wozu also den Einzug in die neue Wohnung feiern, Bekannte und Verwandte einladen, sich die Hektik, die Plackerei aufhalsen? Darauf hatte er keine klare Antwort geben können, doch irgendwie war er überzeugt gewesen: Wenn sie das, was er plante, sabotierte und platzen ließ, würde in ihrer beider Leben etwas unwiederbringlich kaputt sein. Auch sie hatte das gefühlt und nachgegeben. Die alte Jekaterina Gurjewna hatte versichert: Was ihr aufwendet, kommt wieder herein, denn zur Einzugsfeier bringen alle Geschenke mit. Doch das war Unsinn, die Einzugsfeier war Nebensache, vor allem handelte es sich um ein Seminartreffen, zwanzig Jahre nach Abschluß des Instituts. Von diesem Treffen hatten sie schon vor fünf Jahren und vor zehn Jahren gesprochen, besonders Slata und Ellotschka hatten sich darum bemüht. Die Männer waren versprengt und sahen einander selten, doch „im Prinzip standen sie dem Gedanken eines Treffens positiv gegenüber“, wie sich Anatoli Kwaschnin, Sekretär der MLRPO, ausdrückte. Alle hatten viel zu tun oder mußten verreisen oder an einer Konferenz teilnehmen oder waren krank oder mit dem Fertigstellen einer Arbeit beschäftigt, darum hatte es nie geklappt, einen Termin zu vereinbaren, die Sache hatte sich vom

Juli bis zum November hinausgezögert und war mit Antipows Umzug in den Neubau im Aeroportviertel zusammengefallen.

Getaute Schneeflocken schwammen über die Fensterscheibe, unten flimmerten die Lichter, alles war graublau, schwarz, unwirtlich, fremd. Im Hause gegenüber sollte demnächst im Erdgeschoß ein Bäckerladen eröffnet werden. Taumelnd stand Antipow in der Küche, lehnte die heiße Stirn ans Fenster, schaute hinaus ins Dunkle, dachte mißmutig: Tja, sie hat recht gehabt! Er hatte Tanja immer für ein wenig beschränkt angesehen. Was wußte eine Schnecke vom Leben? Doch sie hatte recht behalten. Sie war so sehr dagegen gewesen! Fortwährend kamen ihm die Gedichtzeilen in den Sinn: „Doch in der neuen Welt, da fanden sie sich nicht." Antipow hatte viel getrunken, erst Wodka, dann Liebfrauenmilch – Kotow, der ausgebuffte Macher, hatte gleich zehn Flaschen mitgebracht, die Kiste hatte einer von seinen Kulis geschleppt. Kotow war es auch gewesen, der Miron betrunken gemacht und den Streit mit Kwaschnin vom Zaun gebrochen hatte. Jemand kam in die Küche, riß ein Streichholz an.

„Papa, warum bist du hier?"

„Drin ist es so stickig."

„Nicht – deswegen?"

„Nein. Hörst du sie schimpfen?"

Antipow blickte sich nach seinem Sohn um. Der sah ein wenig verbiestert aus.

„Du sollst nicht rauchen", sagte Antipow. „Wirf die Zigarette weg. Du hast doch Wettkämpfe vor dir."

„Na und? Wir sind keine Profis."

Schweigend standen sie da, sahen einander forschend an. Lucienne brachte Teller in die Küche, stellte sie klirrend in die Spüle.

„Was ist denn mit euch los, Jungs? Seid ihr auch dabei, euch mal die Meinung zu sagen?" fragte sie lachend. Ihre Augen loderten, ihr Gesicht war himbeerrot, wie bei Hämoglobinüberschuß, niemand hätte ihr angesehen, daß sie über vierzig war. Das enge schwarze Seidenkleid glitzerte wie eine avantgardistische Skulptur aus metallenen Rollen und Halbkugeln. „Miron ist ein Idiot, was? Wieso fängt er mit Kwaschnin Streit an? Der kann zu Hause was erleben!"

„Laß ihn in Ruhe", sagte Antipow.

„Nein, der kriegt sein Fett. Wie kann er so idiotisch sein, bei einer Fete darauf herumzureiten. Ist doch klar, daß Tolja Kwaschnin niemals auch nur den kleinen Finger für jemanden krumm macht. Schon gar nicht für Miron. Sascha, ich soll das Eis auftragen. Wo habt ihr das?"

Antipow öffnete den Kühlschrank und holte die Packung heraus, derentwegen er heute früh herumgefahren war.

„Danke. Ich gratuliere dir." Sie näherte ihm ihr flammendes Gesicht, küßte ihn auf die Wange, preßte die heißen Lippen auf seinen Mund. „Deine Wohnung ist entzückend. Ich bin *ehrlich neidisch.*" Sie lachte wieder. „Mein Gott – und deine Kinder! Aber am besten ist Tanja!"

Sie eilte davon, und die seidenen Rollen raschelten, die Armbänder klirrten, der Geruch des Parfüms und der zweischichtigen Erinnerungen entschwebte. Die erste Schicht, ein wenig verblaßt und verwischt im Gedächtnis: zwei Nächte vor sieben Jahren in Jalta, wo sie zufällig beide allein waren. Er ohne Tanja, sie ohne Miron. Sie war scharf darauf, mit ihm zu schlafen. Er war nicht überzeugt, daß es sein mußte. Mirons Schatten machte ihm ebenso zu schaffen wie das Wetter. Im Hotelbett, das so schmal war wie ein Pikierkasten, gab er vor, vom Wetter schlapp zu sein, doch sie ließ nicht locker. „Was hat Miron damit zu tun? Ich habe Mitleid mit ihm, ich habe Respekt vor ihm, ich kann mir ein Leben ohne ihn nicht vorstellen – aber leider ist er in jeder Beziehung ein Pechvogel!" Seit den zwei Nächten, in denen sich bestätigte, daß Miron ein Pechvogel war, war nie wieder etwas vorgekommen, hatte es nie die leiseste Anspielung auf Jalta gegeben, doch Lucienne entwickelte die Marotte, Antipow vor allen Leuten freundschaftlich, aber feurig auf den Mund zu küssen. Genauso feurig hatte sie sich mit den Lippen festgesaugt, als sie zum vorigen Neujahr im Zentralhaus der Kulturschaffenden miteinander tanzten – und das war die zweite Schicht der Erinnerungen, eine brennende, schmerzhafte –, und hatte ihm ins Ohr geflüstert, *sie wisse alles*. Er hatte begriffen, mit der war nicht zu spaßen, sie konnte viel verlangen. Sie hatte zwar nichts verlangt, aber er war auf der Hut.

Der Sohn fragte:

„Erklär mir doch: War Anatoli Kwaschnin fies zu Onkel Miron?"

„Nein. Das sind alte Rechnungen."

„Aber wieso ..."

„Weil sie sauer sind. Sie sind sauer, verstehst du? Damals haben sie zusammen angefangen, haben an einem Strang gezogen, aber dann hat es den einen dahin, den anderen dorthin verschlagen. Sich damit abzufinden fällt schwer. Kwaschnin zum Beispiel veröffentlicht schon das zwölfte Buch, von Miron dagegen ist der Erstling noch auf der Strecke. Seit zwanzig Jahren feilt er daran. Tolja könnte natürlich helfen, wenn er wollte, er ist Sekretär, Mitglied des Redaktionsbeirates und wer weiß was noch. Aber verpflichtet ist er nicht. Keiner ist jemandem verpflichtet, verstehst du?"

Schweigend ließ sich Stjopka das durch den Kopf gehen. Er hatte die Brauen gerunzelt, blickte zu Boden, fragte, ohne den Blick zu heben:

„Vielleicht hat Onkel Miron etwas Geniales geschrieben?"

„Na, ich weiß nicht. Über den Krieg. Im Grunde ein wenig langweilig und à la Stendhal."

„Und wieviel Bücher hast du geschrieben?"

„Weiß der Teufel ... Sieben oder acht."

Antipow hatte keine Lust, ins große Zimmer zurückzukehren, doch es mußte sein. Er steuerte schon auf die Tür zu, da kamen ihm Tanja und Ellotschka im Eiltempo entgegen: Tanja trug zwei kaputte Weingläser, Ellotschka hielt die mit Wein übergossene Tischdecke, die zusammengeknüllt war und wie ein großer Sack aussah, mit ausgestreckten Armen. Tanja war bleich und ging an Antipow vorbei, ohne ihn eines Blickes zu würdigen, über Ellotschkas Gesicht huschte ein trunkenes, schelmisches Grinsen.

„Tanja, ich besorge das alles, ich mache es sauber!" murmelte Ellotschka und gab Antipow mit den Augen ein komisches Zeichen. „Wo hast du Schaufel und Handfeger? Sascha, gib mir eine Schaufel!"

„Ich mache es allein. Gib die Schaufel her und geh zu den Gästen, Ellotschka."

„Ich bin auch Gast. Wieso soll ich zu ihnen gehen? Gib die Schaufel her, sage ich dir."

„Was ist passiert?" fragte Antipow.

„Miron hat ihn am Schlips gepackt, und als Kotow sich einmischte, hat er ihm eine runtergehauen." Ellotschka kicherte. „Mein Gott, die Zeit verändert keinen! Mir ist, als wäre ich auf einer Fete am Twerskoi-Boulevard. Dabei bin ich schon Großmutter."

„Sascha, willst du die ganze Zeit auf dem stillen Örtchen sitzen?" fragte Tanja.

„Ich bin schon lange Großmutter", sagte Ellotschka. „Mein Enkel ist vier Jahre alt."

„Komm, Stjopka", sagte Antipow. „Du wirst die Streithähne trennen."

Im schummrigen großen Zimmer sah es chaotisch aus. Die Gäste saßen nicht am Tisch, sondern in den Ecken, an den Wänden entlang und auf der Couch, aßen Eis und unterhielten sich friedlich bei Kerzenschein. Der dicke Kotow – er trug ein weißes Hemd, hatte den Kragen aufgeknöpft und die Krawatte gelockert, an der ein Abzeichen von den Olympischen Spielen in Grenoble steckte, er war mit einem Team von Sportjournalisten dort gewesen, obwohl er keine Beziehung zum Sport hatte – flüsterte heiser und kurzatmig mit Slata, die eine Brille trug und schon graue Haare hatte, lag, ihr halb zugewandt, ungeniert hingefläzt, wie es sich gehörte für den Direktor eines so mächtigen Unternehmens, wie es das Schriftstellerheim „Goldene Feder" darstellte. Die anderen diskutierten über Gusselstschikows Brief, von dem ganz Moskau sprach. Wolodja Gusselstschikow steckte mit einer Frau irgendwo im Süden, niemand wußte genau, wo. Daß er sich so ein Ding leisten würde, hatte keiner gedacht. Kwaschnin hüllte sich in Schweigen: Er hatte weder Gusselstschikows Brief noch dessen Roman gelesen, kannte alles nur vom Hörensagen. Antipow war Wolodja zum letztenmal Silvester begegnet, Wolodja hatte vage und umschweifig von seinem Roman erzählt, doch Antipow hatte den Kopf voll eigener Probleme gehabt und sich nichts gemerkt. Der kleine Dima Chomutowitsch, der ein jungenhafter, hellblonder alter Mann geworden war, raunte begeistert und geheimnistuerisch: Der Roman ist Klasse! Slata riß sich plötzlich von Kotow los und sagte, das Buch spekuliere doch bloß – sie arbeitete im Ministerium und hatte es sich angewöhnt, streng zu reden. Worauf es denn spekuliere, wurde gefragt. „Auf unseren Schmerz!" antwortete Slata rasch. Tanja servierte Eis. Ihr Gesicht war ausdruckslos, der Mund verkniffen, als halte sie mit den Lippen eine Stecknadel. Unverhofft erhob sich Miron, das Glas in der Hand. „Trinken wir auf uns, die Hinterletzten!" Slata und Ellotschka sagten entrüstet, man dürfe nicht alles in einen Topf werfen. Sie seien doch gegenwärtig die Spitze. „Miron", sagte Slata, „um es dir mit den Worten meiner Schwiegermutter zu sagen, die meiner Ehehälfte oft vorhält: ‚Kolja, du bist dir deines Wertes nicht bewußt!' – Miron, du bist dir deines Wertes nicht bewußt." Ellotschka sagte: „Im übrigen meine ich, Sascha hat zwei tolle Bücher geschrieben. Das sind Meisterwerke der russischen Literatur, wie ich finde. Entschuldige, Sascha, es ist taktlos, dir in deinem Haus Komplimente zu machen, ich weiß, aber es ist die Wahrheit!" Alle schnatterten drauflos, als wollten sie Ellotschka zustimmen, zogen das Ganze aber zu Recht ins Lächerliche, Antipow fing einen spöttischen Blick von Miron auf und war wieder angeödet. Er ging aus dem Zimmer, wie um Zigaretten zu holen. Als er zurückkam, wurde über die Frau gesprochen, mit der Wolodja Gusselstschikow in den Süden gefahren war. Lucienne, die sie in Koktebel in einer Gesellschaft kennengelernt hatte, sagte, es sei eine ungemein berechnende Frau. Slata meinte, die Frau solle sich nur nicht verrechnen. Ein anderer: rechnen sei schwierig, viele Operationen, Wurzelziehen, dazu brauche man einen Computer. Dann sprachen sie über den Gatten der berechnenden Frau, der sich, darin stimmten alle überein, nicht wie ein Mann benommen hatte. Interessant sei aber, wie die Sache ausgehe. Miron und Lucienne brachen als letzte auf. Miron hatte Antipow, der am Tisch eingeschlafen war, das letzte Kapitel seines Buches erzählt, während Lucienne und Tanja in der Küche tuschelten. Es war zwei Uhr nachts.

Plötzlich weckte eine Stimme Antipow. Er lag zugedeckt im Bett, während Tanja, den Rücken zu ihm, vor dem Trumeau saß und sich kämmte. Sie saß immer endlos lange vor dem Spiegel. Es war halb drei. Er wußte nicht, wie er aus der Kleidung und ins Bett gekommen war. Tanjas Stimme klang unbewegt, kraftlos:

„Erklär mir bitte: Wozu hast du das gemacht?"

„Was denn?"

„Wozu?" Ihre Stimme bebte.

„Was denn? Daß ich sie eingeladen habe?"

„Wozu hast du vor allen demonstriert, daß du mich nicht liebst? Daß mit uns beiden alles aus ist? Wie grausam du bist!"

„Mein Gott, ich habe gar nichts demonstriert ..."

„Um so schlimmer." Sie schluchzte. „Demnach ist es für dich ganz natürlich ... Demnach empfindest du so ..."

Antipow schwieg: Er hätte gern weitergeschlafen, aber ihn juckte eine Wunde, die ihm irgendwer zugefügt hatte. War Kwaschnin fies geworden? Wurmte ihn das Gerede über Gusselstschikow? Er hatte nicht die Kraft, Tanja zu widersprechen. Sie weinte. Na, sollte sie. Sie hatte den Rücken gekrümmt und das Gesicht in den Händen verborgen, um sich nicht im Spiegel zu sehen. Antipow schwieg stur. Er wußte, sein Schweigen machte sie kaputt, doch die Zunge gehorchte ihm nicht, sein Kopf war leer, ihm kamen nur die Gedichtzeilen „Doch in der neuen Welt, da fanden sie sich nicht" in den Sinn. Tanja drehte sich um, er sah ihr reizloses, zerquältes Gesicht.

„Was wollen wir mit der Wohnung, wenn ..."

„Ich weiß nicht", sagte er. „Ich brauche sie nicht."

Die Mutter rief an und bat ihn, mal vorbeizukommen. Antipow fragte beunruhigt, ob etwas passiert sei. Nein, sie hätten sich nur lange nicht gesehen. Er dachte, die Mutter sei krank. Ihre Stimme klang gar zu ruhig und gekünstelt sorglos. Die Mutter bat ihn selten um einen Besuch, wartete meistens geduldig, bis er ein bißchen freie Zeit für sie abknapste und auf eine halbe Stunde zum Lenin-Prospekt kam, wenn sie ihn aber darum bat, dann hatte sie ein Glas Eingemachtes oder Obst oder Bücher für die Kinder mitzugeben. Eine rätselhafte harmlose Einladung war in den letzten Jahren zweimal vorgekommen, Antipow war hingefahren und hatte Unangenehmes erfahren: Das eine Mal teilte die Mutter ihm mit, daß Ljudmila krank sei, und beratschlagte wegen eines Arztes mit ihm, er fand bald den richtigen, die Mutter war in Panik, Ljudmila gab sich kaltblütig, dagegen erwies sich Tschilingirow, ihr Mann, als Waschlappen, flennte in einem fort und zitterte vor Angst, die Operation dauerte vier Stunden, und das alles hatte mit einem nebulösen Anruf der Mutter angefangen; das andere Mal rief sie ihn wegen einer komischen Sache zu sich: Grigori Wassiljewitsch hatte ihr einen Antrag gemacht. Antipow und die Mutter lachten, Grigori war sechsundsiebzig, sie fünfundsechzig, das Ganze war natürlich ein Witz, trotzdem hinterließ das Gelächter Beunruhigung. Anscheinend trug sich die Mutter insgeheim mit solch einem Gedanken, mochte er auch lächerlich sein, nicht von ungefähr hatte sie den Sohn eigens zu sich gebeten, um es ihm zu erzählen und darüber zu lachen. Antipow hatte im Prinzip nichts dagegen. Die Mutter sollte ihr eigenes Leben führen. Sie hatte es verdient. Fast dreißig Jahre lang hatte sie keins gehabt, er aber wußte von sich, wie schwer das ist. Das hält man keine Woche aus. Grigori war gar nicht so übel, ja, er war sogar ein recht interessanter Mann, mit dem man über dies und das reden oder ein Gläschen trinken konnte. Außerdem hegte er grenzenlose Verehrung für Antipows Vater. Und das nahm alle für ihn ein, außer Ljudmila, die unbestechlich war. Die Verehrung hatte Formen, deren Großartigkeit albern war. Grigori trug zum Beispiel ein Foto von Antipows Vater in der Brieftasche, und wenn er auf ihn zu sprechen kam und zum hundertsten Male die Geschichte aus den zwanziger Jahren erzählte, holte er das Foto hervor und rief gewissermaßen Antipows Vater zum Zeugen. Er habe ihn gar nicht näher gekannt, ihre Bekanntschaft sei flüchtig und kurz gewesen, doch Antipows Vater habe sich für ihn eingesetzt und bei der Säuberung neunzehnhundertachtundzwanzig seinen Parteiausschluß verhindert. Grigoris Dankbarkeit war in der langen Zeit nicht erloschen, und er hatte sich glücklich geschätzt, als es ihm vor fünf Jahren gelang, Nikolai Antipows Witwe ausfindig zu machen, um ihr für alles von Herzen zu danken. Später stellten sich jene anderen Absichten ein. Doch das alles war lauter und uneigennützig. Er hegte keine Hintergedanken, als er sagte: „Nikolai Dmitrijewitsch hat mich der Partei erhalten, und das werde ich ihm bis an mein Lebensende nicht vergessen!" Nein, auf seine Art war er ein bemerkenswerter Mann, das Unangenehme für Antipow lag nicht in der Person, nicht im komischen Aspekt der Angelegenheit, sondern darin, daß ein Teil der seelischen Zuflucht verlorengehen und verschwinden würde, so etwas wie in der Kindheit eine im hintersten Winkel des Gartens vor aller Augen versteckte, ihm allein gehörende Hütte. Seine Schwester Ljudmila mochte Grigori nicht, sie war gegen alles – sogar dagegen, daß er zu Besuch kam und aus den Familientassen Tee trank. Sie zog insbesondere seine Uneigennützigkeit und Lauterkeit in Zweifel und versuchte zu ergründen, welches seine Motive seien und was die Mutter davon hätte. Doch Ljudmila lebte schon lange mit ihrem Mann Tschilingirow im Stadtteil Tscherjomuschki, getrennt von der Mutter, und konnte nicht verfolgen, ob ihre Anweisungen erfüllt wurden. Grigori kam öfter. Auch er trank Tee aus den Familientassen. Antipow hatte nichts dagegen. Wenn er mit der Mutter telefonierte, ließ er Grigori stets Grüße ausrichten. Doch an die Zukunft zu denken war ein wenig ungemütlich. Gibt man leichten Herzens eine Zuflucht auf? Denn die beste, sicherste, geheimste Zuflucht existiert nicht mehr, sobald sich noch jemand darin ansiedelt. Als die Mutter ihn damals zu der spaßigen Unterhaltung einlud, war ihm nichts Besseres eingefallen, als lachend zu sagen: „Mama, vielleicht ist es sinnvoll, wenn du dir erst über deine Gefühle klar wirst und noch ein bißchen wartest?" Die Mutter hatte lachend beigepflichtet: Ja, ja! Wozu so etwas überstürzen, man müsse sich Zeit lassen – bis der Bräutigam achtzig sei und die Braut siebzig, dann könne man sich entscheiden. „Ich habe lange nicht so gelacht!" hatte die Mutter gesagt und sich die Tränen abgewischt. „Aber ich bitte dich, mein Sohn: Erzähle niemandem von diesem Unsinn, sonst schäme ich mich. Sag auch Tanja nichts. Mir scheint, sie nimmt alles gar zu ernst. Humor ist nicht gerade ihre starke Seite, nicht wahr?"

Die Mutter bewohnte ein Zimmer in einer Zweiraumwohnung auf der Bolschaja Kalushskaja, dem jetzigen Lenin-Prospekt, das sie vor ein paar Jahren, als Ljudmila nach Tscherjomuschki gezogen war, gemietet hatte. Im anderen Zimmer wohnten eine Rentnerin und ihr unverheirateter Sohn, ein träger, fettleibiger Bursche mit bartlosem Karnickelgesicht, von Beruf Rundfunkmechaniker, der in seiner Freizeit zu Hause vor dem Fernseher saß. Die Mutter war mit den Nachbarn zufrieden. Sie sagte, es seien knickrige, kranke, beschränkte Leute, mit denen man sich nicht unterhalten könne, doch ruhig, und das sei die Hauptsache. Die alte Rentnerin öffnete die Wohnungstür, beugte den graumelierten Kopf zum Gruß, doch in ihrem Blick, der gewöhnlich schüchtern und ausweichend war, lag etwas Feindseliges.

„Alles in Ordnung?“ fragte Antipow, als er bei seiner Mutter eintrat.

„Absolut“, sagte die Mutter. „Warum fragst du?“

„Deine Nachbarin hat mich so schief angeguckt.“

„Es sind merkwürdige Leute, das weißt du doch. Nein, es ist alles in Ordnung. Ach ja!“ Die Mutter lachte. „Sie sind jetzt ein wenig verwirrt und fürchten, Grigori würde endgültig zu mir ziehen.“

„Und wieso fürchten sie das?“

„Weil sie menschenscheu sind, zehnmal mehr als ich. Ich weiß nicht, wieso. Schließlich haben sie nicht annähernd durchgemacht, was ich durchgemacht habe, sie waren ihr Leben lang in Moskau, haben keine besondere Not gelitten. Aber irgendwo vorzusprechen, sei es bei der Wohnungsgenossenschaft wegen einer Bescheinigung, ist für sie ein Problem. Dagegen bin ich ein Held! Ich rede frei von der Leber weg, ob in unserer Poliklinik oder im Schneideratelier oder mit meinen Vorgesetzten, wenn ich etwas brauche. Sie bringen das nicht fertig. Kürzlich hat die Frau beinahe geweint. ‚Bitte‘, sagte sie, ‚rufen Sie auf der Post an und fragen Sie nach, warum meine Rente zwei Tage zurückgehalten wird.‘ Wie findest du das? Sie traut sich nicht mal, wegen der eigenen Rente zu fragen …“

Die Mutter sprach bestimmt deshalb so lange über Belanglosigkeiten, weil sie sich scheute, *zur Sache* zu kommen. Denn es lag etwas an. Antipow sagte:

„Na, Gott sei Dank, daß alles in Ordnung ist.“

„Bei mir ja …“ Die Mutter machte eine Pause und musterte ihn scharf, doch er schwieg, ahnte nicht im geringsten, worauf sie hinauswollte. Sie sagte:

„Gestern war Tanja bei mir.“

„So?“

„Sie war noch in dieser Wohnung."
„Ich weiß. Und was wollte sie?"
„Ja, was wollte sie …"

Die Mutter seufzte und fuhr widerstrebend fort: Sie habe keine Lust, darüber zu sprechen. Sie mische sich nie in Angelegenheiten ihres Sohnes und ihrer Tochter ein, und es sei auch niemals nötig gewesen. Wäre es nötig gewesen, so hätte sie sich gewiß eingemischt. Aber die Kinder hätten ihr keinen Kummer bereitet. Sie habe immer stolz auf die beiden sein können. Nun aber sei seine Frau gekommen und habe sich schluchzend über ihn beklagt, er betrüge sie, liebe sie nicht mehr, wolle die Kinder verlassen, habe eine andere, es sei alles aus. Auf der Feier, die sie mit letzter Kraft veranstaltet habe, für vierzehn Personen, alte Freunde, mit denen keiner etwas anfangen könne, sei ihr alles klargeworden. Sein Benehmen habe es ihr verraten: Den ganzen Abend habe er kein Wort mit ihr gesprochen. Selbst ein Blinder habe sehen können, daß sie für ihn ein Nichts sei. Vollends die Augen geöffnet habe ihr die Frau seines Busenfreundes, und sie habe ihr den Namen derjenigen genannt, mit der er jetzt ein Verhältnis habe: Sie arbeite in einem Filmstudio als Redakteurin oder Regisseurin. Sie sei ein gefährliches, in ganz Moskau bekanntes Biest – wenn die ihn in den Krallen habe, lasse sie ihn nicht los. Ihr Mann sei ein hohes Tier, was sie überhaupt von Antipow wolle, sei nicht klar. Sie wolle ihn wohl nur ins Verderben stürzen. Die Mutter, erschüttert von alledem, hatte Zweifel zu äußern und die Schluchzende wenigstens zu besänftigen versucht: Ob man der Frau des Busenfreundes denn glauben könne? Tanja habe schluchzend genickt: Aber ja! Es sei die reine Wahrheit! Und wieso spreche sie nicht selber mit Sascha, wenn sie alles so genau wisse? Weil sie es einfach nicht fertigbringe. Sie habe schon mehrmals Anlauf genommen und drumherumgeredet, doch vom Wichtigsten, von der Frau, kriege sie kein Wort über die Lippen. Sie sei noch nie in solch einer Lage gewesen und habe nie gedacht, daß es jemals dazu kommen würde. So etwas wünsche man dem ärgsten Feind nicht. Herrgott, was sie denn wolle? Das wisse sie selber nicht. Es sei töricht, daß sie hergekommen sei. Es sei aus Kleinmütigkeit, aus Verzweiflung geschehen. Überhaupt sei sie nahe daran, etwas Dummes zu tun …

„Was denn?" fragte Antipow, und das war das erste, was er zu alledem sagte.

„Das weiß ich nicht. Ich war ratlos, bestürzt … Natürlich tut sie mir auch leid …"

Das Wörtchen „auch" war verräterisch. Tanja mußte tatsächlich verzweifelt sein, wenn sie zu seiner Mutter lief. Also hatte sich das alles seit langem angestaut. Er hatte nichts gemerkt. Die Mutter musterte ihn scharf und ungewohnt forschend – er hatte sie anscheinend verblüfft.

„Mein Sohn, und mit dieser Frau …", zaghaft legte sie ihre Hand auf die seine, „… hast du etwas?"

„Ja. Das heißt, beinahe gar nichts mehr."

„Hat sie irgend etwas Besonderes an sich?"

„Nein." Er schüttelte den Kopf. „Nichts … extra …"

„Ist sie jünger als Tanja?"

„Mama, darauf kommt es nicht an. Ja, sie ist jünger. Aber ich sage doch – es ist beinahe gar nichts mehr."

Die Mutter ging hinaus – wie von dem Ärger in seiner Stimme abgestoßen. Er schaute aus dem Fenster und dachte: Beinahe gar nichts mehr? Unsinn, das gibt es nicht. Es gibt kein „Beinahe-Leben" und keinen „Beinahe-Tod".

Morgens hatte es geschneit, aber der nasse Schnee war schon getaut, die Asphaltfläche vor dem Hotel glänzte schwarz, und wo der Asphalt endete, schaute schmutzige Erde mit struppigem Vorjahrsgras hervor. Vor dem Hoteleingang stand ein langer Autobus. Sein Dach leuchtete unten als grellrotes Rechteck. Auf einem schlammigen Pfad kraxelten Skiläufer in die Berge, die Ski geschultert. Viele Skiläufer waren zu sehen: Die einen kehrten aus den Bergen zurück, die anderen zogen hinauf. Alle trugen die Ski auf den Schultern. Es war eine merkwürdige Vorstellung, daß in der Nähe auf den Bergen Schnee lag und man Ski laufen konnte. Auf dem Korridor roch es nach frisch gebügelter Wäsche. Ein paar Deutsche in dicken bunten Kunstfaserpullovern begegneten Antipow, sie unterhielten sich laut und lachten, hatten rote Backen und leuchtende Augen, sie kamen aus dem Restaurant, jeder trug zwei Flaschen Pilsner wie Handgranaten. Hinter ihnen kam der Bucklige von gestern mit der rotkarierten Mütze und den Hunden, die er ausführte, den Korridor entlang, er hatte den gleichen verächtlichen Gesichtsausdruck wie gestern. Niemand blickte Antipow an, obwohl *ihm alles im Gesicht geschrieben stand.* Im Foyer vor dem Fahrstuhl eilte Antipow wieder zum Fenster: Die Menschenmenge neben dem roten Rechteck des Autobusses wurde dichter, da waren schwarze und dunkelbraune Mäntel und Pelzmützen, doch einen grünen Mantel und eine weiße Mütze konnte er nicht entdecken. Hinter dem Pult der Rezeption, das wie ein Ladentisch aussah, stand der Portier mit langer Nase und Goldrandbrille, sah Antipow kühl an, beugte sich aber plötzlich zu ihm und raunte wie ein Verschwörer, in gebrochenem Russisch: „Ich rate Ihnen, fahren Sie mit der Seilbahn zur Spitze hinauf. Sie werden eine furiose Landschaft sehen – Vysoké Tatry.“

„Vielen Dank", sagte Antipow. „Děkuji Vám."

Im Autobus saßen schon ein Dutzend Leute. Sie war nicht dabei. Da waren die beiden Damen aus der Buchhaltung des Staatlichen Komitees, da waren der alte Filmwissenschaftler aus Leningrad, sein junger Kollege, ein schnurrbärtiger hübscher Georgier, vier Mädchen aus einem Verlag und jener Herr, der während der ganzen Reise den Roman „Allein auf weiter Flur" las. Andere Leute kamen zum Autobus gelaufen. Sie war nicht dabei. Antipow in seiner sehnsüchtigen Aufregung wollte schon aus dem Autobus springen, da plötzlich erblickte er den grünen Mantel: Irina kam ohne Eile von der Chaussee her zu dem asphaltierten Platz herauf. Die Leute im Autobus winkten. Der Reiseleiter Konstantin Gerassimowitsch, ein Bein auf dem Asphalt, das andere auf dem Trittbrett, hatte die Hände trichterartig vor den Mund gelegt und rief etwas im Befehlston. Die Damen aus der Buchhaltung sagten: „Wegen der müssen alle warten!" Irina näherte sich im Spazierschritt. Jemand sagte: „Wie mit Absicht." Der nächste: „Aber das ist ihr Stil." Der übernächste: „Als ob wir's eilig hätten!" Antipow wurde das Gefühl nicht los, alle diese absichtlich lauten, zornigen Ausrufe waren *für ihn* bestimmt. Der Herr, der den Roman „Allein auf weiter Flur" las, blickte von dem Buch auf und sagte mit überraschend heftiger Gehässigkeit: „Die Leute sollten endlich lernen, die Anstandsregeln zu respektieren!" Irina kam beim Schluß dieses Satzes in den Autobus, stotterte etwas, die Antwort war Schweigen. Antipow klopfte auf den Sitz – er hatte die ganze Zeit eine Hand darauf gehalten, damit niemand den Platz wegnahm –, Irina setzte sich rasch neben ihn und flüsterte:

„Schimpfen alle auf mich?"

„Wieso bist du nicht zum Frühstück gekommen?" fragte er, ebenfalls flüsternd.

„Wieso?“ Sie guckte erstaunt. „Ich bin erst um zehn wach geworden.“ Und kaum hörbar: „Solche Sachen bin ich nicht gewohnt.“

„Ich auch nicht“, sagte er.

Der Fichtenwald reichte bis an die Chaussee heran. Hinter den Bäumen lugten Bauden und Hotels hervor und verschwanden wieder, am Straßenrand huschten Verkehrszeichen vorüber und rotgestrichene Abfallbehälter, die ein zweiflächiges Holzdach hatten, damit der Abfall gegen Regen geschützt war. Der Autobus überholte Wanderer. Alle, selbst die kleinen Kinder, waren sportlich gekleidet, trugen Hosen und Anoraks. Die Kinder blieben stehen und winkten dem Autobus.

Nach langem Schweigen sagte sie:

„Du bist es gewohnt.“

„Nein. Bin ich nicht.“

„Du bist es gewohnt. Das ist mir klar.“

„Wieso?“

„Weil es mir klargeworden ist. Ich bin überzeugt, daß du es gewohnt bist. Leider.“

„Und die Beweise?“

Sie flüsterten mit Pausen und ohne einander anzublicken, schauten aus dem Fenster.

„Beweise gibt es. Die bringe ich ein andermal. Jetzt mag ich nicht. Jetzt behaupte ich ohne Beweise, aber steif und fest: Du bist es gewohnt! Doch sehe ich darin nichts Schlimmes. Es ist bloß ein wenig schade …“

„Ein wenig … was?“

„Schade.“

„Für mich oder für dich?“

Sie lachte. Zum erstenmal während dieser Unterhaltung blickten sie einander an: Er sah die strahlenden blauen Augen. Die Reisegruppe hatte vordere Plätze, nur sie beide saßen hinten, der Motor brummte laut, niemand sah und hörte sie.

„Vielleicht ein wenig, ein ganz klein wenig“, sie

zeigte mit den Fingern, wie wenig, „ist es schade für mich. Aber natürlich nicht für dich.“

„Das ist nicht wahr“, sagte er und legte seine Hand auf ihre Finger. „Ich bin es nicht gewohnt. Ich habe kein Auge zugemacht.“

„Ach, du liebe Güte ...“ Sie schüttelte den Kopf. „Die Botschaft hör ich wohl ...!“

Der Morgen prägte sich in allen Einzelheiten ein. In der Nacht waren sie zusammen gewesen. Er hatte viel getrunken und geraucht und fühlte sich jetzt ausgelaugt und fröstelte, war aber unbegreiflich glücklich. Unbegreiflich! Er war doch kein junger Dachs mehr, den eine Nacht mit einer Offenbarung beglücken konnte; es war keine Offenbarung gewesen, sondern etwas anderes, was ihn glücklich machte. Unmerklich endete die Talfahrt, es huschten keine Fichten mehr vorbei, der Weg führte durch ebenes Land, das noch dunkel und feucht war, sich erst vor kurzem vom Schnee befreit hatte, und vor ihnen leuchteten die mohrrübenroten Ziegeldächer einer alten Stadt. Das war alles uninteressant. Am liebsten wäre es Antipow gewesen, wenn der Autobus eine Panne gehabt hätte, dann hätten sich alle zerstreut, sie beide wären weggegangen, und der Autobus wäre ohne sie weitergefahren. Doch der Autobus hatte keine Panne, erreichte wohlbehalten die Stadt und hielt auf dem kopfsteingepflasterten Marktplatz. Ein Fremdenführer kam, ein alter Mann, der einen steifen Hut und einen altmodischen Mantel mit Samtkragen trug. „Genossen! Freunde!“ sagte er feierlich und hob die Hand. „Wir werden uns ein bißchen beeilen, denn ein Gewitter zieht auf.“

Seinen Hut festhaltend, ging er im Geschwindschritt über den Marktplatz, und der ganze Haufen folgte ihm. Als der Alte vor einem steinernen weißen Obelisken stehenblieb und vom Slowakischen Nationalaufstand vierundvierzig erzählte – an dieser Stelle hatten die Faschisten slowakische Partisanen erschossen –, grollte von fern der erste Donner. Die Wolken hingen tief. Sie waren schieferfarben. Das Kopfsteinpflaster des Marktplatzes, die Mauern und Dächer der Häuser, alles sah heller aus als die Wolken. Der Alte hatte einen Schwiegersohn und einen Neffen beim Aufstand verloren. Er war aufgeregt, verwechselte Worte, manche russischen Ausdrücke fielen ihm nicht ein, aber als ihm auf deutsch vorgesagt wurde, bedankte er sich gekränkt. Er schaute immer wieder zum Himmel. Die beiden Damen vom Staatlichen Komitee machten sich unentwegt Notizen. Antipow stand neben Irina, und sie lehnte sich mit der Schulter unmerklich gegen ihn.

„Meine Freunde!“ schloß der Alte. „Merkt euch diesen bescheidenen Platz! Merkt euch diese unauffällige alte Kirche mit dem groben Kreuz aus Stein! Hier wird unser Autobus stehen.“ Seinen Hut festhaltend, lief er den Marktplatz hinunter, hielt aber plötzlich inne, wie von einem Windstoß getroffen, und rief: „Ach ja, und hier ist um zwei die Abfahrt! Daß sich keiner verspätet!“

Antipow und Irina verspäteten sich. Das Gewitter kam ihnen gelegen. Als sie mit den Nachzüglern ihres Haufens den Platz hinuntergingen, donnerte es ohrenbetäubend, und im selben Augenblick, mit schlagartig einsetzender Kühle, prasselte lawinenartig der Gewitterregen: Es war ein Zeichen, eine Schicksalswende, der Regen trieb sie in eine andere Richtung. Völlig durchgeweicht, suchten sie auf einem Hof unter einem Ziegeldach Zuflucht, rannten weiter, liefen in den Keller, über dem „Kaviareň“ stand, lachten, tranken Milchcocktail, der Kellner sagte „Prosím“, über ihnen rauschte und toste Wasser. Durch die dicken Fensterscheiben blickten sie in einen Hochwasser führenden Bach. Wenn doch der Regen bald aufhörte! Kaum lugte die Sonne hervor, eilten sie zum Marktplatz, stiegen in den Linienbus und fuhren ins Hotel. Die Korridore waren leer. Sie hörten das Telefon nicht klingeln, zwischendurch erzählten sie von sich. Irina hatte sich schon lange gewünscht, ihn kennenzulernen, weil sie alle seine Bücher kannte. Ihre zwölfjährige Tochter hatte sich schon verwundert: „Mama, warum liest du immerzu Antipow?" Irina hatte nach einer Erzählung von ihm einen Puppentrickfilm drehen wollen, eines Tages faßte sie sich ein Herz und rief ihn an, doch er antwortete lakonisch: Nein, er habe kein Interesse. Er erinnerte sich nicht an den Anruf. Doch er glaubte ihr jedes Wort, denn wie sollte er ihren Augen nicht glauben, die voller Tränen waren, ihren unermüdlichen Lippen, ihrer weichen Haut, die sich heiß, lüstern, wie ein Pflaster anschmiegte, wie hätte ihr Stöhnen geheuchelt sein können, die heiseren Schreie ihrer fast männlichen Baßstimme klangen absolut echt, erschrocken verschloß er ihr den Mund mit Küssen und glaubte, daß sie ihn über alles liebe und daß er größer sei als Tschechow, größer als Hemingway, Tolstoi und Homer, er glaubte, glaubte, glaubte bis zum Gehtnichtmehr, glaubte mit Leib und Seele, glaubte alles, und dieser Glaube verströmte sich im unaufhaltsam rinnenden Schweiß, er war naß, alles war naß, und er glaubte alles grenzenlos. Es wurde dunkel. Sie aßen nicht zu Mittag und nicht zu Abend. Irgendwann gingen sie hinunter ins Restaurant, die Musik spielte, ein Buckliger in einer knallgelben Weste schlug hin und wieder die Trommel, wobei er verächtlich in den Saal blickte. Antipow bestellte eine Flasche Sekt. Er fragte, wie es weitergehen werde. Sie sagte: „Wir kommen nach Moskau, verabschieden uns auf dem Kiewer Bahnhof, du rufst mal an, wir treffen uns, treffen uns noch einmal, dann verkrachen wir uns, und alles ist aus."

Doch was immer geschehe, sie werde ihn ihr Leben lang lieben. Er zweifelte: Sollte er auch dies glauben? Ihre Augen leuchteten im Schummerlicht. Manchmal nahm sie seine Finger und wollte sie küssen, doch er zog die Hand zurück. Der Reiseleiter Konstantin Gerassimowitsch holte sie im Laufschritt auf dem Korridor ein und raunte: „Das lassen Sie sich gesagt sein, Sie fahren nie wieder ins Ausland!“ Antipow sah den kleinen Mann mit den kurzen Beinen und dem Bürstenschnitt an und wußte nichts zu antworten, Irina aber lachte. Nachts gingen sie im Park spazieren. Der Portier knurrte, als er ihnen die Tür öffnete, Antipow gab ihm ein paar Kronen, da sagte er: „Prosím!“ Als sie durchgefroren und mit eiskalten Händen gegen zwei Uhr nachts zurückkamen, riß der Portier die Tür weit auf und sagte mit einer Verbeugung auf deutsch: „Gute Nacht, meine Herrschaften!“ Antipow wollte wissen, warum sie meine, daß er solche Sachen *gewohnt* sei. Sie sagte, er habe in der ersten Nacht im Schlaf einen Namen gemurmelt, aber es sei weder der ihre noch der seiner Frau gewesen. Wessen Name? Er müsse es doch wissen. Nein, er wisse es nicht. Er habe keine Ahnung. Oh, also habe es viele Namen gegeben! Sie hatte noch gar kein Recht dazu, war aber schon eifersüchtig. Sie wußten nichts voneinander, obwohl es ihnen vorkam, als wüßten sie alles. Sie stieß heisere Schreie aus, und er glaubte, dies sei das tiefste, vom Grund geschöpfte Wissen.

Es kam genau so, wie sie es vorausgesagt hatte. Sie telefonierten, sie trafen sich, Irina weinte, Antipow quälte sich, wußte nicht, was er wollte, Irina sagte, sie liebe ihn mehr als alle anderen Menschen, mehr noch als ihre Tochter und ihre Mutter, von ihrem Mann ganz zu schweigen, der zähle gar nicht, sie sagte, Antipow sei der ungewöhnlichste, beste, schönste Mann der Welt und bei keinem habe sie das empfunden, was sie bei ihm empfunden hatte, und obwohl sie wisse, daß es ein schreckliches Ende nehmen werde, sei sie glücklich und bedauere nichts. Im Herbst drehte sie einen Film über Kunsthandwerker, reiste nach Susdal, wohnte im Motel, er besuchte sie mehrmals dort; er hörte sie mit ihrem Mann telefonieren, ihre Stimme war trocken, abstoßend, es war die Stimme eines anderen Menschen. Sie erteilte Befehle. Ihr Mann sollte wegen Autoersatzteilen irgendwo anrufen, sollte etwas besorgen. Anscheinend verstand er von Autos weniger als sie, ihre Stimme klang gereizt. Sie fuhr überallhin mit dem Auto. „Weißt du, warum ich keine Touristenreisen mag? Weil ich da mein Auto nicht mithabe. Ohne Auto bin ich kein Mensch." Nachdem sie das von den Ersatzteilen gesagt und sich nach der Tochter erkundigt hatte, legte sie den Hörer auf, murmelte: „Schwachkopf!" Es war kaum hörbar und nicht für Antipow bestimmt, er vernahm es nur dank seinem feinen Gehör. Manchmal aber sagte sie, ihr Mann sei ungewöhnlich, in ganz Moskau finde man keinen zweiten, der so anständig und hochherzig sei. Plötzlich teilte sie mit, ihr Mann wisse alles, er sei *dahintergekommen*, sei außer sich vor Wut und habe gedroht, sie beide umzubringen. „Er übersteht es nicht, wenn ich ihn verlasse. Er ist zu Ungeheuerlichkeiten imstande." Daß sie ihren Mann verlassen würde, stand gar nicht zur Debatte. Doch sie war Antipow ans Herz gewachsen, und das war anders als in den ersten Wochen. Er hatte nicht gedacht, daß es so kommen würde. Jetzt langweilte er sich, wenn er sie nicht plappern und über dies und jenes urteilen hörte, über Bücher, Ereignisse, gemeinsame Bekannte – die nicht ahnten, daß sie *gemeinsame* Bekannte waren –, er sehnte sich nach ihrem Parfüm, ihrer brünetten Haut mit dem orientalischen Einschlag, ihren dunklen Haaren und blauen Augen, nach ihren Worten, er sei jetzt „der einzige Schriftsteller, über den man ernsthaft sprechen könne". Zu Hause hörte er nichts dergleichen. Er glaubte nicht, daß er es fertigbringen würde, Tanja zu verlassen. Zu lange hatten sie gemeinsam gelebt, fast zwanzig Jahre. Aber vielleicht gerade deshalb? Aus dem Leben mit ihr war aller Saft herausgesogen, weder Geschmack noch Geruch waren geblieben, nur trokkene, haltbare, ausgekaute Fasern. Tanja verstand nicht, was mit der Zeit aus ihm geworden war, und ihr Unverständnis richtete Unheil an. Davon wurde ihm trocken im Mund. Irina dagegen verstand es. Und sie bedauerte ihn. Sie konnte für ihn alles opfern. Sie sagte, *sie sei dazu bereit*, und er glaubte es.

Im Winter trafen sie sich seltener, es gab keinen Ort für ein Rendezvous, manchmal, wenn sie telefonierten, begann sie zu weinen, flehte ihn an, er solle sich irgend etwas einfallen lassen, sonst würde sie krank, sonst würde ein Unglück passieren, und er fand – mit Hilfe Mirons, der nicht wußte, um welche Frau es sich handelte, aber schrecklich neugierig war – etwas Unbequemes und Riskantes, es wurden eilige, hastige Rendezvous mit dem bitteren Vorgeschmack des Endes. Zweimal, es herrschte Frost, und sie konnten nirgendwohin gehen, fuhren sie bis hinter den Autobahnring, parkten an einer einsamen Stelle, der Motor lief, im Auto war es warm, und da war Unruhe, da war Lust, doch irgendwie war das amerikanisch oder so, als wenn auf dem Boulevard drei Mann Geld zusammenlegen, eine Flasche Schnaps leeren und ihrer Wege gehen. Sie waren unglücklich. Jede Begegnung schien die letzte zu sein. Es gab keine Zukunft. Die Tochter war erkrankt, Irina vergaß alles, versenkte sich in die Krankheit, er versuchte zu helfen, rief irgendwo an, suchte einen

Professor, Irinas Mann war unübertrefflich, vollbrachte wahre Wunder an Beharrlichkeit und sorgte dafür, daß die Tochter in die beste Klinik kam, nicht in eine privilegierte, sondern wirklich in die beste Klinik, zu dem besten Spezialisten, und in diesem Zusammenhang meinte sie, solch ein Mann verdiene ewig Dankbarkeit und sie würde ihm niemals weh tun können. Nach einiger Zeit ging es der Tochter besser, sie besuchte wieder die Schule, und Antipow spürte, daß Irina sich ihm aufs neue zuwandte. Doch nun hatte er eine Pechsträhne: Überall saß er fest, ein Szenarium war abgelehnt worden, ein Roman war bei einer Zeitschrift auf der Strecke geblieben. Was vor zwei Jahren möglich gewesen war, erschien jetzt zweifelhaft. Der Roman sollte um ein Drittel gekürzt werden. Und zu allem Überfluß hing einiges von ihrem Mann ab. Er bekleidete einen neuen Posten, wurde in einem schwarzen Wolga gefahren und in den Zeitungen genannt: Da hatte er eine Rede gehalten, dort an irgend etwas teilgenommen. Bekannte sagten: „Gut, daß er den Posten hat. Er ist ein anständiger Kerl." Antipow durchfuhr eisig die Vermutung: Ob es an ihm lag, daß alles stockte? Eines Tages – in einer fremden, kalten und scheußlichen Wohnung, die Heizung funktionierte nicht, und sie ließen in der Küche das Gas brennen, damit ihnen wärmer wurde – äußerte er seine Vermutung. Irina protestierte entrüstet: „Bist du verrückt! Er ist ein ganz hochherziger Mensch. Dich haßt er natürlich, aber eine Gemeinheit würde er nicht begehen." Das Attribut „ganz hochherzig", das sie mehrmals wiederholte, wurmte ihn. Er sagte, hochherzige Menschen zeichneten sich gerade dadurch aus, daß sie niemanden haßten, Haß sei ganz hochherzigen Menschen fremd. Ob er denn verlange, daß ihr Mann ein gutes Verhältnis zu ihm habe, ihm dankbar sei, daß er ihm die Frau ausgespannt habe? Darauf er: Noch habe er ihm die Frau nicht ausgespannt, und er habe nur etwas gegen unpräzise Formulierungen – man dürfe einen, der andere hasse wie alle Sterblichen, nicht einen „ganz hochherzigen Menschen" nennen. Das mißfiel ihr, wohl weil er gesagt hatte, er habe ihm die Frau noch gar nicht ausgespannt. An diesem Abend verabschiedeten sie sich kühl. Sie küßte ihn nicht wie sonst zum Abschied im Auto. Eine Woche später klingelte das Telefon, Tanja nahm den Hörer ab, doch es wurde aufgelegt. Antipow ging hinunter, rief vom Münzfernsprecher Irina an. „Hast du angerufen?" – „Ja!" sagte sie kläglich. „Ich kann nicht ohne dich sein. Verzeih, daß ich grob zu dir war ..." Es wurde ein leidenschaftliches, stundenlanges Rendezvous in der Wohnung ihrer Freundin, die für ein paar Tage verreist war. Die Wohnung war geräumig, aber liederlich wie die Behausung eines Junggesellen, im Vorraum standen Ski und ein Fahrrad, in den Zimmern hingen Fotos von Frauen, einige Aktbilder und Pornos.

Er fragte, was das zu bedeuten habe. Die Freundin sei Fotografin und fotografiere gern Frauen. Und wie sei die Beziehung zu ihr? „Wunderbar!" Sie lachte und küßte ihn. „Ein prima Kumpel. Auf sie ist Verlaß wie auf einen Mann. Eine Seltenheit bei Frauen!" Am späten Abend tranken sie in der Küche Tee, aßen fremdes Gebäck und fremde Marmelade, rauchten fremde Zigaretten, „BT", und er erzählte von seinen Unannehmlichkeiten: überall sitze er fest, das Geld werde knapp. Sie streichelte mitleidig seine Hand, hörte schweigend zu, fragte, ob er viel brauche. Er nahm das auf die leichte Schulter, sagte unbekümmert: Ja, viel! Er müsse seinen Anteil für die Genossenschaftswohnung einzahlen, in einem halben Jahr würde sie bezugsfertig. Irina guckte entgeistert. „Du baust eine Wohnung?" – „Ja. Das hab ich dir doch erzählt." – „Das hast du nicht erzählt!" – „Ich hab's erzählt. Du hast es vergessen." – „So etwas könnte ich gar nicht vergessen. Du baust eine Wohnung. Für deine dickärschige Tanja." Zum erstenmal äußerte sie sich gehässig über Tanja und nannte sie beim Namen. Früher hatte sie nie von ihr gesprochen, hatte getan, als existiere Tanja gar nicht. Einmal hatte sie allerdings spöttisch und in einem Ton, als gehe ihr ein Licht auf, gesagt: „Ah, ich weiß! Du hast es hier gern füllig", und auf ihr Hinterteil gedeutet. Irina, obwohl auch nicht mehr ganz jung, war schlank und biegsam – dank ihrer Vergangenheit als Sportlerin. Er hätte nicht von der Wohnung anfangen sollen. Er hatte kein Geheimnis daraus gemacht, und sie war natürlich im Bilde gewesen, doch er hätte es nicht in Erinnerung bringen sollen. Wieder gab es am Ende des Rendezvous einen Riß. Antipow nahm den Riß nicht ernst. Sie könne doch wirklich nicht verlangen, daß er auf die Wohnung verzichte! Mit welchem Recht? Sie selber habe ja bislang auf gar nichts verzichtet! Nein, das sei Getue, um den ohnehin gespannten Faden, der sie verbinde, in ständiger Spannung zu halten. Doch als sie am nächsten Tag anrief, sprach sie ganz leise und tief bedrückt, er begriff nichts, schließlich kam heraus: Sie habe die halbe Nacht im Badezimmer gesessen und geheult. Er war erschrocken. „Irina, was ist denn los?"

Für ein Rendezvous hatten sie an diesem Abend keine Bleibe. Sie fuhren hinaus zu ihrem vertrauten Plätzchen unweit des Dorfes Pjossjewo. Ein Waldweg führte zu einem kleinen See, auf ein von Silberweiden gesäumtes Wiesenstück am Ufer, wo im Sommer Kraftfahrer ihre Wagen mit Wasser aus dem See wuschen. Im Winter war es still und einsam. Es war unsinnig, so weit zu fahren, nur um sich zu unterhalten: Sie unterhielten sich unterwegs, unterhielten sich am See, doch auf der Rückfahrt schwiegen sie. Er hatte herauszubekommen versucht, weshalb sie die halbe Nacht geheult hatte. Eine einleuchtende Antwort war sie schuldig geblieben. Angeblich, weil er die Wohnung baue und folglich alles aus sei. Aber wegen einer Wohnung müsse doch nicht alles aus sein! Dann eben wegen etwas anderem, was mache es für einen Unterschied, das Entscheidende: Es sei aus. Ob sie denn wolle, daß er wie bisher beengt wohne, nicht arbeiten könne, in Hotels und Schriftstellerheimen herumvagabundiere – er habe solch ein Leben satt, er sei mittlerweile ein alter Mann, fünfundvierzig Jahre. Darauf hatte sie gesagt: „Du bist kein alter Mann und brauchst gar nichts. Du kannst sonstwo leben. Ich kenne dich. Du baust die Wohnung nicht für dich, sondern für Tanja. Sie braucht die Wohnung. Sie hat darauf bestanden." Das sei wahr. Aber wieso dieser Haß auf eine Frau, der sie selber etwas angetan habe? Tanja ahne nichts davon, daß über sie hergezogen werde. Ob sie nicht mehr Großmut aufbringen könne? Ja, Tanja träume von der Wohnung und glaube, im neuen Haus werde ein neues Leben beginnen, würden die alten Zeiten zurückkehren.

Antipow schwieg während der ganzen Rückfahrt nach Moskau. Irina hatte recht, aber sie war ungerecht, und darum konnte er sich nicht mit ihr versöhnen, obwohl er sie verstand. Er sah, daß sie ihn liebte und daß sie litt. Doch warum war sie dermaßen unempfindlich für alles außer ihrer Liebe und ihren Leiden! Sie hatte ja nie ein Wort von einer Verbindung gesagt, nur einmal war ihr entschlüpft: „Wäre das ein Glück – vor nichts Angst zu haben und die ganze Nacht bei dir zu sein ..." Er dachte an das, was sie im Wald, im dunklen Auto zu ihm gesagt und was ihn am meisten getroffen und verletzt hatte: „Männer wie ihr, du und mein Mann, verdienen Achtung, aber nicht Erbarmen. Ihr seid beide vom gleichen Schlag, nur hast du Talent und er nicht. Darum liebe ich dich und nicht ihn. Doch ihr seid beide Gefangene eines Kerkers, der abgebrannt ist. Die Ketten sind verrottet, aber ihr habt Angst, euch von der Stelle zu rühren. Du bist ein Schriftsteller, wie es wenige gibt. Du darfst dich nicht mit Banalitäten abgeben! Soll Tanja das erledigen. Du mußt dich deinem Schaffen widmen, aber dazu bist du nicht imstande – und das ist furchtbar!“ Beim Abschied sagte er: „Die Sache ist die, Tanja versteht es nicht, die Banalitäten zu erledigen. Leider muß ich das besorgen. Nimm es nicht übel.“ – „Na gut, dann besorg das. Ich nehme es nicht übel“, sagte sie. „Du brauchst mich nicht mehr anzurufen.“

So nahmen sie Abschied im Dezember, zehn Tage vor Neujahr. Und er quälte sich und versuchte zu begreifen: Warum? Was wollte sie von ihm? Es mußte etwas Grundlegendes dahinterstekken. Etwas Wesentliches blieb verborgen, blieb zu ahnen, doch Antipow erahnte es nicht. Er sagte sich: Also gut, ich habe das Buch durch. Es war spannend. Ich konnte mich gar nicht losreißen. Aber aus einem Buch läßt sich nicht mehr herauslesen als drinsteht, deshalb muß man Abschied nehmen und das Buch seinem ungeduldig wartenden Besitzer zurückgeben.

Er hielt sich daran und rief sie nicht an.

Dann begann das Hin und Her wegen Silvester, und er fand ein wenig Zerstreuung und Ablenkung. Alle Jahre gab es Ende Dezember diese Hetzerei, diese telefonischen Verhandlungen, mußte Tanja überredet werden. Gehen wir oder gehen wir nicht? Wohin? Mit wem? Tanja wollte gewöhnlich nirgendwohin, sträubte sich hartnäckig, stellte sich sogar manchmal krank, nur um zu Hause bei den Kindern zu bleiben und den Mann mit niemandem teilen zu müssen. Doch die Kinder blieben nun selber nicht mehr zu Hause. Tanja sträubte sich diesmal nicht – sie wollte alles tun, was Antipow wünschte! Ihm aber war alles egal. Plötzlich war er wie früher, gutherzig, sanft, umgänglich, und begehrte – das hatte es lange nicht gegeben – ihre Zärtlichkeiten. Er erklärte nichts. Eines Nachts warb er plötzlich so leidenschaftlich wie in jungen Jahren, sie war glücklich, war überrascht. Allerdings phantasierte er dann, verlangte mitten in der Nacht Unmögliches von ihr, sie tat, als verstehe sie nicht, und hörte ihn im Traum lachen und unverständlich murmeln.

Im Zentralhaus der Kulturschaffenden, wohin Miron und Lucienne sie mitnehmen wollten, würde sich ein fideler Haufen treffen: der Regisseur Poplawkow, der Maler Spirin, Wolodja Gusselstschikow, ein Schauspieler, der populäre Lyriker Samschitow, den Antipow in Koktebel kennengelernt hatte, dessen Freund, der Französischübersetzer Kubarski, und Roitek, der wer weiß wieso dabeisein sollte. Wegen Roitek begann ein Tauziehen, und fast wäre das Ganze geplatzt. Der Lyriker Samschitow sagte, mit Roitek setze er sich nicht an einen Tisch. Wieso nicht? Keine Erklärung. Er tue es nicht, und basta. Der Lyriker Samschitow war ein Prominenter, und alle wünschten, daß er an ihrem Tisch saß. Aber was sollte mit Roitek werden? Eingeladen hatte ihn Poplawkow, der an ihm Interesse hatte, weil Roitek Hauptberater des Zentralen Filmkomitees war und ein Genehmigungsantrag für einen großartigen Film, den Poplawkow zu drehen hoffte, sich gerade auf dem Weg durch das Labyrinth dieses Komitees befand. Darum wollte er Roitek auf keinen Fall aufsitzen lassen. Für ihn war Roitek die Hauptperson in der Neujahrsnacht. Doch Samschitow blieb hart. Drei Tage dauerten die unaufhörlichen telefonischen

Verhandlungen. Es gab zwei Lager: für Roitek und gegen ihn. Miron war gegen ihn. Er sagte, Roitek gehe ihm wider den Strich, und wenn er ihn nur sehe, kriege er allergischen Ausschlag. Antipow war alles egal, Hauptsache, er mußte nicht zu Hause bleiben und einsam vor dem Fernseher sitzen. Der Maler Spirin versuchte herauszufinden, was Roitek denn verbrochen habe. Habe er jemanden vergiftet, erdolcht, beklaut oder in den Knast gebracht? Die Antworten blieben vage. Roitek war längst nicht mehr der forsche, hektische Zeitungsmann, den Antipow noch in Erinnerung hatte: Er war grauhaarig und sah ehrwürdig aus, hatte fünf Bände Publizistik veröffentlicht, war beharrlich die administrative Leiter hinaufgestiegen und unversehens die einflußreichste Figur beim Zentralen Filmkomitee geworden. Gusselstschikow war aus unerfindlichem Grund für Roitek. Wahrscheinlich aus Snobismus.

Vor Antipow taten sich plötzlich Schwierigkeiten auf. Beim Abendessen fragte Stjopka: „Ihr feiert mit Roitek?“ – „Wahrscheinlich ja“, sagte Tanja. „Aber ich bin nicht sicher. Mir liegt nicht viel daran.“ Sie hoffte noch, die Sache würde platzen und sie könnte zu Hause bleiben. Antipow sagte: „Ja. Na und?“ – „Papa, ich hab ’ne Bitte: Haltet ihn möglichst lange fest. So lange wie’s geht. Am besten bis zum Morgen. Und noch besser – bis zum Neujahrsabend.“ Antipow guckte verdutzt. Sein Sohn fuhr vergnügt fort: „Ihr könntet euch ein Koma ansaufen. Die Reanimation ist nicht schwierig. Zwei Tage – und ihr kommt gesünder nach Hause, als ihr vorher wart!“ Stjopka wieherte. Tanja kam Antipow zu Hilfe: „Weißt du denn nicht, daß Roiteks Tochter Stjopkas neue Freundin ist? Sie feiern Silvester in Roiteks Wohnung.“

Er hatte es nicht gewußt. Diese Winkelzüge des Lebens!

Die neue Freundin war vor vier oder sechs Wochen aufgetaucht. Nastja hieß sie wohl. Sie hatte Mila abgelöst. An Mila hatte Antipow sich gewöhnt, und er hatte sich damit abgefunden, daß ihr Vater Untersuchungsführer bei der Staatsanwaltschaft war. Aber Roiteks Tochter? Die mit dem gefärbten Haar, dem bunten bulgarischen Schaffellmantel und dem knalligen Make-up? Die sei doch bestimmt dreißig? Sechsundzwanzig. Sie habe an der Filmhochschule studiert und schon in drei Filmen mitgespielt. Sie sei doch sicherlich verheiratet gewesen und habe Kinder? Verheiratet sei sie gewesen, Kinder habe sie nicht. Antipow dachte: Was soll der Sarkasmus? In meinem Leben hat es Susanna gegeben. Sie war damals vierzig. Und sie war mir eine gute Freundin.

Tanja betrachtete ihren hochaufgeschossenen, einszweiundachtzig großen Sohn mit heimlichem Erschrecken und Mitleid: Erschrecken, weil sie im Charakter des Sohnes das wiederzufinden fürchtete, was sie an Antipow, den sie der *Schürzenjägerei* verdächtigte, am meisten und unbezwingbar ängstigte, und Mitleid, weil sie schon die Nöte sah, in die ihr Sohn hineinsteuerte. Vor langer Zeit, als sie und ihr Mann noch offen zueinander waren und einander liebten, hatte Antipow ihr von seinen Frauen erzählt, und sie hatte Erbarmen mit ihm gehabt. Immer war er vom Pech verfolgt worden, bis er ihr begegnete! Alle diese Susannas, Nataschas, Galinas hatten ihm nichts als Leiden und Unglück gebracht. Sie hatten ihn nicht verstehen können. Sie hatten ihn ausgenutzt. Drohte auch Stjopka dieses Schicksal? Mußte auch er eine Kette von Enttäuschungen, Demütigungen, Kränkungen, Seelenqualen erleben, bis er einer anständigen Frau begegnete? Er war natürlich attraktiv, klug und von einer Lauterkeit, die jede Frau zu schätzen wußte, außerdem war er der Sohn des Schriftstellers Antipow – auch das zählte. Kein Wunder, daß die Frauen auf ihn flogen. Doch er war leichtgläubig. Er war erst neunzehn. Diese Anastassia Romanowna – so hatte Nastja sich vorgestellt, als sie zum erstenmal zu ihnen kam und majestätisch ihre mollige Hand mit dem goldenen Armband reichte, wie auf einer Bühne, wie zum Handkuß – hatte Tanja sofort argwöhnisch gemacht. Was wollte eine so selbstbewußte, charmante und anscheinend reiche Dame mit einem jungen Burschen, einem Basketballspieler und Studenten, der noch vor kurzem gestottert hatte und rot geworden war, wenn er mit einer Frau sprach?

Darüber sann Tanja nach, während sie den Sohn voll innigem Mitgefühl ansah wie ein armes Opfer, um das es bald geschehen sein würde, doch sie scheute sich, darüber zu sprechen. Stjopka sagte: „Nastja läßt ausrichten, sie hätte gehört, euer Haufen würde vielleicht auseinanderfallen und ihr Vater womöglich zu Hause bleiben. Fallt also bitte nicht auseinander."

Der Haufen drohte tatsächlich auseinanderzufallen. Es blieben zwei Tage bis Neujahr, aber noch war nicht klar, ob Poplawkow und Samschitow und auch der verdammte Roitek, der von den Wellen des allgemeinen Zwistes nicht unberührt geblieben sein konnte, erscheinen würden. Bezahlt hatten alle. Doch man konnte in letzter Minute absagen und jemand anders hinschicken. Ins Zentralhaus der Kulturschaffenden wollte jeder. Das ganze elegante, mondäne, goldbehangene, erfolgverwöhnte Moskau drängte ins Haus der Musen, wo es die ganze Nacht ein Programm mit Zigeunern, Clowns, Wahrsagern, einer Tombola und frivolen französischen Filmen geben würde. Die Frauen gerieten in Aufregung, fürchteten, das Fest könne für sie ins Wasser fallen wegen der Schrullen der Männer, die sich, so ihre Meinung, wie Frauen benahmen: Mit diesem verkehre ich, mit jenem nicht. Lucienne rief entrüstet Tanja an. „Meiner ist völlig übergeschnappt. Er sagt, wenn Roitek kommt, macht er einen Skandal. Was soll dieser idiotische Stolz? Wer sind sie überhaupt? Wieso sind sie etwas Besseres als Roitek?" Tanja sagte, nach ihrer Meinung seien sie doch etwas Besseres. Lucienne tobte: „Nicht die Bohne! Unbegabt sind sie! Impotent!"

Samschitows Frau rief an, mit der Antipow entfernt bekannt war, und warb um Verständnis für Samschitows Haltung – damit diese nicht fehlinterpretiert werde und nicht brutal wirke. Es handele sich um schwerwiegende Gründe. Samschitow würde Roitek niemals jenen Artikel im „Krokodil" verzeihen, Antipow wisse, was gemeint sei – Kolja Kubarski habe Roitek damals ins Gesicht gesagt: „Sie sind ein Mensch mit amputierter Moral", doch den habe das überhaupt nicht gerührt. Sie würden so etwas jedenfalls nicht vergessen. Wie könne man sich mit dem an einen Tisch setzen? Antipow war bedrückt, fühlte sich vom Leben betrogen und hatte nur zu einem Lust – Irina anzurufen. Doch das ging nicht. So sagte er gequält: „Ich verstehe Sie. Das geht auf keinen Fall."

Eine Woche war der Abschied her. Er rannte bei jedem Klingeln ans Telefon, hoffte, sie habe es sich anders überlegt und rufe als erste an: Es war *ihr Befehl, nicht anzurufen*, und nur sie selbst konnte ihn aufheben. Am dreißigsten Dezember morgens um acht klingelte es, Antipow stürzte Hals über Kopf aus dem Bad, den Bademantel überwerfend, halb fertig, mit Herzklopfen, denn er meinte, sie rufe an, normale Leute riefen nicht in solcher Herrgottsfrühe an, nahm den Hörer ab, schrie flüsternd: „Ja! Bitte?" Doch es meldete sich eine brüchige, dünne, bekannte Männerstimme. „Alexander Nikolajewitsch, mein Lieber, entschuldigen

Sie, daß ich so früh anrufe, aber ich muß weg, und diese Sache läßt sich nicht aufschieben, sie muß irgendwie geklärt werden ..." Es war Roitek. Antipow hatte seit fünf Jahren nicht mit ihm telefoniert. „Mein Bester, wir schwanken. Darf ich offen sein? Wir möchten sehr gern ins Haus der Kulturschaffenden kommen, Shenja Spirin, Jura Poplawkow und die Daniljanzens haben uns eingeladen, auch Sie kenne ich seit langem ... Alles gut und schön ... Ich habe das Geld bezahlt. Und mit einmal erscheinen neue Personen auf der Bühne. Davon hat mir vorher keiner was gesagt. Herrschaften, so was gehört sich nicht! Es ist eine höchst heikle Aufgabe, eine Silvestergesellschaft zusammenzustellen. So etwas darf man nicht übers Knie brechen, sonst kommt sonstwas dabei heraus. Was nun? Zum Beispiel mit einigen von diesen Personen würde ich mich, wie der Volksmund sagt, nicht vor einen Pflug spannen lassen." Antipow fragte: „Wen meinen Sie, Roman Viktorowitsch?" – „Sie wissen, wen. Samschitow ist albern. Aber ihn würde ich ertragen. Kubarski dagegen ist ein dubioser Bursche, mit dem ich nichts zu tun haben möchte. Ich hätte Bedenken, mich in seiner Gegenwart zu unterhalten! Habe ich so etwas nötig?"

Dieser Anruf, der starkes Herzklopfen und noch mehr Trübsinn zur Folge hatte, bezweckte eines: Die anderen sollten, wenn die Roiteks wegblieben, nicht lange nach den Gründen suchen. Schuld sein würde Kubarski. Es war langweilig, an das alles zu denken, und Antipow dachte nicht daran. Er erzählte niemandem von Roiteks Anruf, sondern vergaß ihn einfach. Aber das neue Jahr, neunzehnhundertsiebzig, stand vor der Tür: Morgens und abends sammelten sich Menschen an den Stellen, wo Neujahrstannen verkauft wurden, überall sah es leer aus, dunkle Tannennadeln lagen im Schnee, in den Höfen boten Trunkenbolde mickrige

Bäume feil, Menschenmengen drehten sich auf den Plätzen, wogten die Prospekte entlang, drängten sich mit frostkalten Pelzen in den Geschäften, schleppten Netze voll Apfelsinen und eingewikkelte Torten. Antipow schlenderte durch die Stadt, blieb bei Telefonzellen stehen. Überall waren Schlangen, er stand geduldig und wartete, ging aber weg, ohne angerufen zu haben. Er wußte nicht, was er mehr verachten sollte: seinen Kleinmut oder seinen sinnlosen Starrsinn. Klar, es war aus. Das Jahr ging zu Ende. Lämpchengirlanden, quer über die Straße gespannt wie glitzernde Wäscheleinen, verkündeten es. Trotzdem glomm noch ein winziger Teil des Jahres, zuckte noch, lebte! Es blieben Stunden, Augenblicke. Noch konnte er zwei Kopeken in den Schlitz stecken und mit zitterndem Finger die Nummer wählen. Er kam an einem Blumenladen vorbei, kaufte einen Nelkenstrauß und nahm ihn für Tanja mit. Sie freute sich, errötete wie einst.

„Sascha", sagte sie schüchtern, „vielleicht gehen wir gar nicht weg? Bleiben zu Hause?" – „Können wir machen", sagte er. „Ich hab nichts dagegen." – „Wirklich?" – „Wirklich. Wir können hierbleiben."

Tanjas warme Hand streichelte seinen Hals. Er tätschelte ihre drallen Schenkel, und sie beugte sich zu ihm, nahm die Brille ab, damit sie nicht herunterfiel, und küßte ihn auf den Kopf. Wieder tätschelte er ihre Schenkel. Es war der dreißigste Dezember, sieben Uhr abends. Die Kinder waren nicht zu Hause. Tanja zog sich ins Bad zurück, um sich den Kopf zu waschen. Antipow setzte sich am Telefon in den Sessel, wählte und hörte Irinas ruhige Stimme: „Bitte?" – „Ich bin's", sagte er. „Ich wünsche dir was zum neuen Jahr." – „Danke." – „Alles Gute und so weiter ..." – „Danke." Ihre Stimme blieb ruhig. Sie erwiderte die Glückwünsche nicht, war nicht über den Anruf verwundert, wünschte nur, daß er möglichst bald den Hörer auflegte. Er fragte: „Wo feierst du?“ – „Im Zentralhaus der Kulturschaffenden.“ – „Ah! Na schön. Vielleicht sehen wir uns.“

Als Tanja aus dem Bad kam und sich zum Kämmen vor den Spiegel setzte, sagte Antipow, er habe es sich anders überlegt, es würde einen schlechten Eindruck machen, wenn sie nicht erschienen. Miron würde beleidigt sein, ebenso Wolodja Gusselstschikow, sie müßten hingehen. Roitek möge der Teufel holen. Den brauche man nicht zu beachten. „Gut“, sagte Tanja sanft. „Gehen wir hin.“ Seine Erregung war im Laufe des Tages gestiegen. Er überlegte, was mit ihm los sei, denn es war nicht recht zu erklären, wieso er in diesen Tagen so krampfhaft und blind, geradezu verzweifelt, nicht einmal von einem Rendezvous träumte, sondern nur von einem Gespräch. Ein Rendezvous wäre ein unerhörtes Glück gewesen. Vor kurzem aber war *das Unerhörte* nichts Besonderes gewesen, hatte nichts Paradiesisches, nichts Blendendes gehabt, hatte bisweilen bedrückt, bisweilen gelangweilt, bisweilen denken lassen: Muß das alles weitergehen? Jetzt dagegen verursachte ihm allein der Gedanke, daß Irina am Nachbartisch sitzen würde, Herzklopfen und Atemnot. Er wollte einen Augenblick abpassen, hingehen und ihr eine Erklärung abverlangen, *was sie von ihm wolle.*

Am einunddreißigsten Dezember mußte er wenigstens ein paar Zeilen schreiben, das würde ein gutes Omen sein. Antipow glaubte an Vorzeichen, obwohl er Atheist war, sich wohl als Heiden bezeichnen konnte. Er setzte sich an seinen Roman, mit dem er sich schon das dritte Jahr herumquälte. Zuerst hatte er ihn auf Bitten der Redaktion umgearbeitet, dann von sich aus zu verbessern angefangen. Der Roman hieß „Das Nikiforow-Syndrom“. Nikiforow war Schriftsteller. Er lebte in den sechziger Jahren in Moskau, war nicht mehr jung, wenig bekannt, wenig erfolgreich, quälte sich und seine Angehörigen mit seiner Schinderei an einem Buch, in dem er sich selbst zurücknehmen wollte: Es war die Analyse *des Lebens, das sich nicht zusammengefügt hatte.* In der Redaktion, die Antipows frühere Bücher ohne weiteres akzeptiert und veröffentlicht hatte, rief der Roman „Das Nikiforow-Syndrom" Befremden hervor und blieb, wie eine Fliege am Fliegenfänger, am Leim endloser Stellungnahmen, Gutachten und Besprechungen kleben. Allein acht interne Gutachten wurden eingeholt. Keins davon war ein Verriß, doch in allen wurde etwas Grundsätzliches und Wesentliches bemängelt, und der Chor bildete eine dunkle Musik – eine Trauermusik. Manche Fliegen summen und zappeln noch lange, wenn sie am todbringenden Papier kleben. Auch Antipow summte und zappelte, verlangte immer neue Stellungnahmen und objektive Besprechungen, doch auch die schlossen sich dem Chor an. Die Gutachter begriffen nicht, was er mit seinem Roman „Das Nikiforow-Syndrom" sagen wollte. Hatte Nikiforow wenig Talent und wenig Erfolg, so lohnte es nicht, über ihn zu schreiben. Hatte er dagegen Talent, aber wenig Erfolg, so mußten die sozialen Wurzeln seines Mißerfolgs vor dem Hintergrund des Lebens im Lande gezeigt werden. Antipow fand, er habe die Wurzeln und den Hintergrund gezeigt. Doch ihm wurde entgegengehalten, sein Hintergrund sei nicht der richtige, sei gestrig. Zu diesen Themen solle man nicht zurückkehren, es sei schon alles gesagt, man brauche das nicht zu wiederholen. Überhaupt sei es das Hinterletzte, über einen Schriftsteller zu schreiben. Wenn einer gar nichts mehr zu sagen habe, keine Eindrücke mehr gewinne, völlig ausgebrannt, lebensfremd und isoliert von den Menschen sei, dann schreibe er aus

Kummer über einen Schriftsteller. Literatur dieser Art sei immer etwas Verkorkstes. Zu retten sei der Roman nur, wenn Antipow ihn durch einen Lichtstrahl aufhelle. Woher er den nehme, müsse er als Autor selbst am besten wissen. Diesbezügliche Empfehlungen könne man nicht geben. Aber „Das Nikiforow-Syndrom" war nicht einfach ein Roman über einen Schriftsteller, sondern ein Roman über einen Schriftsteller, der einen Roman über einen Schriftsteller schrieb, vielmehr: ein Roman über einen Schriftsteller, der einen Roman über einen Schriftsteller schrieb, der auch einen Roman über einen Schriftsteller schrieb, der seinerseits ebenfalls über einen Schriftsteller schrieb, und dieser schrieb eine Art Roman oder Essay über einen halbvergessenen Autor vom Anfang des neunzehnten Jahrhunderts, und der schrieb die Biographie eines Literaten, der den Freimaurern und dem Nowikow-Zirkel nahegestanden hatte. Die gesamte Kette oder, besser gesagt, das System von Spiegeln, das sich durch fast zwei Jahrhunderte zog, war der Phantasie des Schriftstellers Nikiforow entsprungen, der an einer seltsamen Krankheit litt, vom Autor „Nikiforow-Syndrom" genannt. Es war, vereinfacht gesagt, die Angst vor dem Leben, genauer, vor der Realität des Lebens. Diejenigen, die das Manuskript gelesen hatten – nicht nur die Gutachter, sondern auch einige Freunde wie Wolodja Gusselstschikow, Dr. Lew Brugger, mit dem Antipow sich kürzlich angefreundet hatte –, meinten, Nikiforow sei das Alter ego des Autors, was ein Irrtum war, obwohl Antipow natürlich viel Eigenes hatte einfließen lassen, allerdings nur von jenem Momentanen, Alltäglichen, das man den *Unrat des Lebens* nennen konnte. Selbstverständlich zuckten manchmal auch aus Unrat Funken auf: „Wenn ihr wüßtet, auf welchem Unrat Verse wachsen ohne Scham ..." Doch

Antipows Feuer war von anderer Art. Es handelte sich um eine kühle Analyse, um die Untersuchung, wieso seinem Helden zwölf Jahre zuvor jenes Schreckliche widerfahren war. Der Mann, an den Antipow dachte, als er seinen Nikiforow schuf, war Boris Kijanow, der ihn einst mit den Worten überrascht hatte, man müsse über Leiden schreiben. Das zweite Mal hatte Kijanow ihn durch seinen Abgang, durch die gewaltsame Beendigung der Leiden überrascht. Merkwürdigerweise teilten nicht alle die Überraschung, fanden es nicht alle interessant, davon zu lesen. Tanja meinte, „Das Syndrom" sei langweilig und zum Mißerfolg verurteilt. Antipow hatte sie einmal zu Marinka sagen hören: „Dein Vater sitzt mit seinem Schmarren fest, deshalb können wir dieses Jahr nicht nach Jalta fahren."

Vielleicht hätte er „Syndrom" begraben und zu dem zurückkehren sollen, was todsicher, wenn auch nicht immer glatt und ohne Verluste durchkam, den Erwartungen der Verlage und der Leser entsprach und ein sorgenfreies Leben gewährleistete: Novellen über Forschungsreisende, Freidenker, Maler, Sonderlinge des vorigen Jahrhunderts. Antipows Werke drangen zwar nicht in die „dikken" Literaturzeitschriften vor, erschienen aber regelmäßig in Kinder- und Jugendbuchverlagen. Dort hatten sie in den letzten sechs Jahren einen festen Platz in der Serie „Aus der Vergangenheit der russischen Kultur" erobert. Die Arbeit am „Syndrom" jedoch war etwas ganz anderes. Sie war für Antipow gewissermaßen eine Operation am eigenen Leib. Bisweilen tat es weh. Oft ließ er das Manuskript wochenlang liegen, weil er den Glauben verlor und die Sachen für sinnlos hielt. Außerdem mußte er dringend irgend etwas schreiben, um Geld zu verdienen. Der Roman wuchs sich zu einem wirren, ungefügen Gebäude aus, schier zu einem Labyrinth, in dem der Leser sich verirren konnte. Wie die Puppen in der russischen Matrjoschka ineinanderstecken, so steckte in diesem Roman in jedem Schriftsteller noch ein und noch ein Schriftsteller, kleiner und immer kleiner, und der letzte, der Freimaurer Rynditsch, war so winzig und unscheinbar, daß ein unaufmerksamer Leser ihn übersehen konnte. Etwas mehr Platz beanspruchte Klembowski, der Schöpfer des Rynditsch, ein Tollkopf aus den vierziger Jahren, den es insgeheim quälte, über seine Freunde verleumderisch ausgesagt zu haben, was er nicht hätte tun dürfen, doch das wußte keine Menschenseele bis auf den Herrn, der in Polen ums Leben kam. Hinsichtlich seines guten Namens konnte der arme Klembowski völlig unbesorgt sein, doch die Qualen ließen nicht nach, und er sah nur einen Weg, sie zu überwinden: mit Hilfe einer Gänsefeder und der Phantasie in diese Qualen einzudringen. Heutzutage läßt sich das mit Hilfe der Psychoanalyse leicht erklären, doch dazumal nannte man so etwas treuherzig „Gewissensqualen“, darum wandte sich Klembowski dem Schicksal eines der unausgereiften russischen Voltaireianer zu, der schüchtern rebelliert, aber heftig bereut hatte. Über Klembowski aber schrieb Iwan Syromjatnikow, ein Sohn des Diakons der Kladbistschenstkaja-Kirche, Mitarbeiter der Zeitschrift „Sowremennik“ und ein urwüchsiges Talent, der sich jedoch durch Trunksucht ruinierte. Über ihn wußte Nikiforow gut Bescheid, und ein ganzes Kapitel handelte davon, wie Syromjatnikow in den Moskauer Elendsvierteln und ärmlichen Kleinbürgerhäusern nach Klembowskis Tochter sucht: Das waren vermutlich die besten Seiten des Romans über Syromjatnikow, den Wsewolodow neunzehnhundertzehn während der Verbannung in Archangelsk schrieb, bevor er nach England floh. Abgesehen von Nikiforows Vita in den dreißiger, vierziger und fünfziger Jahren, behandelte der Roman „Das Nikiforow-Syndrom" am ausführlichsten das Schicksal Wsewolodows, eines Träumers, Bombenlegers, Dichters, Matrosen auf Handelsschiffen, der im Jahre siebzehn in die Heimat zurückkehrte und zwei Jahre darauf unter ungeklärten Umständen im Ural ums Leben kam. Nikiforow hatte ihn neunzehnhundertachtzehn, kurz vor dem Aufstand der Weißen, im Hause einer Verwandten in Jaroslawl kennengelernt. Wsewolodows Bruder war ein Vertrauter Perchurows, der den Aufstand anführte, und vor Nikiforows Augen spielte sich das ungestüme blutige Drama jener Jahre ab: Wsewolodow wartete im Keller des Kasaner Klosters auf die Hinrichtung, doch ehe es dazu kam, wurde der Aufstand niedergeschlagen, und Ende Juli wurde in demselben Keller Wsewolodows Bruder erschossen. Nikiforow schrieb viele Jahre mit Unterbrechungen an dem Roman: Anschauungen wechselten, Namen verschwanden, alles war brisant. Hin und wieder brach Nikiforow die Arbeit an dem Roman ab und schrieb Stücke, Einakter, oder übersetzte aus dem Französischen. Er übertrug drei wenig bekannte Romane von Jules Verne. Und dieses Leben, das zwischen Jules Vernes kindlichen Phantasien und den verzweifelten Versuchen, in den Abgrund der Jahre zu blikken, hin und her gerissen wurde, dieses Leben, das so gewöhnlich war wie Schnee, so langweilig wie der Blick vom Küchenfenster in den Hof, dieses Leben, in dem alles Wichtige unsichtbar war und tief innen so etwas wie eine Zeitbombe tickte, wurde der Inhalt des „Syndroms". Antipow war dabei, das Rätsel von Nikiforows Tod zu lösen. Nikiforow versuchte die Umstände zu klären, unter denen Wsewolodow den Tod gefunden hatte. Wsewolodow, den quälte das ungeklärte Ende Syromjatnikows in tiefstem Elend, in einem Moskauer Nachtasyl, und so ging es immer weiter bis zu dem im Nebel erkennbaren Rynditsch, der in einem Irrenhaus sein Leben aushauchte.

Nikiforows Frau Georgina – oder Goga – war ungewöhnlich schön und charmant, aber dumm. Sie sagte von Nikiforow: „Kolja ist ein sehr mutiger Mann. Er spielt nur den Feigling. Und darüber bin ich heilfroh." Ihretwegen tat Nikiforow vieles. Kinder hatten sie nicht. Aber beide hatten sie Neffen oder Nichten. Zu den ihrigen waren sie aufmerksam, ja liebevoll, zu den seinigen geringschätzig. Goga meinte, sie hätten etwas Degeneriertes. Sie behielt auch im Alter, als sie unförmig dick geworden und ihr Gesicht verwelkt war, den weiblich koketten, naiven Blick der blauen Augen und das jugendliche Lächeln – damit hatte sie alle stets am stärksten bezaubert. Manche meinten, sie habe Nikiforow als Schriftsteller ins Verderben gestürzt. Andere fanden das Gegenteil: In den schweren Jahren sei sie seine Rettung gewesen. Die einen wie die anderen führten triftige Gründe ins Feld, eines aber stand außer Zweifel: Nach Nikiforows Tod erreichte sie für ihn (für ihn?) phantastisch viel. Sie wurde eine wahrhaft große Witwe. Als Sekretärin der Nachlaßkommission schaffte sie es neun Jahre nach Nikiforows Tod – er war neunzehnhundertsechzig nach einer Überdosis Schlafmittel an einem Herzanfall gestorben –, daß acht Bücher von ihm veröffentlicht wurden. Eine derartige Blüte hatte er zu Lebzeiten nicht gehabt. Einen dicken Band brachte sie sogar im Verlag für Eisenbahnwesen heraus, nachdem sie das Ministerium mit einer alten, schon zweiunddreißig erschienenen Novelle Nikiforows über Eisenbahner breitgeschlagen hatte. Antipow genoß es, über Goga zu schreiben. Sie gab die Aura für Nikiforows Leben her.

Am einunddreißigsten Dezember um sechs Uhr

abends schrieb Antipow, nachdem er sich im Arbeitszimmer eingeschlossen und die Schreibtischlampe mit dem biegsamen Stiel angeknipst und so hingestellt und gebogen hatte, daß sie sich links von ihm befand und das Papier hell beleuchtete: „Der stiernackige Mann ging mit knarrenden Stiefeln ans Fenster, schaute auf den Hof, wo von einem Pferdewagen Brennholz abgeladen wurde – warum knarren seine Stiefel? Das ist doch unerträglich! Er macht es absichtlich, er strengt sich an, damit sie knarren. Das ist Methode, dachte Nikiforow – und fragte: ‚Warum haben Sie gerade diese Gestalt gewählt?‘ Nikiforow sagte, die Gestalt sei erfunden. Der Mann widersprach: Er besitze andere Informationen. Nikiforow gab eine Erklärung, der Mann hörte ohne Interesse zu, seine Augen verbargen sich hinter den teigigen Augenlidern, an denen so etwas wie weiße Saugrüsselchen hingen, verschwanden in den dunklen, feuchten Schlitzen, Nikiforow erkannte nicht, wohin sie blickten und was sie sahen, der Mann gähnte, stupste die magere Hand vor den Mund, versetzte plötzlich energisch: ‚Wir besitzen Informationen, daß Sie Wsewolodow darstellen!‘ – ‚Von wem?‘ ‚Von Ihrer Gattin. Sie hat freimütig ausgesagt. Der Schriftsteller Wsewolodow, ein Sozialrevolutionär und Renegat, wurde von den Organen der Tscheka verhaftet und im Jahre neunzehn erschossen.‘ Nikiforow sagte: ‚Na und? Das hat mit dem Roman nichts zu tun. Im Roman wird der Schriftsteller Waldajew dargestellt. Und der wird nicht von Tschekisten, sondern von Koltschak-Leuten erschossen.‘ Der Mann mit dem Stiernacken sagte: ‚Sie wollen uns was einreden ...‘“

Antipow legte den Füller hin, las, dachte nach.

Es war schon gegen sieben. Im Nebenzimmer ließ Marinka das Tonbandgerät laufen, zwar nicht laut, die Worte waren nicht zu verstehen, doch das

Musikgeplätscher ärgerte Antipow. So eine Frechheit! Er hatte doch gesagt, daß er bis acht arbeiten wolle. Er klopfte gegen die Wand. Das Tonbandgerät verstummte, doch dafür ertönte lautes Klopfen von oben, da wurde wohl ein Stuhl auf den Fußboden gestoßen. *Sie hatte ruhig und ohne Verärgerung gesagt: „Im Zentralhaus der Kulturschaffenden."* Die Worte sperrten sich, wollten sich nicht fügen, es lief nicht, wie es sollte, und das war am gefährlichsten: Trostlosigkeit, Monotonie. Nein, es taugte nichts. Es war miserabel. Er mußte es anders anpacken. Mit einem weichen schwarzen Stift, den er immer für die Arbeit des Scharfrichters, zum Anstreichen und Durchstreichen, benutzte, strich er die Seite durch und begann das gleiche vom anderen Ende her. Es ging um Goga. Um ihre harmlosen Verrätereien, die womöglich gar keine Verrätereien waren, denn letzten Endes rettete sie Nikiforow – der ahnte nichts davon, aber Antipow wußte es –, rettete ihn so manches Mal, wendete schreckliches Unheil von ihm ab. Der Mann mit dem Stiernacken wurde später – sagen wir, neunzehnhundertvierzig – ein guter Freund von Goga, seine Frau und Goga hatten die gleiche Fußpflegerin. Ja, das war gut. Ja, das wirkte wahr. Niemand von uns weiß, wessen Hand – es muß nicht unbedingt die Hand sein, der eine hält den Rücken hin, der andere die Brust, der nächste streckt ein Bein vor – Unheil von uns abwendet, so wie ein Schwimmer im Fluß mit rudernder Hand Unrat zur Seite lenkt. Nikiforow wußte nicht, welch magischer Schutz die blauäugige, bis ins Alter nicht verwelkende, einfältig fröhliche Georgina – der Mann mit dem Stiernacken nannte sie scherzhaft Herzegowina – für ihn war, er wußte es nicht, doch er fühlte, wie ein Hund, ihre geheime Kraft und seine Abhängigkeit von dieser Kraft. Er meinte übrigens, Gogas Macht beruhe auf einem natürlichen, der Lebensbewältigung dienenden Magnetismus, es sei die Macht der Erde, der Frau, des Herdes und alles dessen, was Rosanow so hochgeschätzt und über alles gestellt hatte, den Nikiforow heimlich und mit Genuß immer wieder las. *„Und als er sagte: ‚Na schön. Vielleicht sehen wir uns', da schwieg sie. Das hatte etwas zu bedeuten."* Auf einem neuen Blatt schrieb Antipow: „Nikiforow setzte sich an den Tisch und schrieb: ‚Der Tod des Flusses. Von alters her war der kleine Fluß in diesem Lehmboden geflossen, doch die Stadt rückte näher, der Fluß war ein Hindernis, er wurde immer kümmerlicher, immer seichter, und schließlich leitete man ihn in ein Rohr, schüttete Erde darüber, legte Grünflächen an. Den Fluß gab es nicht mehr. Er war für immer verschwunden. Aus meinem Fenster im fünften Stock sieht man eine Grünanlage, groß gewordene Linden, einen Springbrunnen und Bänke, auf denen Rentner sitzen; niemand erinnert sich an den kleinen Fluß, der einst hier plätscherte zwischen Schilf und Weidengebüsch, wo es Kaulquappen und Libellen gab, und der noch lange, von Öl und Moder verdreckt, plätscherte, bis er starb. Doch ist er wirklich tot? Im dunklen Rohr gluckst und plätschert Wasser, also war es nicht der Tod.' Das waren die Gedanken der alten Wsewolodowa, die ihren Mann um fünfzig Jahre überlebt hatte und die jetzt vom Fenster zur Obushaltestelle hinter der Grünanlage schaute, wo ihre Enkelin aussteigen mußte ... Nun fiel Nikiforow etwas Wirres über die Enkelin ein, doch mit Willenskraft gebot er sich selber Einhalt. Er konnte sich nicht konzentrieren, denn Goga war um fünf weggegangen, hatte gesagt, sie wolle den Pelzmantel ins Pfandhaus bringen, in einem Laden Tee kaufen und sofort zurückkehren, aber mittlerweile war es neun, und Goga war noch nicht zurück ..."

Hier kam Antipow eine neue Idee: Das Verhältnis zur Frau mußte komplizierter sein als ein einfaches psychophysisches Versenken in das, was Rosanow *Privatleben* genannt hatte und was nach seiner Meinung sogar etwas *Allgemeineres* als die Religion war. Nein, er ahnte, was los war, wenn auch vage, wenn auch ankämpfend gegen seine Ahnung. Er ahnte, daß er nichts ahnen durfte, und während er etwas ahnte, ahnte er sozusagen gar nichts. Rosanows Privatleben, das fühlte er, wäre die Rettung gewesen, doch von draußen schlug Wind gegen die Fenster, die Wände zitterten, das Dach knarrte. Auch Rosanow wurde am Ende seines Lebens vom Orkan vernichtet: Das Privatleben hatte ihn nicht geschützt. Was blieb einem übrig? Den Realitäten ins Auge zu sehen? Gerade das aber war das Nikiforow-Syndrom: die Angst, zu sehen …

Um elf kamen Miron und Lucienne mit ihrem Moskwitsch, um Antipow und Tanja abzuholen, und sie fuhren durch das verschneite, menschenleere Moskau. Tanja und Lucienne unterhielten sich über Kleider, versicherten, daß sie sich aus all diesem Quatsch nichts machten. Tanja schlug den Ton lässigen Mißvergnügens an, als sie sagte, sie wäre liebend gern zu Hause geblieben, doch Antipow habe gedrängt, und sie habe sich gefügt. „Im Grunde ist das alles Blödsinn", sagte sie. Lucienne war der gleichen Meinung, äußerte sich aber exaltiert und unter Gelächter. „Sollst mal sehen, was dort für Schranzen sind! Ich kenne doch die ganze Blase!" Miron fragte, warum die Damen sich denn auf den Weg gemacht hätten, wenn sie in solcher Stimmung seien. Lucienne erwiderte lachend: weil die Aussicht, zu zweit zu Hause zu sitzen, noch schlimmer sei. Miron meinte, es sei alles in Ordnung: Roitek und Poplawkow hätten sich für einen anderen Tisch entschieden. Das sei ausgezeichnet. Alle würden aufatmen. Denn es sei ja weiß Gott kein fürstliches Vergnügen, mit Roitek an einem Tisch zu sitzen. Antipow schwieg, er war aufgeregt. Seine Gedanken irrten hin und her zwischen Nikiforows Frau und Irina, die er in vierzig Minuten sehen würde.

Und er sah sie. Sie grüßten einander mit einem angedeuteten Kopfnicken. Irina war schön. Antipow begriff sofort, sie war überwältigend schön, schöner als alle anderen in diesem vollen Saal, mit ihrem schwarzen, an den Schultern und der Brust silberbestickten Kleid, dem ebenmäßig brünetten Teint des Gesichts und des Halses. Neben ihr saß der Mann. Antipow sah ihn zum erstenmal, kam aber nicht dazu, ihn genauer zu betrachten. Ihr Tisch war der übernächste, und Antipow saß mit dem Rücken zu ihnen. Anderthalb Stunden sah er Irina nicht, so lange, bis getanzt wurde. Er forderte seine Tischnachbarin Regina, Kubarskis Frau, zum Tango auf und steuerte mit ihr auf Irinas Tisch zu – er hatte bereits einen Schwips, wollte kühn sein, Irina offen ins Gesicht blicken und *mit den Augen alles sagen* –, doch es hatten sich viele von ihren Plätzen erhoben, in der Mitte des Saals gab es Gedränge, so daß man weniger tanzte als sich schubste, zur Musik schaukelte und sich unterhielt. Antipow drängte in die gewünschte Richtung, bahnte sich mit der Schulter den Weg, zog seine Dame entschlossen hinter sich her, die sich lachend entrüstete: „Sascha, wo schleppen Sie mich hin?" Er murmelte: „Ich muß mitten im dichtesten Gewühl sein … im Kollektiv …" Schließlich gelangten sie zu Irinas Tisch, Irina blickte Antipow ruhig an und wandte ebenso ruhig den Blick ab. Sie unterhielt sich mit einer korpulenten graugelockten Dame. Hier saßen gesetzte Leute. Fast keiner von ihnen war tanzen gegangen. Hier saßen auch Roitek und Poplawkow. Poplawkow zwinkerte Antipow und Regina zu und machte eine Geste, als wollte er sagen: „Was bleibt einem übrig, Leute?“ Roitek aber lehnte auf dem Tisch und unterhielt sich angeregt mit dem Mann. Mit dem Alter hatte Roiteks Visage durch die grauen Haare etwas Imposantes und Ehrwürdiges bekommen. Irina blickte wieder Antipow an, ihr Blick haftete ein wenig länger, war aber ebenso unerschütterlich ruhig. In ihrem Gesicht und ihrem Blick war Selbstzufriedenheit. Selbstzufriedenheit lag wie eine Wolke über diesem Tisch und warf ein warmes rosafarbenes Licht auf die Leute. Antipow bewegte sich vor ihrem Tisch und sah bald Irina an, bald den Mann, wenn Irina sich wegdrehte. Der Mann hatte ein breites, blasses, rotfleckiges Gesicht und einen kleinen Mund und trug eine Goldrandbrille. Ein durchaus intelligentes Gesicht. Der Mund wirkte ein wenig klein, etwas komisch, dafür war die Stirn groß und bedeutend. Die Stirn eines hochherzigen, anständigen Mannes. Auf der Stirn stand Selbstzufriedenheit. Roitek bemerkte Antipow, verzog kurz das Gesicht zu einer Lächelgrimasse, winkte grüßend, lehnte sich aber sofort wieder, dem Mann zugewandt, mit seinem ganzen Körper, mit ganzer Aufmerksamkeit und Lebhaftigkeit auf den Tisch.

Bedrückt kehrte Antipow an seinen Tisch zurück: Er hatte *nichts mit den Augen sagen können*. Dabei hätte er soviel sagen müssen! Fragen, ob die Selbstzufriedenheit sie nicht anwidere. Sie sei doch ganz anders. Er kenne sie doch besser als sonst jemand. Am Tisch unterhielten sie sich halblaut. „Roitek hat sich natürlich an den Mann rangeschmissen.“ – „Wo haben Sie den Mann gesehen?“ – „Da sitzt er doch!“ – „Das ist er?“ – „Natürlich.“ – „Das soll er sein? Den hatte ich mir anders vorgestellt.“ – „Er hat etwas Flatteriges.“ – „Nein, er ist ein anständiger Kerl ...“ – „Oh, lassen Sie sich nicht täuschen ...“ Antipow betrank sich rasch. Samschitow goß sich Wein auf den hellblauen Samtanzug, lachend bestreuten die Frauen ihn mit Salz. Miron gewann in der Tombola einen Bronzeleuchter und meinte, der komme ihm zustatten, damit könne er Roitek verhauen. Antipow tanzte mit Tanja. Sie drehte sich wie immer steif, ließ sich nur schwer führen. Sie sagte, es wäre nicht übel, früher aufzubrechen, solange man noch ein Taxi erwische. Antipow widersprach: Taxis würden die ganze Nacht fahren. Plötzlich stieß er im allgemeinen Geschaukel auf Irina, die mit dem Mann tanzte, sie sahen sich flüchtig wie Fremde an, schwebten aneinander vorbei. Antipow sagte zu Tanja: „Wären wir lieber zu Hause geblieben, du hattest recht. Diese Fröhlichkeit ist schauderhaft." Dann tanzte er mit Lucienne, sie hängte sich an ihn, legte ihm die Arme um den Hals, trällerte, sah ihm verschmitzt in die Augen und flüsterte plötzlich, dicht an seinem Ohr: „Wir wissen, mit wem du was hast!" Er erstarrte. Sie trällerte weiter, lächelte ihn zärtlich und verschmitzt an. „Was habe ich mit wem?" – „Wir wissen Bescheid." Antipow in seinem Rausch sagte forsch: „Na, dann wißt ihr's eben!" Sie kicherte, küßte ihn aufs Ohr, flüsterte: „Hab keine Angst, du Dummer, ich verrate es keinem. Sitzt sie bei Poplawkow am Tisch? Sie ist nett. Ich kenne ihre Freundin vom Dokumentarfilmstudio." Antipow murmelte: „Das ist alles Quatsch!" – „O nein, es ist wahr. Aber wieso, ist sie schöner als ich? Das verstehe ich nicht!" – In jeder Beziehung, wollte er sagen, schwieg jedoch. Er war mutlos und ernüchtert. Hätte er Irina Wärme und Sehnsucht angemerkt – das, was ihn quälte, als er sie sah –, so wäre es ihm leichter gefallen, das Unangenehme hinzunehmen, von dem Irina vorhergesagt hatte, daß es auf jeden Fall geschehen würde. Doch dieses teilnahmslose Gesicht, dieser ausweichende Blick …

Lucienne scherzte weiter. „Sascha, du bist schon alt und darfst nicht leiden, das schadet deinem Herzen." Sie kicherte. Die Musik dröhnte. Die Leute rasten, lachten, drängten, stampften, das Licht erlosch, sie rasten im Dunkeln weiter, wollten irgendwohin, die Menge staute sich an der Tür, die Leute riefen: „Haltet uns Plätze frei!", an Irinas Tisch ballte sich ein dunkler Haufen zusammen, der bald zurückwogte, bald wieder näher rückte, klirrend fiel etwas um, die Leute schrien: „Rowdy!", Antipow drängte sich durch und sah: Miron fuchtelte drohend vor Roiteks Nase herum und redete auf ihn ein, während Roitek mit bleichem Gesicht zurückwich. Lucienne stürzte sich kreischend auf Miron. Der Mann blieb sitzen, die Arme über der Brust gekreuzt, hielt sich ganz und gar fern vom Tisch, als ziehe er eine Grenze zwischen sich und allem, was am Tisch geschah, sein kleiner Mund war verächtlich eingekniffen. Irina blickte Antipow erschrocken an, und er war glücklich über diesen Blick. Er packte Miron am Arm – Miron hielt den Bronzeleuchter in der Faust – und zerrte den Freund gewaltsam vom Tisch weg.

Um vier Uhr morgens kamen sie nach Hause. Antipow sank ins Bett, hörte aus der Erinnerung oder im Traum: „Meinen Dank, Judas, statte ich dir mit dem Leuchter ab!" Und ebenso dunkel – war es im Traum, oder stammte es aus dem „Syndrom" – kam der Gedanke: Mit großen Worten, aber aus kleinlichen Gründen wird der Bronzeleuchter geschwungen. Wieso Judas? Nur weil Roitek das Szenarium eines Kinderfilms für das Gorki-Filmstudio abgelehnt hat, ihn gleich einen Judas nennen? Doch nicht Roitek war angegriffen worden, sondern der Mann. Das war das größte Vergnügen. Dem Mann mit der Goldbrille hatte das gegolten. Am nächsten Tag spätabends ein Anruf. „Bist du es?" Sein Herz klopfte. „Ja?" – „Wieso bist du Silvester ins Zentralhaus gekommen? Wieso quälst du mich?“ Ihre schroffe Stimme zitterte plötzlich, schmolz kläglich, unerträglich. Darauf er mit versagender Stimme: „Ich kann doch nicht mehr!“ – „Ich auch nicht ...“ – „Und wann?“ – „Ich weiß nicht.“ – „Morgen?“ – „Ja ...“

Und es ging weiter: bei Schnee, im Schneegestöber, in fremden Häusern, im kalten Auto, mit ein paar Schlucken Kognak aus der Taschenflasche, mit Schwüren, mit Ungewißheit. Wieder hörte er: „Ich liebe dich mehr als meine Tochter, mehr als alle anderen“, und: „Ohne dich kann ich nicht leben.“ Und der Mann? Ihm gegenüber empfinde sie Dankbarkeit für alles, was er getan habe, und tiefes Erbarmen. Er sei doch krank. Niemand wisse das. Antipow wagte nicht zu fragen, was für eine Krankheit der Mann habe. Alles war zerbrechlich in den ersten Tagen nach der Versöhnung, nach der so glücklichen Nacht, in der sie vom Abend bis zum Morgen zusammen waren: Sie war angeblich zu Dreharbeiten nach Leningrad gefahren. Doch alles war zerbrechlich. Es war ein zerbrechlicher Wahnsinn: Vielerlei Themen wurden ängstlich vermieden. Zum Beispiel der Umzug in die Genossenschaftswohnung oder die Hochherzigkeit des Mannes. Als sie sich vergaß und davon anfing, wie hochherzig der Mann sei – Miron hatte ihn am Tag nach Neujahr angerufen, um sich für die Entgleisung zu entschuldigen, und der Mann hatte sehr geduldig, freundschaftlich, väterlich mit ihm gesprochen und ihm verziehen –, hielt Antipow es nicht aus: „Noch so ein Märchen, und ich laufe dir wirklich davon.“ Sie prallte zurück. „Du darfst mir nicht angst machen! Das ertrage ich nicht. Ehrlich: Das ertrage ich nicht.“ Und ein wenig später, vielleicht eine halbe Stunde darauf, leise: „Der Mann hat mich nie angeschrien. In den ganzen vierzehn Jahren nicht.“ Er sagte: „Wahrscheinlich hast du ihm nichts von der Hochherzigkeit anderer Männer erzählt, mit denen du geschlafen hast.“ Sie antwortete: „Ich habe nie mit anderen Männern geschlafen – bis du kamst.“ Von diesen sinnlosen Worten wurde ihm heiß, als wäre er krank. Wie sollte er nicht glauben krank zu sein, wenn sein Inneres und seine Haut wie Feuer brannten?

Einmal sagte er nach einem ebenso sinnlosen Satz: „Wenn man dich so hört, denkt man, du schläfst nie mit deinem Mann und weißt auch gar nicht, wie das gemacht wird. Schläfst du mit ihm?“ Sie zögerte mit der Antwort. „Das ist es ja. Ob du mir glaubst oder nicht: fast nie …“ Er lachte, winkte ab, pfiff höhnisch und – glaubte ihr. *„Fast nie“* klang überzeugend. Was hätte es sie gekostet, zu sagen: *„Nie.“* Er hätte auch das geglaubt. „Fast nie“ – das barg jedoch einen Stachel, der ihn peinigte, obwohl diese Pein töricht war, früher hatte er sie nicht gekannt, früher hatte es ihm nichts ausgemacht, die Frau mit einem andern zu teilen, der Ehemann gehörte untrennbar zu ihr, das war unbequem, aber erträglich, ähnlich wie der Umstand, daß in Irinas Haus Bekannte Antipows wohnten und er immer ein wenig Angst hatte, sie nach Hause zu bringen, oder wie der Umstand, daß er sie in ihrem Studio telefonisch nicht erreichte, stets wurde erst eine halbe Stunde nach ihr gesucht, oder daß sie oft Dienstreisen hatte und sie sich trennen mußten. Früher hatte er sich mit alledem abgefunden, wie mit dem Ehemann, doch seit Neujahr hatte sich etwas geändert; er war empfindlicher und nervöser als nötig …

Alles war in Bewegung, nur war nicht klar, wohin. Wie sollte es weitergehen? Er hatte keine Ahnung. Sie aber wußte es. „Ich habe dir doch gesagt: Es kommt zum Krach, die Leute bringen uns auseinander, aber ich werde dich bis an mein Lebensende lieben.“

Im März fuhr sie für längere Zeit nach Leningrad, um einen Landschafts- oder Dokumentarfilm oder weiß der Teufel was für einen Streifen über Puschkin zu drehen. Sie war begeistert von dem Projekt, freute sich, daß sie es realisieren durfte und nicht die anderen, die ebenfalls auf das Puschkin-Thema scharf waren und schrecklich intrigiert hatten, während sie sich nicht aufs Intrigieren verstand. Vor allem eine gewisse Soikina hatte darum gekämpft, die hatte irgendwann einen Film über Nekrassow gedreht und bildete sich ein, nur sie könne Filme über Dichter machen. Sie hatte verzweifelt intrigiert und mit einer Aktentasche voll eigener Broschüren – sie war promoviert – die Instanzen abgeklappert und überall herumerzählt, der berühmte Marmurstein, der Puschkin in- und auswendig kenne, habe sich nur ihr allein als Berater zur Verfügung gestellt. Ferner war da ein sehr tüchtiger alter Regisseur, der aus zwei Gründen Anspruch auf Puschkin erhob: Zum einen hatte er wegen eines Herzinfarkts lange keinen Film gedreht, zum anderen verfügte er zu Hause über eine ganze Puschkin-Bibliothek, besaß sogar ein eigenes Exlibris, das Puschkins Kopf zeigte. Da war Irina nichts anderes übriggeblieben, als zum letzten Mittel zu greifen, was sie ansonsten stets vermied: Sie hatte sich an den Mann gewandt. Ein Anruf von ihm, und die Sache hatte sich. Dieses Gerangel hatte sich im vorigen Frühjahr abgespielt, dann hatte sie das Szenarium geschrieben, es war begutachtet und genehmigt worden, sie hatte in Susdal Aufnahmen gemacht, war nach Leningrad geflogen, und nun wollte sie für einen Monat dorthin; sie gab Antipow die Anschrift des Hotels und die Telefonnummer. Mit ihr reisen sollten der Produzent, der Kameramann und der Berater, nicht Marmurstein, sondern der Essayist Dr. Jewstropow, um dessen Arbeiten sich alle

Leute rissen. Sie war sehr stolz darauf, Jewstropow gekriegt zu haben.

Was sich bewegen und vorankommen mußte, war in Bewegung und kam augenscheinlich voran. Langsam wuchs und verzweigte sich der Roman über Nikiforow, langsam türmten sich die Stockwerke des Genossenschaftshauses am Stadtrand, langsam wurden die Kinder groß und zogen hinaus in die Welt, langsam drifteten die beiden Hälften des geborstenen Floßes auseinander, auf der einen stand Antipow und auf der anderen Tanja, und es war kein Entsetzen in ihren Gesichtern, sie unterhielten sich, scherzten, schluckten Medikamente, ärgerten sich, gingen ins Kino, doch die Floßhälften schwammen still für sich, denn man kann nichts aufhalten, alles fließt, bewegt sich, entfernt sich von dem einen, nähert sich dem anderen. Ebenso unergründlich in Bewegung befand sich das, was zwischen Antipow und der Frau entstanden war, die sich jetzt in Leningrad aufhielt, wo er sie fast jeden Abend oder manchmal nachts im Hotel anrief und an ihrer Stimme und aus ihren Worten zu erahnen hoffte, wohin alles schwamm. Unbewegtes Wasser gibt es nicht, Wasser, das zu stehen scheint, ist auch in Bewegung – es verdunstet oder fault.

An den ersten Abenden erreichte er sie im Hotel und hörte sie aufgeregt erzählen, was sie geplant, erdacht, entdeckt oder herausgefunden hatte, hörte manchmal Gedichte, Auszüge aus Briefen oder Erinnerungen von diesem und jenem, eine eigene Version von der Rolle der Gontscharowa, die bei ihr Natalia hieß wie die Gymnasiastin Kutschinskaja, hörte Klagen über die Puschkin-Forscher, die Irinas Version aus Borniertheit nicht billigten, doch sie hoffte durch ihren Film zu beweisen, daß sie recht hatte, fragte ihn um Rat, fragte, wie es ihm gehe, wie er mit dem „Syndrom“

vorankomme, wieviel Seiten er geschrieben habe; dann erreichte er sie abends nicht mehr, weil sie auf Achse war, spät zurückkehrte, sich mit Puschkin-Forschern traf, und einmal erreichte er sie auch nachts nicht. Den März verbrachte er in einem Schriftstellerheim bei Moskau und konnte nachts ungehindert telefonieren. Aber er mochte nicht mehr anrufen. Neun Tage hielt er es aus, länger reichte seine Geduld nicht.

Sie schrie ins Telefon, war außer sich, warf liebevolle Worte, Flüche, Vorwürfe durcheinander: „Wo hast du dich verkrochen, du Schuft?! Ich wollte schon nach Moskau kommen, obwohl ich mir das gar nicht leisten kann. Ich dachte, du liegst im Krankenhaus. Ich habe etwas Schreckliches geträumt. Wie kannst du mich so zum Narren halten!" Antipow sagte, er habe sie nachts angerufen, aber nicht angetroffen, deshalb habe er die Lust verloren, sie anzurufen. Was das heißen solle: die Lust verloren? Na, er habe eben keine Lust mehr gehabt. Ihre Stimme klang schwach, zitterte: „Du bist ein Schuft ... Ein Sadist ... Mit dir will ich nichts mehr zu tun haben ... Ich hab Ärger, und du hältst mich obendrein zum Narren ..." Was für Ärger? Das tue nichts zur Sache, ihn interessiere das ja sowieso nicht. Dann erzählte sie aber doch, daß sie etwas nicht hatten drehen dürfen und nun um die Erlaubnis kämpften. An jenem Sonnabend seien sie für zwei Tage nach Komarowo gefahren. Alles war verständlich, erklärlich, er konnte sich beruhigen, sie schickte Küsse, sagte: „Ich hatte irrsinnige Sehnsucht" und „Ich konnte es gar nicht erwarten", doch etwas hatte sich in Bewegung gesetzt und schwamm.

Er rief einen Tag später an, und wieder meldete sich niemand.

Es war zwei Uhr nachts.

Das Haus stand im Schnee zwischen Kiefern,

die Nächte waren kalt, er legte sich zwei Decken über, tags aber wärmte die Sonne, der vereiste Schnee auf dem kleinen Hof vor dem Haus taute, es bildeten sich Pfützen, und die herrenlosen, kriecherischen kleinen Köter, die von der Küche ein wenig Futter bekamen, preschten darüber und freuten sich über die Wärme. Alte Frauen streuten den Sperlingen Krumen hin. Ältere Leute in langem Pelzmantel spazierten durch die Alleen, unterhielten sich kaum hörbar, als flüsterten sie miteinander. Doch alle redeten etwa ein und dasselbe. Durchs Fenster sah Antipow Stepan, seinen Stjopka, im Sturmschritt die Allee entlangkommen, eine Aktentasche in der Hand, in seiner kurzen Matrosenjacke und mit der schwarzen Kaninchenfellmütze, und stand erfreut vom Tisch auf: Er hatte seinen Sohn seit ein paar Tagen nicht gesehen, und mit der Arbeit kam er sowieso nicht von der Stelle. Nun? Alles in Ordnung. Und Mutter? Der geht's gut, sie schickt dir Wäsche und die Bücher, um die du gebeten hattest. Und Marinka läßt ausrichten, du sollst im Puppentheater anrufen und für Sonntag zwei Karten besorgen. Für ihre Lehrerin. Schön, ich werd's versuchen. Und wie steht's bei dir? Bei mir …

Sie traten auf den Hof und gingen auf dem aufgeweichten Weg zum Wald. Stepan stand Antipow besonders nahe. Er hatte so etwas Verständnisvolles. Schon immer, sogar schon als kleiner Junge hatte er das gehabt, in seinen Augen, die für sein Alter ungewöhnlich wach und traurig blickten – als hätte er, kaum daß er neunzehnhundertfünfzig auf die Welt kam, seinen Vater zu bedauern begonnen. „Vater", sagte Stepan, „ich weiß nicht, was ich mit Nastja machen soll." – „Trenn dich von ihr", sagte Antipow. „Sie ist nichts für dich." Er wollte sagen: Was sie dir geben konnte, hast du dir bestimmt genommen, alles andere ist überflüssig, doch er schwieg. Der hünenhafte Bursche schaute seinen Vater trübsinnig an. „Vater, ich weiß. Aber ich kann mich nicht von ihr trennen!" – „Was willst du denn machen?" – „Ich will sie heiraten. Aber sag es noch nicht Mutter. Nastja meint, es sei zu früh, es sei unmöglich, ich sei verantwortungslos und so weiter." – „Sie hat recht." – „Quatsch, Vater! Begreifst du denn nicht, daß es eine Ausrede ist?" Antipow schwieg und überlegte. Es war, als blicke er durch ein umgedrehtes Fernglas auf den Teich vor sich: dieselben Bäume, dasselbe Haus, dieselbe Badeanstalt, doch alles verkleinert. Er fragte: „Und was will sie?" – „Daß es so bleibt wie bisher. Einfach so." – „Na prima!" sagte er übertrieben munter. „Etwas Besseres kannst du dir gar nicht wünschen. Sie ist eine gescheite Frau." Stepan hielt den Kopf gesenkt und schwieg bedrückt. Ihm machte das zu schaffen. Antipow kam auf etwas anderes zu sprechen. Als sie eine Stunde später aus dem Wald zurückkehrten und zum Mittagessen gingen, begegnete ihnen in der Hofeinfahrt der blaue Wolga des Heimleiters. Kotow ließ den Fahrer halten und stieg aus, um seinem alten Freund die Hand zu drücken.

Antipow war schon lange im Schriftstellerheim, traf Kotow aber selten, weil der fast jeden Tag in Moskau herumjagte, bis über die Ohren mit dienstlichen Angelegenheiten, Erledigungen, Verpflichtungen eingedeckt. Na, wie gefällt's dir hier? Keine Beschwerden? Ist das Personal höflich? Keine Kritik an der Küche? Das alles halb im Scherz, halb im Ernst, das Anhalten und Händeschütteln bedeuteten so gut wie gar nichts – auch dieses Floß war zerbrochen, die Stämme trieben mit der Strömung auseinander. Kotow mußte sich um Investitionen, Haushaltsbewilligungen, Zement und Glaswatte kümmern, doch manchmal gab er gern zu verstehen, daß er keineswegs der

Mensch sei, als den man ihn ansehe. Auch jetzt hatte er nur gehalten, um zu erzählen, daß er an einem Szenarium für das Kiewer Studio arbeite, jedoch keine Zeit zum Arbeiten finde, sich nur nachts zwei, drei Stunden abringe.

Antipow glaubte ihm nicht. Doch das spielte keine Rolle. Es tat ihm wohl, dem dicken, rotgesichtigen alten Grobian zu begegnen. Es war eine Erinnerung an das Unwiederbringliche. Darum stellte er die Frage, die der Grobian hören wollte: Wovon das Szenarium handele. „Von Gogol", lautete die treuherzige Antwort. „Genauer: von Gogols Jugend. Das Thema liegt mir nahe. Von der Mutter her bin ich doch Ukrainer." Ob er schon viel geschrieben habe? Ungefähr ein Drittel. Es solle ein Dreiteiler werden. Doch das Entsetzliche sei, daß er überhaupt nicht zum Schreiben komme. Höchste Zeit, diesem paradiesischen Winkel ade zu sagen, zum Teufel damit. Doch wer sollte ihn übernehmen? „Ihr würdet euch schön umgukken ..."

Kotow winkte ab, schmiß sich ins Auto und fuhr zur Garage. Antipow sah ihm lächelnd nach. „Davon darfst du kein Wort glauben. Es wird weder etwas aus dem Szenarium noch aus dem Film." Stepan sagte: „Das ist der Unterschied zwischen unseren Generationen. Du meinst, es wird nichts daraus, aber wenn ich mir deinen Kumpel ansehe, glaube ich fest: Es wird was aus dem Film." Er lachte albern und jungenhaft, hatte seine Probleme ganz vergessen. Stepan war doch ein gescheiter Bursche. Wie konnte er so dumm hereinfallen! Beim Mittagessen versuchte Antipow, sich auf einem Umweg an das Thema heranzupirschen: über Roitek. Er sagte, in Roiteks Kreisen müsse man auf der Hut sein, dort seien Menschen von anderem Schlag, Roitek und Konsorten – das sei schon so eine Sorte. „Dir behagt Roitek nicht?"

fragte Stepan. „Genau." – „Ach ja, das hab ich ganz vergessen, ihr hattet ja Stunk wegen Neujahr, wolltet nicht mit Roitek an einem Tisch sitzen. Nastja hat ihn aufgezogen: ‚Vater, du bist ja wie Gogols Wij – solche Angst haben sie alle vor dir!' Ich finde ihn nicht übel. Er ist gutmütig, ein lustiges Haus, trinkt gern Wodka, erzählt gern Witze. Ein ganz gewöhnlicher, mittelmäßiger Mann, für den der Zug weg ist." Antipow sah seinen Sohn an, fragte: „Wieso meinst du, daß für ihn der Zug weg ist?" – „Natürlich ist er weg. Klarer Fall. Kein Wunder, daß ihr ihn wegen Neujahr angestänkert habt. Nastja kennt ihren Vater genau. Sie hat keinen besonderen Respekt vor ihm. Aber er liebt sie ganz idiotisch." Stepans Worte erschienen Antipow doppeldeutig, doch er kam nicht recht dahinter und schwieg, runzelte streng die Stirn. „Ja! Übrigens", erzählte Stepan, „er fragt immer nach dir und spricht nur gut über dich. Sogar sehr gut. Er sagt, du hast Talent und bist sehr aufrichtig und er hat dich schon als Student gekannt und in einer Zeitung deine erste Erzählung veröffentlicht." – „Ja, das hat er", sagte Antipow. „Na und?" – „Vater, wie hieß die Erzählung?" – „Ich kann mich nicht erinnern. Es war eigentlich keine Erzählung, sondern ein zweispaltiges Feuilleton, für den Unterhaltungsteil." – „Wirklich? Überleg mal bitte, wie sie hieß. Immerhin war es deine erste Erzählung!" Antipow überlegte, und es fiel ihm ein: „Sie hieß, glaube ich, ‚Kolyschkin, der glückliche Pechvogel'."

Stepan rief: „‚Kolyschkin, der glückliche Pechvogel'? Das finde ich prima, Vater! Der Titel ist Klasse!" Plötzlich prustete er los, bog sich vor Lachen, die Hände vor dem Gesicht. „‚Kolyschkin, der glückliche Pechvogel'? Das ist umwerfend, Vater!"

Antipow brachte Stepan im Dunkeln zur Bahn.

Gegen Abend hatte es sich abgekühlt, der Weg war überfroren, sie gingen langsam. Stepan fragte: Könnte man irgendwie herausfinden, ob eine Frau einen echt liebt? Oder ob alles Theater ist? Die Frage war ihm anscheinend peinlich, er hatte lange mit sich gerungen und gewartet, bis es dunkel war, bevor er sie stellte. Antipow sagte, es gebe kein Mittel, das herauszufinden. Die Frau wisse es selber nicht. Es brauche Zeit, vielleicht das ganze Leben, bis es sich zeige. Stepan sagte ehrlich traurig: „Aber das ist doch eine Katastrophe! Wie kann man so leben?"

Es hatte ihm wohl auf der Zunge gelegen: „Wie lebt ihr alle?" Er griff nach dem Letzten, was Hoffnung versprach: „Und Mutter? Sie ...", seine Stimme zitterte, „... liebt dich wirklich?"

Um eine Antwort kam Antipow nicht herum. Er sagte: „Wahrscheinlich. Aber ein langes Leben ist vergangen, in dem noch zwei Leben Platz hatten – deines und Marinkas."

In der Nacht begriff Antipow, was ein Teil des „Nikiforow-Syndroms" war: die Angst, Goga zu verlieren. Das konnte durch den Willen des verhängnisvollen Schicksals geschehen, und dagegen wäre Nikiforow machtlos, es war weder vorauszusehen noch abzuwenden, doch der Blitz konnte ihn auch durch Gogas Willen treffen, denn unabhängig von der Einsicht, ob das, was zwei Menschen verbindet, *echt oder nicht echt* ist, teilt sich plötzlich der Himmel, und es kommt die Katastrophe. Die Menschen spalten Atome, erforschen die Welt bis in die winzigsten Körnchen, sind nahe daran, die Welt kraft ihres Wissens zu vernichten, doch sie stehen hilflos vor der bangen Frage: „Ist die Liebe *echt oder nicht echt*?" Am nächsten Tag frühstückte Antipow zeitig, setzte sich sofort an den Schreibtisch und arbeitete an dem Kapitel über den Dezember fünfundvierzig, in dem bei

Goga in der Kosichinski-Gasse ihr erster Mann auftauchte, der absurde Wladimir Sajenko, von dem sie sich zwanzig Jahre zuvor getrennt hatte. Als roter Kommandeur hatte Sajenko die Gymnasiastin Goga in Nikolajew aus den Trümmern eines Kaufmannshauses geborgen und sie nach Rossosch in Sicherheit gebracht; später hatte er sie nach Moskau mitgenommen, wo er als Ökonom beim Zentralverband der Konsumgenossenschaften arbeitete. Wegen ihrer Schönheit hatte er Qualen ausgestanden und die Wahrheit wissen wollen: War es *echt oder nicht echt*? In die Dialektik von Gogas komplizierten Gefühlen verstrickt und in Verzweiflung geraten, schrieb er „Zehn Punkte des Familienlebens" nieder und unterbreitete sie Goga als ein Memorandum, das war neunzehnhundertsechsundzwanzig. Bei einer Säuberung zwei Jahre später dienten die „Zehn Punkte" als Beweismittel, und Sajenko wurde als feindliches und subversives Element aus der Partei ausgeschlossen. Er verschwand irgendwo, sei es, daß er sich in sein Rossosch abgesetzt oder im Fernen Osten sein Glück versucht hatte, und als Nikiforow die blauäugige Goga fand, war von Sajenko nichts übriggeblieben als kärgliche anekdotische Erinnerungen und die vergilbten Blätter des Memorandums, das Goga manchmal ihren Gästen zur Erheiterung vorlas. Eines Tages klopfte es nun an der Tür, und herein trat der verkörperte Mythos, der Gegenstand gewohnter häuslicher Scherze, kein Mensch mehr, ein Symbol, ein Phantom aus lieben, entschwundenen Zeiten, und brachte eine Bitte vor. Sajenkos Auftauchen und seine Bitte waren absurd. Wenn er schon auftauchte, mit dieser Bitte hätte er nicht kommen dürfen. Sajenko, ungefähr fünfundfünfzig, hatte eine hohe, gebeugte Gestalt und ein hageres, grünliches Gesicht, das von angeschlagener Gesundheit zeugte und dessen scharfe Züge von eingewurzelter Unzufriedenheit oder Kränkung geprägt waren, seine blauen Augen aber hatten etwas Kindlich-Treuherziges. Und das war es, was ihn merkwürdig mit Goga verband. Nikiforow bemerkte das sofort, und es wurmte ihn. Sajenko war einundvierzig in einen Kessel geraten und in Gefangenschaft gekommen, war geflohen und hatte in Frankreich in der Résistance gekämpft, war abermals in ein deutsches Lager gesteckt worden, war wieder geflohen und hatte wieder gekämpft, und jetzt suchte er irgendwo eine Stelle als Ökonom oder Buchhalter, doch er fand keine. Seine jüdische Frau und die Kinder waren in Belorußland umgekommen. Er war in der Hoffnung nach Moskau gefahren, seine zerrütteten Angelegenheiten irgendwie in Ordnung zu bringen. So sagte er: seine „zerrütteten Angelegenheiten". Alte Bekannte, die er zufällig traf, hätten gesagt, Goga habe Beziehungen, und darum ...

Antipow las aufmerksam durch, was er gestern geschrieben hatte – das war so notwendig wie tiefes Atemholen, bevor man ins Wasser taucht –, und begann zu schreiben.

„Nikiforow warf sich schlaflos hin und her, und um Goga nicht zu wecken, die einen leichten Schlaf hatte, stand er um drei leise auf, ging ins Eckzimmer und setzte sich an den Schreibtisch. Arbeiten konnte er natürlich nicht, doch er konnte rauchen und nachdenken. Die Ankunft des seltsamen Mannes hatte etwas Wirres und Düsteres, irgendwelche Schlingpflanzen am Grund der Seele aufgewühlt. Vielleicht waren diese Schlingpflanzen, die von jeher dort im Dunkeln existierten, eine besondere Formation der Angst, ein mysteriöser Polyp, der Nikiforow im übrigen kaum beunruhigte – mit ihm konnte man leben. Doch bisweilen geriet das Tiefengewebe plötzlich in Bewegung, und dann schwankte und schmerzte Nikiforows ganzes Wesen, wie von einer Krankheit befallen, von der Angst, Goga zu verlieren. Was für Beziehungen Gogas hatte Sajenko gemeint? Und wer waren diese alten Bekannten, die ihn zu Goga geschickt hatten? Nikiforow war nicht dazu gekommen, zu fragen, Sajenko war gegangen, Goga hatte ihm gesagt, er solle in zwei Tagen anrufen. Nikiforow kannte die magische Kraft des *Schreibens*, das das Leben an sich zieht. Das Geschriebene, das frei Erfundene, das aus jenem Dunkel, aus jenem Schlamm und jenen Schlingpflanzen in einem selbst aufgestiegen ist, wird plötzlich Wirklichkeit und trifft seinen Autor – manchmal tödlich. Der Roman über Wsewolodow alias Waldajew brach auf der Seite ab, wo der Held neunzehnhundertneunzehn im Büro des Newjansker Stahlwerks von einem Offizier des Koltschakschen Geheimdienstes – oder einem Matrosen aus einer Sonderabteilung? – verhört wurde und wo sich das Schicksal entschied. Der unvollendete Roman über Syromjatnikow lag, wie eine Mumie eingewickelt, beim Permer Kaufmann Goldin in einer Truhe im Schuppen. Und von Goldins Tochter – Wsewolodow hatte diese Frau erst angebetet, später aber verflucht – hing alles ab: Rettung oder Tod. Sie war heimlich mit einem der beiden liiert: mit dem vom Koltschakschen Geheimdienst oder mit dem Matrosen aus der Sonderabteilung. Nikiforow sah das Geschriebene durch, wobei er mechanisch da ein Wort verbesserte, dort ein Komma setzte, und dachte über seine Frau und über Sajenko nach. Der Faden, der die beiden einst verbunden hatte, war bis jetzt nicht abgerissen, er zog sich bis ins Heute, ein durchsichtiger Spinnwebsfaden, obwohl Goga das leugnete, aber Frauen leugnen immer, sie versichern aufrichtig, die Vergangenheit existiere für sie nicht, doch das ist nicht wahr.

Nikiforow wühlte in den Schreibtischschubladen, suchte den verstaubten Umschlag mit Sajenkos Brief und den ‚Zehn Punkten' – diese Kuriosität hatte er schon vor längerem in der Hoffnung an sich genommen, sie in irgendeinem Werk unterzubringen. Es war ein zehn Seiten langer, auf einer Underwood getippter, leidenschaftlicher, törichter, köstlicher, sinnloser Brief voller Vorwürfe, flehentlicher Bitten und orthographischer Fehler: Goga war Sajenko weggelaufen, er wollte sie zurückholen. ‚Du hast mich hoffen lassen Goga das du dir meine Mahnung zu Herzen nimmst und deine ganze Nikolajewer Vergangenheit in Rossosch begräbst ... Du hast versprochen nicht vor anderen Leuten unanständig aufzufallen und unpassend zu lachen ... Am ersten Pfingstfeiertag kam so ein Laffe und fragte nach Goga. Ich rief ihm aus dem Fenster zu sie ist weggefahren (wohin hab ich nicht gesagt) und er ließ den Kopf hängen und ging weg ... Und noch etwas. Deine Kleider (bis auf das Seidenkleid) hab ich samt dem Gürtel verbrannt da wo wir unsere Briefe verbrannt haben. Deine Schuhe wollte ich mit dem Messer zerschneiden aber Tonja Gerassimowa sagte sie gefallen ihr sehr sie hat die Schuhe genommen und trägt sie jetzt. Ich hab gewartet und gewartet das du schreibst aber du schweigst ... und da hab ich alles vernichtet. Ich dachte ist sie wieder gut zu dir dann kriegt sie lauter neue und noch bessere Sachen um all den Plunder ist es nicht schade. Das ist der reine Quatsch wenn sie dich verlassen hat schlag sie dir aus dem Kopf aber als ich nächsten Tag Geld schickte (10 Rubel) und im Koffer suchte ich weiß gar nicht mehr was da sah ich die Klamotten und da hat es mich gepackt ach hat es mich gepackt. Den Abend hab ich alles verbrannt. Eine halbe Stunde hat es gedauert die Lumpen wollten nicht brennen vor allem die Jacke aber das neue kirschrote Kleid fing Feuer und weg war es ...'

Und auf einem Blatt für sich:

‚Das Zusammenleben ist nur auf folgender Basis möglich:

1) Meine Neigung zu gewinnen ist deine Sache. Du mußt anfangen mit Zärtlichkeit und mit der Beseitigung von Unstimmigkeiten und mit der Annäherung im Einzelfall je nach meiner Stimmung und du mußt mich immer begreifen.

2) Die Liebe muß absolut und hundertprozentig sein aber nicht so das du mir zu vierzig Prozent gefällst und zu sechzig Prozent nicht. Damit ich fühle und verstehe und sehe das ich wirklich ALLES für dich bin und das ich dir lieber und teurer und vertrauter bin als alle anderen und damit ich fühle das du mit mir durch dick und dünn gehst und der zuverlässigste zärtlichste verständnisvollste Freund bist der mir die Lasten des Lebens erleichtert und mir Mut gibt und im Kampf beisteht und damit ich fühle das du mich brauchst wie Luft zum Atmen aber nicht: »Früher fand ich es besser mit dir als jetzt« oder »Ich hab keine rechte Lust aus Charkow zurückzukommen …«.

3) Du mußt häuslich und fürsorglich sein und Behaglichkeit und dein Zuhause lieben, die Wirtschaft führen und dich zur Sparsamkeit erziehen und alle Ausgaben (bis zur letzten Kopeke) in Übereinkunft mit mir machen anstatt viel zu erhoffen oder das alles schick und luxuriös und großartig und vornehm ist. Du mußt begreifen was man heute verlangen und was noch warten kann und was man sich überhaupt aus dem Sinn schlagen muß (Mäntel mit lauter modischen Kinkerlitzchen usw.).

4) Du mußt meinen Geschmack verstehen wie du dich kleiden und benehmen und gehen sollst unter Menschen und wenn wir allein sind (Formen der Zärtlichkeit usw.) um mir möglichst viel Angenehmes zu bieten und du mußt widerspruchslos

meinen Anweisungen folgen im Bewußtsein das ich theoretisch und praktisch über dir stehe ...'

Der fünfte und sechste Punkt waren Varianten des schon Gesagten – über ,absoluten Gehorsam' und ,Verläßlichkeit in ausnahmslos allen Fällen'. Hier schlug die Verbitterung des schäbig behandelten Mannes durch. Er konnte nichts anderes ersehnen. Goga kann das! dachte Nikiforow befriedigt. Einer, den sie nicht achtet, existiert für sie gar nicht. Der arme Sajenko! Ich kann mir seine Leiden vorstellen.

7) Du mußt Mutter werden wollen und mich als Vater deines künftigen Kindes des teuersten Menschen auf der Welt betrachten und mußt dich in acht nehmen als Mutter damit das Kind gut gerät und nicht nervös wird weil die Mutter nervös ist dann bringe auch ich angemessene Sorge und zärtliche Gelassenheit auf.

8) Nicht mal in Gedanken darf es Worte geben wie »Ich gehe weg«, »Ich fahre weg«, »Später verliebe ich mich vielleicht wieder in dich«, »Hier ist es langweilig« usw. Du mußt alle Taktik aus Herz und Hirn verbannen öffne dein Herz dann kommt die Erfüllung.

9) Du mußt mich geschlechtlich begehren als den liebsten und angenehmsten Mann als Ehegatten und Freund fürs ganze Leben wobei dir klar werden muß alle bisherigen sind schlechter als ich und mir mußt du dich ganz hingeben mich mußt du haben wollen wie Luft zum Atmen. Es ist höchste Zeit das du die Launen und Ausreden läßt ...

10) Du mußt dich als Frau fühlen aber nicht den Mann spielen und mußt dir alle Männlichkeit und alles emanzipierte Getue aus dem Kopf schlagen und wissen das ich mit meiner Kraft als Mann dominiere und dich die Kraft fühlen lasse wenn du dich sträubst. Darum schlag dir das alles sofort aus dem Sinn.'

Nikiforow las dies nochmals durch, da fiel ihm ein, wie sie früher darüber gelacht hatten, doch jetzt war ihm nicht zum Lachen, ja nicht einmal zum Lächeln zumute. Dieser Mann, der vom Krieg, von tödlichen Prüfungen und schmerzlichen Verlusten gezeichnet war, hatte trotz allem einen naiven Glauben. Goga hatte ihn einst erbarmungslos, tödlich verletzt, trotzdem glaubte er: Sie würde ihn retten. Auf welche Weise?"

Müde hielt Antipow im Schreiben inne.

Er hatte dreieinhalb Stunden gearbeitet, das genügte, mehr würde doch nicht dabei herauskommen. Wichtig war, daß er an einer Stelle haltmachte, wo sich der weitere Handlungsverlauf so deutlich abzeichnete, daß es am nächsten Tag bestens weiterrollte. Das Gleis war schon zu sehen: Nikiforow begreift nicht, wie Goga ihrem früheren Mann Sajenko helfen könnte. Dessen Hoffnungen erscheinen ihm komisch, ja närrisch. Was für Beziehungen hat Goga? Über die Fußpflegerin Kapitolina und die Gattin des einflußreichen Mannes? Wieder taucht ein Phänomen auf, das für das „Nikiforow-Syndrom" charakteristisch ist: die Angst, zu sehen. Er sieht alles klar – und sieht gar nichts, denn der geheime Mechanismus der Angst macht die Augen blind wie der graue Star. Darum ist Nikiforow ehrlich verwundert, als Goga zwei Tage später Sajenko mitteilt, in Minsk warte eine Arbeitsstelle auf ihn.

Diese Seiten waren noch nicht geschrieben, doch Antipow sah sie deutlich vor sich, samt einzelnen Sätzen, Absätzen, Worten, die unbedingt vorkommen sollten, zum Beispiel „grauer Star" oder „Linsentrübung", und ihm war, als wären die Seiten fertig und er könne sie schon zum Manuskript zählen. Am Ende seines Aufenthaltes im Schriftstellerheim sollte alles fertig sein. Das war aus vielen Gründen wichtig. Und es wurde fertig.

Die hartnäckige Fliege summte weiter und ließ die Flügel schwirren, während sie im Leim verendete. Anfang April wurde klar, daß alles Ändern am Roman nichts genützt hatte.

Antipow hatte zwei Wochen nicht in Leningrad angerufen, und Irina hatte sich nicht gemeldet. Im Schriftstellerheim hätte sie ihn erreichen können, er hatte ihr die Telefonnummer gegeben. In den zwei Wochen hatte sich alles verändert: Der Schnee war getaut und dahingeschmolzen und die Erde hervorgetreten, und in den schwarzen Zweigen zwitscherten lauthals die Vögel. Mit der warmen Luft kam schläfrige Beruhigung auf, wie es sie nur im Vorfrühling gibt – mitten am Tag möchte man einschlafen, wie von Trunkenheit gepackt und überwältigt, die Aufregungen verschwinden, man fürchtet sich vor nichts. Und man denkt unbeschwert: Es ist aus, na schön, das muß halt so sein. Im Fernsehen lief der Film über Susdal: Gelassen erkannte Antipow die Kirchen, das Motel, die Reihen der Verkaufsstände. Er erinnerte sich, wie er mit Irina dort spazierengegangen war, worüber sie sich unterhalten hatten. Er sah die Grünanlage, wo sie hatten parken wollen und von einem Milizionär mit einer Strafandrohung vertrieben worden waren, und als er aus dem Auto stieg, war eine alte Frau auf ihn zugeeilt, um ihm freudestrahlend mitzuteilen: „Söhnchen, auf dem Markt gibt es ceylonesischen Tee!“ Er sah das alles und erinnerte sich daran wie im Halbschlaf.

Eines Tages wurde Antipow nach dem Mittagessen aus dem Billardzimmer ans Telefon gerufen. Er riß sich nur widerwillig vom Spiel los, ließ seinen Partner sogar erst noch einen Stoß machen, zielte selber sorgfältig und stieß, danach ging er ohne Eile ins Vestibül, wo das Telefon war. Er erwartete weder wichtige Anrufe noch freudige Nachrichten. Plötzlich, unverhofft wie ein Schuß,

Irinas Stimme: „Wann bist du in Moskau?“ Kein „Grüß dich!“ oder „Wo steckst du denn?“. Antipow sagte, er wolle morgen nach Moskau fahren. Er wollte es gar nicht. Aber er sagte es. Irina schwieg, da entfuhr ihm: „Ich kann auch heute kommen, mit dem Abendzug. Zweiundzwanzig Uhr zehn.“ – „Komm! Ich muß mit dir sprechen.“

Im leeren Wagen des Vorortzuges überlegte er ohne besondere Aufregung, was dies zu bedeuten hatte. Die trockene Stimme, das abrupte *„Ich muß mit dir sprechen“*. So ein Satz verhieß einen Vorwurf, ein klärendes Gespräch, er klang bedrohlich. War man ihnen auf die Schliche gekommen? Hatte der Mann Irina aus dem Hause gejagt? Oder war mit ihrem Film etwas schiefgegangen? War der Berater Jewstropow ein Schuft? Antipow fand ihn irgendwie verdächtig. Er hatte keinerlei Beweise oder Anhaltspunkte, die Jewstropow kompromittierten, bis auf einen: Jemand hatte gesagt, Jewstropow sehe ihm, Antipow, ähnlich. Das war unangenehm. Plötzlich aber stellte er sich etwas Herrliches vor: Irina verging fast vor Sehnsucht, hatte ihn gleich nach ihrer Rückkehr nach Moskau gerufen, ihre Stimme hatte vor Erregung trocken geklungen, deswegen war sie so abrupt gewesen, sie hatte schon von Leningrad aus mit einer Freundin wegen der Wohnung telefoniert, und nun würden sie vielleicht die Nacht gemeinsam verbringen. Das war recht unwahrscheinlich, aber der Gedanke tat wohl. Dann dachte er an den Mann. Gedanken an den Mann verursachten ihm stets Unruhe. Irina verwickelte sich zuweilen in Widersprüche: Mal behauptete sie, der Mann wisse von ihm und hasse ihn, mal kam heraus, daß er nur etwas ahne, jedoch auf falscher Fährte sei, mal aber war es so zu verstehen, als wisse er nichts, ja als ahne er überhaupt nichts. Nach Neujahr, sie hatte erzählt, der Mann habe mit einer Spur von Anerkennung gesagt: „Antipow kann wohl Karate? Wie er den Kerl vom Tisch zurückgerissen hat!“ – „Und was hast du ihm geantwortet?“ – „Ich habe gesagt: ‚Woher soll ich das wissen?‘“ Demnach war der Mann nicht im Bilde, doch Irina meinte, er mit seiner Würde und Selbstbeherrschung lasse sich womöglich nur nichts anmerken. „Seine Selbstbeherrschung ist toll. Aber die braucht er in seiner Funktion!“ Darum neigte Antipow zu der Vermutung, daß der Mann eine nebulöse Ahnung habe und ihm ebenso nebulös eins auswischen könne, eine Gefahr, die so ungreifbar, gestaltlos und allumfassend war wie Nebel. Diese Gedanken stimmten ihn düster. Das Vertrackte: Auch wenn zwischen ihm und Irina alles aus wäre, bliebe die Gefahr bestehen.

„Menschenskind!“ murmelte Antipow, immer mehr von Unruhe erfaßt. „Hast du denn gedacht, das bleibt ohne Folgen? Nein, mein Lieber, folgenlos ist überhaupt nichts. Du wirst lange daran zu knabbern haben.“

Und dann sah er sie, wie verabredet, bei dem Getränkeautomaten, durchgefroren in ihrem dünnen Ledermantel mit hochgeschlagenem Kragen, die Lippen weiß, die Augen unglücklich, und alles Düstere war vergessen, verflogen, er hatte nur einen Gedanken – sie zu umarmen, sie an sich zu pressen, zu küssen. Sie liefen in den Wartesaal, Irina zog ihn an der Hand, sie hatte vorher am Ende des Saals einen Platz auf einer halbleeren Bank ausfindig gemacht. Neben ihnen saßen ein alter Mann und eine alte Frau, auf der Bank gegenüber schlief eine ältere Frau, den Kopf auf ein Lumpenbündel gelegt, und neben ihr schlummerten, behaglich und engumschlungen, zwei etwa zehnjährige Mädchen. Es war nach Mitternacht. Irina schwieg, hielt Antipows Hand, lächelte, aber mit bebenden Lippen, und schaute ihn forschend an. Was guckst du so? Du siehst blendend aus.

Aber du bist müde. Ich sehe schlecht aus, ich weiß, mir geht es schlecht. Was hast du denn? Er legte ihr den Arm um die Schultern, zog den leichten Körper an sich, sie rückte willig näher, legte den Kopf an seine Brust, ihr Kopftuch rutschte herab, er pustete in das lockere dunkle Haar, das nach einem Kräutershampoon duftete, und lauschte ihrem Flüstern. Flüsternd erzählte sie von Leningrad, von der Direktion, von den Kameraleuten, lauter Unsinn. Er begriff, es ging um etwas anderes.

„Was hast du?" wiederholte er und streichelte ihre Schulter. „Ich bin schon eine Woche in Moskau. Zu Hause steht es schlimm, und ich konnte nicht anrufen. Gestern wurde er ins Krankenhaus eingeliefert." – „Wer?" – „Der Mann." Sie unterhielten sich flüsternd, um die Schlafenden nicht zu wecken. „Etwas Ernsthaftes?" – „Nichts Schlimmes!" rief sie, jäh und unbegreiflich verärgert, nicht über ihren Mann, über etwas anderes. „Sein Magengeschwür hat sich verschlimmert. Kein Wunder. Du weißt Bescheid, ja?" – „Worüber?" Sie hob ihr Gesicht – er fand es ungewöhnlich schön, so zärtlich und in Tränen – und blickte ihn verwundert an. „Du weißt nichts?" – „Nein." – „Der Mann ist abgesetzt worden."

Diese komische Neuigkeit, die ein Lächeln oder einen Seufzer der Erleichterung hätte hervorrufen müssen, übte eine merkwürdige Wirkung auf Antipow aus: Er schrak zusammen vor Mitleid und drückte Irina so heftig, als wollte er sie beschützen. Antipow versuchte Irina zu beruhigen: Sie solle es sich nicht so zu Herzen nehmen, es sei nicht weiter schlimm, solche Leute gingen nicht unter, die kriegten eine andere gute Stelle. Sie schüttelte kummervoll den Kopf: Nein, der Mann werde keine gute Stelle bekommen, man habe ihm nichts in Aussicht gestellt, eine Persönlichkeit sei wegen einer bestimmten Sache fürchterlich über ihn hergefallen, der Mann sei aber unschuldig, jene Persönlichkeit lasse nur ihren Ärger über gewisse Unannehmlichkeiten an ihm aus, und er leide darunter, denn er sei anständig – er bringe es nicht fertig, höheren Orts klarzustellen, daß die Persönlichkeit ungerecht handle und daß er mit der bewußten Sache nichts zu schaffen habe.

„Ich habe eine Bitte." Ihre Stimme zitterte. „Du kennst doch Kwaschnin? Sprich mit ihm, an seinem Institut ist eine Sektorenleiterstelle frei. Der Mann möchte seit langem wissenschaftlich arbeiten. Das würde ihm Spaß machen." Jetzt wurde Antipow klar, daß es kein läppisches Malheur war: Nach solch hoher Position von einer Sektorenleiterstelle zu träumen! Antipow nickte heftig, versprach es, versicherte, er werde alles tun, Kwaschnin sei ein alter Freund von ihm und werde bestimmt helfen. „Versteh mich, Liebster", sagte sie, „der Mann tut mir unendlich leid. Er ist so ungeschickt in solchen Angelegenheiten. Er kann nicht kämpfen, kann sich nicht zur Wehr setzen. Seine Antwort: Ich gehe ins Krankenhaus! Na schön, geh. Aber wer macht sich was daraus?"

Antipow beruhigte sie verständnisvoll, glaubte von ganzem Herzen, daß alles gut enden und Kwaschnin ihm helfen werde. Sie gab ihm mit halbgeöffnetem Mund einen langen Kuß. Er dachte: Irina ist gut. Sie liebt den Mann nicht, sie bedauert ihn nur und will ihm helfen!

Die beiden Mädchen waren erwacht, saßen stumm da, starrten Irina und Antipow wie gebannt an und lauschten ihrer Unterhaltung.

Irina flüsterte: Sie könne es sich nicht verzeihen, daß sie sich mit dem Mann gezankt hatte und ausgerechnet in jenen Tagen grob zu ihm gewesen war, als sich alles gegen ihn kehrte. Doch sie habe nichts davon gewußt, er habe es ihr bis zur letzten Minute verheimlicht. Irgendwer habe ihm eingeredet, sie sei mit Jewstropow in einem Restaurant gesehen worden und hätte etwas mit ihm. Der Mann habe sie gebeten, sofort zurückzukommen, habe es ultimativ gefordert, was bei ihm ungewöhnlich sei, und sie habe ihm am Telefon eine entsetzliche Szene gemacht. Er habe sich dann entschuldigt und gesagt, der Hickhack im Dienst habe ihn aus dem Gleis geworfen, ihm seien die Nerven durchgegangen, er ekle sich vor sich selber. „Hast du vielleicht wirklich was mit Jewstropow?" fragte Antipow. „Wo denkst du hin! Was sollte der mit mir? Für den bin ich eine alte Frau." Antipow lachte. Die Mädchen konnten ihre Blicke nicht von Irina losreißen, verschlangen sie geradezu mit den Augen, während sie Antipow nicht beachteten.

„Was machen wir?" fragte Antipow. „Wollen wir auf dem Bahnhof übernachten?" – „Wieso? Wir fahren zu mir."

Der Mann lag im Krankenhaus, und die Tochter war bei der Mutter. Sie nahmen ein Taxi und kamen nach eins bei ihr an. In der großen Wohnung, wo es viel Teures, Schweres, Vergoldetes gab, viele Läufer und Teppiche, aber wenig Bücher und wenig anheimelnden Papierkram, fühlte sich Antipow mit einemmal schrecklich unbehaglich. Plötzlich dachte er: Ob ich zu Hause anrufe? Tanja ist noch nicht im Bett. Sie wirtschaftet gern bis nach Mitternacht in Küche und Bad herum. Deswegen hatte es oft Krach gegeben. Er würde ihre erschrockene Stimme hören: „Ja? Ja?" Irina versprühte mit einem Zerstäuber Parfüm im Schlafzimmer, schlug ihren Schlafrock auseinander, besprühte auch sich. Antipow hatte diese Stunde gierig herbeigesehnt, doch jetzt war die Begeisterung weg. Sie lagen lange und unterhielten sich. Irina berichtete über ihre Auffassung von Natalia und Heeckeren, meinte, es werde bald Schwierigkeiten geben, man werde ihr Knüppel zwischen die Beine werfen, die Soikina könne aktiv werden. Dann löschte sie das Licht, und im Dunkeln sagte sie lachend: „Wie ich sehe, habe ich dich nur als die Frau des Mannes interessiert!“

Am nächsten Tag setzte sich Antipow telefonisch mit Kwaschnin in Verbindung, und der bestellte ihn für Montag in sein Büro. Antipow mißfiel der Aufschub, ihm mißfiel auch, daß Kwaschnin ihn nicht nach Hause, sondern ins Büro kommen ließ, doch er nahm sich zusammen und ging hin. Die Sekretärin bat ihn, sich zu gedulden: Anatoli Lukitsch lasse sich entschuldigen, er habe polnische Genossen zu Besuch. Antipow setzte sich aufs Sofa, zündete sich eine Zigarette an und dachte verärgert: Nur gut, daß ich nicht für mich selber bitten muß! Kwaschnin verblüffte ihn: Er lehnte strikt ab, ohne die Gründe zu erklären, und riet Antipow: „Setz dich nicht für solche Leute ein. Die haben ihre Fürsprecher. Mach dir keinen Kopf – der findet schon Arbeit.“ Antipow hatte keine Lust, sich lange mit Tolja zu unterhalten – der war zwar freundlich, doch ein wenig zerstreut, zurückhaltend, geringschätzig und im Grunde gemein. Plötzlich besann sich Kwaschnin, fragte: „Wieso bemühst du dich eigentlich für ihn?“ und musterte ihn scharf. „Schon gut“, sagte Antipow mürrisch und wandte sich zur Tür.

Kwaschnin rief hinter ihm her: „Wann feiert ihr den Einzug? Vergiß nicht, mich einzuladen!“

Antipow rief Irina noch am selben Abend an und erzählte ihr von dem unerwarteten Affront. Irina sagte nach kurzem Schweigen: „Das habe ich mir gedacht. Ich kann jetzt nicht darüber sprechen. Ich rufe dich später an, ja?“ Und schon ertönte das Besetztzeichen.

Am Sonnabend lief der Reisescheck für das Schriftstellerheim ab, und Antipow kehrte nach Moskau zurück. Nun kam eine höchst angenehme Arbeit: Er las sein Manuskript durch, das er gerade von der Stenotypistin bekommen hatte, berichtigte und verbesserte. Im Nebenzimmer gab Tanja Anrufern mit glücklicher Stimme Auskunft: „Er ist da! Nein, ich kann nicht! Er arbeitet!“ Und wenn es Freunde waren: „Sascha ist da! Ich finde es unheimlich interessant! Vierhundert Seiten! Ruf in zwei Stunden wieder an!“ Kein einziges Mal hatte Antipow den Eindruck, als schweige der Anrufer – dann hätte er gewußt, daß es Irina war. Er las das letzte Kapitel über Goga, das er vor einer Woche abgeschlossen hatte: Goga erfuhr neunzehnhundertfünfundfünfzig vom Tod eines alten Bekannten, und darüber kam es beim Morgenkaffee zu einer Unterhaltung zwischen ihr und Nikiforow. Das Kapitel gefiel Antipow, doch hatte er noch immer das vage Gefühl, etwas nicht ausgeschöpft, ein wichtiges Motiv beiseitegelassen zu haben.

Nun, es fing so an: „Goga erfuhr von Jarbors Tod durch ihre Freundin Ljalja, die vor ihr mit ihm befreundet gewesen war. Den Spitznamen Jarbor hatten sie beide dem angesehenen Jaroslaw Borissowitsch gegeben, dem intelligenten Brillenträger mit dem Stiernacken, vor dem viele zitterten, während sie zu zweit überhaupt keine Angst vor ihm hatten, da sie seine sämtlichen kleinen Schwächen kannten. Jarbors Frau war eine Schulfreundin von Ljalja. Goga hatte Ljalja sechsunddreißig auf dem ‚Dynamo‘-Tennisplatz kennengelernt. Jarbor hatte ebenfalls Tennis gespielt, allerdings schlecht – wegen seiner schwachen Augen. Seine Stärke waren andere Spiele gewesen, wo es nicht auf scharfe Augen ankam. Besonders eifrig hatte er in den vierziger Jahren nach dem Krieg gespielt, doch dann war sein Stern gesunken und verschwunden – wie eine Billardkugel, die über die Bande springt und unterm Sofa verschwindet. Damals waren durch einen Stoß viele Kugeln auf einmal verschwunden. Nun, Jabor hatte irgendwo und irgendwie den Tod gefunden, war erschossen oder für eine Ewigkeit eingesperrt worden, kurz, er war verschwunden aus dieser Welt, die so wundervoll für Spiele eingerichtet ist. Sein Name tauchte in keiner Zeitung auf. Ljalja wußte von der Fußpflegerin Kapitolina, daß er tot war. Und die Fußpflegerin hatte es von Jarbors Etagennachbarin gehört. Auch Jarbors Frau war verschwunden, sie hatte alle Sachen verkauft und sich in den Süden abgesetzt. In der Wohnung, die Ljalja und Goga so gut kannten, wohnten jetzt andere Leute. Ljalja kam abends, sie zogen sich in Gogas Zimmer zurück, weinten, lachten, riefen sich allerlei amüsante Kleinigkeiten ins Gedächtnis: Zum Beispiel, daß Ljalja anfangs auf Goga eifersüchtig gewesen war und ihr kleine Gemeinheiten angetan hatte, dann hatten sie sich aneinander gewöhnt und im Landhaus herrliche Soupers zu dritt veranstaltet, später war Ljalja allmählich ausgeschieden, weil Goga es satt hatte Ljalja hatte dann Arkadi kennengelernt, und Goga war deshalb nicht böse gewesen.

Nikiforow erfuhr am nächsten Morgen beim Kaffee von Jarbors Ende. In seiner Vorstellung verband sich Jarbor mit Ljalja, war Jarbor deren Freund gewesen, hatte Goga über Ljalja Einfluß auf ihn gehabt, darum fragte er: ‚Und Ljalja?' Goga sagte, Ljalja habe ein wenig geweint, doch tieftraurig scheine sie nicht zu sein. ‚Verständlich', sagte Nikiforow. ‚Wie könnte man um den trauern! Er war doch ein abscheulicher Mensch.' Und nach einigem Schweigen fügte er hinzu: ‚Ich freue mich, daß sie diesem Scheusal den Garaus gemacht haben. Ich habe ihn schon allein deswegen gehaßt, weil ich zwanzig Jahre lang Angst hatte, zu sagen, was ich von ihm dachte. Jetzt sage ich es: Er war ein Scheusal, ein Scheusal, und er hat es verdient, wie ein Hund zu krepieren!' Er sprach gehässig triumphierend und blickte Goga an. Sie erbleichte – zuerst die Stirn, dann Wangen und Lippen. Mit weißen Lippen sagte sie: ‚Über niemandes Tod darf man sich freuen ...' – ‚Doch! Doch! Ich freue mich darüber!' sagte er. ‚Nach meinen Gebeten hätte er längst tot sein müssen. Aber ich finde es auch so gut. Ich bin auch so glücklich.' Goga starrte Nikiforow mit eingekniffenen Augen an, ihre Lippen preßten sich zusammen, das Kinn zitterte, häßliche Grübchen traten hervor, sie wollte etwas sagen, beherrschte sich jedoch. Nikiforow verschüttete Kaffee. Goga beugte sich über den Tisch, wischte mit einem Tuch die Wachstuchdecke ab. Nikiforow barg das Gesicht in den Händen und sagte: ‚Was ich für eine Angst ausgestanden habe, daß er dich entführt, der Schurke! Hätte ich eine Pistole gehabt, ich hätte ihn niedergeschossen!' Da konnte Goga sich nicht mehr beherrschen. ‚Weißt du denn, mein Lieber, daß der Schurke dir das Leben gerettet hat? Ohne ihn wärst du jetzt nicht mehr ...'

Nikiforow sprang auf, starrte Goga mit wildem Blick an. ‚Was? Er hat mir das Leben gerettet? Das hätte er nicht tun sollen! Lieber hätte ich das gleiche durchgemacht wie die anderen, o mein Gott ...' Er sprang vom Tisch auf, stolperte, wäre beinahe gestürzt, rannte aus dem Zimmer und schlug krachend die Tür hinter sich zu. Goga räumte gelassen das Geschirr ab. Sie wußte, Nikiforow würde bald zurückkehren. Er kehrte stets bald zurück. Doch Nikiforow setzte sich hin und las sein Manuskript, dann legte er sich hin, dachte nach und schlief ein, darum kam er erst zum Mittagessen. Er sah furchtbar mitgenommen aus. ‚Tut dir das Herz weh?' fragte Goga. ‚Nein. Ich habe gearbeitet und dann geschlafen und etwas Scheußliches geträumt. Man soll tagsüber nicht schlafen. Ich habe von deinem Jarbor geträumt – er war der Kosak aus dem Ural, der Waldajew verhört und dabei immerzu mit dem Säbel fuchtelt ... Erinnerst du dich?‘ Goga erinnerte sich. Sie kannte ‚Das Syndrom‘ genau. ‚Goga, Liebste, sei nicht böse‘, sagte Nikiforow, trat still auf sie zu und legte ihr die Hand auf die Schulter. Sie saß auf dem Stuhl, und er stand hinter ihr. ‚Könntest du nicht beschreiben, was du gestern und heute empfunden hast, als du von seinem Ende erfuhrst? Nur ehrlich. Die absolute Wahrheit.‘ – ‚Brauchst du das für den Roman?‘ – ‚Ja.‘ Es gab eine Pause, er stand hinter ihr und wartete, plötzlich schluchzte sie gepreßt auf. ‚Was ich empfunden habe!‘ Sie flüsterte: ‚Große Freude habe ich empfunden ...‘ Er drückte ihre Schulter, und Goga ergriff die Hand, die ihre Schulter drückte.“

Als Antipow das Kapitel gelesen hatte, begriff er zu seinem Entsetzen, daß das Wichtigste nicht in dem Roman stand: Großer Freude gehen große Leiden voraus. Er konnte weder das Manuskript weiterlesen noch weiter darüber nachdenken. Ihn erfaßte leidenschaftliches Verlangen, Irina sofort zu sehen, er lief auf die Straße, rief sie an, hörte sie erfreut sagen: „Komm!“ Er kam in die Wohnung mit den schweren Möbeln. Irinas Gesicht sah zerquält und gealtert, ihre brünette Haut fahl aus. Er liebte sie trotzdem. „Ich dachte, du hättest mich verlassen!“ – „Warum?“ – „Weil du nicht anrufst. Du weißt doch, daß ich allein bin.“ Am späten Abend sagte sie: „Wenn er nicht im Krankenhaus läge, würde ich ihn verlassen. Und zu dir kommen.“ – „Aber er liegt doch nicht ewig im Krankenhaus.“ – „Es steht schlecht um ihn ...“

Er dachte über ihre Worte nach, konnte an nichts anderes denken. Warum war es nicht möglich, daß er sich mit der Frau verband, zu der es ihn unbezwingbar hinzog? Denn gegen alle Vernunft und Einsicht, gegen Lebenserfahrung, Eigenliebe und Stolz rannte er immer wieder zum

Telefon und suchte ein Rendezvous. Auch sie war außerstande, ohne ihn zu leben. Doch Ende April, an einem warmen, fast sommerlichen Tag, sagte sie: „Liebster, wir haben zu lange gewartet. Wir hätten uns schneller entscheiden sollen. Jetzt kann ich nicht mehr. Er ist in solch einem Zustand, sein Leben ist zerstört – ich kann nicht ..."

Sie sahen sich nicht mehr, riefen einander nicht mehr an; anfangs quälten sie sich, nach ein paar Monaten gewöhnten sie sich daran, und Ende des Sommers erfuhr er zufällig von irgendwem, bei dem Mann sei wieder alles in Ordnung: Die Unannehmlichkeiten seien überwunden und er habe wieder seine frühere Leitungsfunktion inne. Der ihm am Zeuge geflickt hatte, sei versetzt worden. Die Leute sagten: „Es ist ganz gut, daß der Mann geblieben ist!" Doch Antipow interessierte das jetzt wenig, er war mit seinem Roman beschäftigt, gab sein Manuskript anderen zum Lesen, hörte sich ihre Meinungen an, war nervös, ließ den Mut sinken, entbrannte vor Stolz, bekam infolge der Nervosität eine Schuppenflechte, und Mitte September gelangte er zu dem endgültigen Schluß, daß der Roman mißlungen sei. Die Einsicht war schrecklich, dennoch fühlte er sich erleichtert. Wie hätte der Roman gelingen können? Es war ein Buch über einen Schriftsteller, dem auch ein Roman mißlang und in dessen Roman noch ein weiterer mißlungener Roman steckte. Allen war etwas mißlungen. Und aus dem, was Antipow mit heißem Atem umgeworfen, sein Bewußtsein getrübt und ihn wie besinnungslos durch Tage und Wochen getragen hatte, war auch nichts geworden.

Die Mutter kam ins Zimmer zurück und reichte Antipow schweigend ein Paket. Gedankenverloren steckte er es in seine Aktentasche und fragte:

„Was ist das?"

„Wäschestärke. Die kriegt man selten. Du sagst also: Es ist beinahe gar nichts mehr?“

„Nein“, sagte er. „Es war auch gar nichts. Unsinn. Laß dir von Tanja nichts vormachen.“

„Dachte ich mir's doch. Sie ist eine Panikmacherin. Na, Schwamm drüber. Ich bin froh. Ich werde sie anrufen und beruhigen. Aber eines besorgt mich, mein Sohn ...“

Die Mutter flüsterte: „Was ist mit deinem Roman? Warum willst du ihn keinem Verlag anbieten?“

„Er ist mißlungen“, sagte Antipow.

„Mißlungen!“ rief die Mutter entsetzt. „Wieso denn das? Du hast doch so viel daran gearbeitet, ihn so oft umgeschrieben.“

Antipow schwieg und schaute aus dem Fenster. Er überlegte wie zum erstenmal, warum der Roman mißlungen war. Dabei hatte er schon so oft darüber gegrübelt. Er wollte ihr gern die Wahrheit sagen. Niemand stand ihm so nahe wie die Mutter, obwohl er die besten Jahre ohne sie gelebt hatte: von zwölf bis zwanzig. Was sie miteinander verband, war nicht Liebe, sondern etwas Ewiges, etwas, worüber man nicht nachdachte und was ganz selbstverständlich existierte: wie die Erde, wie die feuchte Moskauer Luft.

„Er ist wohl deshalb mißlungen“, sagte Antipow, „weil ich mir zuviel vorgenommen habe. Weil das meine Kräfte übersteigt, verstehst du? Ich kann es nicht ausschöpfen. Das müßte ich aber. Man muß es bis ins Letzte, bis auf den Grund ausschöpfen, das habe ich am Schluß begriffen, als es zu spät war. Na, macht nichts! Sei nicht betrübt. Ich werde irgend etwas schreiben, was gelingt.“

Er umarmte die Mutter, drückte sie für einen Moment an sich, sie lächelte.

„Mein armer Sohn! Ich spreche oft mit Grigori darüber, und wir machen uns Gedanken, wie wir dir helfen könnten. Grigori ist zum Beispiel sehr zufrieden, daß du seine Dokumente von neunzehnhundertachtundzwanzig verwendet hast – über das Familienleben. Derentwegen sie ihn fast aus der Partei ausgeschlossen hätten, wovor dein Vater ihn bewahrte. Nein, Grigori ist dir nicht böse, wie du befürchtet hattest. Er ist ein gutherziger Mensch. Aber Ljudmila mag ihn nicht, weil er als Bauingenieur in den berüchtigten Gegenden gewesen ist. Wollte man das bis auf den Grund ausschöpfen, so hätte sie wohl recht ... Ich weiß nicht ...“ Die Mutter lächelte wieder und sah ihren Sohn kläglich, bittend an. „Wir sind so müde, du weißt es. Wozu alles ausschöpfen? Tue das nicht, ich bitte dich.“

Antipow kam abends vor der Mutter nach Hause. Die Wohnung war dunkel und leer. Alle waren weggegangen. Er stand am Fenster, ohne Licht zu machen, und schaute in die winterliche Dunkelheit mit den in trostloser finsterer Weite verstreuten Lichtern. Im Haus gegenüber war ein Bäckerladen eröffnet worden, da leuchteten die Buchstaben „CHLEB“. So jäh, daß er erschauerte, erfaßte ihn eisige Klarheit. Er begriff, daß es keinen Ausweg gab. Niemand würde ihn erlösen. Er setzte sich an den Tisch, knipste die Lampe mit dem biegsamen Metallstiel an, legte ein sauberes Blatt Papier vor sich hin und schrieb darüber: „Das Nikiforow-Syndrom. Roman“.

Zeit und Ort

Einen Tag nach seinem zweiundfünfzigsten Geburtstag flog Antipow nach Ulan-Ude, reiste von dort mit der Eisenbahn durch Taiga und Steppe in die Mongolei, stieg in Darchan aus, erledigte einiges und führte langweilige Gespräche, und drei Tage nach seinem Abschied von der Maikühle und den noch nicht aufgeblühten Linden auf dem Suworowski-Boulevard saß er in einer Jurte auf einem Hocker, hörte das Rascheln des Sandes, trank Tee mit Milch, ein bei den Mongolen beliebtes, aber recht dünnes Getränk, und unterhielt sich mit dem Besitzer der Jurte, einem Wissenschaftler aus der Hauptstadt und einem alten Mann über Ereignisse, die siebenhundert Jahre zurücklagen. Sie interessierten ihn seit langem: Warum waren die Mongolenhorden nach Westen aufgebrochen, wo ihre Pferdeherden die Steppen kahlfraßen und der Lavastrom Völker verschlang und Länder verheerte? Der Alte meinte, die Wurzel sei in der Religion, im Ahnenkult zu suchen. Der Wissenschaftler aus der Hauptstadt, der ein breites, rechteckiges Gesicht hatte, sah die Ursachen in den sozialen Bedingungen. Der Jurtenbesitzer führte alles auf eine Klimaveränderung zurück: Der Regen sei ausgeblieben und die Steppe verdorrt. Hunger und Dürre hätten die Menschen verzweifeln lassen. Antipow dachte: Ihre Verzweiflung hat sie aber weit getrieben! Er sah es anders: als die qualvolle Unrast eines Volkes, das sich von der Bürde seines Landes, seiner Wohnstätten und seiner Ahnengräber befreit hatte. Ihn beschäftigte der Gedanke an seine Befreiung, die Befreiung von vielem: von der Sorge um die Kinder, die großgeworden waren, von überflüssigen Möbeln, von den Qualen der Ruhmsucht, von der Macht der Frauen, vom Egoismus der Freunde, vom Terror der Bücher. Nach Moskau zurückgekehrt, schrieb er die Erzählung „Das Rascheln des Sandes“, die für eine Anthologie bestimmt war, doch den Mongolen gefiel die Erzählung nicht, und sie wurde nicht in die Anthologie aufgenommen, er hatte die Reise umsonst gemacht. Aber sie war nicht umsonst gewesen. In der Mongolei hatte eine Ahnung neue Nahrung gefunden. Die Erzählung „Das Rascheln des Sandes“ erschien in einer Zeitschrift. Seit er sich vor fünf Jahren von Tanja getrennt hatte, lebte er in der großen Wohnung in der Mersljakowski-Gasse im Herzen des alten Moskau, in der Nähe des Twerskoi-Boulevard, in der Nähe von allem, was früher zu seinem Leben gehört hatte, und seine Freunde konnten ihn mühelos besuchen, wenn er krank war oder wenn sie Lust hatten, ihn zu sehen. Sie hatten nicht oft Lust. Es waren auch kaum noch Freunde da. Viele ließen es mit der verwunderten Frage bewenden: „Bist du schon wieder krank?“ Darauf antwortete er: „Was hilft's, ich bin im akademischen Alter.“ Nun lag Antipow – er war nicht bettlägerig, ruhte aber meistens, ging im Pyjama ein wenig umher, setzte sich auf den Balkon, aß in der Küche am runden Tisch mit der französischen Wachstuchdecke, die eine Frau ihm vor langer Zeit geschenkt hatte, und legte sich mit einem Buch wieder ins Bett –, nun lag er einsam schon die dritte Woche, nachdem ihn Ende Juni wieder mal ein Herzanfall erwischt hatte, und seine Stimmung war auf dem Nullpunkt. Die Ärzte meinten, es gehe bergauf. Doch die Zeit, die er brauchte vom Höhepunkt der Krankheit, als er halb bewußtlos gewesen war, bis zur Genesung, die deprimierend langsam Fortschritte machte, hatte Antipow alle Hoffnung genommen und ihn psychisch so kaputtgemacht, daß er an nichts mehr Spaß hatte. Er mochte nicht lesen, nicht denken, nicht schlafen, nicht fernsehen. All das Gewohnte, Alltägliche, das früher keine Mühe gemacht hatte und unauffällige Lebensroutine gewesen war, ließ sich jetzt nur durch Anstrengungen erreichen, und das war Antipow zuviel, er resignierte, schloß die Augen, löschte das Licht. Gedanken kamen und verschwanden, es waren Bruchstücke, Gedankenhülsen; Wesentliches und Tiefes vermochte er nicht zu durchdenken, und als ihm zufällig ein unvollendetes Werk einfiel, erfaßte ihn solche seelische Übelkeit, daß er rasch abschaltete, damit ihm nicht noch übler wurde. Jeder Gedanke an die Arbeit war so gefährlich wie heftige Bewegungen oder eine Todesnachricht. Zum Beispiel ging es ihm an jenem Tage schlecht, als Marta Wassiljewna – die alte Frau kam immer und kochte für ihn, machte sauber, holte auch die Medikamente und die Post – die Zeitung mit der Nachricht von Viktor Kotows Tod brachte. Obwohl in den letzten zwölf Jahren keine besondere Freundschaft zwischen ihnen bestanden hatte, war die Nachricht, daß es Victoire Kotow nicht mehr gab, unerträglich – so viel Freude, Unsinn, Hoffnung hatte sie verbunden! –, und Antipow weinte ins Kopfkissen. Er wußte, Kotow hatte nicht viel getaugt. Aber kam es darauf an? Er hatte zu seinem Leben gehört, und mit Kotows Verschwinden schwand und starb ein Teil dieses Lebens. Im Nachruf hieß es, er sei „zu früh" verstorben. Wie absurd! Gemeint war: unerwartet, ohne Ursachen, ohne Krankheit, ohne daß es sich angekündigt hätte oder vorhersehbar gewesen wäre, das heißt – *zur Unzeit.* Wahrscheinlich hatte ihn vom Saufen der Schlag getroffen, und so etwas geschah allemal *zur Unzeit*. Antipow wollte am nächsten Tag unbedingt zur Beerdigung gehen, er fühlte sich besser, wollte sich überwinden, eine dunkle Jacke anziehen und hingehen. Es war kaum noch einer auf der alten Umlaufbahn. Wolodja Gusselstschikow hatte sich auf ein unbegreifliches Gebiet begeben, das der indischen Philosophie. Kwaschnin war ein hohes Tier geworden, das lag ebenso fern wie indische Philosophie. Miron steckte schon seit fünf Jahren in Bulgarien, er war jetzt mit einer bulgarischen Filmschauspielerin verheiratet, seine Eltern aber verbrachten ihre alten Tage in der Soljanka-Straße, und manchmal meldete sich im Telefonhörer eine heisere, halb erstickte Stimme: „Wir haben gestern einen Brief von Miron bekommen. Mit Fotos. Er hat sich ein Motorboot gekauft!" In der ersten Zeit hatte Miron oft aus Sofia angerufen, später nicht mehr. Antipows Sohn Stepan war als Arzt in Algier. Manchmal kam die Tochter Marinka, brachte Apfelsinen und die neueste Nummer einer Zeitschrift, die sie interessant fand, zum Beispiel „Teatr". Noch seltener ließ sich Ljudmila sehen, sie wollte zwar öfter kommen, schaffte es aber nicht, da sie jetzt auswärts arbeitete. Weiter war niemand da. Die Mutter war gestorben. Am häufigsten aber kam Markuscha! Es blieb ein Rätsel, wieso dieser aberwitzige Kerl mit den blauen Augen, dem schon ein wenig schütteren Haar und dem mitgenommenen, dennoch frischen Gesicht, dieser Schreihals, dieser Schwätzer, dieses Kind der Straße, nach dreißigjährigem Herumvagabundieren noch immer auf der Bildfläche war. Es blieb unbegreiflich, wovon er lebte – ob vom Handel mit Büchern, vom Spielen oder von der Gutherzigkeit des schwachen Geschlechts. Dagewesen war Markuscha immer, aufgetaucht aber nur von Zeit zu Zeit, so auch neunzehnhundertsiebenundsiebzig, als Antipow sich eben von seiner Bibliothek trennen wollte, nicht weil er Geld brauchte, sondern weil er die Bücher satt hatte. Markuscha löste die Bibliothek binnen drei Tagen auf, nur das Lebensnotwendige blieb im Schrank – nicht mehr als hundert Bücher –, alles andere flog in den Orkus, und Antipow atmete erleichtert auf. Er atmete stets erleichtert auf, wenn er sich von etwas befreit hatte.

Schon seit langem wollte er über Markuscha schreiben. Zumindest für sich, um Erinnerungen zu bewahren, sie nicht verlorengehen zu lassen. Denn solche Typen wie diesen komischen Tölpel, der sich unglaublich gut in Büchern auskannte – man brauchte ihm nur die Rückseite eines Buches zu zeigen, schon nannte er den Titel! –, gab es in Moskau nicht mehr. Ljowa, der Schnupfer, war gestorben, Pat und Baron waren verschwunden. Antipow wußte schon den Titel: „Ein unnützes Genie". Köstlich war Markuschas Einstellung zu Präsident Kennedy! Als Kennedy einundsechzig gewählt wurde, wurmte es Markuscha schrecklich, daß der Präsident so jung war, er faßte sich an den Kopf und murmelte: „Ich Hammel, wieso vertue ich mein Leben? Er ist fast so alt wie ich und schon Präsident. Kennt der sich etwa so gut in Büchern aus wie ich?" Markuschas Empörung über sich und die Welt war echt. Doch als Kennedy zwei Jahre später ermordet wurde, stürmte Markuscha in heller Aufregung zu Antipow und schrie, mit den Händen fuchtelnd: „Ach, bin ich klug! Ach, hab ich Köpfchen! Kein Wunder, daß mir einer gesagt hat: Du könntest ein Spinoza sein, wenn du nicht spielen würdest. Menschenskind, die Leute finden mich toll! Tja, ich bin gesund und munter, hier, fühl mal meinen Bizeps, und Kennedy – wo ist der?“ Noch etwas hatte sich Antipow eingeprägt, und das sollte unbedingt in sein Werk über Markuscha Eingang finden – ein Ausspruch der Mutter, mit der Markuscha sein Leben lang in einer Kate in der Nähe von Moskau wohnte; sie hatte in Odessa bei Makarescu Gesang studiert und während der NÖP-Zeit in Moskau auf dem Arbat Piroggen verkauft. „Alles hat seine Zeit und seinen Ort.“ Dieser weise Satz saß wie ein wundertätiger Splitter in Markuschas Gehirnwindungen, bremste und besänftigte ihn zuweilen – besonders, wenn er bei Pferderennen das Letzte verwettet hatte. Früher, als Antipow Bücher sammelte, hatte er Markuscha schärfstens im Auge behalten: Der brachte es fertig und nahm sich dreist ein Buch aus dem Regal, um es in seine unförmige pralle Aktentasche zu stekken, die wie die Bereitschaftstasche eines Landarztes aussah. Mit Lug und Trug beschaffte sich Markuscha die Bücher, die er brauchte, bisweilen auch mit Gewalt. Für ein Gerangel mit Antipow reichten seine Kräfte nicht, doch mit den alten Damen, die Danilewski oder Ponson du Terrail besaßen, wurde er mühelos fertig. Seit Antipow seine Bibliothek aufgelöst hatte, war Markuscha ein ungefährlicher Gast, aber auch jetzt noch versuchte er zu mogeln und Antipow irgendwie übers Ohr zu hauen: Sie wetteten um die Ergebnisse von Fußball- und Eishockeyspielen und Schachwettkämpfen oder setzten sich selbst ans Schachbrett, fünf Rubel je Partie, wobei Markuscha zwei leichte Figuren als Vorgabe verlangte. Für ihn als echten Spieler existierten Begriffe wie Stolz, Eigenliebe oder Scham nicht, die Welt teilte sich in Verlust und Gewinn. Die eine Hälfte war unentschuldbar, die andere entschuldigte alles.

Doch als Markuscha hörte, daß Antipow krank sei, war er als erster zur Stelle, kam morgens mit einem Päckchen Quark vom Markt und rief: „Na, bist du aus dem Rennen? Ich hab dir immer gesagt: Hetz den Gaul nicht so ab! Leg Pausen ein. Du kannst ja doch nicht alle Bücher schreiben und alles Geld verdienen …"

Antipow machte sich zur heißen Mittagszeit auf den Weg zur Beerdigung. Als er auf den Hof kam, wurde ihm schwindlig, und er setzte sich im Schatten auf eine Bank. Die Luft flirrte und flimmerte von der Hitze. In dem kleinen Garten war das Laub verdorrt, ohne Frische gespendet zu haben. Zu früh abgestorbenes Laub. Irgendwer hatte gesagt, es stehe ein katastrophaler Sommer bevor. Antipow dachte über Kotow nach und fand, Markuschas Mutter habe gar nicht unrecht: Der arme Kotow hatte nicht begriffen, welches sein Ort war und wieviel Zeit er hatte. Die Leute laufen und laufen, weil sie es nicht begreifen. Darum passiert es, daß sie *zur Unzeit* sterben. Nachdem er sich ein Weilchen ausgeruht hatte, ging er mit unsicheren Schritten zur Taxihaltestelle und ließ sich zu dem Haus fahren, wo die Trauerfeier für Kotow stattfand. Er sah Bekannte. Niemand wußte von seiner Krankheit, niemand fragte. Einer trat näher, reichte ihm die Trauerbinde und flüsterte: „Wollen Sie an meiner Stelle Trauerwache halten?" – „Und Sie?" – „Ich komme nach Ihnen. Jetzt steht dort einer, neben dem ich nicht stehen möchte." Achselzuckend nahm Antipow die Binde und sah Roitek, das bedeutungsvolle Gesicht mit dem grauen Haar von Trauer erfüllt. Während Antipow im Foyer saß und gegen das Schwindelgefühl ankämpfte, rutschte Kotows alter Freund, der Filmregisseur Slawa Bubjakin, der in der Nähe saß, mitsamt dem Sessel zu ihm. Bubjakin, der Kotow ähnlich sah und genauso ein Grobian und Zechbruder war, hatte ein tränenüberströmtes Gesicht und trübe Augen, er hustete ins Taschentuch, vom Weinen oder von einer Krankheit geschüttelt.

Schluchzend und sich die Augen wischend, beugte er sich zu Antipow und fragte flüsternd: „Willst du nicht einen Text für mich machen? Für einen Fünfteiler über eine Ballettschule?“ Antipow schüttelte den Kopf.

Am nächsten Tag verschlechterte sich sein Befinden, er hütete noch eine Woche das Bett und stand nur kurze Zeit auf, doch an einem kühlen Morgen fühlte er sich plötzlich von einer Stunde zur anderen gesund und ging hinaus, ins Freie. Es nieselte. Der Himmel war grau. Die Gasse stand voller parkender Autos mit blanken Dächern. Antipow ging auf die Hauptstraße, kaufte am Kiosk eine Zeitung, die „Sozialistitscheskaja Industria“, und las, während er langsam zum Nikitskije-Tor und von dort zum Boulevard schlenderte. Der Wetterbericht hatte Nordwestwind angekündigt, sechzehn bis siebzehn Grad, 750 mm Luftdruck, keine Niederschläge. Der Nieselregen störte überhaupt nicht. Antipow konnte so tun, als regne es nicht. Hinter dem leichten, durchsichtigen Schleier hob sich sacht der Tag. Auf dem Boulevard waren die Bänke leer. Die Leute gingen sorgenvoll und ohne sich aufzuhalten ihrer Wege, manche mit Aktentaschen, andere mit Einkaufstaschen. Fast niemand hatte die Hände frei. Das war Antipow schon seit langem aufgefallen: Die Lastwagen fahren leer, die Menschen gehen beladen. Er setzte sich auf eine Bank und las weiter. Jetzt studierte er das Fernsehprogramm. Am Abend sollte ein Fußballspiel übertragen werden. Antipow dachte verwundert: Ich war seit zwölf Jahren in keinem Stadion. Ob ich hingehe? Er erwartete Markuscha, der etwas zu lesen bringen und Neuigkeiten erzählen wollte: Er hatte eine ungewöhnliche Frau kennengelernt. Am Telefon hatte er sich nicht weiter darüber ausgelassen. „Ich erzähl dir alles. Wirst es schon rechtzeitig erfahren! Hetz den Gaul nicht so ab! Die Frau ist Klasse, zum Verrücktwerden, sag ich dir! Ich wette fünfundzwanzig Kopeken gegen einen Rubel, daß du nach ihr verrückt wirst. Aber du hast keine Chance, laß dir das gesagt sein. Mach dir keine Hoffnungen. Sie ist bis über beide Ohren in mich verschossen. Das könnte dir so passen! Ich bring sie mal mit ..." Markuscha hatte eine unheilbare schizophrene Schwatzsucht, er sprach pausenlos, schrie, ereiferte sich, schäumte, und manchmal mußte man ihn knuffen, um seinen Redefluß zu stoppen. Antipow dachte an Markuscha und lächelte. Leichte, wohlige Wärme umfing ihn, er dachte voller Freude: Ich kann neu anfangen, ich kann etwas versuchen, ich kann auf etwas hoffen. Der Regen klopfte leise auf die Zeitung: Ich kann! Ich kann! Ich kann!

Antipow bemerkte nicht, daß sich am anderen Ende der Bank eine Frau hinsetzte, die einen ausgeblaßten, einst schwarzen, jetzt scheckigen Regenschirm über sich hielt. Sie war um die Siebzig. Ihr Hals sah wie ein Gänsehals aus, und ihre Hand, die den Regenschirm hielt, war mit dunklen, rötlichen Altersflecken übersät. Antipow blickte zu ihr hin und hörte sie sagen: „Noch ein Sommer. Und keine Freude." – „Warum nicht?" fragte er. Nach langem Schweigen und einem Seufzer, der bedeutete, sie habe keine Unterhaltung mit ihm beginnen wollen, sagte die alte Frau: „Weil ein Mensch lieben und geliebt werden muß. Alles andere hat keinen Sinn." Nach einer Weile erhob sie sich und ging mit schwerfälligen Schritten die Allee entlang. Antipow hatte ihr Gesicht nicht gesehen.

Markuscha hielt wie üblich nicht Wort, er tauchte erst vier Tage später auf und erklärte, er habe dringend etwas in Kasan erledigen müssen. Was hatte Markuscha schon dringend zu erledigen! Doch irgend etwas hatte er dort getrieben. Antipow regte sich längst nicht mehr über Markuscha auf, er gab ihm Geld, Markuscha ging und holte Bier.

„Willst du alles von meinem Weib erfahren? Na schön, mach dir Notizen. Die wirst du noch mal gebrauchen können. Wie ich sie kennengelernt hab? Ich war unrasiert, völlig runtergekommen von lauter Mißerfolgen. Sag selbst: Ich seh zu, daß ich auf einen grünen Zweig komme, und am Renntag verwette ich alles. Immer geh ich leer aus, immer ich! Warum nicht die anderen? Es stimmt schon, was der Volksmund von den Zigeunern sagt. Das Volk begreift es! Find dich ab, wenn du ein Zigeuner bist, du armer Hund. Die Leute halten mich für einen Zigeuner, weil ich so ein Hoffnungsloser bin. Aber wenn sie mich in Wut bringen ... Hör auf zu drängen! Wir sitzen gemütlich und trinken Bier, wohin hast du's so eilig, du Scheißschriftsteller? Nach Wagankowo auf den Friedhof? Da kommst du schon noch rechtzeitig hin. Du mußt dir nur bald eine Grabstelle besorgen, hast ja die Halbzeit hinter dir. Aber ich kann dir helfen, ich kenne da einen Totengräber. Der hat früher in der Nationalmannschaft gespielt ..."

„Lenk nicht ab", sagte Antipow und stupste gegen Markuschas von Runzeln übersäte, von der Sonne kupferrote Stirn. „Erzähl, wie du sie kennengelernt hast."

„Mach ich. Hetz doch den Gaul nicht so ab. Du brauchst Sujets, ich weiß. Tschechow lief rum und schrie: ‚Gebt mir Sujets!' Ich liefere sie dir ins Haus wie das Milchmädchen die Milch, aber du schreibst und schreibst nichts auf. Du wirst sagen: Gontscharow hat auch lange nichts geschrieben, aber als er loslegte, hat er sie alle überholt. Nicht? Er hat zu Turgenjew gesagt: ‚Wenn du Aas mir noch einmal ein Sujet klaust, schieß ich dir mit der Jagdflinte zwischen die Augen! Ohne Duell!' Na schön, das sind Details. Gleich erzähl ich's dir. Ich muß dir alles vorkauen. Gleich wirst du losschreien, wirst im Zimmer rumrennen und wie eine Ente quaken!"

„Du gehst mir auf die Nerven. Ich werde lieber arbeiten."

„Moment! Gleich wirst du quaken und mit den Flügeln schlagen. Quak, quak ..." Markuscha hockte sich hin, schlug mit den Armen wie mit Flügeln und watschelte im Zimmer herum.

Antipow betrachtete den alten Taugenichts, der fast schon ein alter Mann war, kahlköpfig, mit schrundigem, gegerbtem Gesicht, verwittert in den Jahrzehnten, die er auf der Straße zugebracht hatte, und dachte, daß Markuscha der letzte war, dessen er überdrüssig werden könnte. Denn in Markuscha war noch jenes Kindliche, Törichte und Gütige, das auch er einst gehabt hatte.

„Du fragst, wieso ich keine Bücher auftreibe. Wo soll ich sie hernehmen? Die Leute rücken nichts raus. Was denkst du, wie gewieft die heute sind. Sie stecken ihr Geld in Bücher, haben kapiert, was man sammeln muß. Was hab ich dir vor zwanzig Jahren gesagt? Kauf Solowjow, kauf Berdjajew und Rosanow! Damals gab's die fast geschenkt – für drei bis fünf Rubel. Heute dagegen! Alle sind schlauer geworden. Meinst du, du bist der einzige Schriftsteller? Ich bin kein schlechterer als du, nur hab ich keine Zeit, das Leben höhlt mich aus, die Gläubiger sind hinter mir her, alle wollen was von mir, alle schreien: ‚Markuscha! Markuscha!' Früher, als ich noch mehr Zeit hatte, hab ich mal geschrieben: ‚Zerfurcht ist meine Stirn nicht ohne Grund so tief, als wollt es spalten mir das Haupt. Voll Liebe ging ich unter Menschen rund, an alles Gute habe ich geglaubt ...' Na? Moment, Moment, verzieh nicht gleich die Fresse!" schnauzte er plötzlich barsch. „Hör dir den Schluß an: ‚Doch mit der Zeit, das Leben rann, bekam ich diese tiefen Züge, den Puls des Lebens fühlt ich an, und in mein Herz es schlich die Lüge.‘ Mehr hab ich zu diesem Thema nicht geschrieben. Aber Swetlow war platt. Im ‚National‘ hab ich ihn mal erwischt und ihm das vorgetragen …“

„Wo hast du die Frau kennengelernt, du Spinner?“

„Ganz normal, im Friseursalon in der Petrowka. Ihre Beine haben mich angezogen. Maupassant hat sich mal in einem Brief bei Flaubert beklagt, daß alle Frauen egal aussehen, aber das sind Details. Es war am dreißigsten April. Das weiß ich genau, weil in Moskau das erste Fußballspiel lief: Dynamo gegen Pachtakor. Ich war wie aufgedreht, so was kommt bei mir auch vor. Mir hat mal einer gesagt: ‚Dich muß man beim Pferderennen sehen, wenn du aufgeregt bist!‘ Überhaupt, die Leute finden mich toll! Ich bin dämonisch, meine Mutter ist anämisch. Sie sagt: ‚Dem Besten sind keine Grenzen gesetzt.‘ Manche Menschen taugen nicht fürs Leben. So wie meine Mutter. Sie will nichts, ist völlig anspruchslos, obwohl sie bei Makarescu Gesang studiert hat. Ich dagegen, ich stehe im Leben und kämpfe. Einer hat mal gesagt: ‚Wenn du Markuscha freie Hand läßt, räumt der ganz Moskau aus!‘ Ein kluger Mann, der das gesagt hat, kein hergelaufener Klugscheißer. Dozent nennen sie den! Er hat eine ganze Clique um sich und kommandiert bloß leise: ‚Geh und setz vierzig Rubel auf die Drei und die Zwei! Hol den Gewinn ab! Hol Kognak und ein Lachsbrot!‘ Sie flitzen nur so. Dozent! Den kennen sie alle auf dem Rennplatz, im Stadion und im Park. Der spielt mit Georgiern Sheleska, hundert Rubel ein Stich. Unübertrefflich, der Bursche. Aber ein wüster Antisemit. ‚Ich mag dich‘, sagt er, ‚obwohl du Markuscha heißt. Nur Geld darf man dir nicht geben, sonst räumst du ganz Moskau aus.‘ Verstehst du? Eine Frau war hell begeistert: ‚Markuscha, wieso bist du so ein Kenner?‘ Ich und ein Kenner, ha, ha!“ Wildes, selbstvergessenes Lachen.

„Zurück zum Friseur!“

„Sofort. Der läuft nicht weg. Ich hab ihr gesagt, daß ich dich mal mitbringe. Aber bevor ich das Bier alle hab – wieviel Flaschen sind eigentlich noch da, zwei oder drei? –, rühr ich mich nicht vom Fleck, das sag ich dir. Sie meint: ‚Mein Gedächtnis hat einigermaßen nachgelassen …‘ Merk dir solche Wendungen! *Einigermaßen nachgelassen*, verstehst du? Eine andere würde einfach sagen: ‚Ich kann mich ums Verrecken nicht erinnern, mein Gedächtnis ist total im Eimer …‘“

Antipow sah bald Markuscha an, bald blickte er aus dem Fenster, wo die Mittagshitze im Blau über den Dächern flimmerte, und ein Vorgefühl von Furcht überkam ihn. Denn nichts ist furchtbarer, als seinen *Ort* und seine *Zeit* zu erkennen, und er stand gleichsam auf der Schwelle zu dieser Erkenntnis: Sie mußte aus Markuschas zusammenhanglosem Geschwätz auftauchen. Insgeheim schauderte ihn. Er sah wieder Markuscha an, der ihm so oft bei kleinen, lästigen, peinlichen, schmutzigen Geschäften geholfen hatte, ohne die das Leben ebenso undenkbar ist wie ein Sommer ohne Fliegen und Mücken, und der jetzt, ohne es zu wissen, den Schlag führen würde, der das Herz zerstört – plötzlich war ihm, als zähle Markuscha die Stunden des Lebens, als sei er so etwas wie eine Uhr. Eine Uhr in fließenden Linien, mit kahlem Kopf und leuchtendroten Backen, wie aus einem Alptraum, eine von Salvatore Dalis Uhren – das war Markuscha.

Doch er war seine, Antipows, Uhr.

Und auf einmal sah er den aufgeregt weiterschwatzenden Markuscha mit feuchten Augen liebevoll an wie etwas Trauriges, das unabwendbar ist.

„Ich kaufe eine Flasche Schnaps, wir kommen zu ihr, da sagt sie: ‚Ach, hast du schöne Bäckchen!' – und zwickt mich. Meine Backen sind wie Tomaten. Weil ich soviel Blut hab. Da sagt sie: ‚Das wird mal eine schöne Obduktion.' Ich war platt. Hör gut zu! Das sind Sujets für dich! Ich Hammel, wieso erzähl ich dir das alles? Ich müßte es selber aufschreiben, ich hab ungeheures Talent, ich seh alles, bemerke alles, die Leute teilen sich mir mit ... Wieso schenk ich dir das, du Schmarotzer? Alle nutzen meine Gutmütigkeit aus. Na schön, jetzt die Details: Sie ist eine tolle Frau, Filmschauspielerin. Erinnerst du dich an den Film von vierundfünfzig: ‚Lichter im Tal'? Tja, da hat sie mitgespielt. Aber jetzt ist sie natürlich weg vom Fenster ... ‚Ich hasse die Menschen', sagt sie, ‚und ich liebe die Tiere. Denn Tiere sind nicht zu Gemeinheiten imstande. Töten, die Kehle durchbeißen – das ja, etwas Gemeines tun – niemals.' Eine unerhört kluge Frau! Nicht mehr ganz jung, so in unserm Alter, aber schwer in Ordnung. Kannst du mir glauben: verdammt in Ordnung. Lange Beine wie Esmeralda. Erinnerst du dich an Esmeralda? Die Donstute, auf der Felix in Stockholm den ersten Preis geholt hat? Ein berühmtes Pferd. Voriges Jahr begraben. Natascha sieht noch gut aus, bloß das Gesicht wirkt mitgenommen, vom Saufen. Die erste Flasche hatten wir nach zehn Minuten leer. Da sagte sie: ‚Lauf, wohin du willst, aber besorg noch was – ich wär dir sehr dankbar.' Vor allem, das Luder säuft, wird aber nicht blau. Eine tolle Frau! Mal spricht sie Gedichte, mal weint sie, mal nimmt sie mich bei den Ohren, zieht mich an sich und guckt mich erstaunt an, als wollte sie fragen: Wer bist du überhaupt, wo kommst du her? Und sie sagt: ‚Von dir mit deiner Nase und deinen roten Backen mache ich eine Maske!' – ‚Was für eine Maske?' – ‚Bei uns in der Prosektur', sagt sie,

‚mach ich die besten Masken ...' Wieso klapperst du mit den Augen? Was denkst denn du: Das ist nichts für Shakespeare, für Scholochow, für *Antipow*! Hier bestimmt das Leben, verstehst du? Sie war Schauspielerin, erst in Saratow, dann beim Film, hatte glänzende Erfolge, war berühmt, wurde auf Empfängen für Ausländer rumgereicht, und jetzt ist sie in der Prosektur, zerschnippelt Leichen. ‚Bloß Kinderleichen', sagt sie, ‚die kann ich nicht ... Die Kleinen – um nichts in der Welt ...' Verstehst du, was sie aus ihr gemacht haben? Und schuld daran ist ..." Markuschas dumme blaue Augen füllten sich mit Tränen, er wischte sie weg und schloß leise: „Wozu alles aufzählen? Ich, du, wir, ihr ... Sie hat's erwischt ... Aber zärtlich ist sie. Obwohl sie fürchterliche Mutterflüche losläßt, das muß ich schon sagen."

„Wie heißt sie?" fragte Antipow tonlos. „Wie ist ihr Name?"

„Spielt keine Rolle. He, du Schlitzohr: ‚Wie heißt sie, wie ist ihr Name!' Und ihre Telefonnummer willst du wohl nicht? Natalja Wladimirowna heißt sie – Natascha. Aber schlag sie dir aus dem Kopf, verstanden? Sie findet mich ganz toll. Bei ihr kannst du nicht landen. Sie verachtet Schriftsteller. ‚Dostojewski', sagt sie, ‚verstand die Frauen nicht. Die Schriftsteller sind alle Schweine und Egoisten.' Ich sag: ‚Ich kenne einen Schriftsteller, Antipow heißt er – der ist kein übler Kerl.' Da fragt sie: ‚Was, der lebt noch?' Ich sag: ‚Natürlich lebt er noch. Er schuldet mir fünfundzwanzig Kopeken.' Da sagt sie: ‚Für andere mag er noch leben, für mich ist er gestorben. Als Schriftsteller war er mittelmäßig, als Mann nicht besonders.' Da hat sie's dir aber gegeben! Was hast du denn mit ihr gehabt? Sie sagt: ‚Wäre ich zwanzig Jahre jünger, ich würde mich an dir festsaugen wie ein Blutegel – daß du mich nicht mehr loswirst.' Menschenskind, die Weiber sind scharf auf mich! Ich erzähle ihnen was von Honoré de Balzacs Intimleben oder Anatole France im Schlafrock ... Du kennst das Leben nicht, du hockst in deinem Loch – sag mal, was will so eine Frau von uns? Überleg, ehe du antwortest. Streng deinen Kopf an. Nein, nicht, was du denkst: Geld, Blumen, französisches Parfüm und einen Bock, der sie bespringt. Sie will ein Glas Wodka und einen Mann, mit dem sie reden kann. Von Mensch zu Mensch, verstehst du? Und darin tut mir's keiner gleich ..."

„Hör auf", sagte Antipow. Er legte sich aufs Bett und verschränkte die Arme hinterm Kopf.

Markuscha lief im Zimmer umher und murmelte vor sich hin, dann blieb er vor dem Bett stehen.

„Und morgens, wir sitzen gemütlich, trinken Bier, da guckt sie mich an und sagt: ‚Männerhosen, aber keine Männer ...' Was soll das heißen? Wie soll ich das verstehen?"

Antipow schwieg. Markuscha ging wieder ratlos und gedankenverloren im Zimmer auf und ab, schüttelte den Kopf und führte halblaut Selbstgespräche:

„Männerhosen, aber keine Männer ... Mensch, solche Dinger läßt die los. Ach, das Weib hat's in sich ... Da kann ich zwei Jahre rumrätseln und bin genauso schlau wie vorher ... Und an solch eine muß ich armer Hund geraten ..." Er lachte leise vor sich hin. „‚Männerhosen, aber keine Männer', sagt sie ... Oje, oje, oje ..."

Antipow lag stumm und schaute an die Decke, als hörte er Markuscha nicht, und dieser ging in die Küche. Er blieb lange weg. Hin und wieder klirrte und klopfte es in der Küche, während Markuscha halblaut Selbstgespräche führte. Nach einer Viertelstunde kehrte er zurück, blieb in der Tür stehen und fragte unsicher:

„Na, fahren wir hin?"

„Ich weiß nicht", sagte Antipow. „Ich überlege: Soll ich mit oder nicht ..."

Markuscha trat zu ihm und setzte sich aufs Bett. „Na, mein Bester ..." Er legte seine Hand auf Antipows eiskalte Stirn. „Was hat dir denn die Laune verdorben? Schon gut, wir fahren nicht hin. Was haben wir dort verloren."

„Ich weiß nicht."

„Soll ich Teewasser aufsetzen? Oder Wodka holen?"

„Nicht nötig. Bleib hier." Antipow legte die Hand auf die Augen.

„Ich bleibe. Ich bleibe so lange wie nötig. Wenn du willst, auch über Nacht. Was soll sein? Mutter hat zwei Rubel und kann ein Mädchen nach Brot und Kefir schicken, weiter braucht sie nichts. Na, und Papirossy ‚Prima'. Aber das sind Details. Vor allem, sei nicht ärgerlich."

„Mir ist schwindlig", sagte Antipow.

„Schon gut, wir fahren nicht hin. Was gibt's da groß zu sehen? ‚Männerhosen, aber keine Männer', sagt sie! Es geht auch ohne."

Gegen Abend ging Markuscha und kam mit Äpfeln wieder. Dann sahen sie sich im Fernsehen das Fußballspiel an. Während der Halbzeitpause wurde Antipow schwindlig, und er legte sich angekleidet aufs Bett. Er bekam Schmerzen in der Brust. Markuscha erschrak und rief einen Krankenwagen. Trotz der Schmerzen dachte Antipow, als er die Treppe hinuntergetragen wurde: Es gab keine bessere Zeit als die, die ich gelebt habe. Und keinen besseren Ort als diese Treppe mit der abblätternden Farbe an den Wänden, den Wasserflekken an der Decke, den Bleistiftkritzeleien, den Stimmen und Gerüchen des Lebens, dem offenen Fenster, hinter dem sich die dunkle Stadt mit ihren Lichtern regt.

Diesen Winter überleben

Im Herbst neunzehnhundertneunundsiebzig wurde meine Tochter Katja, nachdem sie – wie schon im Vorjahr – die Aufnahmeprüfung für die Universität nicht bestanden hatte, mit einer schweren Nervenkrankheit in die Psychosomatische Abteilung des Ersten Städtischen Krankenhauses eingeliefert. Mittwochs und sonntags besuche ich sie, und bei schönem Wetter gehen wir beide im Krankenhausgarten spazieren, schlendern im Bogen um die altertümlichen Gebäude herum zur Rückseite des Krankenhausgeländes, die an den Park* grenzt. Von dort schallt immer Musik herüber, im Sommer von der Estrade, im Winter von der Eisbahn. Bei schlechtem Wetter, wenn wir nicht spazierengehen können, sitze ich mit ihr im Korridor auf einer Bank. Aber dort sitzt man nicht gut: Auf der Bank drängen sich Besucher und Patienten, sie unterhalten sich zwar leise, doch alle hören mit, und unterhalten muß man sich, man kann ja nicht schweigen. Das wäre zu dumm: jemanden besuchen und schweigen. Aber es ist längst alles gesagt. Wenn ich von dem kleinen Wassja erzähle, hört sie uninteressiert zu, fragt gelangweilt immer dasselbe: „Ißt er gut? Fehlt ihm was? Plagen ihn die Zähnchen?“ Gehen wir dagegen im Garten spazieren, so können wir lange schweigen.

* Gorki-Park, einst Neskutschny-Garten, später Zentral-Park

Ich habe es Katja längst erzählt: Diese altertümlichen Gebäude, der Krankenhausgarten und der Park sind der Ort meiner Kindheit, hier in der Nähe bin ich zur Schule gegangen, hier habe ich einen Freund gehabt, Ljowka Gordejew, der Schach spielte und ein kluger Bursche war und im Krieg gefallen ist, seine Mutter arbeitete in diesem Krankenhaus als Schwester. Von Ljowkas Stiefvater, der an einer unbegreiflichen Krankheit litt – *dem Unwillen zu leben* –, habe ich Katja nichts erzählt. Daß Ljowkas Mutter sich erhängte und einen Zettel an die Tür heftete: „Vorsicht, ich hänge hier!“, verschwieg ich ebenfalls. Denn Katja hat ähnliche Stimmungen. Deshalb hatte ich es so eilig, sie im Krankenhaus unterzubringen. Bei jedem Spaziergang erzähle ich ihr ein bißchen mehr von der Vorkriegszeit – es macht mir Spaß, zurückzudenken! –, oder ich erfinde etwas Komisches und Rührendes. Zuweilen kommt es mir vor, als höre Katja aufmerksam zu, dann freue ich mich, glaube, sie werde wieder so werden wie früher, plötzlich aber versinkt sie aufs neue in Erstarrung, hört nicht zu, reagiert nicht, und wenn sie zuhört, dann mit jener gleichmütigen Ergebenheit, mit der kluge Kinder, die alles im voraus wissen, Märchen hören. Und richtig, was ich ihr erzähle, das sind ja gewissermaßen Märchen für sie, das ist so fern, daß sie es sich nicht vorstellen und nichts damit anfangen kann. Seufzend unterbricht sie mich: „Papa, das hast du mir schon so oft erzählt ...“ Aber einmal, als ich wieder auf Ljowka zu sprechen komme, flüstert sie leise: „O mein Gott, mein Gott ...“, und ihr Gesicht verzerrt sich wie vor Schmerz. Vor ihrer Krankheit war Katja anders. Sie hörte mich gern von meiner Kindheit erzählen, und als ihre Mutter starb und wir beide allein blieben, mußte ich sie in den ersten Jahren abends immer unterhalten und schwatzte unermüdlich von allen möglichen Streichen aus der Kindheit. Obwohl mir eigentlich nicht danach zumute war … Dann wurde sie mit einemmal erwachsen und entfernte sich von mir. Ich erinnere mich, wie sie mir beim Abendessen plötzlich ihre weiche Hand auf den Kopf legte – eine neue Geste, die mich verblüffte! – und sagte: „Papa, behandle mich nicht wie ein kleines Kind. Das ist lächerlich. Ich bin eine Frau, ich gehe mit einem Mann." Entgeistert fragte ich: „Mit was für einem Mann?" Wie ich erfuhr, hatte sie den schon lange. Ich hatte überhaupt nichts davon gemerkt. Der Mann hieß Gennadi und arbeitete im Institut für Information, trug einen kastanienbraunen Bart, war ein wenig kleinkalibrig und hatte eine dünne Stimme. Als ich erfuhr, daß er ihr Freund war, sah ich ihn mir genauer an und fand ihn recht gescheit und belesen. Er übersetzte wissenschaftliche Aufsätze aus dem Englischen. Das war freilich eine merkwürdige Arbeit. Ein Mann muß wissenschaftliche Aufsätze *schreiben, übersetzen* ist Weibersache. Ich bemühte mich, taktvoll zu sein. Wenn die beiden Krach hatten, hielt ich mich heraus und ergriff notfalls für ihn Partei. Gennadi stammte aus Pskow und war begierig, in Moskau alles kennenzulernen, alles zu sehen, er knüpfte Bekanntschaften an und besuchte Leute, Katja aber ertrug soviel Hektik nicht. Sie saß lieber zu Hause und las. Als sie noch klein war, hatte ich sie „meinen Bücherwurm im Elfenbeinturm" genannt. Nach einem Jahr warf sie Gennadi hinaus. Ich weiß nicht genau, was zwischen ihnen vorgefallen war, doch ich atmete erleichtert auf: Er war mir zu undurchsichtig. Ich hatte ihn nicht ganz durchschaut. Als Katja im vorigen Jahr die Aufnahmeprüfung verhauen hatte, war klar, daß Wassja sie zuviel Kraft kostete. Wir fanden eine Kinderfrau, der Kleine war den Sommer über in Desna, Katja büffelte Tag und Nacht, ich habe noch nie gesehen, daß sich jemand dermaßen verausgabt, aber ich kann ihr nicht helfen. Mathematik braucht sie nicht, und in anderen Fächern ist mit mir nicht viel los. Als ich sie pauken sah, war ich überzeugt: Diese höllische Schufterei kann nicht umsonst sein! Aber dann rief sie mich im Institut an und sagte mit gekünstelt lustiger Stimme, ich solle mich nicht ärgern, ihr habe ein halber Punkt gefehlt, sie sei wieder durchgefallen und alle könnten ihr kreuzweise ... Mich überlief es kalt vor Angst, und ich rief: „Was willst du jetzt machen?" – „Ich gehe ins Kino!"

Eine Woche lang war alles friedlich, sie fuhr nach Desna zu Wassja, kehrte sorgenvoll zurück, sagte, die Kinderfrau Maria Wassiljewna sei gut und sauber und habe Wassja gern, allerdings sei sie dem Wodka nicht ganz abgeneigt, man habe sie mit dem Kinderwagen im Dorfladen gesehen, wo sie eine Flasche Schnaps kaufte. Katja war jedoch keineswegs in Panik, und das gefiel mir, sie sagte vernünftig, wir müßten uns ohne besondere Eile, aber auch ohne Verzug nach einer anderen Kinderfrau umsehen, die nicht trinke. Doch am Wochenende geschah dann dies: Sie legte sich mit Kopfschmerzen im verdunkelten Zimmer hin, und als sie bis zum späten Abend nicht herauskam, dachte ich, sie sei eingeschlafen. Gegen elf schaute ich zu ihr hinein und sah, daß sie nicht schlief – sie starrte auf das Leuchtzifferblatt ihrer Uhr. Verwundert fragte ich: Was machst du denn? Nichts. Sie starrte weiter auf das Zifferblatt. Ich fragte: Heute haben mehrere Kinderfrauen angerufen, was wollen wir ihnen sagen? Katja antwortete, das interessiere sie nicht. Willst du Wassja bei Maria Wassiljewna lassen? Ja. Aber die säuft doch! Alle saufen. Sie antwortete mit tonloser Stimme. Mich durchfuhr es eiskalt, und ich rief: „Aber das ist doch gefährlich für Wassja!" Sie schwieg, schließlich sagte sie: „Dort waren Mädchen, denen auch ein halber Punkt fehlte, die haben gesagt, es steht alles im voraus fest, man kann gar nichts machen. Ist das wahr?" – „Ich weiß nicht", sagte ich. „Kann sein ..." – „Wozu soll man dann leben, wenn alles feststeht?" Ich sagte: „Du hast Wassja. Vergiß das nicht." – „Ich liebe Wassja nicht", war ihre Antwort im Dunkeln. Am selben Abend holte ich mir telefonisch von Ärzten Rat. Sie sagten mir, Katja dürfe nicht allein bleiben, und so mußte ich, obwohl ich das nicht gern tat, Katjas Tante Shenja zu uns holen. Shenja erschien mit demonstrativ strenger, mißbilligender Miene, schleppte eine riesige Tasche voll Lebensmittel, Apfelsinen und Diätbrötchen, das war nur Theater und völlig überflüssig. Katja wollte nicht essen. Als ich spätabends aus dem Institut nach Hause kam, war Shenja im Schlafrock und hatte ein merkwürdig gerötetes Gesicht, als hätte sie Wäsche gewaschen oder ein Bad genommen, und ich merkte nicht gleich, daß das dumme Weib geweint hatte. Sie führte mich in die Küche, flüsterte: „Das werde ich Ihnen nie verzeihen!" – „Was denn?" – „Ihre tierische Gleichgültigkeit. Das ist gemein und unmenschlich von Ihnen. Sie haben das Mädchen in einen Strudel geworfen und sich davongemacht ..."

Nun sind dreieinhalb Monate vergangen, im November fiel Schnee, im Dezember kam Frost, manchmal besuche ich Katja zusammen mit Wassja, der schon laufen kann, auf einen Hund zeigt und „awwa" sagt oder „sch-sch", das bedeutet Auto, er leidet an Diathese, wir kriegen sie einfach nicht weg, ich verlange von der neuen Kinderfrau, der intelligenten Anna Georgijewna, peinlichste Sauberkeit zu wahren und das Kind vorschriftsmäßig zu ernähren, doch gegen die Diathese ist nichts zu machen, und ich fürchte immer, daß Katja sich darüber aufregt, doch sie regt sich nicht auf, sie berührt mit den Fingern Wassjas rote Pausbäckchen und sagt leise: „Guten Tag, Kätzchen", und aus ihrer Stimme klingt weder Beunruhigung noch ein Lächeln, auch kein Leiden, daß sie den Sohn selten sieht – es ist nichts da als kalte, hohle Freundlichkeit. Meistens aber besuche ich sie allein. Erstens kann ich dann länger bei ihr bleiben, zweitens muß ich nicht befürchten, daß Wassja sich erkältet, sich ansteckt oder sich im Taxi irgendwelche Mikroben holt.

Mitte Dezember sagt Katjas Arzt Stepan Alexandrowitsch:

„Ich denke, zu Neujahr können wir Katja entlassen. Ich würde aber gern wissen: Wie sieht es bei ihr zu Hause aus? Wer kann bei ihr sein?"

Ich antworte: der leibliche Vater. Zwar arbeite ich, fahre um neun weg und komme erst um sieben zurück, doch habe ich einen freien Tag, den sogenannten Bibliothekstag, außerdem bin ich am Sonnabend und Sonntag da.

„Und andere Angehörige?" Stepan Alexandrowitsch sieht mich prüfend an. Er ist hochgewachsen und breitschultrig, hat ein brünettes Gesicht mit reiner, zarter Haut wie ein kleiner Junge, doch seine schwarzen Augen blicken feindselig streng. Wie es heißt, hat er Talent und verfügt trotz seiner Jugend über enorme Kenntnisse und Erfahrungen. Er hat irgendwo im Ausland gearbeitet. Wieso, denke ich unsinnigerweise, wäre Katja nichts für dich? Sie ist klug und sprachbegabt, ist ehrlich, gut und hübsch, trotz der etwas zu großen Nase und der Magerkeit, dafür hat sie tiefe blaue Augen ...

„Andere Angehörige hat sie nicht. Nur ihren Sohn Wassja. Der ist bei einer Kinderfrau."

„Und was ist die Kinderfrau für eine? Hat sie Katja besucht?"

„Nein, sie hat Angst herzukommen. Sie hat Katja hier noch gar nicht gesehen. Tja, was ist sie für eine? Sie ist noch nicht alt, war Buchhalterin, ehe sie in Rente ging. Bei ihrem Sohn und ihrer Schwiegertochter kann sie nicht wohnen. Genauer gesagt, die haben sie aus der Wohnung hinausgesetzt. Anstelle ihres eigenen Enkels betreut sie nun ein fremdes Kind."

„Könnte sie nicht für Ihre Tochter noch mehr werden?"

„Nein", sage ich. „Ausgeschlossen. Sie ist nur für Wassja da."

„Sagen Sie ..." Plötzlich runzelt er die Brauen, errötet und durchbohrt mich wie ein besessener Forscher mit seinen schwarzen feindseligen Augen, „und die Frau, mit der Sie jetzt zusammen sind, könnte die für Katja mehr werden?"

Er meint Julia Fjodorowna. Also hat Katja ihm von ihr erzählt. Ich weiß nur nicht, was sie erzählt hat. Katja kann Julia nicht leiden. Vielmehr: Sie kann sie nicht ausstehen. Und ich begreife, außer Eifersucht spielt da noch manches andere eine Rolle. Julia ist jung, sieht gut aus, kleidet sich gut. Eines Tages überraschte ich Katja, als sie sich heimlich Julias Pelzmantel ansah, der am Garderobenständer hing, dabei hatte sie ein unglückliches Gesicht. Ich nahm mir fest vor, ihr auf meiner nächsten Reise einen Pelzmantel zu kaufen. Doch kurze Zeit später tauchte Gennadi auf, und ich sagte mir, jetzt müsse er für Katja sorgen.

„Schwer zu sagen", antworte ich. „Vorläufig sieht es nicht so aus."

Sein Blick wird noch unangenehmer. Ich finde, er begibt sich auf ein Gebiet, wo er nichts zu suchen hat. Doch er stößt noch weiter in das Unangenehme vor.

„Sagen Sie, besteht die Möglichkeit, daß Sie mit dieser Frau zusammenbleiben und daß Katja dann alleinsteht?"

In nächster Zeit nicht, doch im Prinzip – warum

sollte ich diese Möglichkeit ausschließen? Katja liegt nichts daran, mit mir zusammen zu leben. Aber ihr liegt anscheinend an gar nichts. Während wir beide schweigend aus dem Fenster starren – trockene Schneeflocken wirbeln träge vor dem dunklen Astgewirr, und durch den Schnee und die Bäume schimmert schmutziggelb ein Stück Mauer des alten Krankenhausgebäudes –, denke ich: Das alles habe ich vor zweiundvierzig Jahren gesehen. Wie dumm, so lange zu leben und wieder dasselbe zu sehen. Stepan Alexandrowitsch sagt leise, schnell und kategorisch:

„Katja darf nicht allein sein!"

Ich nicke. Er sagt, Katja sei praktisch genesen, doch er habe Angst um sie. Ich gerate in hektische Erregung, und ich möchte fragen: Vielleicht haben Sie nicht um Katja, sondern um mich Angst? *Wer gibt Ihnen das Recht, Angst um mich zu haben?* Er schreibt etwas, beugt den Kopf mit dem seidigen blonden Haar. Seine Hand, die den Füller mit der Goldfeder hält, wirkt ungewöhnlich kräftig, er hat große braune Finger, und ich finde diese massige Hand unangenehm. Ich bin in ihrer Macht. Alles hat sich sonderbar verändert: Er ist älter, ich bin jünger. Ich zittere vor ihm. Ich möchte erraten, was er schreibt. Er reicht mir den Zettel und sagt mit strengem Blick: „Das ist ein französisches Medikament, doch es gibt ein jugoslawisches Analogon. Sie sind öfter im Ausland und haben Freunde. Notfalls bitten Sie Julia Fjodorowna darum." Verwundert frage ich: „Was wissen Sie von Julia Fjodorowna?" – „Ich weiß, daß ihr Vater in die 110. Apotheke geht. Meine ehemalige Frau ist mit Julia Fjodorowna bekannt und hat sich von ihr mal etwas besorgen lassen. In der 110. Apotheke bekommt man es bestimmt." Ich starre ihn entgeistert an: Dergleichen weiß nicht mal ich von Julia! Ich weiß nicht, was ihr Vater ist. Ökonom oder so etwas. Und der Mann, von dem sie sich getrennt hat, arbeitete bei der Presseagentur. Was ich weiß: Wenn Julia nachdenklich daliegt, den Kopf in die Hand gestützt, eine Zigarette rauchend, den Aschenbecher vor sich auf dem Bett, den Bauch üppiger als sonst, die Taille schmal und wie eingesunken, das Becken zu einem mächtigen halbrunden Berg gewölbt, dann sieht sie wie Modiglianis orangefarbene Frau mit den blinden blauen Augen aus. Und richtig, sie ist manchmal blind. Sie sieht nicht, was man sehen muß. Im August jagte ich in der Stadt herum und suchte irgendwelche Tranquillizer für Katja, aber Julia sagte kein Wort von der 110. Apotheke. Ich murmele: „Gut, ich spreche mit Julia Fjodorowna ..."

Ich gehe mit Katja auf den verschneiten Hof. Der Dezembertag ist zu Ende. In den Fenstern hinter den Bäumen brennt gelbes Krankenhauslicht.

„Hat er das gesagt? Das ist ja schön ..."

„Du scheinst dich nicht zu freuen."

„Worüber sollte ich mich freuen?"

Wir schlendern lange über die Wege, ich erzähle von Wassja, davon, wie er geimpft wurde und sich tapfer hielt, während Anna Georgijewna vor Angst fast ohmächtig wurde, wie dumm, aber gewissenhaft sie sei, Wassja hingegen klug, aber widerspenstig. Katja hört teilnahmslos zu. Plötzlich sagt sie ohne jeden Zusammenhang:

„Du hast dort dein eigenes Leben. Und ich ...", sie seufzte. „Ich schäme mich, es einzugestehen: Hier ist es interessanter. Hier habe ich vor nichts Angst. Stepan Alexandrowitsch kommt jeden Tag, wir unterhalten uns so nett. So offen."

„Er kann dich auch zu Hause besuchen. Ich werde ihn darum bitten."

„Nein, das macht er nicht. Er hat soviel Probleme – mit seinem Vater, mit den Frauen ..."

Sie lächelt ein wenig geheimnisvoll, und das Lächeln erstarrt auf ihrem blassen Gesicht mit der großen Nase und den blutleeren Lippen. Es ist ein selbstvergessenes Lächeln. Wir schlendern über den Hof, das Dunkel verdichtet sich, sie lächelt. Ich erzähle ihr von Wassja, Katja flüstert:

„Stepan Alexandrowitsch hat auch ein Kind. Aber das ist bei seiner Frau ..."

Sie möchte gerne über Stepan Alexandrowitsch sprechen, und ich frage, was für Probleme er mit seinem Vater habe. Katja hat auch Probleme mit ihrem Vater. Alle haben Probleme mit ihren Vätern. In meiner Kindheit hatte ich auch Probleme mit meinem Vater, aber andere. Katja erzählt: Stepan Alexandrowitsch habe seinem Vater lange nicht verzeihen können, daß er die Mutter verlassen hatte, erst später, als der Vater einen schweren Infarkt hatte und ins Krankenhaus kam. Dann sei Stepan Alexandrowitschs Ehe in die Brüche gegangen und die Mutter gestorben, und es habe ihn, seit er allein war, zum Vater gezogen – andere Angehörige habe er nicht. Doch der Vater führe jetzt ein eigenes Leben: Er habe eine junge Frau geheiratet, eine Ärztin aus dem Krankenhaus, und sie hätten einen Sohn, der jetzt anderthalb Jahre alt sei. Fast wie Wassja. Stepan Alexandrowitschs Tochter sei älter als sein Bruder, der kleine Sohn des alten Mannes. Dieser sei grau und dick geworden, sei leberkrank und herzkrank und tauge nicht für die Rolle eines jungen Vaters, obwohl er sich überaus munter gebe. Ein recht jämmerliches Bild. Stepan Alexandrowitsch bedauere ihn und natürlich auch sich selbst: Immerhin habe er nun den Vater verloren. Es sei nicht zu begreifen, wieso sie sich auf so etwas einließen. Ich frage: Wer? Die alten Männer. Ich will widersprechen: Ist denn Stepan Alexandrowitschs Vater ein alter Mann? Er ist vermutlich so alt wie ich. Was heißt hier alter

Mann? Aber sie hat die ganze Geschichte meinetwegen erzählt, darum wäre es töricht, zu widersprechen. Ich empfinde heftiges Mitleid mit Katja, umarme sie, drücke sie an mich und flüstere wie im Scherz: „Du wirst deinen Vater nicht verlieren! Reg dich nicht auf!“ Sie nickt stumm und lächelt. Ihre Augen sind geschlossen. Sie hat darauf gewartet, daß ich sie umarme und diese Worte flüstere, und sei es im Scherz. Nun sitzt sie stumm da und preßt den Kopf an meine Schulter, während ich weiterflüstere: „Auch er hat den Vater nicht verloren. Das geht doch gar nicht. Wieso begreift ihr das nicht? Dein Stepan hat sich selber getrennt und begreift nicht ...“ – „Seine Frau war schrecklich.“ – „Und sein Vater? War der auch schrecklich?“ – „Den Vater liebt er. Er hält ihn für einen guten Menschen“, flüstert Katja. „Sein Vater ist Schriftsteller. Aber wenig bekannt.“ Ich denke: Macht das einen Unterschied, was er ist? Sie begreifen nicht, daß wir auch atmen und hoffen. Und wir begreifen nicht, daß sie uns noch brauchen. Warum bin ich so lange nicht daraufgekommen, diese einfachen Worte zu sagen?

Wir stehen auf dem dunklen Hof. Der Schnee tropft von den Bäumen. Große Feuchtigkeit umfängt uns. „Der Schriftsteller Antipow?“ sage ich. „Aber den kenne ich doch! Wir haben zusammen im Flugzeugwerk gearbeitet. Während des Krieges.“ – „Ich hab nichts von ihm gelesen“, sagt Katja und atmet, so scheint mir, erleichtert und insgeheim beglückt auf. „Aber ich habe einiges von ihm gelesen. Wir haben uns dreißig Jahre nicht gesehen.“

Stepan Alexandrowitsch gab mir die Telefonnummer. Doch ich hatte keine Zeit, Antipow anzurufen. Vielmehr: Ich war nicht in der richtigen Stimmung. Und wozu eigentlich? Alles war im stillen

Nebel versunken, nichts war mehr zu erkennen, die Konturen hatten sich verwischt: Da war Sascha, der bedächtige Bursche, der manchmal eine lange Leitung hatte, er war mir ähnlich, doch die Zeit macht alle einander ähnlich. Wir beide haben auf dem Danilowski-Markt eine Pekesche verkauft. Na und? Jetzt ist er mir fern und unbegreiflich, ist Schriftsteller, ich bin für ihn auch fern und unbegreiflich, bin Doktor der Mathematik. Zwei Bücher von ihm sind mir zufällig in die Hände geraten, ich habe sie gelesen. Es sind ganz gute Bücher. Für junge Leute. Doch ich bin nicht sicher, daß ich sie auch zu Ende gelesen hätte, wenn ich Sascha nicht gekannt hätte. Wozu soll ich ihn anrufen? Sein Sohn Stepan Alexandrowitsch ist mir viel näher und wichtiger, ist jetzt der wichtigste Mensch auf der Welt. Stepan Alexandrowitsch lächelt herablassend.

„Ihr Väter seid sentimentale Kinder. Merkwürdig, was ihr für ein Leben hinter euch habt. Mein Vater hat förmlich aufgeschrien: ‚Aber mit dem hab ich doch in der Fabrik am Belorussischen Bahnhof Flugzeugkühler gebaut! Er soll mich anrufen!' Rufen Sie ihn an."

„Mach ich", antworte ich. „Sobald es ein bißchen leichter wird ..."

Doch es wird nicht leichter. Neujahr rückt näher, und Katja wird nicht entlassen. Sie ist nicht betrübt, oder vielleicht läßt sie sich nur nichts anmerken. Ich aber bin deprimiert von Stepan Alexandrowitschs Urteil: „Wir müssen die Therapie noch einen Monat fortsetzen." An diesem Tag spricht er unerbittlich, sein Blick ist finster.

„Hören Sie mal, sind Sie wirklich so naiv, oder tun Sie nur so? Katja hat gesagt, Sie hätten niemanden gebeten und nichts unternommen. Sie wissen doch, der eine kommt auf die Uni, weil er dran ist, der andere, weil er Beziehungen hat und ein Anruf genügt. Ach!“ Er winkt ab. „Mein Vater ist genauso schrullig. Sie taugen nicht für unsere Galaxis.“

Ich ärgere mich über seinen verächtlichen Ton. Im Grunde ist er ein kleiner Junge: Woher nimmt er das Recht, so mit mir zu sprechen?

„Ich verstehe nicht, was Sie schrullig nennen“, sage ich. „Etwa die Gewohnheit, sich nicht vorzudrängeln?“

„Machen Sie, was Sie wollen“, sagt er. „Aber denken Sie daran, es gibt Menschen, die von Ihnen abhängig sind. Von Ihren Gewohnheiten.“

Natürlich werde ich mich mit ihm nicht streiten. Darum schweige ich. Soll ihn der Teufel holen, Hauptsache, er behandelt Katja gut.

Das schlimme ist, ich gewöhne mich allmählich daran, daß Katja im Krankenhaus lebt. Silvester bin ich mit Wassja allein: Anna Georgijewna verläßt uns plötzlich, sie sagt, sie habe sich mit ihrer Schwiegertochter und ihrem Sohn ausgesöhnt, die beiden wollten, daß sie wieder bei ihnen wohne. Obwohl das für meinen ganzen häuslichen Alltag ein Schlag ist, freue ich mich, daß die Dame verschwindet, denn sie ist mir unerträglich geworden, hatte dumme, phantastische Absichten auf mich und ging mir auf die Nerven mit ihren Strandfotos aus den dreißiger Jahren, die sie wie unabsichtlich auf dem Tisch liegenließ. Jetzt muß ich eine neue Kinderfrau suchen, aber fürs erste wollen wir es mit letzter Kraft allein bewältigen, Julia und ich. Manchmal kommt Tante Shenja, nervös und den Tränen nahe, doch ihre Hilfe nehme ich selten in Anspruch, Julia aber hat nicht genug Geduld und verliert leicht den Mut, einen Tag beschäftigt sie sich voller Begeisterung mit Wassja, schmust maßlos mit ihm, am nächsten Tag ist sie völlig erschöpft, liegt zu Hause mit Kopfschmerzen im Bett, sagt, sie sei „wie eine ausgepreßte Zitrone“. Sie hat keine Kinder gehabt. Zu mir ziehen will sie nicht, sie sagt: wegen Katja. Sie bleibt fast nie über Nacht bei mir. Dabei ist Katja im Krankenhaus! Ebendeshalb gehe das nicht, sagt Julia, sonst sähe es so aus, als nutze sie Katjas Krankheit aus, um sich hier einzuquartieren. Na schön, wie sie will. Ich bin auch gar nicht überzeugt, daß ich sie vierundzwanzig Stunden am Tag brauche. Im Institut habe ich Urlaub genommen. Ich sollte nach Nowosibirsk fahren, habe aber abgelehnt. Außerdem habe ich auf eine Reise nach Leipzig verzichtet. Meine planmäßige Arbeit ist ins Stocken geraten, doch das macht nichts, ich werde alles aufholen. Ich muß den Winter überleben. Nachts bin ich mit Wassja allein, ich habe es gelernt, ihn zu windeln, ihn zu waschen, ihm seinen Brei zu geben, ihn in den Schlaf zu wiegen; anfangs war das schwierig, aber dann hatte ich den Bogen raus, und jetzt schläft er ruhiger. Tagsüber hilft eine alte Frau aus der Nachbarwohnung, ich gebe ihr fünf Rubel pro Tag, sie kocht, wäscht, erledigt dies und das. Man kann sich an alles gewöhnen und alles ertragen.

Aber eins ist schlecht: Ich kann nicht schlafen, ich finde einfach keinen Schlaf, liege mit offenen Augen, horche auf Wassja, denke über alles auf der Welt nach, über Präsident Carter, über das Erdöl, über unser Institut, über Katja, über Gleichungen, die mir durch den glühenden Kopf schwirren, über das unglückliche Kind, das zur Welt gekommen ist, und niemand will es haben, nur der Großvater, mit dem nicht mehr viel los ist, und von all den Gedanken überkommt mich eine so bedrückende Finsternis. daß ich gern eine Schlaftablette nehmen und mich in Besinnungslosigkeit stürzen würde, doch ich fürchte, Wassja könnte zu weinen anfangen und dann würde ich ihn nicht hören. Nachts, wenn ich halb wach bin, halb träume, sehe ich oft ein Gesicht: das runde Gesicht einer Greisin mit furchteinflößenden Augen, wirrem Haar und breitem, grinsendem Mund. Von ihren Lippen trieft Fett, als habe sie gerade gegessen. Ich weiß nicht, woher das Gesicht kommt und was es bedeuten soll. Doch immer, wenn es aus der Dunkelheit auftaucht, stockt mir das Herz, und ich habe Angst. Ich vermute, es ist das Gesicht des Schicksals. Das Schicksal lacht mich aus. In besonders schweren Nächten, wenn kein Lichtstreif in Sicht ist, lacht mir das Greisinnengesicht unverhohlen ins Gesicht. Es triumphiert. Ich bin besiegt, ich habe keine Zukunft. Solche ausweglosen Nächte quälen mich Anfang Januar, und dann wird es Tag – der Himmel ist blau, der Schnee blitzt in der Wintersonne. Und ich denke: Ach was! Ich werde es überleben ... Eines späten Abends erschreckt mich das Klingeln des Telefons. Es erschreckt mich, weil ich es nicht mehr gewöhnt bin. Schon lange hat mich niemand angerufen.

„Bist du es? Grüß dich, Alter! Wo steckst du denn? Stepan hat mir erzählt, du seist völlig am Ende ...“

„Grüß dich“, sage ich. „Wir haben uns dreißig Jahre nicht gesehen, nicht wahr?“

„Hör mal, soll ich mit Vera zu dir kommen und dir helfen? Wie? Vera ist praktisch und kann alles, und sie hat Kinder gern. Wir nehmen deinen Enkel in Obhut, bis du wieder richtig auf dem Posten bist ...“

Ich murmele: Danke, mach dir keine Sorgen, ich komm schon zurecht. Nach Besuch ist mir natürlich nicht zumute. Zumal nach so bedeutsamem: Wir haben uns ein Leben lang nicht gesehen. Du verstehst, Alter, daß mir jetzt nicht nach Besuch zumute ist? Ich verstehe, aber ruf mich trotzdem an. Meine Vera ist eine hervorragende Autofahrerin, wir können bei jedem Wetter kommen, auch bei Schnee oder Glatteis. Wir wohnen doch nicht weit von dir, in der Profsojusnaja. Wir können Sascha mitbringen. Ich habe noch einen kleinen Sohn, der heißt Sascha wie ich. Weißt du noch, wie wir die Zweipudhantel gestemmt haben? Und erinnerst du dich an Ljuda, die Bucklige von der Materialausgabe? Die habe ich neulich in der Sparkasse am Schalter gesehen. Sie hat mich nicht erkannt. Mein Gott, ob wir beide uns wiedererkennen? Und noch etwas Verschwommenes, Warmherziges, Altes, Teures, das spurlos verschwunden ist ... Als wir das Gespräch beendeten, war ich auch mit meiner Kraft am Ende. Ich löschte das Licht und weinte wie verrückt. Weil ich mich erinnerte, sah, begriff ... Als wären plötzlich alle die Jahre aufgeleuchtet ... Es war nicht zum Aushalten. Ich hatte das Weinen verlernt. Dabei dachte ich nicht mal an jene Zeit, sondern an später – an die Studentenzeit, die Jugend, alle die Umwälzungen, Hoffnungen ... Ich erinnerte mich an das Festival, an siebenundfünfzig, damals traf ich Sascha zufällig im Stadion, wir waren beide völlig aus dem Häuschen, riefen einander etwas zu und liefen auseinander, überzeugt, es sei nicht für lange, wir würden einander auf jeden Fall bald und für immer wiederfinden.

Am nächsten Tag kippe ich auf der Straße um, verliere für eine Sekunde das Bewußtsein, und als ich zu mir komme, merke ich, daß ich, weiß der Teufel warum, nicht auf die Beine komme. Ich werde weggebracht. Man sagt mir, ich hätte einen Hirnkrampf gehabt und mir beim Sturz den Knöchel verletzt und müsse mindestens einen Monat in Gips liegen. Es zeigt sich: Der Brunnen ist abgrundtief. Man kann immer weiter fallen. Julia holt sich eine Grippe, die fast eine Lungenentzündung ist, und die alte Frau aus der Nachbarwohnung fährt nach Kolomna, um ihrer Enkelin die Hochzeit auszurichten. Sobald ich die Augen schließe, taucht das Greisinnengesicht mit den fetttriefenden Lippen und dem gemeinen Grinsen vor mir auf.

Aber plötzlich erscheint Gennadi. Er sieht wie ein Hamster aus. In seinen vom Lesen geröteten Augen bemerke ich Unterwürfigkeit und zugleich geheime Unverfrorenheit. Obwohl es mich nichts angeht, frage ich ihn, wo er das ganze Jahr gesteckt habe. Einfach nur, um ihn etwas zu fragen. Ich habe es mir angewöhnt, in ihren Angelegenheiten vorsichtig zu sein. Er habe seinen Beruf gewechselt. Zeitweise, versteht sich. Er habe beim Autoservice gearbeitet. Und mit großem Erfolg: Er habe jemanden aus einem Ministerium kennengelernt, und der habe ihm gesagt, nächstes Jahr gehe für Katja bei der Aufnahmeprüfung für die Universität alles klar. Das sei hundertprozentig sicher. „Was Sie nicht sagen!" antworte ich erstaunt. Die geröteten Augen des Hamsters strahlen. Er sagt, er könne nicht ohne Katja leben. Jetzt besucht er sie an meiner Statt im Krankenhaus.

Der Winter ist zu Ende, ich habe ihn überlebt, auf den Straßen liegt haufenweise feuchter Schnee, er wird nicht abgefahren und nicht weggekehrt, er verschwindet von selbst in der warmen Luft, und etwas Ähnliches vollzieht sich in meinem Schicksal: Was sich angehäuft hat, schmilzt dahin, zurück bleibt Nässe. Ich bin allein in der leeren Wohnung. Katja, Wassja und der Hamster sind zu Verwandten von ihm in ein Dorf bei Pskow gefahren.

Er hat gesagt: „Treffen wir uns auf dem Twerskoi-Boulevard. Gegen sechs, wenn mein Seminar zu Ende ist, komme ich aus dem Institut ..." Und da kommt er, die Aktentasche schwenkend, lächelnd, blaß, groß, vertraut, unerträglich alt, graue Strähnen schauen unter der Kaninchenfellmütze hervor, und fragt: „Bist du es?" – „Ja", sage ich, wir umarmen uns, schlendern zum Boulevard, setzen uns irgendwo, Moskau umgibt uns wie ein Wald. Wir haben ihn durchquert. Alles andere hat keine Bedeutung.

Dezember 1980

Das umgestürzte Haus

Katzen oder Hasen?

Nach achtzehn Jahren bin ich wieder in dieser Stadt. Als ich zum erstenmal herkam, war ich fünfunddreißig, lief, sprang, spielte Tennis, rauchte leidenschaftlich und konnte nächtelang arbeiten; jetzt bin ich dreiundfünfzig, laufe nicht, springe nicht, spiele nicht Tennis, rauche nicht und kann nicht nächtelang arbeiten. Damals kam ich mit einem Haufen Touristen, jetzt bin ich allein in Rom. Damals hatte ich Freunde um mich, jetzt umgeben mich Italiener, die ich nur flüchtig kenne, sie sind mit ihren Angelegenheiten beschäftigt, und ich verstehe das. Übrigens sind sie recht unkonventionell, verspäten sich oft um eine halbe oder gar um eine ganze Stunde. Ich warte in der Hotelhalle. Es sind nette Leute. Ich habe mich an ihre Verspätungen gewöhnt. Sie können sich nicht ändern. Hier in Rom sind Jahrtausende vermischt, sind Zeitalter verwickelt, und die genaue Zeit ist schwer zu bestimmen. Sie ist hier unnötig. Dies ist ja die *Ewige Stadt*, und für die Ewigkeit sind Verspätungen belanglos. Man wohnt in einem Haus aus dem 19. Jahrhundert, geht eine Treppe aus dem 18. Jahrhundert hinunter, kommt auf eine Straße aus dem 15. Jahrhundert und steigt in ein Auto aus dem 21. Jahrhundert. Ich habe mir alle Illustrierten angesehen, die auf dem runden Tischchen liegen in der Halle des Hotels San Raffael, dessen Fassade überwuchert ist von gelblichgrauem, im Wind raschelndem wildem Wein, mag auch sein, es ist Efeu. Jedenfalls ist es ein Dickicht von Ranken, die in der Glut des Sommers verkümmert sind.

Ja, damals war ich arm, geizte, ging zu Fuß durch die Stadt, weil ich keine Lira für den Bus ausgeben wollte, sank abends todmüde ins Bett, sprang morgens frisch und munter auf, betrachtete sehnsüchtig die Auslagen der Buchhandlungen; jetzt kann ich mir jedes beliebige Buch kaufen, zu Fuß zu gehen langweilt und ermüdet mich, außerdem habe ich es immer eilig und nehme ein Taxi. Damals wohnte ich im ehemaligen Bordell Kairo, die Damen hatte man für die Dauer der Olympiade ausquartiert, und in den engen Zimmern wurden wir Touristen untergebracht, nicht weit vom Bahnhof, nahe einer Piazza und dem Kino Lux, wir mußten vier Treppen steigen; jetzt wohne ich im San Raffael nahe der Piazza Navona, und das hat gar keine Ähnlichkeit mit dem Etablissement Kairo. Damals erschütterte mich alles, ich wollte mir alles merken, alles einprägen, wurde von dem Wunsch geplagt, etwas Lyrisches über das alles zu schreiben, jetzt dagegen erschüttert mich nichts, und ich habe keine sonderliche Lust zu schreiben. Das hat viele Gründe. Darüber will ich mich nicht auslassen. Ich sage nur: Das Leben ist ein allmählicher Verlust an Erschütterndem.

Am Sonntag kam, mit vierzig Minuten Verspätung, einer der mir nur flüchtig bekannten Italiener, Gianni, ein netter Kerl, und schlug vor, irgendwohin zu fahren. Zum Beispiel nach Genzano. Ich lachte: Genzano war die einzige Stadt in der Umgebung Roms, die ich vor achtzehn Jahren besucht hatte! Ich erinnere mich genau an sie. Über Genzano habe ich ja eine Erzählung geschrieben. Könnten wir nicht anderswohin fahren? Doch Gianni druckste, er wollte offenbar nicht anderswohin, und bald erklärte sich das: Er wohnte in Genzano und mußte zu Hause unbedingt etwas erledigen. Wir fuhren los. Unterwegs erinnerte ich mich: eine kleine Stadt, die von Blumenanbau lebt. Es gibt dort Karneval und Feuerwerk. Damals hatte ich mit angetrunkenen und erschütterten Freunden in der Trattoria Pistamentuccia gesessen, Chianti getrunken und Hasenbraten gegessen, es war eine Jägerklause, die gesamte Einrichtung der Trattoria betonte das, die Hirschgeweihe, die ausgestopften Tiere und die Jagdwaffen an den Wänden, ich sang und schunkelte auf der Bank und hatte meine Nachbarn umgefaßt; dann schenkte uns der Wirt ein Foto von seiner Trattoria, Kellner und Köche mit der weißen Mütze vor dem Eingang aufgereiht, der schnauzbärtige Signore Pistamentuccia in der Mitte; dann saßen wir, vom Wein berauscht, an kleinen Tischen auf der Piazza, es war ungewöhnlich warm und schwül und roch betäubend nach Blumen und Schießpulver, die Feuerwerker wetteiferten miteinander, es wirbelte und blitzte am Himmel, dann brachte man einen Mann zu uns, der hieß Russo und war zwei Jahre in sowjetischer Gefangenschaft gewesen, er hatte eine spiegelblanke Glatze, fuchtelte mit der Hand, als säge er Holz, und sagte wiederholt: „Oschen karascho!" Über das alles habe ich schon geschrieben. Im lyrischen Prosastil, wie er in den sechziger Jahren Mode war. „Erinnerung an Genzano" hieß die Erzählung. Und das war wirklich meine kostbarste und beste Erinnerung an jene Reise. Da waren Freiheit, Jugend, Aufgeschlossenheit, Liebe zu allen Menschen und Rausch, Rausch! Ich wüßte nicht verständlich zu machen, was die nächtliche Piazza in Genzano für mich bedeutete. Und die Jägerklause, die Trattoria Pistamentuccia. Doch das alles war in mir geblieben wie die Musik jener Jahre mit ihren Freuden, Hoffnungen, Vorgefühlen. Jetzt dagegen brütete die Hitze im sonntäglichen menschenleeren Rom, der halb ausgetrocknete Tiber sah gelb aus, Gianni fuhr nach Hause, um etwas zu erledigen, und ich schloß mich ihm an, obwohl ich wußte, es war vergebens, Wiederholungen kann es nicht geben. Die Musik war verklungen. Zwei, mit denen ich damals in Genzano war, sind tot, und zwei sind weit weggegangen von mir.

Das Städtchen hatte sich in den achtzehn Jahren nicht verändert. Es war eine kleine *ewige* Stadt. Auf der Veranda des Restaurants – die Luft flimmerte vor Hitze, Platanen warfen Schatten, Scharen von Kindern rannten zwischen den Tischen umher, auf den Steinplatten in den Ecken, wo es ein wenig kühler war, hatten sich Hunde zum Schlafen verkrochen, erbärmliche kleine Köter, wie sie Carpaccio gern gemalt, in seine unergründlichen Riesengemälde eingeschmuggelt hat – fragte ich Gianni, ob es die Trattoria Pistamentuccia noch gebe. Ich weiß nicht, warum ich fragte. Eigentlich interessierte sie mich nicht weiter. Sie taugte nur als Erinnerung. Ich hatte nicht vor, sie zu suchen. Gianni sagte, es gebe sie noch, doch habe sie jetzt einen anderen Wirt. Der frühere habe vor zwei Jahren großen Ärger gehabt. Ein Strafverfahren. Man beschuldigte ihn, er habe seinen Gästen gebratene Katzen statt Hasen serviert.

Fast hätte ich gerufen: „Sie waren doch lecker! Ich erinnere mich!“ Am liebsten hätte ich noch gerufen: „Und meine Erzählung ‚Erinnerung an Genzano‘? Sie ist also nicht wahr? Keine warme Dämmerung also, kein Meer von Blumen, kein Gesang und kein Schunkeln mit den Nachbarn, italienischen Werktätigen mit ihrem männlichen sonnenverbrannten Gesicht, kein wunderbarer Chianti, kein Duft von Hasenbraten, sondern – gebratene Katzen?“ Und sofort kam mir ein anderer Gedanke: So muß die Erzählung abgeschlossen werden! *Sie muß zu Ende geschrieben werden!* Doch ich rief weder das eine noch das andere. Ich schwieg bedrückt. Denn am ganzen Leib und mit stockendem Herzen spürte ich plötzlich den Unterschied zwischen dem, der ich damals gewesen war, und dem, der ich heute bin. *Man muß nichts zu Ende schreiben.* Man darf nicht korrigieren, was sich nicht korrigieren läßt, was unantastbar ist – das, was durch uns hindurchfließt. Natürlich ist es wenig erfreulich, zu erfahren, daß etwas, was uns einst in Erstaunen versetzt und glücklich gemacht hat, falsch und nichtig war. Mein Gott, aber das Glücksgefühl war da! Und der Gesang, das Sausen im Kopf, die Pulverpetarden und Russo sind für immer geblieben. Es stimmt, ich habe bei alldem Schönen nichts von den gebratenen Katzen gemerkt. Ich habe die Wahrheit nicht erkannt. Unselige gebratene Katzen gibt es überall, und ein Schriftsteller hat kein Recht, zu tun, als gebe es sie nicht, es ist seine Pflicht, sie aufzuspüren, wie tief und wie geschickt sie auch versteckt sein mögen! All das ist richtig, doch damals war ich fünfunddreißig, lief, sprang, spielte Tennis, rauchte leidenschaftlich, konnte nächtelang arbeiten.

Ich fragte Gianni, was aus Signore Pistamentuccia geworden sei.

„Er wurde freigesprochen", sagte Gianni. „Aber er wollte nicht in Genzano bleiben und hat die Trattoria verkauft. Sie heißt jetzt ‚Zu den echten Hasen'."

Die ewigen Themen

Vor langer Zeit brachte ich der Redaktion einer berühmten Zeitschrift ein paar Erzählungen, ganz kleine, jede höchstens fünf Seiten, insgesamt ungefähr dreißig Seiten, ein kümmerliches Manuskript, kümmerlich vor allem, weil ich seit Jahren nichts Brauchbares zustande gebracht hatte, man hatte mich aufgegeben, diese paar kleinen Erzählungen waren mein erstes *Werk* nach langer Pause, sie bedeuteten für mich unermeßlich viel, niemand konnte angesichts der paar Manuskriptblätter ahnen, was sie für mich bedeuteten, ich selbst hätte es niemandem erklären können – kann man so etwas überhaupt erklären? –, außerdem begreift der Mensch sein eigenes Schicksal nicht zu der Zeit des Geschehens, das Begreifen hinkt hinterher, ich spürte nur, das war ein schicksalhafter Augenblick, nur ein dumpfes Zittern erfaßte mich, ein Schauer der Angst und der Ungeduld, und nun betrat ich das halbdunkle Gebäude in einer der ältesten Moskauer Straßen, um die Antwort abzuholen. Langsam stieg ich die steinerne Treppe hinauf, gegen das Herzklopfen ankämpfend. Auf dem obersten Treppenpodest blieb ich stehen, hielt einen Moment inne. Ich wollte ganz anders erscheinen als der, der ich in Wirklichkeit war.

Endlich fühlte ich, jetzt konnte ich schwungvoll die Tür aufreißen, leichten Schrittes den Korridor entlanggehen und lässig an jener Tür anklopfen. Das Schicksal war unansehnlich: ein gelbliches, fleckiges Gesicht, eingefallene Wangen, kurzgeschnittenes graues Haar, trauriger und zugleich erbarmungsloser Blick. Der Mann saß, mir halb zugewandt, am Tisch, in den Rauch einer Zigarette gehüllt, die in einer hölzernen Spitze steckte, und sagte: „Immerzu irgendwelche ewigen Themen."

Gespannt wartete ich auf den Schlag. Aber der Schlag kam nicht. Es war auch so alles klar. Die kleinen Erzählungen würden in der berühmten Zeitschrift nicht erscheinen, weil sie von ewigen Themen handelten. Ich hätte wieder gehen müssen, doch ich blieb an dem Tisch stehen, setzte mich gar auf das Sofa, holte eine Papirossa hervor, steckte sie an, alles sinnlose Handlungen, aber ich konnte mich nicht zurückhalten, machte es mir bequem, legte die Beine übereinander, fragte, was denn ewige Themen seien. Der Mann am Tisch verzog ein wenig die blauen Lippen.

„Tun Sie doch nicht so. Sie wissen genau, was gemeint ist."

„Ich weiß es nicht", sagte ich. „Erklären Sie es mir um Gottes willen."

„Nun hören Sie aber auf! Da gibt's nichts zu erklären."

„Aber ich verstehe es wirklich nicht."

„Was ist daran nicht zu verstehen?" Der Mann zuckte die Achseln. Er machte eine gelangweilte, verächtliche Miene. „Die ewigen Themen sind die ewigen Themen. Wenn Sie so wollen … Sagen wir mal …"

Zweiundzwanzig Jahre waren vergangen. Im Winter in Rom bekam ich im Hotel Phoenix an der Rezeption einen Zettel – die Rezeption befand sich in einem geräumigen verglasten Gang zwischen zwei Gebäuden, einer Art Wintergarten, durch das Fenster sah man frisch gemähten, saftig grünen, gar nicht winterlichen Rasen, Palmen, eine Ziegelwand und darüber ein Stück klaren blauen Himmel –, und auf dem Zettel stand, Herr X. sei in Rom und wolle mich sehen. Ich war verwundert: In den zweiundzwanzig Jahren seit unserer Unterhaltung über die ewigen Themen hatten wir kein einziges Wort gewechselt. Nicht, weil Feindseligkeit zwischen uns entstanden wäre, sondern weil zwischen uns *nichts* entstanden war: Wir waren einander fremd geblieben. Wir grüßten, wenn wir uns begegneten, und vergaßen uns sofort wieder. Er war für mich ein drittrangiger Bekannter, ich für ihn ein fünftrangiger. Etwas aber verband uns trotzdem – die berühmte Zeitschrift, bei der er früher gearbeitet und in der ich früher veröffentlicht hatte. Im übrigen war es eine rein intellektuelle und so entfernte Bekanntschaft, daß es seltsam war, daß einer den anderen in Rom suchte. Also was, du mein Gott, konnte er von mir wollen? Da stellte sich heraus, daß meine Frau ihn ebenfalls kannte. Sie fragte erschrocken:

„Ist das so ein Kleiner mit dunklem Gesicht und kurzgeschnittenem Haar? Mit dem habe ich in einem Haus gewohnt. Vor dem habe ich Angst."

„Wieso?"

„Er hat immer Unglück gebracht. Wenn ich den im Hof oder auf der Straße getroffen hab, ist immer irgend etwas passiert."

„Zum Beispiel?"

„Einmal habe ich ihn getroffen, da wurde unser Hund am selben Tag von einem Auto überfahren. Ein andermal wurde mir ein Szenarium um die Ohren geschlagen. Dann noch irgendwas, mehrere Male. Und eines Tages traf ich ihn im Fahrstuhl – und eine Stunde später kam ein Telegramm mit der Nachricht von Valeris Tod. Du solltest ihn nicht anrufen. Du bist überhaupt nicht verpflichtet, dich mit ihm zu treffen."

Wir saßen im kühlen Zimmer, geheizt wurde erst abends, und wußten nicht weiter. Der Zettel mit der Telefonnummer lag auf dem Bett. Es klopfte, die dicke Zimmerfrau trat ein und fragte etwas auf italienisch, sie lächelte und zeigte eine große gelbe Dose. Ohne begriffen zu haben, was sie wollte, sagte ich: „Prego“ und winkte Zustimmung. Die Zimmerfrau streute aus der Dose Pulver auf den Fußboden. Das Pulver hatte keinen Geruch. Mir erschien das verdächtig: Geruchloses Pulver würde die Ameisen kaum vernichten. Es gab hier massenhaft kleine Ameisen, nachts krochen sie ins Bett. Die Zimmerfrau streute das Pulver und sagte dazu etwas Ironisches, vielleicht sogar Unanständiges, mit durchtriebenen Seitenblikken auf uns. Meine Frau sagte, einen Menschen, der Unglück bringe, nenne man auf italienisch Porto nero, das heißt: der Schwarzes Bringende. Und den Namen eines Porto nero dürfe man niemals laut aussprechen. Man müsse raffiniert zu verstehen geben, von wem die Rede sei, dürfe aber auf keinen Fall den Namen nennen. Denn solche Leute mögen nicht beim Namen gerufen werden. All diesen Unsinn hatte meine Frau irgendwann gelesen und sich gemerkt. Sie hatte viel mehr gelesen als ich.

„Du kennst ihn?“ fragte ich.

„Vom Sehen. Wir haben uns gegrüßt, mehr nicht. Später bin ich ihm aus dem Weg gegangen.“

„Bestimmt hat er dir mal ein Rendezvous vermasselt“, sagte ich. „Du bist zum Rendezvous gerannt, hast ihn im Hof getroffen, und schon wurde nichts daraus.“

„Gerannt bist du“, sagte meine Frau. „Du hattest immer Angst, du kommst zu spät. Du warst immer in Sorge, du Ärmster.“

„Du bist mehr gerannt.“

„Ich bin nie gerannt. Ich bin Auto gefahren.“

Wir schwiegen eine Weile, ich dachte über den letzten Satz meiner Frau nach, und als die Zimmerfrau gegangen war, sagte ich:

„Ich werde ihn anrufen. Ich möchte gern wissen, was er von mir will."

„Ich bitte dich: Ruf ihn nicht an. Bei uns ist alles gut gegangen ..."

„Doch, ich rufe ihn an. Es wird nichts Schlimmes passieren. Vielleicht braucht er Hilfe?"

„Hat er dir denn damals geholfen?"

„Na ja, das ist lange her ..."

„Dann gehe ich weg", sagte meine Frau. „Ich will ihn nicht sehen. Ich gehe spazieren, und du triffst ihn allein. Ich fahre zum Monte Pincio."

Das fand ich kränkend: Sie würde zum Monte Pincio fahren und vielleicht zur Villa Borghese gehen, und ich mußte hier im langweiligen Hotel sitzen und auf den fast vergessenen, einst hochmütigen, jetzt nutzlosen Herrn warten. Es verging mehr als eine Stunde. Der Herr hatte einen weiten Weg. Nachher erriet ich, daß er zu Fuß von Trastevere gekommen war, wie ich früher zu Fuß gegangen war, um Lire zu sparen. Sein Gesicht sah unverändert fleckig, welk und verächtlich aus, doch etwas Wichtiges war daraus verschwunden. Sein Gesicht war gleichsam *leer geworden*, wie eine altertümliche Piazza leer werden kann, wenn der Abend dämmert. In Lucca haben wir so eine Piazza gesehen, an einem Abend: ein runder, stiller, aschfarbener Platz ohne Menschen und ohne Autos, alles ringsum war wie erstarrt, des Lebens müde, und nur die Wäsche auf den Leinen vor den aschfarbenen Wänden zeugte von einem unsichtbaren Leben. Dicht neben dieser öden steinernen Lichtung jedoch brodelte die Hauptstraße. Aber dort gab es nichts Interessantes, nur Waren. Eine Menschenmenge drückte sich zäh an den Hauswänden entlang und verschlang die Waren. Eine gefräßige raupenartige Menschenmenge. An die Piazza in Lucca mit ihrer Stille und Altertümlichkeit erinnerte das Gesicht meines Besuchers.

Er breitete die Arme aus und sagte, wie zur Entschuldigung:

„Sehen Sie, es hat sich so ergeben ...“

Seine erste Frau war vor fünfzehn Jahren an einer Blutkrankheit gestorben. Die zweite Frau traf das gleiche Unglück. Jetzt war er zum drittenmal verheiratet, seine jetzige Frau liebte die Kinder aus ihrer ersten Ehe so sehr, daß sie sich ein Leben ohne sie nicht vorstellen konnte, und daraus hatte sich alles zwangsläufig ergeben. Die Tochter seiner Frau war vor drei Jahren mit ihrem Mann ausgereist, die beiden hatten eine kleine Tochter, die eine schwere Nervenkrankheit bekam, und seine Frau ertrug es nicht, daß die Kinder allein waren. Sie liebte sie irrsinnig. Eine unnatürliche Liebe war das. Alles war unglaublich verworren. Nämlich der ehemalige Mann seiner Frau, also der Vater der jungen Frau, die jetzt in Atlanta lebte, hatte meinem Besucher am meisten Unglück zugefügt. Und wegen dessen Enkelin mußte dieser nun leiden und sein Leben ändern. Er ließ seinen einundneunzigjährigen Vater in Leningrad zurück. Alles war verworren. Ob ich denn nachts öfter mal im Colosseum gewesen sei. Man müsse unbedingt nachts ins Colosseum gehen! Ich fragte, warum er mir das alles erzähle. Wir kannten uns doch kaum.

„Wieso?“ widersprach er. „Wir kennen uns. Ich erinnere mich, wir haben zusammen in Jalta Urlaub gemacht. Später sind wir uns mal bei den Gradows begegnet. Ich habe den ehemaligen Mann ihrer Frau gekannt. Übrigens, richten Sie ihr einen schönen Gruß aus.“

„Richte ich aus“, sagte ich. „Es ist alles verworren. Sie haben recht.“

Wir saßen bis zehn Uhr abends im Kellerrestaurant. Meine Frau kam nicht zurück. Wir hörten Schüsse. Der Kellner sagte, auf der Via Gorizia sei eine Razzia, man habe ein geheimes Waffenlager gefunden, offenbar von den Neofaschisten, einige seien verhaftet worden, die gesamte Gegend entlang der Via Nomentana sei abgeriegelt, niemand werde durchgelassen. Im Restaurant waren außer uns beiden keine Gäste. Die Kellner und der Koch saßen vor dem Fernseher und sahen sich ein Radrennen an. Ich wurde unruhig. Mein Gast hatte es nicht eilig. Er verzehrte zwei Portionen Spaghetti bolognese, dann aßen wir eine Melone, tranken Tee und rauchten. Je länger wir saßen, desto mehr bekam sein Gesicht den alten Ausdruck – den eines traurigen Scharfrichters. Er fragte: „Haben Sie es nicht satt?"

„Was?"

„Die ganze Zeit zu schreiben. Sie hoffen noch, die Welt in Erstaunen zu versetzen? Sie denken, die Welt wird dereinst oho sagen, wenn sie Ihr Œuvre gelesen hat? Entschuldigen Sie meine Gehässigkeit. Ich bin gehässig, weil ich Abschied nehme. Tja, auch von Europa. Darum sage ich: Man muß nachts ins Colosseum gehen. Weil es weder Ihnen noch mir jemals wieder beschieden sein wird. Übrigens spreche ich von mir selbst ..."

Er legte die Hände vors Gesicht und saß so da. Ich erhob mich, ging auf die Straße und stand eine Weile an der Hoteltür. Zwei Carabinieri patrouillierten auf dem Gehsteig, und das Licht aus dem Fenster unserer Rezeption beleuchtete ihre vor Spannung starren, ländlich frischen Kindergesichter. Da, wo unsere Gasse in die Via Nomentana mündete, drängte sich ein Haufen Leute, mit quietschenden Bremsen stoppte ein Auto. Der Gehsteig war aufgerissen, jemand sprang hinüber. Die Carabinieri machten kehrt und liefen dorthin. Mir war, als hörte ich meine Frau schreien: „Lassen

Sie mich los!" Ich lief hin und sah, wie Männer in Zivil eine Frau ins Auto stießen, sie wehrte sich. Das Geschrei kam von einer Frau aus der Menge. Die Via Nomentana war schlecht beleuchtet, ich drängte mich näher, um mich zu überzeugen, daß meine Frau nicht dort war. Als ich ins Restaurant zurückkehrte, saß mein Gast noch immer mit den Händen vorm Gesicht da.

Anderntags fuhr ich mit meiner Frau von Rom nach Mailand. Der Zug blieb in einem Tunnel stehen. Zeitweise erlosch das Licht. Wenn es wieder anging, tat ich, als läse ich in einer Zeitschrift. Scharfer Brandgeruch drang in den Wagen. Wir schlossen die Fenster. Im Abteil waren nur wir beide. Das Gesicht meiner Frau verzerrte sich vor Angst und wurde grau. Sie flüsterte:

„Ich habe dir ja gesagt, es wird Ärger geben. Du hättest dich nicht mit ihm treffen sollen."

Ich sagte:

„Den größten Ärger hat er selbst."

Dann sagte ich:

„Jetzt weiß ich alles von dir. Er hat deinen ehemaligen Mann gekannt."

Sie blickte mich unverwandt und befremdet an, als versuchte sie zu erraten, ob ich wirklich alles von ihr wußte. Ich legte den Arm um sie. Fern im Norden war unser Haus, jetzt herrschte dort Frost, die Wege wurden vom Schnee verweht, morgens mußte immer ein Schneepflug gerufen werden, und durch das Dach kam als weißer Dampf Wärme aus dem Haus.

Der Tod in Sizilien

Was kann man in einem fremden Land in ein paar Tagen begreifen? Kommt man dahinter, wie die Menschen leben? Und wie sie sterben? Seit einer Woche sehe ich Sizilien wie durch ein Vergrößerungsglas. Ich könnte sagen: Sizilien ist ein heißes Zimmer mit Fenstern zum Meer, wo man die Jalousien vom Morgen an herunterlassen muß, sonst bekäme man bald keine Luft mehr. Doch ab Mittag ist's in Sizilien ganz erträglich, denn die Sonne wandert auf die andere Seite des Hauses. Nachts rauscht in Sizilien unaufhörlich das Meer, es ist nahe, unterm Balkon, unterhalb der Felsen. Anfangs läßt mich die Brandung nicht schlafen, später gewöhne ich mich daran. Schwerer ist es, sich an das Geknatter der Fischerboote zu gewöhnen, sie knattern nachts besonders munter und ohrenbetäubend in Ufernähe herum, ohne daß die Leute protestieren. Sie essen gern Fisch. Und ohne nächtliches Motorengeknatter gäbe es wohl keinen. Abends nach sechs wird die Luft in Sizilien wundervoll kühl und klar – deutlich sieht man die ganze große strahlendblaue Bucht, den keramikartigen Berghang auf der gegenüberliegenden Seite und einen fernen Berggipfel am Horizont, ein weißes Dreieck wie ein Segel. Die Sizilianer sprechen englisch und deutsch, gehen in der Hotelhalle barfuß und im Bademantel, zeigen ihre nackten, nicht sehr schönen Beine, zumeist sind's ältere Leute.

Nachts geht ein roter Mond über dem Meer auf, und man erinnert sich, Afrika ist nahe.

Die Saison, heißt es, ist zu Ende. Im August war hier alles anders. Massen von Menschen, laut, teuer, entsetzlich heiß, nicht zum Aushalten. Ich wundere mich: noch entsetzlicher? In Mondello, einem Fischerdorf und Kurort zwölf Kilometer von Palermo, findet ein Schriftstellertreffen statt, dort wird ein Literaturpreis, der sogenannte Mondello-Preis, verliehen und eine Diskussion über irgendein imposantes Thema veranstaltet. Über so etwas wie die Horizonte der Prosa. In mein heißes Zimmer mit den knarrenden Jalousien – zieht man sie hoch, so knarren sie leise und gleiten langsam, aber unaufhaltsam wieder hinab, ganz wie ein rätselhaftes Lebewesen, vielleicht ein geheimnisvoller Fisch vom Meeresgrund, der ans Ufer geworfen und vor mein Fenster genagelt worden ist, um hier seine letzten Minuten zu verbringen –, in mein heißes Zimmer bin ich geradewegs vom Moskauer Flugplatz gekommen, wo es kalt und trübe war und regnete.

Treffen sich Schriftsteller zu einer Diskussion über hochfliegende Themen, zum Beispiel: was ist Kunst und wozu braucht man sie, so sagen sie gewöhnlich allgemein Bekanntes. Die raren wertvollen Gedanken, die ein jeder hat, werden fürs Papier aufgespart. Auch ich sagte allgemein Bekanntes. Etwa, daß der Roman nicht gestorben sei und niemals sterben werde. Auf allen ihren Treffen in den fünfziger, sechziger und siebziger Jahren hatten die Schriftsteller den Roman verteidigt, das war eine Art Gebet für sie, obligatorisch wie für den Katholiken das Vaterunser vor dem Schlafengehen, und ich hatte mir vorgenommen, nicht hinter den anderen zurückzustehen. Ohne eine rechte Vorstellung, wer eigentlich den Roman angriff und ihm den Untergang androhte, erklärte ich diesen

Übeltätern hart und unmißverständlich, daß sie vergeblich warteten. Der Roman wird leben! Man darf nicht zulassen, daß er ausstirbt. Wie sollen die Leute sonst die Zeit zwischen den Fernsehsendungen totschlagen? Weiter sagte ich: Die Leute, die von der Krise des Romans sprechen, stellen sich das ähnlich der Erdölkrise vor – wie die Erdölquellen versiegen, so versiege in den Hirnen der Menschen die Phantasie. Nicht nur den Roman, auch die Menschheit galt es also zu verteidigen. Ich sagte, die Phantasie der Menschen werde nicht versiegen. Niemand bestritt das. Alle sagten ungefähr das gleiche. Am Schluß erklärte ich, daß mich nicht die Horizonte der Prosa, sondern ihre Vertikalen interessierten.

Als ich abends von unserem hoch auf einem Kap gelegenen Hotel auf der schmalen Uferstraße zur Piazza hinunterspaziere – dort ist alles hell erleuchtet wie an einem Festtag, Tintenfische werden stückweise verkauft, eine Menge Leute bummeln umher, die Autos, die in der Menge wie in Pech steckenbleiben, hupen schüchtern, scharfer Fischgestank liegt in der Luft, wie im Feinkostladen in Sokol, wenn die Kühlautos Frischfisch bringen und angetrunkene Arbeiter die schweren Kisten mit den zappelnden Fischschwänzen auf einer Rutsche kellerwärts schubsen, während sich Frauen mit Einkaufstaschen schon in einer Schlange vor dem Ladentisch anstellen –, als ich also die Uferstraße entlangschlendere, wo außer dem Fischgeruch nichts an die Straße an der Metrostation Sokol erinnert, denke ich über alles mögliche nach, zum Beispiel über die wohltuende Einheit, die unter den Schriftstellern herrscht: Keiner streitet mit dem anderen, und alle sagen allgemein Bekanntes. Ich *bemühe mich*, an alles mögliche zu denken, doch in Wirklichkeit quält mich ein vertrackter Hintergedanke. Am nächsten Tag fällt die

Entscheidung. Der Mondello-Preis wird alljährlich für das beste Buch eines ausländischen Autors verliehen. Im vergangenen Jahr sind hier zwei Bücher von mir erschienen: die Moskauer Trilogie „Langer Abschied" und „Das Haus an der Uferstraße". Na bitte, das ist doch gut. Wozu dann noch den Literaturpreis? Daß die Bücher erschienen sind, ist ja schon eine Auszeichnung. Und daß ich diese Insel nahe der afrikanischen Küste zu sehen kriege, ist ebenfalls eine Auszeichnung. An den Literaturpreis sollte ich gar nicht denken. Den brauche ich nicht. Das heißt, natürlich brauche ich ihn, aber andererseits brauche ich ihn nicht. Ich brauche ihn und brauche ihn nicht, beides ist eins. Es ist blödsinnig, an den Preis zu denken. Man kann sich aber nicht zwingen, nicht an Blödsinn zu denken. Ein Unding: Ich promeniere an einem tropischen Abend in einer Menschenmenge am Meer, es riecht nach frischem und nach gebratenem Fisch, aber ich bin außerstande, all den Quatsch hinter mir zu lassen! Ich bin auf einer Insel der Phönizier, der Karthager, der Römer, der Araber, der Ostgoten, der Normannen, des Königs Roger, der blutigen Sizilianischen Vesper, aber ich kann mich auf nichts konzentrieren, bin völlig entnervt, mache mich verrückt wegen einer Lächerlichkeit, bin unglücklicher als alle diese Leute hier, denen nichts droht. Aber die Sache ist die: Sie haben mich gelockt. Sie haben gesagt, der Preis sei mir sicher, doch ich müsse unbedingt herkommen. Mein Gott, auch ohne den Preis wäre ich liebend gern hergereist! Ich will ihn nicht geschenkt. Ich hasse Preise. Preise sind Unsinn. Das Gemeine ist nur – der Unsinn verfolgt mich. Jetzt gratulieren mir die einen, aber andere tuscheln, sie hätten aus der Umgebung der Jury erfahren, der Preis werde an einen in Paris lebenden Tschechen vergeben, und wieder andere sehen mich voll stummen und geheimen

Mitleids an wie einen Kranken, dessen Schicksal besiegelt ist, wovon er nur nichts weiß. Sie alle sind weitaus nervöser als ich selbst. Ich weiß nicht, wie ich mich verhalten soll. Wahrscheinlich wie einer, der aufs äußerste gespannt und erregt ist, sich aber tapfer beherrscht. Immerhin geht es um nichts Geringeres als den Mondello-Preis! Hier in Mondello gilt er als berühmt. In Rom freilich hatte kaum jemand schon von ihm gehört.

Ein Mann spricht mich an, er heißt Mauro, ist von einer römischen Zeitung. Auch er sieht mich wie einen Kranken an, als hätte er von meinem Arzt soeben Schlimmes erfahren, aber Weisung bekommen, sich nichts anmerken zu lassen, und fragt, ob ich ein Glas Wein möchte. Wir setzen uns an einen Tisch unter freiem Himmel. Mauro ist untersetzt, hat breite Schultern, einen kurzen Hals, lächelt immer, ist asthmatisch. Er fragt, was mich in Sizilien interessiere. Ob ich nach Syrakus fahren wolle. Oder nach Agrigento? Oder die Katakomben der Kapuziner in Palermo besuchen? Die Mumien dort sähen *ganz wie lebendige* Menschen aus. Ein zweijähriges Mädchen gebe es da, Rosalia Lombardo, sie habe ein verblüffend *lebendiges Gesicht.* Ich verstehe Mauro. Er ist ein guter Kerl. Doch in Sizilien interessiert mich etwas anderes – die Mafia. Und die kann man weder kennenlernen noch besichtigen. Hier spricht man nicht gern über die Mafia. Ich habe in Palermo verschiedene Leute darauf angesprochen, sie schwiegen oder erzählten etwas, was ohnehin jeder weiß. Ihre Andeutungen besagten, es gebe die Mafia, aber sie sei degeneriert und kein interessanter Gesprächsstoff. Mauro lacht kurzatmig.

„Warum suchen Sie die Mafia hier? Die ist doch überall. In der Wissenschaft, in der Literatur. Auch in der Jury. Auch Sie selbst sind ein Mafioso!" Er zeigt mit dem Finger auf mich und zwinkert.

„Nein“, sage ich. „Ich bin kein Mafioso.“

„Nein? Na schön. Wenn nicht Sie, dann ich.“ Er zeigt mit dem Finger auf sich. „Ich bin Mafioso.“

Wir sprechen englisch und verstehen einander, weil wir beide schlecht sprechen. Eine Frau, in raschelndem schwarzem Kleid und mit einem schwarzen Spitzentuch vor dem Gesicht, geht vorbei – ich sehe nur die lange Nase und die Augen, schwarze Pupillen im bläulichen Weiß, feurige Augen, finde ich – und grüßt Mauro wie einen guten Bekannten mit einer lässigen Handbewegung. Die Frau entfernt sich, in den Hüften schwingend. Bestimmt ist sie jung und schön. Mauro springt auf und läuft ihr nach. Am Auto holt er sie ein. Die beiden unterhalten sich. Die Frau blickt sich nach mir um. Ich sehe das schmale, hagere Gesicht einer alten Frau und einen scharfen, blitzenden Blick. Das Auto schiebt sich durch die Menge, biegt auf die Piazza, verschwindet.

„Ich kenne sie“, sagt Mauro. „Sie schreibt auch Bücher – Geschichten von Edelsteinen. Eine Art Thriller. Ich habe sie vor drei Jahren mal für die Zeitung interviewt.“

„Hat sie mit der Mafia zu tun?“

„Möglich. Alle haben mit der Mafia zu tun.“

Er spottet. Doch plötzlich sagt er ernsthaft:

„Wissen Sie, wie das mit der Mafia ist? Sie ist wie die Berge dort. Jetzt sehen Sie die nicht, die Dunkelheit verbirgt sie, aber Sie wissen, sie sind da. Sie umgeben die Stadt.“

Ich blicke dorthin, wo die Berge liegen müssen, dort ist undurchdringliches Schwarz – keine Lichter, keine Sterne.

Anderntags sagt Mauro, die Dame von gestern – sie heiße Margarita Maddaloni – lade uns für fünf Uhr zu einer Tasse Kaffee ein. Sie liebe die russische Literatur, spreche russisch. Sie sei überhaupt Russin. Während der glühendheißen Siesta – das

Zimmer mit den herabgelassenen Jalousien ist wie eine stickige, zum Leben untaugliche Zelle, kraftlos liege ich nackt im Dunkeln, kann weder lesen noch schlafen – kommt Mauro mit seinem Fiat, einem Mietwagen. Warum der seltsame Kerl sich soviel mit mir abgibt? Ich stelle mich rasch unter die Dusche, ziehe mich geschwind an, und wir fahren los. Wir fahren etwa fünfzehn Kilometer in westlicher Richtung. Das Meer gleißt, nur selten blinkt ein weißes Boot. Kann man sein ganzes Leben auf diesem ausgebrannten keramischen Felsen zubringen? Signora Maddaloni bewohnt ein altes Schloß, natürlich ist es umgebaut und wohnlich eingerichtet. Die Normannen haben es errichtet. Später wurde es zerstört, dann wieder aufgebaut, abermals zerstört und abermals wieder aufgebaut, im letzten Krieg wurde es total zerstört, und Signore Maddaloni, ein Industrieller und Reeder, hat es von Grund auf neu errichtet. Signore Maddaloni ist vor elf Jahren gestorben. Aus Melancholie und aus Furcht vor der Einsamkeit begann die Signora Bücher zu schreiben, acht Romane hat sie verfaßt. Edelsteine haben sie stets interessiert, jedoch nicht wegen ihres Wertes, sondern wegen ihrer mystischen Kraft, die Menschenschicksale lenkt. Jeder berühmte Diamant birgt phantastische Sujets. Einer ihrer Romane handelt von Rußland, von Katharina und dem Grafen Orlow.

Wir sitzen auf der Veranda an der Schattenseite des Hauses. Silvio, ein dunkelhäutiger Bursche mit Kräuselkoteletten, weiße Handschuhe an den Händen, bringt einen Servierwagen mit Getränken, Obst und Gebäck. Ich bitte um ein Glas Saft. Mir ist nicht klar, wieso ich eingeladen worden bin. Es entspinnt sich ein Gespräch über die Horizonte der Prosa. Signora Maddaloni erzählt, sie diktiere ihre Romane auf Band, dann korrigiere sie ein wenig. Eigentlich schrieben sie zu dritt: sie, Silvio und ein Diktiergerät. Silvio schreibt den Text vom Band ab, sie redigiert, die ganze Arbeit dauert anderthalb Monate. Aber die verteufelten Vorarbeiten! Ob sie in die Bibliotheken fahre? Nach Palermo? Nach Neapel? Nein, sie müsse nirgendwohin fahren, sie besitze selber eine vorzügliche Bibliothek, die ihr Mann in den vierziger Jahren erworben habe. Es sei alles da, was man brauche: Nachschlagewerke, Wörterbücher, Bücher über Geschichte, Geographie, Mineralogie, okkulte Wissenschaften, Alchimie, Seefahrt. Mich als Russen werde gewiß das Thema Revolution interessieren: Ihr Mann habe eine Unmenge Bücher gesammelt über die Geschichte der Carbonari-Bewegung, über den Anarchismus ...

Wir begeben uns in die untere Etage. Silvio folgt uns, trägt ein Tablett mit Getränken. Die Bibliothek befindet sich in einem runden Saal, in der Mitte steht ein riesiger altertümlicher Globus, ich erfahre, er stammt aus Venedig, aus dem 15. Jahrhundert. Hier ist es kühl. Wir nehmen in Sesseln Platz, Silvio steht mit dem Tablett dabei. Sein sonnenverbranntes Gesicht ist reglos. Weder er noch Mauro verstehen, was wir sagen. Mauro versucht, so gut er kann, wenigstens etwas mitzukriegen, sieht der Signora Maddaloni und mir auf die Lippen, seine Miene verrät stummes und ehrfürchtiges Entzücken.

„Oh, ich verstehe gar nichts!“ ruft er fröhlich auf englisch und schlägt sich auf die Knie. „Aber mir gefällt das Russische!“

Signora Maddaloni spricht ein tadelloses Russisch, jedoch mit zweierlei Akzent: einem südrussischen und einem italienischen; letzterer äußert sich eher in der Intonation als in der Aussprache. Nach Art der Südrussen macht sie aus dem G ein Ch, sagt „bibliotäka“ und gibt nach Art der Italiener der Satzmitte einen weichen sanghaften

Schlenker. Ich kann mich lange nicht entschließen, sie zu fragen, woher sie stamme und wie sie hierhergekommen sei. Mir erscheint das unschicklich. Sie selber aber kommt nicht darauf zu sprechen. Als ob es so ganz alltäglich wäre, daß sich zwei Russen auf Sizilien begegnen, sich in einem Piratenschloß unterhalten ...

Als die Signora einmal aufsteht und sich, von Silvio begleitet, entfernt, beugt sich Mauro zu mir und flüstert:

„She is very rich!"

„Really?"

„Oh!" Er hebt den Daumen. „O-o-o-oh!" Mauro legt die Hände um den Kopf und schüttelt ihn, was bedeuten soll, es sei ein unsäglicher, phantastischer Reichtum. Dann winkt er hoffnungslos ab und seufzt. „Oh my god ..."

Die Signora kommt zurück. Silvio trägt in jeder Hand eine schwere Tüte aus festem Papier, hält sie feierlich ein wenig in die Höhe – es sind Geschenke für mich und Mauro, in jeder Tüte ein Stapel Bücher in buntem Umschlag und versiegeltem Zellophan. Jeder bekommt fünf Romane von Margarita Maddaloni. Die Signora zieht, ganz jugendlich, die Beine auf den Sessel, gibt sich ungezwungen, bewegt sich elegant, die Kurven der Schenkel treten hervor, zierlich hält sie die Tasse, das Gesicht aber sieht vertrocknet und braun aus, hat ein Netz von Falten, nur die Augen strahlen. Sie erkundigt sich, woher ich sei. Aus Moskau. In Moskau ist sie nie gewesen. Wie schade, wie kränkend: die ganze Welt hat sie gesehen, bloß Moskau nicht. Sie hat in Rostow und in Nowotscherkassk gewohnt, ist 1920 emigriert, damals siebzehn Jahre alt und schön. Darum war all das Schreckliche noch schrecklicher. Sie erinnert sich genau an die Jahre. Ihr Vater, ein gebürtiger Kosak, besaß ein Gut in der Steppe, die Mutter war Schauspielerin. 1919 in

Südrußland, das war ein verrücktes, vergnügtes Leben, viele interessante Leute fanden sich dort ein, Schauspieler, Schriftsteller, es erschien die kleine Zeitschrift „Donskaja Wolna". Die Restaurants in Nowotscherkassk waren voll. Es krachte schon in allen Fugen, es war der Zusammenbruch, aber die Leute begriffen das nicht.

„Ich erinnere mich an ein Gedicht aus der ‚Donskaja Wolna', von Viktor Sewski, einem damaligen Dichter. Mein Gott, sechzig Jahre ist das her, aber an solch eine Banalität erinnert man sich! Damals habe ich es voller Begeisterung immer wieder aufgesagt. Wollen Sie's mal hören?" Und ohne die Antwort abzuwarten, legt sie los: „‚Gedichte aus Liebe von den Kindern des Don vergieße ich nun, wie aus einem Bidon, du Sohn des Apollon, von den Kindern des Don, ich erflehe für meine Kühnheit Pardon. Unbekümmert, unbehelligt und glücklich bekannt, so hab ich gelebt im Maoriland. Doch hier, unter Terror, in einem Meer von Blut, hier bin ich ruhelos wie ein Dieb auf der Hut ...' Eine Parodie auf Balmont. Den Namen kennen Sie, ja? Bitte verzeihen Sie, das folgende anzuhören wird für Sie vielleicht nicht ganz angenehm sein, aber es ist ja so lange her, nicht wahr? Es geht so weiter: ‚Wie grausam das Leben im Land der Sowjets, grausiger als die Gruft! Es trägt Trauer jetzt. Eine Kohlrübe zweivierzig und dreizehn ein Brot, das Leben sinnlos, drei Kopeken der Tod. Dagegen im Märchenland, in Nowotscherkassk! Da, wo du ein himmelblaues Zauberreich hast, die Augen gehen dir über, das Brot ein Genuß, und keiner zittern und sich beleidigen lassen muß. La vision du poète! Roulett! Kotelett! Und Zigaretten! Und noch so etwas ...' Später sind wir nach Rostow gezogen. Wir schafften es nicht mehr, rechtzeitig zu fliehen, als die Armee den Rückzug antrat. Meine Mutter hoffte noch, sich der neuen Macht irgendwie anpassen zu können. Mein Vater war neunzehnhundertachtzehn umgekommen. Aber die Anpassung gelang nicht. Ein Grieche verliebte sich in mich und nahm uns mit auf die Krim und von dort nach Batum. Meine Mutter starb an Typhus. Ich fuhr mit dem Griechen nach Konstantinopel, dann nach Saloniki, später war ich in Berlin, ohne den Griechen, in den dreißiger Jahren habe ich in Paris gelebt, und seit fünfundvierzig bin ich hier, nun schon dreiunddreißig Jahre ..."

Ich höre erschüttert zu. Rostow? Nowotscherkassk? Das Jahr 1920? Mironow? Dumenko? General Gnilorybow? All das, was mich jetzt erfüllt. Meine *ureigene* Vergangenheit. Auf welch geheimnisvolle Weise ich mit dieser Kosakentochter, die sich in eine alte, kaffeebraune Signora verwandelt hat, zu tun habe!

„Mein Vater stammte aus Nowotscherkassk", sage ich. „Mein Onkel hat dort die Atamanschaftsschule besucht. Er war neunzehnhundertzwanzig Kriegskommandant von Nowotscherkassk. Meine Tante hat ihr ganzes Leben dort gewohnt."

„Was Sie nicht sagen! In welcher Straße?"

„In der Krasnoarmejskaja. Früher hieß sie Ratnaja."

„An die Ratnaja kann ich mich genau erinnern. Und in welchem Haus?"

„Ich war nur einmal bei ihr, nach dem Krieg. Es war ein baufälliger Seitenflügel, erster Stock. Früher hatte das ganze Haus ihrem Mann gehört, dem Architekten Sergej Wassiljewitsch Kokorew. Er hat übrigens die Kathedrale vollendet ..."

„Mit dessen Nichte war ich im Gymnasium. Er ist tot, ja?"

„Ein tragischer Tod. Er war alt, konnte nicht mehr gehen und blieb, als die Deutschen kamen, in der Stadt. Man hat ihn später verleumdet. Das ist eine lange Geschichte. Ich weiß nur, die Frau, die ihn verleumdet hat, erwies sich selber als Verräterin und wurde erschossen."

„Mein Gott!" flüsterte die Signora. „Wie gern würde ich noch einmal einen Blick ..."

Auf ihrem Gesicht treten die Falten hervor, die Mundwinkel senken sich, und für einen Moment sehe ich in dem indianischen Maskengesicht die uralte, unauslöschliche Spur des Leids. Wieder entfernt sie sich rasch. Sie bringt eine alte, dem Aussehen nach aus der Zeit vor der Revolution stammende Mappe, schnürt sie mit zitternden Händen auf.

„Das ist alles, was von meiner Mutter geblieben ist ..."

„Darf ich?"

„Schauen Sie nur ..."

Zwei vergilbte Fotos. Auf dem einen eine junge Dame mit einem Mädchen im weißen Kleid. Die schwarzen bohrenden Augen des Mädchens kenne ich. Auf dem anderen dieselbe schöne Dame im Theaterkleid und mit üppiger Hochfrisur. Außerdem irgendwelche Zettel, Zeitungsausschnitte. Darf ich sie lesen? Natürlich. Die letzte Unternehmung in Rostow, vor der Flucht auf die Krim. Drei Antiquitäten aus Papier: „Verfügung. Per Dekret des Rates der Volkskommissare vom 15. April 1920 werden alle bis dato geltenden Verordnungen, Anweisungen und Bestimmungen betreffs Aushändigung von Wertgegenständen aus dem Kreditamt und den Tresoren an die ehemaligen Eigentümer aufgehoben und die Wertgegenstände für Staatseigentum erklärt." – „Antrag. An die Tresorkommission. Laut Quittung der Kreditgesellschaft auf Gegenseitigkeit habe ich unter Nr. 1025 im Schließfach: ein silbernes Service und einen Anhänger mit einem Brillanten. Ich bin Schauspielerin am Theater für Musikalische Dramen und Operetten, und diese Gegenstände sind mir teuer als Benefizgeschenke und im Notfall als Mittel zur Existenz, darum bitte ich ergebenst, sie mir auszuhändigen. J. S. Malyschewa, Schauspielerin und aktives Mitglied der Gewerkschaft." – „Bestätigung. Ich weiß von einem Brillanthalsschmuck, einem kleinen Anhänger, der J. S. Malyschewa nach einer Benefizvorstellung in der Sommersaison 1916 im Theater der Schauspielgesellschaft zu Tiflis überreicht wurde. Dawid Sofronowitsch Dawydow, Schauspieler an der Genossenschaftlichen Künstlerischen Operette."

„Mein Lieber", Signora Maddaloni legt ihre magere Hand auf die meine, „Ihr Vater war auf der anderen Seite. Und Ihr Onkel, der Kommandant von Nowotscherkassk, hat womöglich meinen Bruder verfolgt. Das alles ist Geschichte ... Und die interessiert wenige – mich, Sie ... Aber wissen Sie, was das Schrecklichste ist?" Sie sieht mich tief an, mit bohrendem, kraftlosem Blick. „Der Tod in Sizilien ..."

Der schwarze Nachthimmel blinkt wie Quecksilber.

Ich kann wegen der knatternden Fischerboote wieder nicht schlafen. Beim Frühstück kommt ein mir bekannter Pole, wie immer angeheitert, strahlend auf mich zu. „Ich gratuliere Ihnen!" Eine Stunde später stellt sich heraus: den Preis hat der Tscheche aus Paris bekommen. Wir steigen in einen Bus und fahren nach Palermo zum Empfang beim Bürgermeister. Hinterher werden wir uns die Mumien in den Katakomben der Kapuziner ansehen. Alle Leute hier sind stolz auf die Katakomben, wo Mumien in vermoderter Kleidung wie lebendige Menschen dastehen. Ein armseliger Versuch, den Tod zu betrügen. Aber das Schrecklichste auf der Welt läßt sich nicht betrügen – der Tod in Sizilien. Der Autobus erreicht die weißen Häuser von Palermo, sie sehen wie blind aus wegen der herabgelassenen gelben Jalousien. Der Bus biegt in eine von Palmen gesäumte Straße. Die Sonne schmilzt den Asphalt. Mauro, der neben mir sitzt, beugt sich zu mir und flüstert:

„Schauen Sie sich die Straße genau an. Hier irgendwo liegt Roberto Maddaloni. Habe ich Ihnen das gestern nicht erzählt?“ Er flüstert fast unhörbar. „Ihr Mann war ein führender Mafioso. Vor elf Jahren ist er verschwunden. Man sagt, er liege unter dem Asphalt dieser Straße. Aber genau weiß es keiner.“

Ein nicht langer Aufenthalt in einer Folterkammer

Im zeitigen Frühjahr 1964 – damals hatte ich die Liebe zum Sport noch nicht hinter mir, führte Meisterschaftsstatistiken, wußte die Fußballstars von Fiorentina und Manchester United auswendig, war der Meinung, man könne über Sport genauso ernsthaft schreiben wie etwa über das Grabmal des Lorenzo de' Medici in Florenz, hatte gerade erst einen sagenhaften Film über Eishockey gemacht und schämte mich gar nicht dafür – war ich mit einer Gruppe von Sportjournalisten nach Tirol gekommen, wohnte in einem Bergdorf nahe Innsbruck und fuhr morgens immer mit dem Bus zu den Wettkämpfen. In Innsbruck fand die Olympiade statt. Wer gewann, wer verlor, weiß ich nicht mehr. All diesen Kram vergißt man. Ich erinnere mich an keinen einzigen Namen eines Sportlers, dagegen erinnere ich mich an den gleißenden Schnee auf den Hängen, das blendende Blau, die Frische der Luft, den Duft des Kaffees, an den Wirt, der die Augen einkniff und mit harten Lippen ein „Morgen!*" hervorstieß. Oft war ich zu faul, in die Stadt zu fahren, blieb im Hotel und sah mir die Wettkämpfe im Fernsehen an. In der leeren Halle lagen auf einem Tisch dicke, altertümlich wirkende, in Leder gebundene Gästebücher*, wie

* Alle mit einem Sternchen gekennzeichneten Textstellen dieser Erzählung sind im Original deutsch.

sie bei uns Beschwerdebücher heißen. Aus Langerweile blätterte ich darin und amüsierte mich über die deutsche Treuherzigkeit. Die Bücher wurden seit 1929 geführt, als das Hotel im Dorf Stubaital gegründet worden war. Es waren immer die gleichen Eintragungen: Dank an den Wirt, Lob auf die Berge, den Schnee, den Wein, die Mädchen, die Auswahl der Platten für den Musikautomaten. Ich gelangte zum „Anschluß*": Nichts änderte sich, die gleichen begeisterten Äußerungen über den Schnee, die Luft, die Mädchen. Und dann der Krieg: Den Eintragungen nach hatten hier verwundete deutsche Offiziere Genesungsurlaub gemacht, aber auch von ihnen erfuhr man nichts anderes als Entzücken über die Natur, die Mädchen, den italienischen Wein, die spanischen Apfelsinen. Eine einzige patriotische Parole war dabei: „Alles wagen, England schlagen!*" Jemand hatte mit Bleistift klein darübergeschrieben: „Aber England hat euch kräftig geschlagen!" Und noch später, mit grünem Filzstift: „O ihr guten armen Idioten!*" Aber wer weiß, worauf sich das bezog: auf die geschlagenen Deutschen oder auf die, die sich über den Sieg freuten. Und das war alles, was den Krieg betraf. Danach ging es wieder so weiter: Ski, Sonne, Glück, Erlebnisse*. Der Wirt mochte uns nicht. Fürs Geld, das er bekam, duldete er uns. Auf Unterhaltungen ließ er sich nicht ein. Das einzige, was wir von ihm hörten, war ein durch die Zähne gepreßtes „Morgen!*".

Trotzdem gefielen mir die schneebedeckten Berge, das Tal, die riesige Brücke darüber, der morgendliche Kaffeeduft, mir gefiel das, wofür ich mich unsinnigerweise so wahnsinnig begeisterte und wovon die Zeitungen voll waren, worüber ich nachts schrieb und mittags per Telefon nach Moskau schrie, und nur eines verdarb mir die Laune: daß F. unserer Gruppe angehörte. Er war aus meiner fernen Vergangenheit aufgetaucht. Ich hatte natürlich gewußt, daß er existierte, ich war in den Zeitungen auf seinen Namen gestoßen, hatte ihn selten irgendwo getroffen, dann taten wir beide, als kennten wir uns kaum, oder wenn wir fast mit der Nase aufeinanderstießen, nickten wir kaum merklich und gingen weiter, obwohl wir früher doch Freunde gewesen waren und dasselbe Mädchen verehrt hatten, aber das Mädchen hatte mit der ganzen Geschichte nichts zu tun, die vor vierzehn Jahren passiert war, sondern es war so: Wir hatten all die Jahre gelebt, ohne einander zu berühren. Er arbeitete beim Rundfunk, ich saß zu Hause. Für mich, so schien mir, war er auf alle Zeiten erledigt. Und plötzlich tauchte er in Innsbruck auf. Sport hatte F. immer ferngelegen. Was, zum Teufel, hatte er in unserem Haufen zu suchen? Im ersten Augenblick – wir sahen uns in Moskau, als sich die Gruppe versammelte – bemerkte ich ein Zucken in seinem Gesicht, wie eine sofort unterdrückte kurze Regung, sich zu freuen oder vielleicht zu nicken, doch in meinem Gesicht konnte er solch eine Schwäche nicht finden. Ich begegnete ihm mit kaltem Blick und kaum merklichem Kopfnicken, was von nichts als einem eiskalten Gedächtnis zeugte. In dieser Art, meinte ich, würden sich unsere Beziehungen auch künftig gestalten, die zwölf Tage würde ich schon irgendwie durchstehen. Daß meine Freunde oft ohne mich in die Stadt fuhren und ich im Hotel blieb, geschah zum Teil auch, weil ich den rotbäckigen, ein wenig hageren, älter wirkenden F. nicht sehen mochte. Ich weiß noch, wie er früher in Uniformjacke und Stiefeln herumgelaufen war und eine selbstgeschnitzte Pfeife geraucht hatte, ein würdevoller junger Mann, gesetzt, ungemein auf etwas konzentriert. Später erfuhr ich, worauf. Seinerzeit hatte ich in seiner langsamen, leisen und undeutlichen Sprechweise und seinem düsteren Blick etwas Bedeutsames gesehen. Damals las ich viel Alexander Block und meinte, das folgende treffe auf F. zu: „Wir verzeihen die Verdrießlichkeit, ist sie doch nicht, was ihn im geheimen treibt ..." Das nächste paßte allerdings nicht: „Er ist ganz ein Kind der Liebe und des Lichts, ist ganz der Freiheit Triumph." Was F. trieb, bezog sich auf ihn allein. Doch als wir nach Tirol kamen und uns im Hotel einquartierten, begann etwas Seltsames: Er benahm sich, als wäre nichts gewesen! Morgens grüßte er mich schon von weitem mit vergnügtem Lächeln, hob grüßend die Hand und nickte angelegentlich, und in diesem Nicken war nicht nur alte Freundschaft, sondern auch freundlicher Respekt, wie man ihn aufrichtig hochgeschätzten Leuten bezeigt. Ich gab mir Mühe, das zu übersehen. Später ging es mir auf die Nerven. Einmal traf ich F. in der Presseloge des Stadions; sofort faßte er ziemlich vertraulich nach meinem Arm, drückte ihn, sagte: „Tag!" Ich schob seine Hand weg, murmelte: „Was soll das?" Doch mein Gemurmel klang eher erschrocken als feindselig. Er zwinkerte mir zu und ging wortlos weiter. Ein andermal waren ein italienischer und ein deutscher Journalist zugegen, als er mich in eine Unterhaltung über Eishockey verwickelte, er hatte mich als Experten vorgestellt, der den hervorragenden Film „Eishockeyspieler" gemacht habe – er sagte tatsächlich „hervorragend", und seine Stimme klang ehrlich und normal, ohne die geringste Spur von Neid oder Ironie –, und ich mußte, ob ich wollte oder nicht, antworten und mit ihm sprechen. Doch ich kürzte die Unterhaltung ab und ging weg. Der Deutsche kam dann zu mir und bat um ein Interview über das Turnier, mit der Bemerkung: „Herr F. liest alle Ihre Berichte voller Begeisterung. Er hält sie für Spitze!"* Ich wußte nicht, was ich davon halten sollte. Ich verstand F. nicht, ich verstand mich selber nicht. Sollte er, überlegte ich, wirklich völlig vergessen haben, *wie er sich vor vierzehn Jahren benommen hatte*? Das ist doch nicht möglich. Das gibt's doch nicht. Er hat es vermutlich nicht vergessen, betrachtet seine Vergangenheit aber kaltblütig als etwas Natürliches, Belangloses, Vergessenswertes. Hätte er sich anders verhalten – nicht gegrüßt, mich giftig angeguckt, mich arrogant übersehen –, es hätte mir nichts ausgemacht. Ich hätte es normal gefunden. Wer einem anderen etwas Schlimmes angetan hat, guckt sein Opfer stets giftig an oder übersieht es arrogant. Das liegt in der Natur der Sache. Aber er tat, *als wäre nichts gewesen*!

Und je länger ich darüber nachdachte, desto wütender wurde ich, und ich wartete nur auf eine Gelegenheit, meine Wut an F. auszulassen. Es gab ein Hin und Her wegen der „Goldenen Feder" der Firma Rolex, mit der jeweils der beste Journalist aus jedem Land ausgezeichnet werden sollte, und F. nannte mich. Das war Unsinn, ich war kein professioneller Journalist und hatte die „Goldene Feder" nicht verdient. Ein anderer wurde als Kandidat aufgestellt. F. verteidigte mich – es war dermaßen unerträglich, daß ich den Saal verließ. Unsere Kurzversammlung fand im Restaurant statt. Ich war außer mir vor Wut. In der Halle wartete ich auf ihn. Als er auftauchte, trat ich auf ihn zu und sagte: „Wieso, zum Teufel, gehst du mir nicht von der Pelle? Ich lasse dich doch auch in Ruhe!" Wahrscheinlich blickte ich sehr böse, denn er starrte mich einen Moment erstaunt an, ohne ein Wort, bis er verlegen die Achseln zuckte. „Ich? Ich gehe dir nicht von der Pelle? Du hast einen Stich! Mensch, du bist ja verrückt geworden." – „Ich bitte dich: Hör auf, mich zu provozieren." – „Du bist krank", sagte er. „Du solltest dich behandeln lassen."

Die Nacht war sternenklar, ich ging auf der Asphaltstraße, die vor dem Hotel entlangführte, atmete die Föhnluft des nächtlichen Gebirgstals, das still und menschenleer war, und dachte: Vielleicht bin ich tatsächlich krank? Hin und wieder erfaßten mich die Scheinwerfer vorüberfahrender Autos. Ich gelangte zur Kurve vor der Brücke und blickte auf die Nahtlinie der schwarzen Berghänge fern in der Tiefe, wohin die jetzt unsichtbare Straße führte und wo, eine Handvoll schwacher Lichter, Innsbruck, zu sehen war: Es glomm dort unten wie ein kleines Lagerfeuer im Wald, das nicht ausgetreten wurde. Ich bin krank, dachte ich, wie jeder, dem das Gedächtnis nicht abhanden gekommen ist. Ich kann mich nur zu gut erinnern: ein Maiabend, der Abend vor der Versammlung, F. kam, ohne vorher anzurufen, tat, als wollte er Bücher zurückbringen, weil er nach Berdjansk fuhr. Er fuhr jeden Sommer nach Berdjansk zu Verwandten. Aber ich spürte, sein Kommen hatte einen anderen Grund. Vom ersten Augenblick an verhielt er sich unnatürlich: legte die Bücher nicht auf den Tisch, sagte nicht „danke“ oder „ich bringe sie dir zurück“ oder „hier sind deine Bücher“, sondern warf sie schweigend von weitem aufs Bett. In dieser Geste lagen Nervosität, Rücksichtslosigkeit und Entschlossenheit. Er warf nicht Bücher von sich weg, sondern etwas, was ihm das Leben schwermachte. Kaum waren wir beide allein im Zimmer, sagte er auflachend: „Willst du einen Witz hören? Ich werde morgen gegen dich sprechen!“ – „Gegen wen?“ fragte ich dumm, ich verstand gar nichts. „Gegen dich. Jawohl, gegen dich!“ Lächelnd zeigte er mit dem Finger auf mich. Er kam mir betrunken vor. So etwas kann passieren, sagte ich mir. Aber wieso kommt er her, um mich vorher zu warnen? Ich sagte, Schurkereien mache man ohne Vorwarnung. Er murmelte, er halte es für seine Pflicht. Ich murmelte, es sei jetzt uninteressant, überhaupt zur Versammlung zu gehen. Wir beide murmelten sinnloses Zeug. Plötzlich schrie ich: „Wieso bist du hergekommen?“ Er sagte, er sei nicht aus eigenem Willen hergekommen. Nadja habe es ihm befohlen. Sie habe verlangt: Entweder du sprichst nicht gegen ihn auf der Versammlung, oder du gehst vorher zu ihm, um ihn ehrlich zu warnen. „Du weißt ja, wie sie ist. Richtig hysterisch ist sie zu mir geworden.“ Ich hatte Nadja vergessen. Nadja war das Mädchen, das wir beide früher verehrt hatten. Sie hatte die Leningrader Blockade überlebt, war blaß, zart und anämisch, hatte weizenblonde Zöpfe und einen versonnenen Blick, sprach leise, schrieb Gedichte, und mir, dem Block-Liebhaber, erschien sie wie Blocks Unbekannte. Alle ihre Verwandten waren während der Blockade umgekommen. Nadja wohnte im Internat. Es gab eine Zeit, da ich leidenschaftlich von ihr träumte. Im Sommer 1947, vor dem dritten Studienjahr, fuhren wir zu dritt – Nadja, F. und ich – zum Praktikum nach Armenien, um Reportagen über das Sewan-Wasserkraftwerk zu schreiben. Es war ein Komsomolauftrag. Im Juli reisten wir los. Anfangs war alles lustig, spannend und verlokkend, eingehüllt in die Erregung der Ungewißheit und der Liebe: Da war ein Mädchen, und wir mußten um sie kämpfen. Wir alberten herum, sangen, schlugen uns die Nächte um die Ohren, sprachen endlos Gedichte. Bis Jerewan mußten wir viermal umsteigen. In Sotschi badeten wir zum erstenmal im Leben im Meer. Ich erinnere mich, F. und ich schwammen weit hinaus, Nadja blieb am Ufer, und F. fragte: „Wollen wir um Nadja losen?“ Das überrumpelte mich, fast hätte ich Salzwasser geschluckt, ich sagte: „Nein!“ Er sagte: „Wie du meinst! Aber dann gib dir selber die Schuld!“ Die Drohung fand ich blödsinnig. Verneint hatte ich nämlich, weil ich insgeheim überzeugt war: Wenn Nadja einen von uns beiden wählen müßte, dann mich. Ich schrieb ja auch Gedichte. F. aber verfaßte Berichte für das Sowinformbüro. Unsere Reise wurde immer strapaziöser. Von Sotschi nach Samtredia fuhren wir mit einem Zubringerzug, in Mief und Gedränge, umgeben von Geschrei in einer fremden Sprache, irgendwelche Kerle vergriffen sich an Nadja, F. und ich verteidigten sie, beinahe hätte es eine Prügelei gegeben. Wegen des Gedränges und der Hitze hatten alle nur das Unterhemd anbehalten. Nadja mußte sich in eine Ecke setzen, und wir deckten sie mit unserem Rükken. Samtredia erschien uns wie das Gelobte Land – dort war es still und ruhig, es wurden Birnen und Maisfladen verkauft. Aber dann begannen wir Samtredia zu hassen: Wir kamen von dort nicht weiter. Kaum öffnete der Fahrkartenschalter, strömte eine schreiende Menschenmenge hin, und bevor wir uns unter Zuhilfenahme der Ellbogen ans Ziel vorgearbeitet hatten, sagte die Frau am Schalter: „Keine Fahrkarten mehr!“ und schlug das Fensterchen zu. Wir gingen zum Vorsteher. Der demütigte uns. F. stritt sich mit ihm herum und drohte, an die Zeitung zu schreiben, dabei fuchtelte er mit unseren vom stellvertretenden Institutsdirektor unterschriebenen Dienstreiseaufträgen, die zwar nach etwas aussahen, aber im Grunde wertlos waren. „Eure Schriebe zählen bei mir nicht!“ erklärte der Vorsteher und fegte die Papiere, ohne sie gelesen zu haben, vom Tisch. Dann sagte er: „Lebend kommt ihr von hier nicht weg!“ Wir mußten in Samtredia übernachten. Die Nacht auf dem Bahnhof zu verbringen, hatten wir Angst: dort regierte der Vorsteher, dort hätte er uns schikanieren können. F. schlug vor, auf dem Platz zu Füßen des Lenin-Denkmals zu schlafen, das die ganze Nacht beleuchtet war. „Dort werden sie es nicht wagen, uns anzurühren", sagte er. Wir hatten Angst, man würde uns überfallen und Nadja entführen. F. sang die ganze Zeit leise vor sich hin: „Feindliche Stürme durchtoben die Nächte ..." Er ging mir auf die Nerven. Nadja streckte sich seelenruhig auf meinem Regenmantel aus, deckte sich mit der Strickjacke von F. zu und schlief ein, und wir bewachten sie, murmelten und stritten uns die ganze Nacht. Ich entsinne mich, wir gerieten uns wegen Anna Achmatowa in die Haare. Überfallen wurden wir nicht. Gegen Abend des nächsten Tages stiegen wir in einen Zug und fuhren nach Tbilissi. Dort verschärften sich unsere Streitereien: Das Geld schmolz katastrophal zusammen, die Hitze nahm zu, ich fand, wir müßten unverzüglich weiterreisen, F. aber wollte ein paar Tage in Tbilissi bleiben. Er hatte dort einen Frontkameraden. Ich widersprach entschieden. Plötzlich sagte er, wenn ich darauf bestünde, könnte ich ja vorausfahren, er und Nadja würden zum Sewan-See nachkommen. Etwas in mir geriet ins Wanken und fiel in sich zusammen. Es war, als wäre ein unterirdischer Gang gegraben, eine Mine hineingelegt und gezündet worden. Ich fragte Nadja: „Willst du wirklich mit ihm in Tbilissi bleiben?" – „Mir ist alles egal", sagte sie. „Ich habe es nicht eilig, irgendwohin zu kommen." Nadja war immer ungewöhnlich ehrlich. Aber ihre Ehrlichkeit explodierte manchmal wie eine Bombe und verletzte Menschen. Der Frontkamerad war nicht zu finden, wir fuhren weiter, in Jerewan herrschte eine mörderische Hitze, vierzig Grad im Schatten – wer fährt auch im Juli nach Armenien! –, die Hitze verwandelte uns halb in Leichen: schlapp lagen wir in dem Zimmer, das eine alte Frau auf dem Bahnhof uns angeboten hatte. Am dritten Tag gab F. mir den Rat, ich solle mir ein anderes Zimmer suchen. „Irgendwo in der Nähe", sagte er. „Nicht weit von uns." Am selben Abend verließ ich die beiden. Plötzlich war alles aus. Es war meine erste Enttäuschung – von der Freundschaft, den Frauen und, vor allem, von mir selbst. So selbstsicher und blind zu sein! Aber mein Kummer dauerte nicht lange. Ich war einundzwanzig. Später erneuerte sich meine Beziehung zu F., aber die alte Freundschaft konnte es nicht mehr geben. Wir standen einander fern, waren aber nicht verfeindet. Ich behielt ihn im Blick: Er ging mit Nadja, dann trennten sie sich, gegen Ende des Studiums waren sie wieder zusammen, offenbar fest. Mich berührte das nicht. Ich war mit anderem beschäftigt. Ich schrieb ein Buch. Andere Frauen mit weizenblonden Zöpfen kamen und gingen. Eines Tages heiratete ich. Das Leben verflog in jugendlicher Ungeduld. Mein schwaches Buch wurde berühmt, ich sah alles wie durch Nebelschleier, und nun brach es über mich herein. Vier Jahre lang war F. kein einziges Mal zu mir gekommen, und plötzlich kam er. Es erschreckte mich nicht, er war nur ein Teilchen von alledem. Doch eines ist rätselhaft, und ich kann es nicht begreifen: Wieso kam er, um mich vorher zu warnen? Das heißt, heute kann ich es nicht begreifen, damals aber – und das ist verblüffend – damals hörte ich, Nadja habe es ihm befohlen, und *ich begriff und akzeptierte es.* Die Sache war die, mir drohte der Ausschluß. Ich hatte mein Studium am Literaturinstitut beendet, war aber in der Komsomolorganisation des Instituts geblieben. Mit einemmal bekam mein schwaches Buch einen Preis. Darum war es eine Wonne, mich auszuschließen. Und es gab einen Grund: Ich hatte in einem Fragebogen verschwiegen, daß mein Vater – was ich nie geglaubt habe – ein Volksfeind gewesen sei. Was F. sagte, als er nachts zu mir kam, war Wahnwitz. Und daß Nadja es – unter Hinweis auf Ehrlichkeit und offenes Visier – von ihm verlangt hatte, war auch Wahnwitz. Alles war Wahnwitz: der Mai, der Preis, der Ausschluß, der Beifall, die Erbitterung. Wahnwitz war auch diese Bitte um vorherige Vergebung der Sünde. Ich sollte ihnen sagen: „Macht nur!" – und vielleicht hörten sie auch: „Macht nur!", denn ich murmelte wie wahnwitzig vor mich hin, gähnte und drückte ihm zum Abschied die Hand. Es gibt solche Träume, in denen einem aller Unsinn, der sich im Schlaf abspielt, ganz logisch und selbstverständlich vorkommt, aber sobald man erwacht, kann man sich ums Verrecken nicht erklären, wieso man das Abrakadabra begreiflich gefunden hat. Nun, alle, die auf der Versammlung das Wort ergriffen, sprachen nur von dem Fragebogen, man brauchte mehr, brauchte etwas Konkretes, das bestätigte, ich sei *innerlich verfault*, die Sache mit dem Fragebogen sei nur ein Ausdruck meiner allgemeinen *Verkommenheit*, wie die Fieberpustel am Mund verrät, daß der gesamte Organismus durch eine Erkältung angegriffen ist. F. sprach mühsam und wie unter Schmerzen. Es fiel ihm schwer. Er war ja mein Freund. F. brachte nur mit Mühe Sätze zusammen. Er sagte, seine Beziehung zu mir sei qualvoll zwiespältig: Einerseits gebe es dies, andererseits zweifellos jenes. In solchen Fällen seien Einzelheiten wichtig: zum Beispiel, was ich mal über Anna Achmatowa geäußert hätte. Das war lange her, doch um so schlimmer für mich. Ich hatte also schon damals schiefgelegen. Einmal hätte ich den und den gelobt. Ein andermal mich über dies und das entrüstet. Einmal hatte ich ihn, F., verspottet, als er revolutionäre Lieder singen wollte. Doch ich sei kein hoffnungsloser Fall! Darum sei er gegen den Ausschluß, für eine strenge Rüge mit Verwarnung. Nach langer Debatte einigte sich die Versammlung darauf. Indes, das Kreiskomitee schloß mich aus, die von F. beigebrachten Details kamen zustatten. Das Stadtkomitee aber wandelte den Ausschluß in eine strenge Rüge um, in einen „Strogatsch", wie man das damals fast liebevoll nannte.

Das alles erschien mir schon in Tirol als ferne Vergangenheit, und heute ist es in solch ein biblisches Dunkel gerückt, daß ich mich mit einemmal frage: Ist mir das alles passiert? Oder habe ich es nur geträumt? Oder hat jemand unerhörte Geschichten aufgetischt, und in meinem Gehirn hat sich alles umgedreht und auf mich verschoben? Jemand hat mal gesagt: Ein Schriftsteller in Rußland muß lange leben. Das stimmt, er kann vielen unverhofften Dingen und Wundern begegnen. Die Zeit legt einen immer dichter werdenden Schleier über die Vergangenheit, man sieht nicht hindurch, und wenn man sich die Augen ausguckt. Denn der Schleier ist in uns selbst. Die unverhofften Dinge rücken ebenfalls hinter den Schleier. Tschechow hätte bis zum Krieg leben können, er hätte als Greis in der Evakuierung in Tschistopol gesessen, Zeitungen gelesen, Radio gehört, sich auf Lebensmittelkarten schlecht und recht ernährt, hätte mit schwächer werdender Hand etwas Wichtiges und für jenen Augenblick Notwendiges geschrieben, hätte die Befreiung von Taganrog begrüßt, aber wie hätte er seine Vergangenheit gesehen, die im Dunkel der Zeit geblieben wäre? Seinen Onkel Wanja? Seinen gerodeten Kirschgarten? Olga, die davon träumte: „Wenn man wüßte! Wenn man wüßte!" Sobald wir etwas erfahren, entschwindet das Erfahrene im Nebel. Tschechow hätte auch vor Tschistopol vieles erfahren, woran die arme Olga nicht zu denken gewagt hätte. Er hätte es erfahren – na und? Das Wichtigste konnte er doch nicht mehr erfahren – wie der Krieg endete. Wir aber wissen auch das.

Während ich auf der nächtlichen Chaussee vor dem Hotel spazierenging, beschloß ich plötzlich:

Ich muß mit F. offen reden. Warum ich das *mußte*, war mir nicht klar. Aber ich war gepackt von diesem Gedanken. Jetzt, da alles überstanden ist, da wir beide aus jener Zeit hervorgetaucht und von den Wellen in verschiedene Richtungen getrieben worden sind, wäre es leicht, zu fragen: Warum hast du das getan? Ich wartete auf einen geeigneten Augenblick. Während der Wettkämpfe sahen wir uns selten: Ich verfolgte die Eishockeyspiele, er den Eiskunstlauf. Aber dann war Schluß, der Hotelier lächelte zum erstenmal, als wir uns verabschiedeten, wir fuhren mit dem Autobus nach Wien, hielten unterwegs mehrmals, besichtigten dies und das. Die Witterung war milde. Wir waren braungebrannt, als wären wir im Süden gewesen. Im Bus guckte F. wieder freundlich, nickte gewinnend, als wäre nichts gewesen. Manchmal fragte er beiläufig etwas Belangloses: „Weißt du, wo wir das nächstemal halten?" oder „Hast du zufällig gesehen, wo die Toilette ist?" Ich antwortete kühl. Ich dachte: Warte, ich werde dir andere Fragen stellen. Dir wird das Lächeln vergehen! Am nächsten Tag unternahmen wir in Salzburg nachmittags einen Ausflug zum Schloß, und dort gab es eine mittelalterliche Folterkammer. Ich dachte: Genau der richtige Ort!

Alle waren nach dem Mittagessen angeheitert, zerstreuten sich lachend und scherzend in dem riesigen Schloß, schlenderten durch die unterirdischen Gänge und Gemächer, wo im Halbdunkel Folterwerkzeuge hingen, standen oder hervorspießten, und zum Glück ergab sich, daß F. und ich in einem Raum allein waren. Da fragte ich ihn: „Hör mal, ich wollte schon lange mal wissen: Warum hast du mich damals fertiggemacht?" Er begriff nicht. „Wann?" – „Damals, weiß der Teufel, wann. Als ich ausgeschlossen wurde. Erinnerst du dich nicht?" Wir standen vor einem großen Zuber – in den hatte man den Delinquenten hineingesetzt, dann wurde der Zuber mit Hilfe einer Winde in einen Brunnenschacht hinuntergelassen, wo fauliges Wasser und Schlangen und Kröten waren. Der Delinquent wurde ertränkt und als Leiche wieder herausgezogen, oder man ließ ihn bis zum Hals im Wasser sitzen, bis er alle Geheimnisse preisgab. So stand es in schönen gotischen Lettern auf einer Tafel. Das alles hatte sich im sechzehnten Jahrhundert abgespielt. Wir blickten in den Schacht. Jetzt war er trocken, doch abgrundtief. Unsere Stimmen verhallten in der Tiefe. Ich wußte, F. würde sagen: Alter, ich schwöre dir – ich habe ehrlich gehandelt! Wir waren Dummköpfe. Ich habe geglaubt, daß man dich bestrafen muß, daß dein Vater ein Feind war, daß Schonung ein Zeichen von Schwäche ist. Wenn du so willst, nicht du bist zu bedauern, sondern wir ehrlichen Dummköpfe sind es. Ich würde antworten: Aber der Unterschied ist, euch Dummköpfen drohte nichts, mir aber drohte es, ohne Arbeit, ohne Geld, vielleicht sogar ohne mein Zuhause, ohne meine Verwandten zu sein. Es war eine harte Zeit. Aber das hat euch Dummköpfe wenig gekümmert. Euch ist nichts vorzuwerfen! Ihr habt ja ehrlich gehandelt. Nichts ist edler und wunderbarer als Ehrlichkeit! – Willst du das bezweifeln? – Wenn man ehrlich das Gewissen, den Schmerz der anderen vergißt – dann zum Teufel mit der Ehrlichkeit! Ihr habt euch keine Gedanken darüber gemacht, in was sich eure Ehrlichkeit verwandelt. Euch war völlig egal, was aus den Menschen wird, die über eure in teuflischem Licht strahlende Ehrlichkeit stolpern! Weißt du, daß meine Mutter an dem Tag, als eure verdammte Versammlung stattfand ... Plötzlich zieht der Jähzorn wie eine tiefrote Wolke auf. Eure Ehrlichkeit ist ein Verbrechen! Ich packe den schwächlichen F. unterhalb der Knie, hebe ihn mühelos hoch, stürze ihn über die Umrandung, er plumpst in den Zuber, ein unmenschlicher Schrei, die Winde dreht sich schneller und immer schneller, der Zuber saust in die Tiefe, der Schrei verstummt, die Winde aber dreht sich, dreht sich unaufhaltsam, und ich laufe die steinerne Treppe hinauf. Im Autobus bemerkt niemand, daß F. fehlt. Nach zwei Stunden wird es entdeckt. Man kehrt um. Alle sind auf einen Schlag ernüchtert. Sie laufen durchs Schloß, suchen, rufen, schreien, ich aber sitze auf der Treppe und rauche. Nach und nach kommt die schreckliche Wahrheit ans Licht. Wirklich? fragen sie einander schweigend, mit entsetzten Augen! Und jemand sagt: Übrigens hat da schon etwas nicht gestimmt. – Wo? – In Innsbruck. – Und was? – Er stand auf der Straße und las Anzeigen ... F. blickte mich erschrocken an, flüsterte kopfschüttelnd: „Alter, du hast alles vergessen. Ich hab dich doch nicht fertiggemacht, sondern gerettet." – „Gerettet?" – „Natürlich. Ich habe doch der Versammlung einen anderen Verlauf gegeben. Sie wollten dich ausschließen, aber nach meiner Rede blieb es bei einer strengen Rüge. Du hast dich sogar bei mir bedankt. Weißt du das nicht mehr?" – „Ich erinnere mich an etwas anderes: Du hast etwas über Anna Achmatowa erzählt und über meine Doppelzüngigkeit ..." Er starrte mich mit weit aufgerissenen Augen an, als wäre ich wahnsinnig, dann aber packte er mich an den Schultern und schüttelte mich: „Aber nein! Ich hab dich gerettet! Ich hab dich aus dem Feuer geholt! Hinterher hab ich Dresche gekriegt: Wieso ich dich verteidigt hätte. Du wärst doch ein Halunke. Ich hab mich deinetwegen herumgestritten. Wie merkwürdig, daß du das alles vergessen hast ..."

Ja, ich hatte es vergessen, ich erinnerte mich nicht, brachte es durcheinander, alles war in den

Nebel entrückt. Unsicher reichte F. mir die Hand, unsicher drückte ich sie. Wir stiegen aus dem Unterirdischen ins Freie. Am blauen Himmel blitzte der schneeweiße Grat eines Berges. Der Alpenfrühling entfaltete sich rasend. Aus dem Bus erklang Musik, der Chauffeur hatte Mozart angestellt. Er schlief gern bei Musik.

Ich dachte an die dicken Gästebücher im Hotel: Es gibt wirklich nichts auf der Welt als Schnee, Sonne, Musik, Mädchen und den Nebel, der sich mit der Zeit einstellt. Denn der Aufenthalt in der Folterkammer ist jetzt fünfzehn Jahre her, und auch er liegt im Nebel. F. ist vor acht Jahren an einer Herzkrankheit gestorben. Was aus Nadja geworden ist, weiß ich nicht. Ich aber gehe seit langem nicht mehr ins Stadion, ich sehe mir Eishokkey im Fernsehen an.

1979/1987

Das umgestürzte Haus

Ein aus der Dunkelheit springender Goldklumpen: so tauchte Las Vegas auf. Unter uns lag das Schwarz der Wüste. Der Klumpen sah absurd aus. Er gehörte nicht in dieses Schwarz. Der Goldklumpen – „Golden Nugget" heißt auch eines der berühmten Spielkasinos, alle Spielkasinos hier sind berühmt – ist das Symbol dieser Absurdität mitten in der Wüste, dieser menschenfeindlichen und gleichzeitig so menschlichen Phantasie, dieser Anhäufung von Leidenschaft, Zuversicht, Wut, Lüsternheit, Sinnlosigkeit, Hoffnung. Vierzig Flugminuten von Los Angeles entfernt strahlt einem diese Lichtertraube, die *große Möglichkeiten* bedeutet, aus der Dunkelheit entgegen. Sie reisten mit mir hin, um mir das alles zu zeigen. Doch ich hatte es schon gesehen. Ich ahnte es. Ich kannte es. Ist es nicht gleichgültig, wo man spielt, in einem Saal, der einer Bahnhofshalle gleicht, mit dem Gewirr von vielen hundert Stimmen, mit dem Geratter der Spielautomaten, deren Hebel gezogen werden, und dem Geklingel der ausgeschütteten Münzen oder auf der kleinen sommerlichen Veranda im Dorf Repichowo, wo wir bis in den Morgen saßen, Oberst Gussew, Boris und ich, besessen von der Sehnsucht, das Schicksal zu ändern? Wir spielten ... ach, ist es nicht gleichgültig, wie das Spiel hieß ... *Große Möglichkeiten* haben keine Maße, nur einen

Geruch, nur einen Wind, von dem es einem in der Seele friert. Der Oberst und ich gewannen, Boris zahlte. Hartnäckig versuchte er, sein Schicksal zu ändern, warf sich immer wieder auf uns, stürzte sich immer tiefer in Schulden. Vierundfünfzig oder fünfundfünfzig war das, an der Nordstraße, nicht weit von Abramzewo, in einem Sommer, als die Kinder noch klein und die Pläne noch grandios waren und als wir vor allem das Schicksal noch ändern wollten. Nun ist Boris nicht mehr. Vor zwei Wochen ist er verschwunden, Mitte September. Eine Veränderung des Schicksals kommt unverhofft. Er wird sie nicht lesen, diese Erzählung von Las Vegas und von unseren Glücksspielen bis in den Morgen auf der kleinen dörflichen Veranda, auf deren Fußboden die Wirtsleute Tomaten zum Nachreifen ausgebreitet hatten und an deren Fensterscheiben Zwiebel- und Knoblauchbünde hingen. Von der Veranda zu lesen hätte ihn interessiert, von Las Vegas nicht. Obwohl er nie in Amerika gewesen war. Doch er ahnte alles. Als ich aus Amerika zurückkam, fragte er: „Na, wie ist es dort? Alles klar?" Ich antwortete: „Alles klar", und er fragte nicht mehr. Ich hatte zwei Monate in Amerika verbracht, hatte an Universitäten Vorträge gehalten, hatte das Land von Ost nach West und von Nord nach Süd durchquert, aber für ihn wäre es interessanter gewesen, wie in alten Zeiten mit Oberst Gussew zu spielen, als zu hören, was ihm sowieso klar war. Neuigkeiten aus dem Schriftstellerklub interessierten ihn tausendmal mehr. So erzählte ich ihm nichts von Las Vegas, vom Rodeo in Kansas, wo ein Stier die Veranstalter austrickste und plötzlich auf dem mit Sägespänen bestreuten Feld stehenblieb, so daß der Reiter, der den Stier anspringen, bei den Hörnern packen und zu Boden werfen, das heißt, ihn vor den Augen von fünfzigtausend Zuschauern erniedrigen sollte, auf dem Pferd vorbeipreschte, worauf der Stier, mit dem Schwanz wackelnd, seelenruhig und unblamiert in seine Box zurückging; ich erzählte ihm nicht von Tamerlan Tschingischanowitsch, einem Professor für russische Sprache, der sich hellblau kleidete und einen riesigen hellblauen Cadillac fuhr, von den Hunden, die in einem fashionablen Saal vor Gästen ihre Liebesspiele trieben, von der schönen zwergenhaften Lola und ihrem hünenhaften Freund Bob oder Bobtschik, wie er liebevoll genannt wurde, von Lolas Chef Chris, von Susie, von Steve, von Ruth, von Mischa, der in Rom achtzehn Koffer verloren hatte, völlig durchgedreht war und von nichts anderem sprechen konnte, von den Indianern in Lawrence, die schläfrig auf dem Gehsteig saßen und Marihuana rauchten, vom Schnee in Minneapolis, vom russischen Tisch in der Mensa, wo nur russisch gesprochen wurde, wer nicht russisch konnte, hörte schweigend zu, von rohen Mohrrüben, von Bohnen, von frischem, in dünne Streifen geschnittenem Kohl, von Weißbrot, das wie Watte war, von einer Frau in Berkeley, die weinte, von San Diego, wo es heiß war und im Ozeanarium Delphine wie vom Katapult geschnellt aus dem Wasser schossen, davon, wie uns auf der Rückfahrt die Polizei anhielt und das Auto durchsuchte, ob wir nicht Mexikaner mitgenommen hätten, davon, wie die Leute mir zuhörten, wonach sie mich fragten, worüber sie lachten, was sie nicht verstehen konnten; ich erzählte ihm nicht vom größten Pferd der Welt, das aus Kanada stammte, es stand in einem besonderen Pavillon, man konnte hingehen und sich für 25 Cents diese Fuchsstute ansehen, die den Zuschauern ihr riesenhaftes Hinterteil zuwandte, Mähne und Schwanz waren hell, manchmal drehte die Stute den Kopf und guckte mit bösen braunen Augen; von all den Unglücklichen,

Verrückten, Arrivierten, Selbstzufriedenen, denen ich begegnet war, von Ben Clark, der mich nachts vom Flugplatz nach San José in seine Universität brachte, unterwegs machten wir einen Abstecher zur Farm seiner achtzigjährigen Mutter, er hatte im Kofferraum drei lebende Hähne für sie, und die alte Frau setzte uns Tee und vorzüglichen apple pie vor, von einem Geistlichen, der mir zuflüsterte: „Das weiß niemand!", vom Bunin-Kenner in der Stadt Oberlin, von meinem New-Yorker Verleger, der jeden Morgen im Central Park reitet, von der kalten Dezembersonne auf dem Friedhof Arlington und von allem möglichen noch, aber Boris wollte von nichts hören, denn er wußte auch so schon über alles Bescheid. Über alles, auch ohne Amerika und ohne mich. So meinte er. Nun, ich fing an, über Las Vegas zu schreiben, wie wir sieben dort landeten: die bezaubernde Lola mit ihrer zweiundzwanzigjährigen Tochter Susie, der Riese Bobtschik, Chris, der Chef von Tampico Chemical, wo Lola arbeitete, ein wichtigtuerischer hellblonder Bursche, der alte Steve, seine Frau Ruth und ich – und wie wir vom Flugzeugfenster aus den Goldklumpen sahen, aber da fiel mir Boris ein. Ich kam nicht dagegen an. Es war noch zu frisch. Am Freitag rief ich ihn an und wollte ihn besuchen, er war schon seit ein paar Tagen krank, aber niemand dachte an etwas Ernstes, man sagte mir, er sei auf den Markt gefahren, Wassermelonen kaufen, ich war beruhigt und besuchte ihn nicht, weil jemand von auswärts kam, der mich unbedingt sprechen wollte – mein Gott, welch belangloses Zeug! Ich sah Boris nie wieder. Also: Las Vegas ist im Staat Nevada entstanden. Mitten in der Wüste. In phantastischem Tempo. Schon auf dem Flugplatz geht's los: Sobald man die Gangway verläßt, ist man von Spielautomaten umgeben, von „einarmigen Banditen", damit die allzu Ungeduldigen auf der Stelle ihr Glück versuchen können. Der Passagiertunnel ist mit blutrotem Teppich ausgelegt, und sofort stellt sich vage Erregung ein: Blut, Fieber, Hasard. „Wen interessiert das?“ würde Boris fragen. „Was hat das alles mit uns zu tun?“ Vielleicht gar nichts. So wenig wie die Mondlandschaft mit dem, was ich aus meinem Fenster sehe. Aber vielleicht stimmt das nicht. Irgendwie glaube ich, alles hat mit allem zu tun. Alles Lebende ist miteinander verbunden. Aber ich weiß nicht, wie ich das beweisen könnte. In der Mondlandschaft, in den Kratern, in den Wohntürmen, im Kreisen der Lichter mitten in der Nacht verbirgt sich etwas Bekanntes: Ich sehe mein Haus, aber umgedreht. Es zerfließt gewissermaßen, zerfällt in Schichten, während es sich im Wasser spiegelt. Wann immer ich in die Ferne reise, sehe ich mein umgestürztes, zersplittertes Haus. Es schwimmt, in lauter Stücken, auf dem Wasser. Vor dem Haus befand sich ein kleiner Vorgarten mit Apfelbäumen, die saure, nicht besonders lockende Äpfel trugen, unten ein Weg, der im Herbst unbefahrbar war. Der Herbst begann hier zeitig, zeitiger als in Moskau: Im Haus wurde es kalt, die Alte heizte den Ofen, die feuchtkalte, nach Rauch riechende Dunkelheit senkte sich zeitig herab, und mit jedem Tag wurde es leerer im Dorf, die Leute verließen ihre Datschen, hatten es eilig, mit dem Lastwagen wegzukommen, bevor die Wege gänzlich unbefahrbar wurden. Wir blieben allein: der Oberst, Boris und ich. Zur Arbeit fuhren wir mit der elektrischen Vorortbahn. Und dann war da noch Sergej Timofejewitsch, der sich von seinem Herzinfarkt erholte. Er war etwas über fünfzig, schon kahlköpfig, vom Leben mitgenommen, er trank wenig, aber jeden Abend, früher war er ein tüchtiger Zecher gewesen, jetzt hatten die Ärzte es ihm verboten, doch eine Kleinigkeit, fünfzig Gramm etwa, war erlaubt, ja sogar empfohlen, er ging im gestreiften Pyjama im Garten umher, an kalten Tagen im Skianzug, sog an seiner leeren Pfeife und erzählte uns – mir und Boris – von den Peripetien der zwanziger und dreißiger Jahre, die ihn bis heute so schmerzhaft bewegten, als wären sie gestern gewesen, denn er war ein ewiger Komsomolze des Kossarew-Aufgebots, ein ewiger Rebell, ein Träumer, Resident in China, kleiner englischer Händler in Hongkong, ein scharfsinniger, alles begreifender und alles durchschauender alter Mann. Nein, kein alter Mann. Aber er kam uns wie ein alter Mann vor. Wir waren dumm. Er erklärte uns vieles zum erstenmal. Was ich nur geahnt hatte, war für ihn grausame Wirklichkeit. Und als zwei Jahre später die Explosion kam, als alles zusammenstürzte und alles sich bestätigte, da wurde Sergej Timofejewitsch wieder krank. Er lag in Repichowo. Dort ist er dann im Sommer gestorben. Irgendein Medikament mußte aus Moskau geholt werden, ich kam vom Zug gerannt, lief auf die kleine Veranda: Sergej Timofejewitschs Frau saß auf dem Stuhl, hielt die Hände auf den Knien und blickte mit starren, weißem Blick aus dem Fenster. Boris sagte etwas, was mich verwunderte: „Auch uns wird es eines Tages so erwischen!" Es verwunderte mich – nicht weil es unwahr gewesen wäre, sondern eben weil es unverhoffte, grimmige Wahrheit war. Der Oberst hatte Angst, zu kommen und von Sergej Timofejewitsch Abschied zu nehmen. Er hatte Angst vor dem Tod und sprach niemals von Krankheiten. Er war auch nie krank. Obwohl er genauso alt wie Sergej Timofejewitsch war, erschien er uns nicht als alter Mann. Er war kein richtiger Oberst. Sergej Timofejewitsch nannte ihn einen „falschen Pfifferling". Er war Oberst im Zivildienst, gab technische Kurse an der Panzerwaffenakademie. Doch am Krieg hatte er teilgenommen. Irgendwelche Orden hatte er sich verdient.

Er und Sergej Timofejewitsch waren völlig verschiedene Menschen: Das Leben des einen war erfüllt von Gedanken, von Hoffnungen, von Bitterkeit, das des anderen von Gesundheit, von Genüssen, von Vorsicht. Oberst Gussew flog nie mit dem Flugzeug und fuhr nie mit dem Taxi: Flugzeuge stürzen ab, Taxifahrer sind leichtsinnig. Wenn wir im Winter in Moskau bis ein oder zwei Uhr nachts zusammengesessen und gespielt hatten, ging der Oberst stets zu Fuß quer durch die Stadt nach Hause. Ich wunderte mich. „Arkadi Iwanowitsch, warum, um Gottes willen, nehmen Sie kein Taxi? Geld haben Sie doch, als Gewinner." – „Wozu? Ich liebe das nächtliche Moskau. Und das Wetter ist wundervoll. In einer Stunde bin ich friedlich nach Hause getrabt." Aber er trabte auch bei Frost, bei Regen oder Schneefall friedlich nach Hause. Lange, schon achtzehn Jahre, haben wir drei uns nicht mehr zusammengesetzt und so hitzig gespielt, daß das Blut in Wallung kommt. Immer wieder haben wir uns verabredet, haben telefoniert: Wie könnten wir das wiederaufleben lassen?, aber es wurde nichts, es ist Schluß damit, wir sind weit auseinander, doch dieser Tage klingelte das Telefon, eine bekannte Stimme, die des Obersten, doch irgendwie schwächer wirkend, mit dem Zittern eines Siebzigjährigen: „Na, unser Boris … Der macht ja Sachen …" Obwohl die Stimme wehmütig zitterte, hatte er wie eh und je Angst, nach dem Tod zu fragen. Er dachte: Ich werde nicht fragen, ich mache die Augen zu, halte die Ohren zu – vielleicht geht's vorüber. Auch jetzt, als sehniger Greis mit rotem Gesicht und ergrautem, wie weißblondem Haar, lief er im März ohne Hemd im Wald Ski, schmorte in der Sonne, suchte frühe Pilze. „Ach, Juri Valentinowitsch, ich gehe im Frühjahr so gern nach Pilzen! Das ist wirklich etwas Schönes – im März im Wald zu sein!" Boris aber ist nicht mehr. Er hat nie im Leben auf Skiern Pilze gesucht. Sein Wald war die Stadt, waren Bücher, Autos, Korridore, Tabletten, Bluthochdruck, auch sein Vergnügen war ein anderes. Seine Pilze waren Menschen, Männer und Frauen, er suchte sie und fand sie, begeisterte und verliebte sich. Und jetzt ist er aus dem Leben plötzlich und unverhofft herausgefallen, wie ein Bolzen beim Fahren auf die Straße fällt, und alles ringsum – Menschen, Bücher, Autos, Tabletten – ist in alle Himmelsrichtungen auseinandergeflogen und ist nicht wieder zusammenzusetzen. Der Tod ist ein Wirbelsturm, der blitzartig wütet. Damals, vor drei Jahren in Las Vegas, konnte ich natürlich nichts vorausahnen, mir erschien seine Lebenskraft grenzenlos, und ich dachte überhaupt nicht an ihn, doch im Kasino Circus-Circus – dort bummelte eine Menge Leute von Tisch zu Tisch, zwischen den Spielautomaten hin und her, und Mädchen in hautengen Hosen, mit Bauchläden, wie sie früher die Papirossaverkäuferinnen auf dem Twerskoi-Boulevard hatten, wechselten Geldscheine in Dollarmünzen und in Halb- und Vierteldollarmünzen, die, in Papier gerollt, in den Bauchläden lagen, und zusammen mit den Rollen erhielt man von den Mädchen Pappbecher, in denen man die Münzen tragen und in die man das, was man bei den „einarmigen Banditen" gewann, hineinschütten konnte –, im Circus-Circus also trat aus der Menschenmenge ein Mann von kleinem Wuchs, mit zottigem Haar und olivbraunem Gesicht auf mich zu und murmelte etwas. Ich verstand ihn nicht gleich, er hatte sich als Doktor Soundso vorgestellt. Er nannte Boris' Nachnamen. Ich fragte ihn, ob er Verwandte in Moskau habe. „Alle auf der Welt sind meine Verwandten", gab der kleine Mann, fast ein Zwerg, rasch zur Antwort und winkte ungeduldig ab. Eilig murmelte er weiter vor sich hin.

Man erzählte uns, er sei vor vier Jahren irre geworden, als seine Frau hier in Las Vegas Selbstmord beging, weil sie verloren hatte. Er bewohnte ein Zimmer im zweiten Stock von Circus-Circus. Er war eine Art Talisman und Maskottchen des Kasinos geworden. Bevor man einen großen Einsatz wagte, galt es als nützlich, zu diesem Doktor zu gehen und ihn von hinten an den Haaren zu berühren. Mir aber hat er sich eingeprägt, weil er sagte: „Alle auf der Welt sind meine Verwandten." Nach dem Circus-Circus stellten wir das Schicksal in einem andern Spielkasino auf die Probe, danach tranken wir Kaffee im Burlesque, wo außer uns und einem Schwarzen keine Gäste da waren, auf der Bühne tanzte ein Mädchen aus Westindien, der Schwarze preßte sich die ganze Zeit an den Rand der Bühne und wollte das Mädchen von unten sehen, er lag fast auf dem Rücken, das Mädchen war völlig nackt und bemühte sich, ihn nichts sehen zu lassen, sie lachte, der Schwarze lachte, es war ein Spiel, uns bemerkten sie gar nicht, Steve fotografierte mit Blitzlicht, und nach alldem kam er im Restaurant Sahara auf mein Buch zu sprechen. Nein, nicht gleich, zuvor gab es einen Wortwechsel mit dem Kellner, sogar mit zwei Kellnern, der erste war ein gutaussehender älterer Herr, einem abgehalfterten Filmstar ähnlich, und Lola, die mich herausstreichen und zugleich dem Restaurant Sahara ein Kompliment machen wollte, sagte, allein das Sahara sei würdig, einen großen Baseballspieler aus Moskau, einen Weltstar des Sports wie mich zu bewirten, worauf der Kellner mich wohlwollend von Kopf bis Fuß musterte und mir wie seinesgleichen die mächtige Hand gab; dann rollte er einen Wagen mit Gewürzen heran und bereitete vor unseren Augen den französischen Salat, den Chris bestellt hatte, der Blonde mit dem umflorten, starren Blick, der große Mann von

Tampico Chemical. Der Kellner hantierte mit dem Salatbesteck und den Fläschchen so unerhört schnell wie ein Zauberer, begleitete jeden Handgriff mit nachdrücklichen Erklärungen, was er gerade zufüge und warum, und alle sahen und hörten ihm gespannt zu. Der Kellner fragte, in welcher Mannschaft ich spiele. „Moskowskije chripuny", antwortete ich. „Moscow Rattlers", übersetzte Bob. „Oh, die Moscow Rattlers sind eine gute Mannschaft. Ich habe von ihnen gehört", sagte der Kellner. Lola, Susie, Bobtschik und Ruth waren, wie ich, zum erstenmal in Las Vegas, Chris war öfters hiergewesen, Steve hatte in den vierziger Jahren hier gearbeitet, beim Bau einer Pumpstation. Wo Steve nicht überall gearbeitet hatte! Er war der älteste von uns und der lustigste, neckte die ganze Zeit Ruth, streichelte ihre sommersprossige Hand mit den Silberringen, sie lächelte ihm vielsagend zu, als wollte sie auf etwas hindeuten, das nur sie beide wußten, sie benahmen sich wie Jungverheiratete, dabei war er siebzig und sie achtundfünfzig, doch sie waren wirklich jungverheiratet, hatten vor drei Jahren die Ehe geschlossen. Ein anderer Kellner kam und brachte das Fleisch. Ich sagte ihm, ich hätte „well done" bestellt. „Ich dachte, die Russen mögen es blutig", sagte der Kellner, jedoch ohne Lächeln, kalt und feindselig. Er hätte es scherzhaft sagen können. Dann hätte keiner Anstoß daran genommen. Nein, er sagte es feindselig. Bobtschik sprang auf und schrie den Kellner an, fuchtelte mit seiner Pranke, die eine Zweipudhantel mit Leichtigkeit hochwuchten konnte. Ich hatte ihn einmal morgens die Hanteln stemmen sehen, in seiner Wohnung in Los Angeles, von der Lola sagte: „In solchen Wohnungen leben Erfolglose." Überhöflich entfernte sich der Kellner. Der korpulente, professorale Oberkellner im Frack erschien, meine Begleiter setzten sich mit ihm auseinander. Ich verstand sie schlecht. Wenn sie untereinander schnell sprachen, verstand ich sie schlecht. Der Oberkellner ging wieder, sie sagten zu mir: „Er entschuldigt sich, obwohl er gar nichts begriffen hat. Aber der Kellner wird bestraft. Der Mann kommt aus Europa, und er ist sehr gehässig." Nach dieser Episode – und vielleicht um den unangenehmen Eindruck zu verwischen – kam Steve auf mein Buch zu sprechen. Er wollte mir etwas Angenehmes sagen. Er sagte, ich schriebe gut, er hätte das Buch „The Long Goodbye" von Anfang bis Ende gelesen, doch Amerikanern könnten meine Helden nicht gefallen, die seien träge und unentschlossen, verstünden nicht, zu erreichen, was sie erreichen wollten. Aber das tue nichts zur Sache. Für einen Russen schriebe ich gut. Nun schien ihm, er habe mir etwas nicht genügend Angenehmes gesagt, und er fing an zu erklären.

„Verstehen Sie, Juri, wir Amerikaner mögen solche Helden nicht. Wir mögen Menschen mit Erfolg. Ihr Russen aber schreibt immer über Erfolglose. Das ist für uns nicht interessant. Wir lieben optimistische, lebensbejahende Literatur. Wir sind *solch eine Nation.* Habe ich nicht recht, Ruth?"

„Du hast recht, Steve", meinte Ruth und sagte ein optimistisches amerikanisches Gedicht auf über den Menschen, der seines Glückes Schmied sei.

„Ruth schreibt auch Bücher. Über Psychiatrie", sagte Steve.

„Sie hat geschrieben, bis sie dich kennenlernte", sagte Ruth lachend. Sie war nett, ein fraulicher Typ, schwarze Haare, trotz ihrer achtundfünfzig Jahre sportlich und kräftig. Ihre Eltern waren Anfang des Jahrhunderts aus Polen eingewandert, aber sie konnte kein Wort Polnisch. Später erzählte sie mir, sie habe, bevor sie Steve kennenlernte, ein schweres Leben gehabt, ihr Mann, ein Trinker, habe sie geschlagen, sie hätten in Elend gelebt. Ihr Mann sei schlimm gewesen, sie habe Angst vor ihm gehabt. Er sei im Irrenhaus geendet. Aber jetzt sei sie unerhört glücklich. Steve habe es auch nicht leicht gehabt, sich von seiner Frau zu trennen, einer hysterischen und unmöglichen Person, die sehr reich sei und versucht habe, Steve mit ihrem Reichtum zu halten, aber er sei trotzdem von ihr weggegangen. Ruth hatte also erreicht, was sie erreichen wollte. Jetzt hatten sie fünf Kinder: Ruth zwei und Steve drei, alle wohnten in ihrer Nachbarschaft in Costa Mesa.

„Das ist alles Blödsinn", sagte Bobtschik.

„Wieso Blödsinn?" fragte Lola.

„Absoluter Blödsinn. Von wegen Erfolg und so. Man könnte denken, alle Amerikaner strebten nach Erfolg. Ein Märchen für Dumme."

„Nach Erfolg streben alle, würde ich sagen, die dessen würdig sind."

Bobtschik lachte.

„Würdig?"

„Na klar", sagte Lola.

„Wunderbar."

„Mama ist natürlich am würdigsten", sagte Susie. Sie lächelte mit ihrem Puppenmund, doch die schmalen grünlichen Augen – sie waren anders als die ihrer Mutter – blickten die Mutter feindselig an.

„Susie, hör mal, was ich dir von Steve erzähle. Für dich ist das besonders wichtig, du weißt, warum", sagte Ruth. „Man muß Lebenswillen haben ..."

Sie erzählte von Steve: Er war Farmer, studierte dann, war im Krieg Flieger, hatte verschiedene Jobs, fing eine Menge Sachen an, machte völlig Pleite, fing neu an, machte wieder Pleite, fing abermals an, und so unzählige Male, doch er gab nicht auf. Steve lächelte treuherzig, während er zuhörte, was Ruth über ihn erzählte. Chris nickte mit seinem kurzgeschorenen hellblonden Kopf zustimmend zu dem amerikanischen Gleichnis. Bobtschik aber sah bleich aus, er war mit etwas nicht einverstanden, es peinigte ihn, er beherrschte sich jedoch und schwieg. Susies zartes Gesicht aber zeigte spöttische, subtilste Verachtung. Als Ruth endete und Steve ihr dankbar die sommersprossige Hand küßte, sagte Bobtschik:

„Ich kann schon das dritte Jahr kein Szenarium verkaufen. Bin ich etwa ein Idiot?"

„Nein, du bist kein Idiot", sagte Lola. „Du bist ein Pechvogel."

„Hör mal, was ich mache, ist doch kein Kartenspiel. Was heißt hier Pechvogel?"

„Weiß ich nicht. Vielleicht, daß du zuwenig arbeitest. Ich verstehe nichts von der Sache." Lola richtete sich zu ihrer ganzen kleinen Größe auf, reckte die entblößten Schultern, in ihrem Teenagergesicht mit den breiten Backenknochen tauchte Neues und Unverhofftes auf, wie stählerne Elastizität. „Wollen wir den anderen nicht den Appetit verderben, okay?"

„Okay", sagte Bobtschik mit schwacher Stimme.

Wir fuhren ins alte Las Vegas, ins „Golden Nugget", und spielten dort bis Mitternacht. Alle verteilten sich auf verschiedene Tische, verschwanden in den Ecken zwischen den Spielautomaten, wollten allein sein, einander nicht sehen, ihrem Schicksal ins Auge blicken, ich aber ging und schaute. Alles sah anders aus als in Repichowo. Aber irgendein Faden – das spürte ich – verband diese beiden Orte. Ich sah Bobtschik auf Lola zutreten, die mechanisch und gleichmäßig Münzen einwarf und den Hebel zog, er sagte: „Gib mir fünfzehn Dollar." Ohne ihr Tun zu unterbrechen, fragte Lola: „Hast du nichts mehr?" – „Was habe ich schon gehabt?" – „Ich hatte dir fünfunddreißig Dollar gegeben. Und du hattest doch bestimmt selber

Geld?" – „Woher denn?" Bobtschik lachte. „Ich und Geld! Du weißt genau, daß ich keins hatte." Lola schüttete Münzen aus ihrem Pappbecher und gab sie Bobtschik. Er ging brummend davon. Lola zog wieder an dem Hebel. Um Mitternacht trafen wir uns, wie verabredet, vor dem Eingang, um ins MGM zu fahren, wo das Programm anfing. Alle hatten verloren, nur Chris nicht. Lola umarmte ihn scherzhaft. „Christopher, mit Ihnen würde ich zu gern flirten! Mich reizen Männer, die Glück haben!" Das MGM ist ein riesiges Spielkasino mit einem Saal für zweitausend Zuschauer. Der berühmte Löwe aus dem Vorspann der Metro-Goldwyn-Mayer-Filme saß schlapp und sinnlos auf einer Drehbühne und riß gähnend den zahnlosen Rachen auf. Zweihundert Mädchen, im Halbkreis aufgestellt, warfen alle zugleich ein Bein hoch, und der ganze Bogen sah aus wie ein ungeheures Augenlid mit weißen Wimpern ... Die Zuschauer saßen an langen Tischen auf Terrassen, die wie in einem Amphitheater anstiegen. Unter der Kuppel wölkte Tabaksqualm. Bobtschik war verschwunden. Lola ging ihn suchen. Die beiden kehrten erst nach einer Weile zurück. Bobtschik blickte finster drein. Ich hörte ihn auf russisch sagen: „Bleib mir mit diesem blöden Rindvieh gestohlen. Für dich ist er der Chef, für mich ist er eine Null. Ich könnte ihn totschlagen." – „Du bist betrunken", flüsterte Lola. „Geh sofort weg. Geh ins Hotel, leg dich schlafen." – „Geh selber. Geh doch mit ihm." – „Nein, du gehst, wir bleiben." – „Willst du mit ihm schlafen?" – „Du ekelst mich an, du Scheusal. Scher dich zum Teufel." Sie flüsterten auf russisch, und niemand außer mir verstand sie, Susie aber saß am anderen Ende des Tisches und hörte sie nicht. Bobtschik erhob sich schwankend, er fummelte ungeschickt an den Knöpfen seiner Jacke, die über dem Bauch nicht zuging. „Na gut, ich gehe. Macht, was ihr wollt. Aber morgen früh soll sich der Typ nicht blicken lassen. Sonst schlage ich ihn zum Krüppel." Im Weggehen drohte er mit dem Finger, Susie sagte, sie wolle ihn in ein Taxi setzen und zurückkommen. Sie kam nicht zurück. Ruth flüsterte: „Sie müßte sich behandeln lassen. Zweimal hat sie schon in der Klinik gelegen. Aber Lola hat keine Zeit. Es ist so ein Unglück ..."

Gegen Morgen hörte ich Schreie und Getrappel. Ich trat auf den Korridor. Susie stand im Morgenmantel vor der offenen Tür des Nachbarzimmers und schrie schluchzend: „Verflucht sollst du sein! Du bist keine Mutter, sondern eine Hexe! Dir ist alles nicht genug! Was willst du von mir? Warum bringst du mich nicht um?" Lola kam, ebenfalls im Morgenmantel – flink, mit gerötetem Gesicht und einem kalten, geschäftigen Blitzen in den Augen –, und schüttete der Tochter geschickt ein Glas Wasser ins Gesicht. Susie fiel zu Boden. Ich lief hinzu, Lola und ich trugen Susie ins Zimmer. Dann stand ich in meinem Hotelzimmer am Fenster und schaute auf die Mondlandschaft: vor grauem Grund silbern blinkende Türme, dazwischen Morgendunst. Ringsum Wüste. Wozu haben sie das alles aufgetürmt? dachte ich. Mittags beim Lunch trat Chris auf mich zu, zeigte die gelbliche Handkante und sagte: „Damit kann ich ein Pferd totschlagen, verstehen Sie?" Er schüttelte die Hand vor meinem Gesicht. Bobtschik war nicht am Tisch. Keiner wußte, wo er steckte. Susie lag krank im Hotelzimmer. Das Flugzeug ging um acht. Draußen der glühendheiße November von Nevada.

„Bobtschik kommt wieder, regt euch nicht auf", sagte Lola. „Wo soll der schon hin?"

Ich dachte: Der Faden, der die beiden einander so unähnlichen Orte verbindet, ist sehr einfach, er besteht aus Liebe, Tod, Hoffnungen, Enttäuschungen, Verzweiflung und aus Glück, so kurz wie ein Windstoß. Die hier werden niemals begreifen, warum es Sergej Timofejewitsch neunzehnhundertsiebenundfünfzig niederstreckte, als hätte ihn eine Bombe getroffen, und warum Boris zusammenbrach, der sein Schicksal nicht zu ändern vermocht hatte, und ich werde nicht begreifen, warum Bobtschik nirgendwohin kann, aber darauf kommt es nicht an. „Alle auf der Welt sind meine Verwandten", hatte der irrsinnige Doktor in Las Vegas gesagt.

Drei Jahre später bekam ich einen Brief von Ruth: Lola hat einen Angestellten einer Versicherungsgesellschaft geheiratet und ist nach Boston gezogen, Bobtschik ist mit einem Sportflugzeug abgestürzt, Susie liegt in der Klinik, bei Steve ist alles in Ordnung, er arbeitet wie eh und je, obwohl ihm die alte Krankheit zu schaffen macht, seine Kinder unterstützen ihn sehr, alle beten für ihn, und Ruth ist dabei, ein Buch über Psychiatrie abzuschließen. Am Schluß zitierte Ruth das amerikanische Gedicht, wonach der Mensch seines Glükkes Schmied ist.

Ein Besuch bei Marc Chagall

Wir waren für fünf Uhr eingeladen. Lilly fuhr durch Roquefort-des-Pins, wir sausten auf einer kurvenreichen Straße dahin, die mal in drückend heiße Engpässe zwischen Hügeln tauchte, mal in die Freiheit eines Berges ausbrach, dann waren am Rand des glasklaren Raumes, wo sich die Luft schichtete, undeutliche gezackte Silhouetten von Städten zu erkennen, die wie Ruinen aussahen und sich hinter uns wegdrehten, und ins Auto drang der Geruch des fernen Meeres. Ich dachte nicht nur an den Maler, zu dem wir unterwegs waren, an seine treuherzigen Kühe, die schiefen Hütten, die einäugigen Männer mit Schirmmütze, die grünen und rosa verträumten Juden im Ultramarinblau des Himmels, an Odysseus, an den langsam, aber sicher die Welt überflutenden rätselhaften Ruhm, ich dachte auch an einen alten Mann, der vor zwei Jahren in einem Altersheim hinterm Flußbahnhof am Moskwa-Kanal gestorben war – ach, was hätte er dafür gegeben, in einem winddurchwehten Auto zu sitzen und nach Saint-Paul-de-Vence zu fahren! –, an Ion Alexandrowitsch. Er und Chagall waren Altersgenossen gewesen, er hatte ihn Marc genannt und Chagall ihn Ion. 1910 führte das Schicksal sie in Paris zusammen, in den zwanziger Jahren trafen sie sich wieder mehrmals dort, Ion Alexandrowitsch lebte dienstlich in Paris, warum, weiß ich nicht genau. Ich mußte jetzt einfach an ihn denken. Wie er bebte, wenn er von Chagall erzählte! Stets verhaspelte er sich, und seine Hände zitterten, wenn er von Chagall hörte oder selbst auf ihn zu sprechen kam. Einmal, im Haus in der Maslowka, schlug er dem Maler Zarenko ins Gesicht, weil dieser gesagt hatte, Chagall sei ein Stümper und könne nicht malen – nun, er schlug nicht, er streifte unter dem schwachen Ausruf: „Sie Ignorant!" Zarenko wütend mit den Fingerspitzen, aber auch das war eine verzweifelte Tat von ihm, denn seine seit langem sorgsam verborgene und verleugnete Verehrung für Chagall war hervorgebrochen, und Zarenko antwortete mit einem kräftigen Fausthieb, der den alten Mann zu Boden streckte, und dem freudigen Ausruf: „Du selber bist ein Ignorant!" Später befaßte sich das Schiedsgericht mit dieser Geschichte. Ich wohnte damals in der Maslowka. Das war 1951 oder vielleicht 1952. Ich war mit Ion Alexandrowitschs Tochter verheiratet. Fünfzehn Jahre lebte ich mit ihr zusammen, bis zu ihrem plötzlichen Tod in einem litauischen Kurort, wohin sie sich, unbegreiflich warum, allein geflüchtet hatte. Chagalls schwebende Liebhaber – das sind wir alle, die wir am blauen Himmel des Schicksals dahingleiten. Das erahnte ich später. Ion Alexandrowitsch hatte mich anfangs gern gehabt und später gehaßt. Auch ich habe in verschiedenen Zeiten eine verschiedene Haltung zu ihm gehabt. Er veränderte sich wie eine Landschaft im Laufe eines Tages – mal ist Dämmerung, mal Sonnenlicht, mal Nebel, mal Mondschein. Er war untersetzt und kurzbeinig, seine Backenknochen traten ein wenig hervor, ein eher bäurischer als Odessaer Gesichtstyp, das graue Haar kämmte er strähnig zur Seite, und er hatte die Angewohnheit, beim Sprechen zu schmatzen, als sauge er mit der Zunge Speisereste aus den Zähnen. Die Pariser Salons und die Hafenkneipen seiner Heimatstadt mischten sich seltsam in ihm. Aus unerhörter Ferne hergeflogen und erhalten geblieben – es hing versteckt in seinem Atelier – war ein Selbstbildnis des jungen Chagall, eine mit Bleistift signierte Lithographie. Ein lockiges, rundes Gesicht mit irrsinnigem Staunen in den Augen und merkwürdig verdreht, es erschien unnatürlich schief, als sei der Hals gebrochen, und wirkte dabei unendlich lebendig. Das Gesicht eines Überraschten. Eines tödlich Getroffenen. Ion Alexandrowitsch schätzte diese Lithographie höher als alle seine anderen Bilder, und er besaß Skizzen von Korowin und Lewitan, Zeichnungen von Grigorjew, Malereien von Osmjorkin, Feschin und Falk und ein großes, einen Klosterhof an einem kirchlichen Feiertag darstellendes Gemälde, das Mjassojedow zugeschrieben wurde. Oh, ich habe vergessen: Bilder von Bogajewski, Maljutin, Kostandi und einem Franzosen, war es Fantin-Latour oder ein anderer, das stand nicht fest. Alledem zog er die flüchtige Zeichnung von Chagall vor. Damals, als er mich gern hatte, sprach er oft und wortreich über dieses Selbstbildnis, das ihm Sammler für viel Geld abzulocken suchten, und er hätte Geld gebrauchen können, denn er litt große Not. Aber wer von den Malern, die in der Maslowka wohnten, litt damals keine Not! Er sagte, und das ließ mich an meine eigenen Qualen und Mühen denken – ich plagte mich damals ab, suchte nach einer Wende, nach einem neuen Schlüssel zur Arbeit, denn mein Altes hatte ich satt –, das Wahre sei in der Kunst immer ein wenig verschoben, ein wenig schief, ein wenig zerrissen, ein wenig unvollendet und unbearbeitet, dann pulsiere der Zauber des Lebens. Und eines Tages war die wundervolle Lithographie – in einem gelblichen Pariser Passepartout, gerahmt und unter Glas – aus dem

Atelier verschwunden. Ich erinnere mich, wie entsetzt Ion Alexandrowitsch war. Nach dem verschwundenen Bild hätte man nicht fahnden lassen können. Sie hätten ihm gesagt: Man darf eben nicht allen möglichen Plunder im Atelier aufbewahren. Geprahlt hatte Ion Alexandrowitsch nicht mit der Lithographie, er zeigte sie kaum jemandem – nur Getreuen und Kennern. Er erzählte auch kaum einem von seiner Bekanntschaft mit Chagall im Jahre 1910 und schon gar nicht von den Begegnungen mit ihm im Jahre 1927. Das war halb geheim. Ganz ließ sich die Bekanntschaft mit dem verfemten Antirealisten natürlich nicht verheimlichen, denn alle erinnerten sich, daß Ion Alexandrowitsch Anfang der dreißiger Jahre öffentlich heruntergeputzt worden war in Diskussionen und in der Presse – besonders hatte sich dabei der Kritiker Kugelman hervorgetan, einer der Führer der Kunstfront, ein unbestechlicher und verbissener Mann, der fünf Jahre später spurlos verschwand – wegen schädlichem *Chagallismus* (ein Terminus von Kugelman), und der arme Ion Alexandrowitsch bereute und schwor ab, und zum Beweis seiner Aufrichtigkeit vernichtete er sogar eine Reihe seiner frühen Arbeiten, in denen der *Chagallismus* besonders giftige Blüten getrieben hatte. In den zwanzig Jahren seither war viel gewesen: der Krieg, die Evakuierung, der Hunger, der Tod von Angehörigen, die Sorge um die Tochter; alte Feinde waren verschwunden, neue wurden geboren, und unversehens, wie über Nacht gefallener Schnee, war das Alter da, die Angst aber vor Kugelman und dem *Chagallismus* schwelte unauslöschlich weiter wie unterdrückte kindliche Angst vor Dunkelheit. Darum also konnte sich Ion Alexandrowitsch nicht entschließen, wegen des verschwundenen Bildes Krach zu schlagen. Er litt schweigend und zerbrach sich den Kopf: Was tun? Seine Frau schimpfte. Der Alte, so meinte sie, sei an allem selber schuld. Er habe den Homöopathen Boris Edgarowitsch abgewiesen, der für das Bild fünftausend bot, aus dummem Stolz, aus Unverständnis für das Leben – jetzt habe er weder das Bild noch das Geld. Janina Wladimirowna hielt Ion Alexandrowitsch zuzeiten für einen Dummkopf und sagte das klipp und klar. Zuzeiten aber hielt sie ihn für einen sehr klugen Mann. Mal sagte sie: „Alle wissen, daß du ein Dummkopf bist und man dich leicht betrügen kann." Manchmal aber: „Ion, warum läßt du dich auf Streit ein? Sie sind nicht deinen kleinen Finger wert. Du bist klüger als alle anderen in diesem Haus."

An all das erinnerte ich mich auf dem Weg nach Saint-Paul-de-Vence. Jetzt denke ich selten an das Haus in der Maslowka. Es ist gar zu lange her. Das war zu jener Zeit, als ...

Lilly deutete mit dem Kopf auf eine strahlend weiße Villa im Grünen hinter einem dottergelben Zaun und sagte: „Hier haben früher Russen gewohnt, die sich nach eurer Revolution in der Provence angesiedelt hatten. Sie haben Hühnerzucht betrieben."

Nun, das war damals, als auf den Dächern der Häuser noch keine Fernsehantennen ragten; die Frauen trugen Dreiviertelmäntel mit gepolsterten Schultern, und die Männer liefen im Gabardinemantel umher, einige im Uniformmantel, Lushniki gab es noch nicht, die Spiele fanden im Dynamostadion statt, vor der Nordtribüne stand von morgens bis abends eine Menschenmenge, die einen gingen, die anderen kamen, Fußballexperten redeten sich die Köpfe heiß, die Impressionisten galten als verdächtig, als Feinde des Realismus, das Schabenbekämpfungsmittel Prima war noch nicht erfunden, aber Schaben gab es nicht, sie waren im Krieg verschwunden, wir kannten noch keine italienischen Filme, Moskau sah deutsche Beutefilme, die nicht in Kinos, sondern in Klubs vorgeführt wurden, das Grandhotel existierte noch, das Restaurant WTO galt als modern, „Bart“ war dort Oberkellner, die Gegend östlich vom Dynamostadion war mit windschiefen Holzhäuschen bebaut, sie sah dörflich aus, dort gab es viele Bäume, Hunde, im Herbst Schlamm, im Sommer Pappelflaum, im Winter Schneewehen. Ich wohnte in dem seltsamen Haus in der Maslowka, das in den dreißiger Jahren erbaut worden war, um darin einträchtige, lebensfrohe Schöpfer proletarischer Kunst unterzubringen, die sich einzig um ihre Sache sorgen, um ihr Vorwärtsstürmen, deshalb war es wie auf dem Bahnhof: ein Klo und ein Wasserhahn für die ganze Etage, für zwanzig Personen. Die Leute lebten provisorisch, in Eile, gestalteten das Leben wie eine Skizze – das eigentliche Gemälde würden, so Gott wollte, dereinst die Enkel schaffen! Doch merkwürdig, die Künstler verschwendeten tatsächlich keine Aufmerksamkeit auf solche Alltagsbanalitäten wie die Notwendigkeit, vor dem Klo Schlange zu stehen und das Wasser im Eimer vom Korridor zu holen. Sie waren vergraben in ihre Leinwände, Kartons, Spannrahmen und Farbtuben, in hektische Terminarbeit, tranken abends Wodka, besprachen Handwerkliches, stritten sich weiß der Teufel worüber. Im zweiten Stock, wo ich wohnte und wo sich Ion Alexandrowitschs Atelier befand, gab es alle drei Monate ein wichtiges Ereignis: die Sitzung der Ankaufkommission. Man traf beizeiten Vorkehrungen, war aufgeregt, brachte auf Umwegen in Erfahrung, wer in die Kommission berufen worden war, wessen Stimme besonderes Gewicht haben würde; einen Tag vor der schicksalhaften Prüfung – sie war tatsächlich schicksalhaft, denn sie bestimmte das Leben im nächsten Jahr und manchmal in den nächsten Jahren – schleppten die Künstler aus ganz Moskau ihre Bilder herbei, stellten sie auf dem Korridor mit der Bildseite zur Wand und schrieben mit Kohle die Namen auf den Rahmen; in dieser Nacht schliefen sie schlecht, und am Morgen begann die Aktion, die in ihrer Erbarmungslosigkeit an Michelangelos Jüngstes Gericht erinnerte: eine Handbewegung – und Schöpfungen wurden in paradiesische Sphären erhoben, eine andere – und sie stürzten in die Hölle. Einmal – es lag damals zwei Jahre zurück – hatte Ion Alexandrowitsch ein Mißgeschick getroffen: In der Nacht vor der Besichtigung verschwand ein Gemeinschaftswerk von ihm und seinem Freund Palatnikow, ein großes, nach Planquadraten zusammengestückeltes Stalinbild. Das Gemälde wurde nach kurzer Zeit auf der Landwirtschaftsausstellung gefunden, es war schon verpackt und sollte einem Sowchos im Kubangebiet geschickt werden. Man ermittelte auch die Übeltäter, die das fremde Werk verkauft hatten: die beiden Säufer Glotow und Purishanski, die das Malen längst verlernt hatten und ihre Zeit in einer Kneipe in der Maslowka verbrachten; diese wurde nach einem Stammgast, dem alten Pascha Kudinow, einem der letzten Peredwishniki, Kudinowka genannt. Das Bild ausfindig zu machen war einfach gewesen. Sie gingen in die Kudinowka, und schon war die Spur gefunden: Glotow und Purishanski hatten sich natürlich verplaudert. Fedja Palatnikow erhob ein furchtbares Geschrei. Jetzt aber durfte Ion kein Geschrei erheben, und Klage zu führen war riskant. Er beriet sich in seiner Bestürzung mit mir: „Ob ich es nicht doch bei der Miliz anzeige? Denen sagt der Name von Marc nichts, nicht wahr? Aber man wird Zeugenaussagen einholen, die Nachbarn befragen … Und dann taucht der Name von Marc auf … Sie können sich nicht vorstellen, was für ein Reizwort das ist …“ Doch zuweilen rief er in desperater Unbekümmertheit: „Ach zum Teufel! Ich habe es satt! Ich werde ihnen alles sagen, was ich von Marc halte: von seiner blauen Farbe, von seiner unnachahmlichen Phantasie. Denn diese Phantasie hat nicht ihresgleichen ... Marc hat mir in einer für ihn schweren Stunde eine Lithographie geschenkt ... Wie könnte ich das vergessen? Die Zeiten sind, Gott sei Dank, andere: einundfünfzig ist nicht einunddreißig ..." Die Zeiten waren anders, gewiß, doch das Wort *Chagallismus* klang nach wie vor unheilvoll: etwas Schädliches, zwischen *Schamanismus* und *Kabbalismus* angesiedelt. Da tauchte Afanassi auf. Das heißt, existiert hatte Afanassi immer, er hatte schon vor dem Krieg in den Ateliers herumgelungert, doch erst in letzter Zeit war er zu seinem Beruf gekommen, dessentwegen er unter Künstlern den Spitznamen „Ohr" hatte. Bekanntlich ist es schwer, Ohren zu malen, zumal bedeutende, weltbekannte Ohren, und da entdeckte man eine verblüffende Sehenswürdigkeit des bescheidenen Afanassi Fjodorowitsch Dymzow: Sein Ohr war ein exaktes Ebenbild vom Ohr des großen Mannes. Afanassi, durchaus kein Apoll, ein langweiliger und dümmlicher Kerl, galt als mittelmäßiges Modell, mit dem sich kaum einer abgeben mochte, aber dank dem Ohr war sein kleiner, feingelockter, römischer Kopf mit der niedrigen Stirn und dem vorspringenden Unterkiefer plötzlich sehr gefragt. Afanassi verdiente nun viel, kaufte sich einen Anzug, wurde hochnäsig und launisch, und obwohl alles geheimgehalten wurde und man von seinem sonderbaren Beruf nicht laut sprach – denn wer konnte wissen, wie das aufgenommen würde? –, gab Afanassi zu verstehen, er habe besondere Beziehungen und Möglichkeiten, die er lieber für sich behalte, doch die er im Notfall einsetzen könne. Damit machte er den Malern angst und veranlaßte sie, den doppelten Tarif zu zahlen. Später wurde er dermaßen dreist, daß er die Maler anpumpte und während der Sitzungen Essen und Bier verlangte, von einem Maler borgte er sich einen Pelzmantel und gab ihn, auch als der Winter zu Ende war, nicht zurück. Die Leute hatten Angst, sich mit ihm anzulegen. Es ging das Gerücht, er sei irgendwo hinbestellt worden und ihm sei es *erlaubt.* Eines Tages stand er in Militärmütze vor dem Haus, einen Fuß lässig vorgerückt und eine Papirossa im Mund, und unterhielt sich mit dem Hausverwalter, die Maler aber machten einen Bogen um die beiden und vermieden es, Afanassi anzublicken. Er bot ein schauriges Bild. Ein Bildhauer rügte Afanassi einmal, er habe sich zu einer Sitzung bei ihm verspätet. Afanassi bedachte ihn mit einem wütenden Blick und versetzte: „Dann wartest du eben! Bist kein gnädiger Herr!" – und der Bildhauer legte bestürzt die Hände an die Hosennaht und schwieg. Und als nun Afanassis schreckliche Macht auf dem Höhepunkt war, wußte jemand zu erzählen, er habe die Lithographie, Chagalls Selbstbildnis, bei ihm gesehen, mit Reißzwecken an die Wand geheftet. Ion Alexandrowitsch war erschüttert: bei Afanassi? Und *wie konnte der es wagen, sie mit Reißzwecken an die Wand zu heften?* An das Weitere erinnere ich mich nicht genau, immerhin ist es dreißig Jahre her. Ich weiß nicht mehr, wie die Lithographie in Afanassis Hände gelangt war, wahrscheinlich hatte er sie einfach geklaut, weil er Sammler zu werden gedachte. Und jemand hatte ihn auf die Idee gebracht, mit dem Chagall anzufangen. Der Eigentümer würde schon nicht Krach schlagen. Und richtig, Ion verhandelte nervös, aber nicht laut mit Afanassi. Afanassi schwor bei Gott, er habe die Lithographie nicht, verlangte eine Haussuchung unter Zeugen, wollte vors Schiedsgericht, tat tief beleidigt, Ion aber flehte flüsternd, fast weinend, um Rückgabe der Kostbarkeit. Er ging bis zum Äußersten, bot Afanassi für die Rückgabe der Lithographie einen Lewitan oder Korowin an. Er versuchte auch auf andere Weise Druck auszuüben, sagte, mit ihm, Ion Alexandrowitsch, sei nicht zu spaßen, er sei 1918 in Odessa Kommissar für die Künste gewesen, habe fünf Tage bei Denikins Geheimdienst gesessen und wäre fast zu den Machno-Leuten in Gefangenschaft geraten, Budjonnys Armee habe ihn gerettet, jedenfalls verfüge auch er über Beziehungen. Doch Afanassi blieb stur, er wisse von nichts, die Lithographie habe er nicht. Aus irgendeinem Grund hatte er sich in den Chagall verbissen. Jetzt hätte er ihn schon um keinen Preis zurückgegeben. Seine Sturheit war töricht, wie die Schläue eines Dummkopfs, aber sie hatte etwas Tückisches. „Gehen Sie doch vor Gericht!" schlug er vor. „Zeigen Sie mich beim Staatsanwalt an!" Das war genau das, was Ion Alexandrowitsch nicht tun konnte. Die alte Angst quälte ihn wie ein Leistenbruch, dagegen war nichts zu machen. Ich weiß noch, wie er niedergedrückt, alt und traurig auf der Eichenbank im Atelier saß. „Was kann ich machen? Ich habe keine Waffen, der Bandit aber ist bis an die Zähne bewaffnet ..." Seine Frau beruhigte ihn: „Ach, zum Teufel mit dem Chagall. Hast du deswegen nicht schon genug gelitten? Gut, daß du ihn los bist. Ich bin sehr froh."

Später kam die Sache irgendwie ins Lot. Mitte der fünfziger Jahre – Moskau war wie von einem Erdbeben erschüttert von einer Ausstellung französischer Malerei, die den Umbruch kennzeichnete – hing der Chagall, wie ich mich erinnere, wieder am alten Platz im Atelier. Doch wie war er zurückgekehrt? Auf welchem Wege war es Ion gelungen, ihn dem dummen Afanassi zu entreißen, der alle Leute geheimnisvoll einzuschüchtern vermochte? Ach, es regelte sich alles, glaube ich, von selbst: Das Ohr wurde nicht mehr gebraucht, die Impressionisten galten nicht mehr als verdächtig, Chagall wurde ohne Beschimpfung genannt, und Afanassi starb, seine Frau aber gab Ion die Lithographie zurück, und er betrank sich an diesem Tag so schrecklich, wie er sich seit seiner Pariser Zeit nicht betrunken hatte, damals im Café Rotonde, aus dem ihn dann seine Freunde hinaustrugen: Marc Chagall, Kisling, Cremain, Pascin, Soutine, Modigliani, Toulouse-Lautrec, Bastien-Lepage, Renoir, Courbet, Millet und Ingres, der wunderbare Zeichner.

Viele Jahre waren vergangen, verschwunden waren alle, die damals in der Maslowka gewohnt hatten: die Säufer Glotow und Purishanski, der Peredwishnik Kudinow, der Geschäftemacher Palatnikow, der die Aufträge beschafft hatte für Porträts, die nach Planquadraten zusammengeschustert wurden, verschwunden waren auch Ion Alexandrowitschs Frau und seine Tochter, und als letzter war er selbst dahingegangen, im Alter von zweiundneunzig Jahren, im Altersheim hinterm Flußbahnhof, nur Marc Chagall war noch geblieben: Zu ihm fuhr ich jetzt auf einer bergigen Straße.

Anfangs glaubte ich, Chagall sei der affektierte grauhaarige, langgesichtige alte Herr, der sich im Salon mit einem deutschen Pastor aus Mainz unterhielt. Chagall hatte Buntglasfenster für eine Kirche in Mainz gemacht, und der Pastor hatte nun Farbfotos und Ansichtskarten davon mitgebracht. Alle betrachteten sie. Das war eine erlösende Beschäftigung für die ersten Minuten. Der alte Herr, den ich für Chagall hielt, warf einen kühlen und zerstreuten Blick auf die Ansichtskarten, wie ihn nur der Schöpfer dieser Werke haben konnte. Ich musterte ihn heimlich und dachte: Wenn du wüßtest, wieviel Ion Alexandrowitsch deinetwegen gelitten hat! Plötzlich verabschiedete sich der alte Herr. Ich erschrak und flüsterte Vava, Chagalls Frau, zu: „Ich wollte Marc Chagall gern einiges fragen ..." – „Er kommt gleich. Der Doktor ist bei ihm! In ein paar Minuten!" Vava und ich tuschelten auf russisch. Und plötzlich kam, anstelle des Affektierten mit den kalten Augen, ein anderer hereingeeilt – klein, flink, mit schütterem wirrem Haar, sonnengebräunt, nachlässig gekleidet, mit einem treuherzigen Staunen in den Augen, die in dem fast ein Jahrhundert währenden Leben ein wenig blaß geworden waren: der Richtige. Jener aber war ein Händler, ein Reicher, der Gründer des Museums in Saint-Paul-de-Vence, wo wir gerade gewesen waren und wo ich ein paar Chagall-Reproduktionen gekauft hatte. Der Richtige bestürmte uns mit Fragen. Er war begierig auf ein Gespräch. Er hatte sich ja von der Arbeit oben im Atelier losgerissen, wo er ein paar Stunden lang einen Flügel oder ein Cembalo bemalte, und jetzt war er ungeduldig, wollte sprechen.

„Sie sind Schriftsteller? Können Sie alles schreiben, was Sie wollen? Wann kehren Sie nach Hause zurück? Eine schöne Frau! Ihre Gattin oder nur so? Erinnert man sich in Moskau an mich? Hat man mich noch nicht vergessen? Nicht möglich! Sie waren in Witebsk? Nein, Sie waren tatsächlich in Witebsk? Sie irren sich, die Straße liegt neben dem Friedhof. Gottlob erinnere ich mich. Mir kann keiner was beibringen, was Witebsk angeht. Ist sie Ihre Gattin oder nur so? Ich habe Majakowski, Jessenin und viele andere gekannt, sie sind alle gestorben. Früh gestorben. Was meinen Sie, warum schickt meine Schwester mir immerzu Monographien von sowjetischen Malern? Die sind doch teuer! Sie gibt so viel Geld aus! Ich schreibe ihr: Laß das, schick nichts! Sie möchten, daß ich welche nenne? Äh, nun, zum Beispiel Borissow-Mussatow. Ja, ja, Borissow-Mussatow! Dann, äh, nun zum Beispiel Lewitan ... Und Wrubel ... Ja, Wrubel, Wrubel! Nun, weiß ich nicht, wen ich noch nennen sollte. Von Serow gefiel mir ein Bild – wenn Sie sich erinnern: Jungen stehen auf einer Holzbrücke. Das habe ich in meiner Jugend geliebt. In der Jugend liebt man dieses, im Alter jenes. Übermorgen werde ich dreiundneunzig. Ist sie wirklich Ihre Gattin oder nur so? Sie sagen, Ihnen gefällt das Bild? Sie haben es gesehen? Wo? Nicht möglich! In Moskau haben Sie das nicht sehen können! Vava, bei wem ist das Bild? Ach, bei Ida. Dann ist es etwas anderes." Flüsternd, als wäre es ein Geheimnis, teilte er mir mit: „Ida ist meine Tochter von Bella. Bella war meine Frau. Sie wollte nicht hierherziehen." Und wieder laut: „Dann haben Sie recht, Sie haben das Bild in Moskau sehen können ..."

Meine Frau legte ihm eine Reproduktion hin, die wir zuvor im Museum gekauft hatten. Auf dunkelbraunem Hintergrund, ein wenig schief, eine altmodische Standuhr. Schweigend betrachtete er die Reproduktion. Er hielt sie weit von sich, besah sie lange aufmerksam, wie eine fremde Arbeit. Und plötzlich murmelte er kaum hörbar, nicht zu uns, sondern zu sich selbst:

„Wie unglücklich muß man sein, um das zu schaffen ..."

Ich dachte: Damit hat er das Wesentliche gesagt! Unglücklich sein, um zu schaffen. Später kann man sein, wie man will, aber am Anfang muß man unglücklich sein. Die Uhr im Holzgehäuse steht schief. Man muß die schief gewordene Zeit überwinden, die die Menschen auseinanderfegt: Den einen läßt sie in Witebsk, den anderen verschlägt sie nach Paris, den nächsten in die Maslowka, in ein altes konstruktivistisches Haus, wo jetzt Leute wohnen, die ich nicht kenne. Sicherlich tagt im zweiten Stock wie ehedem die Ankaufkommission. Ich fragte Chagall, ob er sich an X. erinnere? Und an Y.? Ich nannte Maler, die aus Rußland stammten und über die ich einst von Ion Alexandrowitsch gehört hatte. Nach Ion Alexandrowitsch zu fragen, scheute ich mich. Das schien mir der Frage gleichzukommen, ob mein früheres, für immer verschwundenes Leben existiert habe. Sagte er nein, so hieße das: Es hat nicht existiert. Chagall erinnerte sich an alle, doch er äußerte sich über keinen, sagte nur immer, halb fragend: „Ja, ja. Er ist gestorben?" Wohl alle, nach denen ich fragte, waren gestorben, und das lag in der Ordnung der Dinge. Chagall war daran gewöhnt. Endlich faßte ich mir ein Herz und fragte, ob er sich an Ion Alexandrowitsch erinnere. Ich nannte den Nachnamen und wartete ängstlich.

„Ja, ja", sagte Chagall. „Ist er gestorben?"

„Ja, vor zwei Jahren. Und wissen Sie ..."

Ich wollte ihm erzählen, wie Ion Alexandrowitsch im Altersheim am Kanal gelebt hatte, in das er mit seinen Büchern, seinen Kartons, seinen Farben, seiner Pariser Truhe und ein paar Bildern gezogen war, das meiste hatte er ins Museum gegeben, und an einem Ehrenplatz hing das Selbstbildnis Chagalls mit dem seltsam schiefen Gesicht, wie Ion Alexandrowitsch bis zum letzten Tag arbeitete, wie er die alten Leute porträtierte, er lud sie in sein Zimmer ein, ließ sie auf dem Bett sitzen, sie saßen gehorsam da, einige schliefen ein, er aber erzählte dasselbe, was er einst mir erzählt hatte, schlief selber manchmal ein an der Staffelei, es kam vor, daß sie allesamt schliefen, eines Tages wollte Ion Alexandrowitsch die Krankenschwester Natascha heiraten, ein frisches, nett aussehendes junges Mädchen, nicht aus Moskau, sie hoffte auf eine Zuzugsgenehmigung für das Zimmer in der

Maslowka, er war ihretwegen eifersüchtig auf seinen Arzt, machte ihm einen Skandal, weigerte sich, die Medikamente zu nehmen, die dieser ihm verschrieb, denn er fürchtete, der Arzt wolle ihn umbringen, um Natascha zu kriegen, und das Standesamt schob die Sache auf die lange Bank, aus Argwohn gegenüber Natascha, die doch nicht so einen steinalten Mann lieben könne, er war zweiundneunzig, sie vierundzwanzig, er war fest entschlossen, zu kämpfen, irgendwohin zu schreiben und zu erreichen, was er erreichen wollte, doch Anfang des Sommers starb er plötzlich, und niemand konnte sich erklären, warum, er war überhaupt nicht krank gewesen. Aber ich kam nicht dazu, von alledem zu erzählen, denn Chagall blickte auf die Uhr und fragte:

„Vava, ich muß wohl gehen?"

„Bleib noch ein Weilchen", sagte Vava.

Nach einer kurzen Weile blickte er wieder auf die Uhr und sagte, er müsse arbeiten gehen. Mit schnellem Schritt, wie er in den Salon hereingeeilt war, eilte er in die obere Etage.

Auf dem Rückweg fuhren wir an der Küste entlang, das Meer lag in der Dämmerung wie ein riesiges strahlendblaues Laken, unter dem man alle verbergen kann, alle, alle.

Grauer Himmel, Schiffsmaste und ein rotbraunes Pferd

Das war alles: grauer Himmel, Schiffsmaste und ein Pferd. Ja, und Schnee. Viel Schnee. Er roch und sah gelblich aus. Der Schnee und das Pferd hatten miteinander zu tun, das eine existierte nicht ohne das andere. Das Pferd roch wie der Schnee. Friedlich stand es da, weckte Wehmut durch ein ihm innewohnendes, aber unerreichbares Glück. Ein Fuchs war es, glaube ich, rotbraun, mit einem Stich ins Gelbliche, genauso färbte es den Schnee. Und an grauen Himmel und an Schiffsmaste erinnere ich mich. Ich ging mit der Mutter im Hafen spazieren. Das ist alles, mehr taucht nicht auf. Doch selbst dieses wenige hervorzuholen kostete unerhörte Anstrengungen – denn der graue Himmel und die Schiffsmaste sind fünfzig Jahre alt, ebenso das rotbraune Pferd und der Schnee. Genauer: zweiundfünfzig Jahre.

Wie alt sie sind, das Pferd und der Schnee!

Zuerst reiste ich nach Jyväskylä. Dort befand sich der Verlag, der meine Bücher herausgebracht hatte. Aber ich kam ein bißchen ungelegen und aus einem anderen Anlaß, zum sogenannten Jyväskyläer Winter, der Verlag dagegen veranstaltete ein anderes Fest, von überallher waren finnische Autoren, Übersetzer und Buchhändler angereist, und die Verlagsleute konnten sich nicht weiter um mich kümmern. Obwohl sie noch ein Buch von mir verlegen wollten, kümmerten sie sich nicht weiter um mich. Sie wollten unter sich sein, schön finnisch sprechen, sich amüsieren und mit anderen Verlagsleuten, Autoren, Übersetzern und Buchhändlern tanzen und die ganze Nacht im Schnee umherspringen, deshalb machte ich mich still davon aus dem Saal im Kellergeschoß, der sonst als Kantine für die Angestellten von Verlag und Druckerei diente. Alles in diesem Haus war neu, bequem, glatt, poliert, an den Wänden hingen glatte, polierte Bilder, im Vestibül hing ein gewaltiges Porträt vom Gründer des Verlages, er trug einen Anzug vom Anfang des Jahrhunderts, und von überallher kam ein wundervoller chemischer Geruch. Draußen herrschte grimmiger Frost. Einer der Chefs des Verlages kam barhäuptig heraus in die Kälte, schüttelte mir erfreut die Hand und murmelte in drei Sprachen: „Herr Trifonow, I wish you dobri Nacht!" Er hatte es eilig, wieder ins Kellergeschoß zurückzukehren. Die Hauptstraße war tot. Der Frost und die späte Stunde hatten die Stadt aussterben lassen, die Reklamen aber flammten, die Schaufenster strahlten, am schwarzen Himmel stand der Widerschein der Lichter: alles so, wie es sich für eine kleine Metropole der Welt gehörte. Über den Dächern der Häuser stiegen Rauchsäulen senkrecht in die Höhe. Aus dem Hotelfenster sah ich das über Nacht geschlossene Kaufhaus Centrum unnötigerweise blendend hellrot leuchten, und in der Ferne, jenseits des Lichterscheins, dehnte es sich schwarz und unendlich, schneebedeckt und froststarr.

In diesem Land habe ich vieles zum erstenmal erfahren und gespürt – vor fünfzig Jahren. Mein Vater war hier als Leiter der Handelsvertretung. Ende der zwanziger Jahre. Hier, zum Teufel, plapperte ich die ersten Worte und machte die ersten Schritte, das mag banal klingen, doch es ist so. Ja, und wozu erzähle ich das? Wo ist der Zusammenhang? Mir ist ja nichts geblieben außer dem grauen Himmel, den Schiffsmasten und dem rotbraunen, riechenden Pferd. In Helsingfors wurde meine Schwester geboren. Du lieber Gott, na und? Sie war nie und durch nichts mit diesem Land verbunden. Wir können beide kein Wort Finnisch. Unsere Mutter übrigens sprach ein wenig, etwas hat sich mir eingeprägt: Albertsgatan tjugofem. Jetzt erklärte man mir, das sei unsere Adresse in Helsingfors gewesen – Albertstraße fünfundzwanzig –, aber nicht auf finnisch, sondern auf schwedisch. Ich wollte das Haus suchen. Doch erst mal mußte ich hier in Jyväskylä sein, zum berühmten Jyväskyläer Winter, ich war über Lahti gefahren, der Schaffner rief auf dem Gang meinen Namen, der Zug hielt drei Minuten, blitzschnell sammelte ich mein Gepäck zusammen und sprang hinaus, die Sachen fielen auf den bei dreißig Grad Kälte vereisten, aber sonnenbeschienenen Bahnsteig, ein junger Mann und eine junge Dame, beide mit nettem, frostgerötetem Gesicht, nahmen mein Gepäck und hoben auch meine Mütze auf, die beim Hinausspringen davongerollt war, dann liefen wir durch eine Unterführung zum Auto, Laufen war angenehmer als Gehen, und nach dreistündiger Fahrt durch das wie die Landesfahne blauweiße, im beißenden Januarfrost erstarrte Finnland mit seinen weißen Hügeln, den spitztürmigen evangelischen Kirchen, dem dunkel flimmernden Granit an den Straßenrändern und den Rauchsäulen, die senkrecht in den blauen Himmel stiegen, erreichten wir Jyväskylä. Das ist eine würdevolle kleine Stadt. Hier gibt es allerlei, es gibt Fabriken, eine Universität und Supermärkte, auf den Straßen fahren schwedische und japanische Autos, Wagen vom Typ Lada und Moskwitsch, hier Elite genannt, in einem Buchladen erwarb ich fabelhafte Klarsichtmappen, da kann ich die besten Rezensionen hineinstecken und bewundern. Für die schlechten kaufte ich mir einen Papierschneider im Taschenformat, er schneidet Papier in feinste Streifen. Der Jyväskyläer Winter bietet Diskussionen, Gelächter, Gespräche über alles mögliche, seltsamen Humor, Bier, Wohlwollen. Und nun stand ich am Fenster, blickte auf den unsinnigen Lichterglanz des Kaufhauses mitten in der Nacht und dachte, es ist nicht nötig, nach den Fäden zu suchen, aus denen das alles gewoben ist: mögen sie unverhofft von selbst auftauchen, wie der eisbedeckte Bahnsteig von Lahti.

Jemand rief meinen Namen, ich kam zu mir und erinnerte mich.

Mein Vater hatte drei echte Finnenmesser aus Finnland mitgebracht: ein großes, ein etwas kleineres und ein kleines. Es waren wunderschöne Messer. In schwarzer Lederscheide. Der Griff aus dunkelrotem poliertem Stein. Die Messer lagen in Vaters Schreibtisch, und er erlaubte nicht, daß ich sie nahm, er sagte, mit Messern zu spielen sei etwas Dummes. Dabei hätte ich so gern damit gespielt! Schon allein die Berührung des kalten dunkelroten steinernen Griffs rief einen Schauer des Begehrens hervor. Zu gern hätte ich vor den Kameraden damit angegeben, doch ich wagte nicht, ungehorsam zu sein. Der Vater war streng. Wenn er sagte: „Du darfst nicht!" – dann durfte ich nicht. Doch an einem Junimorgen, einem Montag, erfuhr ich, der Vater sei weg. Und ein mörderisches Vorgefühl sagte mir: für immer. Niemand würde mehr sagen: „Du darfst nicht." Noch begriff ich das Unglück nicht, ich war elf, und allein der schändliche Gedanke – zusammen mit dem schrecklichen Vorgefühl – glitt ins Bewußtsein: *jetzt kann ich mich der Messer bemächtigen!* Am Abend öffnete ich leise Vaters Schreibtisch, holte die drei Messer hervor, spielte ein Weilchen damit und versteckte sie tief in der Schublade meines mit Bleistiften und Alben vollgestopften Tisches. Vor anderen Kindern zu prahlen, ergab sich keine Gelegenheit mehr, denn wir zogen an den Stadtrand von Moskau, ich kam in eine andere Schule, und vor den neuen Kameraden zu prahlen, hatte ich keine Lust. Überhaupt war mein Interesse für die Messer bald erloschen. Nach und nach verschwanden sie. Das große Finnenmesser eignete sich mein Stiefbruder Andrej an, als er zur Armee einberufen wurde. 1943 wurde er irgendwo im Norden vermißt, vielleicht sogar an der finnischen Front. Ich bin überzeugt, daß es an der finnischen war. Denn alles ist kunstvoll verknüpft, und wenn man am Ende eines Fadens zieht, zuckt er und zeigt auf jeden Fall seinen Anfang.

Das kleine Messer schenkte ich in einem Augenblick der Verzweiflung einem Mädchen. Doch es half nichts. Und das mittelgroße Finnenmesser ließ mein Vetter Goga mitgehen, ein elternloser Vagabund und Faulenzer, aber nicht ohne Talent: Er zeichnete und schrieb Gedichte. Eines Tages kam Goga zerlumpt und schmutzig vom Bahnhof oder aus dem Gefängnis – das war im Herbst fünfundvierzig, ich arbeitete noch in der Fabrik, er aber war sonstwo gewesen, das interessierte mich ungemein, und es gab eine andere Kraft, die mich ihn lieben ließ – er erzählte die ganze Nacht von seinen Abenteuern, trank superstarken Tee, eine Vorliebe, für die er Tschifirtrinker genannt wurde, ich notierte begeistert die Ausdrücke und die Lieder aus jenem Abgrund, aus dem er für einen Augenblick aufgetaucht war, hoffte, die Ausdrücke irgendwann verwenden zu können, doch ich habe sie nie verwendet, und am Morgen verschwand er mit dem Finnenmesser. Ich traf ihn erst nach vielen Jahren wieder. Und dann war da noch der Potkuri, der finnische Tretschlitten. Oh, der Potkuri! Er wurde so gefahren: Der eine hielt sich hinten an der Rückenlehne fest und stieß sich, wie beim Rollerfahren, mit dem Bein ab, und der andere saß wie ein feiner Herr auf dem Sitz. Wir fuhren auf dem Weg, wo der Schnee festgestampft war. Ich schämte mich wegen des großen Schlittens, wie man ihn bei uns nicht kannte, die Jungs in Serebrjany Bor blieben stehen und bestaunten ihn mit offenem Mund. Der Schlitten hatte etwas Lakaienhaftes an sich. Einer sah auf jeden Fall wie ein Lakai aus. Am Ende des Krieges fuhren wir mit dem Potkuri Kartoffeln. Und noch etwas hatten wir damals: Ski von der Firma Lampinen. Der Vater hatte drei Paar mitgebracht. Als wir aus der Evakuierung zurückkehrten und auf die Datsche fuhren, sahen wir die eingeschlagene Tür und die leere Wohnung, die Möbel waren verschwunden, von den Ski, die gewöhnlich im Vorraum in einer Ecke gestanden hatten, war kein einziges Paar mehr da. Auch im Schuppen fand sich nichts, außer dem zerbrochenen Potkuri, mit dem wir dann Kartoffeln fuhren.

Doch es war Ende 1942, und wir – meine Großmutter, meine Schwester und ich – freuten uns, daß wir zurückgekehrt, daß die Deutschen vertrieben waren, daß in Stalingrad eine gewaltige deutsche Armee eingekesselt war – was zählte dagegen der verschwundene Krempel! Manche Nachbarn brachten uns etwas zurück, sagten, sie hätten es zu sich geholt, damit es nicht verlorenging. Eine Frau brachte den Samowar, aus der Försterei wurde der Schrank mit den flachen Schubladen hergeschleppt, auch die alte Lampe mit dem rostroten römischen Krieger tauchte auf. Nur die Ski fanden sich nicht wieder. Zwei Jahre später war es, ich ging in den Schuppen unserer Hauswartsfrau Marussja, um Brennholz zu holen, das sie uns versprochen hatte, und da sah ich die schmalen, schwarzen Ski an der Wand lehnen, von einer Sperrholzplatte halb verdeckt. Ich erkannte sie sofort – Vaters Lampinen-Ski. „Marussja“, sagte ich, „das sind unsere Ski.“ – „Wieso eure?“ Marussja war verwundert. – „Ich erkenne sie wieder. Sie sind von meinem Vater. Er hat sie aus Finnland mitgebracht. Hier ist auch das finnische Firmenzeichen. Sehen Sie, hier ist eingeprägt: Lampinen.“ Marussjas gelb gewordenes, mageres Gesicht zeigte trauriges und gekränktes Befremden. Sie schüttelte den Kopf, kniff die Lippen ein, glaubte mir nicht. „Na hören Sie mal!“ rief ich empört. „Sie sehen doch, hier steht: Lampinen. Hier, schauen Sie mal her!“ – „Was weiß ich ...“, murmelte Marussja, „was da steht ... Paschka ist mit den Ski gefahren, deswegen heb ich sie auf, sonst hätt ich sie verkauft. Viele wollen sie haben.“ Paschka, Marussjas Sohn, war im Krieg vermißt. Er war zwei Jahre älter als ich. Einmal hatte ich mich mit ihm an der Bootsstation geprügelt. Ich sammelte mir einen Armvoll Holz, das sie mir auf Pump gab, und ging weg. Sie kam mir nachgelaufen. „Warte doch! Willst du sie mitnehmen?“ Ich sagte: „Ich nehme sie nicht.“ Die beiden anderen Paar Ski blieben spurlos verschwunden.

Das alles fiel mir ein, als ich aus dem Fenster auf das nächtliche Finnland blickte, das ganz anders war als jenes, wo ich vor einem halben Jahrhundert gelebt hatte. Die ganze Nacht leuchtete hellrot das Kaufhaus. Am Morgen strahlte der Himmel, die Straße knirschte im Frost, das Flugzeug flog niedrig, ich sah das blendend weiße, mit Seen übersäte Land. Es funkelte unterm Flügel wie eine nicht teure, frische Zuckertorte, die aus dem Kühlschrank geholt wird. Die Straßen zerschnitten es in schiefe Stücke. Im Flugzeug war es heiß, und man mochte gar nicht glauben, daß dort unten dreißig

Grad Kälte herrschten. In Helsinki ließ der Frost nach, die Luft war feuchtkalt. Man fragte mich, wen ich in Helsinki sehen wolle. Ich sagte: alte Leute. Nein, nicht, weil ich mich etwa für Gerontologie interessiere, nicht aus humanitären Gefühlen und nicht, weil „Der Alte“ in einer Übersetzung erschienen war. Alte Leute interessieren mich nur, weil sie ein Gedächtnis haben. Genauer, mich interessiert das Gedächtnis. Ich wollte alte Leute finden, die sich an die Ereignisse von 1917 und 1918 erinnerten, an die kurze finnische Revolution, an das deutsche Expeditionskorps, an den Untergang der unerfahrenen Rotgardisten, an die Niederlage, den Rückzug und alles, was dann folgte. Meine Freunde machten solche alten Leute ausfindig. Es gab nicht mehr viele. Sie erzählten das Dürftige, das ihr Gedächtnis bewahrt hatte: von Kämpfen bei kleinen Dörfern, auf kleinen Inseln, bei gemütlichen Bahnstationen, wohin die Windstöße und das Donnergrollen des russischen Sturms drangen. Auch hier wurde gemordet, verfolgt, gefangengenommen, von der Weltrevolution geträumt, auch hier kochte der Haß und herrschte die Angst, aber der Tod hat keine Maße, er ist überall grenzenlos. Die alten Männer im schlechtsitzenden schwarzen Sonntagsanzug und die alten Frauen mit vertrockneten Lippen und pergamentenen Runzeln erzählten voll geheimem Stolz, wie sie dem Tod entronnen sind und seither noch sechzig Jahre gelebt haben. Das ist wenigen gelungen.

„O ja“, sagte die alte Sylvi, „ich war mutig. Alle staunten, daß ich mich zu einer Rotgardistenabteilung meldete, obwohl ich nicht schießen konnte und niemals Sanitäterin gewesen war. Von meinem Mut hatte ich selber nichts geahnt. Ich war siebzehn Jahre alt, hatte zuerst in einer Fabrik gearbeitet, dann in einem Büro. Bei den Rotarmisten war es schwer: fünf Stunden Verwundete verbinden, danach Freizeit, dann wieder fünf Stunden Arbeit. Ein russischer Feldscher lernte uns an. Ich hatte einen Verehrer, das war ein russischer Soldat, ein Artillerist, wir tauschten unsere Adressen aus, verständigt haben wir uns mit Hilfe des Wörterbuchs. Als der Kampf begann, verloren wir einander aus den Augen. Das hat mir sehr leid getan. Er hat auch über meinen Mut gestaunt. Im Garten haben wir beide auf einer Schaukel geschaukelt ..."

Das Gedächtnis wählt, wie ein Künstler, Einzelheiten aus. Im Gedächtnis ist nichts Ganzes, Zusammenhängendes, dafür schlägt es Funken: Es sieht im See einen im Mondschein blinkenden Flaschenhals, wie Tschechows Trigorin, wenn er eine Sommernacht beschreibt. Die Gefühle sind längst verschwunden, wie Spreu vom Wind verweht, dafür blitzt, wie aus Stahl geschmiedet, eine Einzelheit: Wir haben im Garten auf einer Schaukel geschaukelt. Und ich spüre das Bangen der Jugend, die Hoffnung, die Angst, die Ungewißheit des Winters 1918 ...

„Meine Freundinnen riefen mir zu: ‚Komm zu uns! Sieh dich vor!'" fuhr die alte Frau mit wachsender Begeisterung fort. „Aber ich rief: ‚Wenn es das Schicksal will, sterbe ich.' Im selben Augenblick traf mich eine Kugel, und ich stürzte. Die Weißgardisten rückten näher. Ich dachte: Die Unsrigen sollen mich lieber liegen lassen, ich sterbe sowieso. Das habe ich ihnen auch gesagt. Aber sie legten mich auf einen Wagen und brachten mich nach Riihimäki. Nachts um eins weckten sie mich: ‚Sie können nicht in der Stadt bleiben! Ziehen Sie sich an, wir müssen Sie wegbringen!' Ein estnischer Rotgardist half mir. Ich gefiel ihm, glaube ich. Er nahm meine Sachen und trug sie zum Zug. Der Este hatte einen schönen dunklen Bart. Wir kamen nach Hämeenlinna. Der Este wich keinen Schritt von meiner Seite. Das Krankenhaus in Hämeenlinna war überfüllt; ich wurde trotzdem noch untergebracht. Der Arzt hatte keine Sympathien für die Rotgardisten. Er war Schwede, ein zorniger junger Mann. Er fluchte, daß er sonntags ins Krankenhaus kommen und arbeiten mußte. Andauernd wiederholte er so einen komischen schwedischen Fluch, den kann ich nicht übersetzen ... von einem Stiefel ... einem Stiefel voller ... Sie verstehen?"

Plötzlich sah ich das junge Mädchen im Bett, ihr zartes blauäugiges Gesicht, und den Arzt, der ihre Hand in seiner großen Pranke mit dem rötlichen Flaum hält und ärgerlich vor sich hin brummt.

„Er wollte nicht, daß ich in ein anderes Krankenhaus gebracht werde. Er sagte, ich sollte in seinem Krankenhaus bleiben. Wegen meines Zustandes. Aber ich glaube, er sagte das nur, weil er ..."

Die alte Frau deutete mit den Augen etwas an, das sie nicht laut sagen wollte. Sie hatte schon zuviel verraten. Ihre farblos gewordenen, ein wenig vorquellenden Augen blitzten verschmitzt. Ich nickte, zum Zeichen, daß ich alles verstünde.

„Sie verstehen?" fragte die alte Frau erfreut.

„Ja, ja. Ich verstehe."

„Merkwürdig, alles mögliche dumme Zeug fällt mir ein."

„Und Sie haben weder den russischen Artilleristen noch den Doktor jemals wiedergesehen?"

„Nie mehr", sagte die alte Frau, sie musterte mich unter halb geschlossenen Lidern gleichsam von Kopf bis Fuß, und ihr Gesicht zeigte Stolz. „Dann waren wir auf dem Rückzug. Die Deutschen jagten uns, wir kamen nach Rußland, und wissen Sie, was mich verwunderte? Daß Rußland genauso ist wie Finnland. Ich gelangte bis nach Perm, dort bekam ich die Grippe ..."

In einem anderen Haus war ein alter Mann in einem zu weiten, in den Schultern zu breiten schwarzen Jackett – wahrscheinlich hatte er in den letzten Jahren abgenommen –, er erzählte:

„Denn die Deutschen, die von Lovisa kamen, griffen uns in zwei Richtungen an – gegen Lahti und gegen Kotka. Sie rückten ganz nahe auf Kotka vor. Dort ist eine alte Festung. Darin sammelten sich die Rotgardisten zur Verteidigung. Am Abend des fünften März griffen die Deutschen Kotka an, wir schlugen sie zurück. Die russische Batterie von der Insel unterstützte uns. Anderthalb Stunden dauerte das Gefecht. Die Deutschen zogen sich rasch zurück, und die Finnen verfolgten sie, aber zu langsam. Hier zeigte sich die Langsamkeit der Finnen. Wir trieben sie bis Lovisa ..."

Ich erinnerte mich, im Sommer 1927 in Lovisa gewesen zu sein. Dort hatten wir eine Datsche. Es war ganz wie in Serebrjany Bor bei Moskau: ein Blockhaus, Geruch nach Harz, ungestrichenen Brettern und nach Nadelbäumen, Sand, Sonne, und vor dem Abgrund des Fensters in der Sonnenglut vergehe ich vor Wonne und vor Angst. Der Vater hält mich mit unnachgiebiger Hand. Ich will mich losreißen und in das Strahlen, in die Wärme hineinspringen. Er läßt mich nicht, ich trotze, aber er hält fest und grübelt, warum er in Finnland ist. Ein Jahr zuvor war er mit einer Militärmission in China, zusammen mit Jegorow, dem späteren Marschall, er durchquerte die Wüste, verschaffte sich Klarheit über den höchst verworrenen Krieg der Generäle und schrieb über das, was er gesehen hatte, wie immer düster und selbständig, und das war wie immer unerwünscht. Und nun war er abgeschnitten von der Weltrevolution und vom vulkanischen Brodeln, war in die Stille geworfen, in das Seenparadies eines Landes, in dem das Brodeln vorbei war, eines Landes, das im Halbschlaf lag, und sollte über Kredite, Bewilligungen und Konventionen verhandeln, die einen fördern, die anderen drosseln. Aber hätte er ablehnen können? Seit seinem sechzehnten Lebensjahr, seit 1904, war er es gewohnt, nicht abzulehnen. Noch kurz zuvor hatte er Stiefel, bequeme Reithosen und Uniformjacke getragen, jetzt trug er Frack, Stehkragen, enges Schuhwerk. Alles entfernte sich unmerklich und rasch von dem, was am Anfang gewesen war. Doch ich begriff das nicht und wollte weinend über den Rand des Fensters hinaus.

Unser Haus in der Albertsgatan existierte nicht mehr, es war 1941 ausgebombt.

Am Tag vor meiner Abreise las ich bei Stockmann, in Finnlands größter Buchhandlung, vor zufälligen Kunden, vielleicht Lesern meiner Bücher – es waren recht viele Leute da, sie standen als schweigende, aufmerksame, sehr *finnische* Menge zwischen den Verkaufstischen, und oben auf der Balustrade, auf den vordersten Stühlen, hatten die alten Damen Platz genommen, die zu allen Lesungen bei Stockmann gingen und eine Stunde vor Beginn erschienen waren, ich saß auf einem kleinen Podest, zusammen mit Professor Pessonen, der etwas über mich sagte, neben mir auf dem Tisch türmten sich unverschämte Stapel meiner Bücher in finnischer und schwedischer Sprache, riefen mit ihrer ganzen Aufmachung kläglich danach, gekauft zu werden, besonders hoffnungslos die teure schwedische Ausgabe von „Ungeduld", die denn auch nur einen Käufer fand –, und als mein Vortrag zu Ende war, der, wie alle Vorträge bei Stockmann, genau dreißig Minuten gedauert hatte, und sich vor meinem Tisch eine dünne Schlange von Leuten mit Büchern bildete, schweigend reichten sie mir die Bücher, schweigend signierte ich, da beugte sich plötzlich eine Frau zu mir und sagte leise auf russisch: „Ich habe den Artikel in der Zeitung gelesen. Meine Mutter hat in der sowjetischen Botschaft gearbeitet. Sie hat Ihren Vater gekannt."

Überrascht blickte ich die Frau an. In Moskau gibt es keine Leute mehr, die meinen Vater gekannt haben.

„Wie alt ist Ihre Mutter?"

„Über neunzig. Aber sie ist noch munter, erinnert sich an vieles. Wenn Sie Lust und Zeit haben …"

Ich kam in eine Wohnung, die wie eine Moskauer *Genossenschafts*wohnung in der Nähe des Aeroport aussah. Eine hochaufgerichtete, hagere alte Frau mit Adlernase und aufmerksamem unbewegtem Adlerblick kam in den Vorraum, reichte mir die gewichtslose Hand und sagte:

„Wie angenehm, mit einem Russen zu sprechen."

Vielleicht sagte sie das zu allen Russen, die sie besuchten. Ich dachte: Finnland ist natürlich Rußland ähnlich, und doch ist es ein anderes Land. Auch Russen, die hier leben, sind uns nicht ähnlich. So einen aufmerksamen, unbewegten Adlerblick habe ich bei uns an alten Frauen nie bemerkt, aber mag sein, ich irre mich. Die vierundneunzigjährige Jelena Iwanowna hatte als Wäscheverwalterin in der sowjetischen Botschaft gearbeitet und war später zur Handelsvertretung übergewechselt, wo sie fünfeinhalb Jahre arbeitete. Für zweiundzwanzig Putzfrauen, das Mobiliar und die Wäsche war sie zuständig. Eine heikle Arbeit! Die Finnen sind sehr stolz. Mit ihnen zu arbeiten ist schwer: Sie lassen sich nicht zurechtweisen. Jelena Iwanownas Mann war Finne, ein Sozialrevolutionär, sie hatten in Petrograd gewohnt, dann wurde er verhaftet, saß im Gefängnis in Helsingfors, und 1920 zog sie mit den Kindern von Petrograd dorthin. Es wurde eine schrecklich schwere Reise. Auch das Leben in Helsingfors war schwer. Nach dem ersten Weltkrieg herrschte überall die Krise. Ihr Mann arbeitete übrigens eine Zeitlang mit Eino Rahja zusammen …

Wir tranken Tee unter einer tiefhängenden Lampe mit einem altmodischen Seidenschirm, genauso einem, wie wir ihn in den dreißiger Jahren in unserer Wohnung gehabt hatten. Auch die Tischdecke war genau die gleiche. Ebenso die Stühle. Nur das Gebäck in der Schale, das war anders als unseres.

„Ihr Vater war sympathisch", sagte Jelena Iwanowna. „Ich erinnere mich an ihn. Ich ging immer zu ihm, um Finanzunterlagen unterschreiben zu lassen. Er war höflich und korrekt und behandelte das Hilfspersonal sehr gut. Was andere übrigens nicht taten. Vor allem wenn sie einer anderen Nationalität angehörten ..."

Die Adleraugen der alten Frau erstarrten abwartend, ohne zu blinzeln. Ich machte mir Notizen. Was half es, wenn Jelena Iwanownas Gedächtnis nichts anderes bewahrt hatte? Sie sprach leise, gemessen, folgerichtig – erstaunlich folgerichtig für eine fast Hundertjährige. Doch dann kam es plötzlich vor, daß sie – so, als wenn auf einer Schallplatte die Nadel überspringt – den eben gesagten Satz, ohne es selbst zu merken, immerzu wiederholte, jedesmal so, als wäre er ihr eben erst in den Sinn gekommen.

„Ja, noch etwas!" sagte Jelena Iwanowna. „Ihr Vater war sehr höflich und korrekt und behandelte das Hilfspersonal gut. Was man von anderen nicht sagen konnte. Vor allem wenn sie einer anderen Nationalität angehörten ..."

Als sie das zum dritten- oder viertenmal sagen wollte, unterbrach ihre Tochter sie mitten im Satz durch irgendeine kleine Geste – sie reichte die Zuckerdose weiter oder bot Gebäck an – und lenkte die Unterhaltung ab. Die alte Frau ließ sich leicht ablenken. Sie erzählte, in der Handelsvertretung habe man gesellige Abende und Weihnachtsfeiern veranstaltet, das sei immer lustig gewesen.

In den dreißiger Jahren herrschte Arbeitslosigkeit, viele Angestellte der Handelsvertretung zogen in die UdSSR, und von ihnen habe sie nie wieder etwas gehört. Die Handelsvertretung befand sich im Gebäude des Kinos Apollo. So hieß das ganze Haus. In der Nähe war die Bierbrauerei Sinebrjuchow. Oh, Helsinki war ganz anders als heute! Auf dem Bulevarden standen eingeschossige Häuser aus Stein, aber auch Holzhäuser. Schnee gab es immer viel. Er wurde nicht weggeräumt. Es lagen Schneehaufen. Die Leute liefen auf dem Bulevarden Ski oder fuhren mit dem Potkuri. Es gab viele Schlitten, viele Droschken, wenig Autos. Immer wieder wollte Jelena Iwanowna einflechten, wie mein Vater das Hilfspersonal behandelt hatte, aber ihre Tochter brachte sie mit verschiedenen Tricks davon ab. Und so kam sie auf den Kutscher Anderson zu sprechen, der bei der Handelsvertretung gearbeitet und immer die Wäsche vom Apollo zum Bulevarden gefahren hatte. Die Kinder setzten sich gern auf seinen Wagen, er fuhr sie die Albertsgatan entlang. Ich fragte, welche Farbe Andersons Pferd gehabt hätte. „Es war rotbraun", sagte die alte Frau. „Es war rotbraun und hieß Kalle."

Am nächsten Tag reiste ich nach Moskau zurück. Es war Anfang Februar und anhaltender Frost. Ich saß allein im geheizten Abteil und dachte: Merkwürdig, das alles paßt in einen Ring. Das Pferd war am Anfang da und ist völlig unerwartet wieder aufgetaucht. Und alles andere liegt in der Mitte.

19. November 1980

Juri Trifonow – Daten, Leben und Schaffen

1925 Geboren am 28. August in Moskau
1938 Vater Valentin, alter Bolschewik, aufgrund falscher Anschuldigungen erschossen
1941 Luftschutz- und Feuerwehrhelfer in Moskau
1941/42 Evakuiert in Taschkent, Abitur
1942-45 Schlosser, Dispatcher, Redakteur der Betriebszeitung in einer Fabrik für Flugzeugausrüstungen am Belorussischen Bahnhof in Moskau
1944-49 Studium am Gorki-Literaturinstitut am Twerskoi-Boulevard bei Konstantin Fedin (im ersten Jahr als Fernstudent); Nachdichtungen von Heine und J. R. Becher
1947 Erste Publikation: „Die große Dimension", Feuilleton in „Moskowski Komsomolez" vom 12. 4.
1948 „Ein bekannter Ort", Erzählung, in „Molodoi Kolchosnik", Nr. 4
1950 „Studenten" in „Nowy Mir", Nr. 10–11
1951 Stalinpreis III. Klasse für „Studenten"
1952 Inszenierung der „Studenten" am Moskauer Jermolowa-Theater, Regie A. M. Lobanow
1956 Vater nach dem XX. Parteitag der KPdSU rehabilitiert

1959 Erzählungszyklen über Turkmenienreisen: „Unter der Sonne“ und „Der Weg in der Wüste“

1961 „Am Ende der Saison“ (Sportgeschichten)

1963 „Durst“ in „Snamja“, Nr. 4–7

1964 Reporter bei den Olympischen Winterspielen in Innsbruck, Italienerzählung „Erinnerung an Genzano“

1965 „Widerschein des Feuers“ in „Snamja“, Nr. 2

1965-70 Mitglied des Präsidiums des Schriftstellerverbandes der RSFSR

1969 „Die Mütze mit dem großen Schirm“ (Erzählungen der sechziger Jahre), „Der Tausch“ in „Nowy Mir“, Nr. 12

1970 „Zwischenbilanz“ in „Nowy Mir“, Nr. 12, „Spiele in der Dämmerung“ (Sporterzählungen)

1971 „Langer Abschied“ in „Nowy Mir“, Nr. 8

1973 „Ungeduld“ in „Nowy Mir“, Nr. 3–5

1975 „Das andere Leben“ in „Nowy Mir“, Nr. 8
„Fortwährende Lehren“ (Essays)

1976 Inszenierung von „Der Tausch“ am Moskauer Theater an der Taganka, Regie Juri Ljubimow
„Das Haus an der Uferstraße“ in „Drushba Narodow“, Nr. 1
Rede auf dem 6. Schriftstellerkongreß der UdSSR: „Warum ich über den Alltag schreibe“

1978 „Der Alte“ in „Drushba Narodow“, Nr. 3
„Ausgewählte Werke in zwei Bänden“

1979 Inszenierung von „Das Haus an der Uferstraße“ am Moskauer Theater an der Taganka, Regie Juri Ljubimow

1981 Gestorben am 28. März in Moskau
1. April Beerdigung in Moskau-Kunzewo

„Das umgestürzte Haus“ in „Nowy Mir“, Nr. 7

1981 „Zeit und Ort“ in „Drushba Narodow“, Nr. 9–10

„Rätsel und Prophetie Dostojewskis“ in „Nowy Mir“, Nr. 11

1983 „Ausgewählte Werke in vier Bänden“ beim „Verlag Volk und Welt“, Berlin

1985 „Wie unser Wort wirkt“ (Publizistik) beim Verlag „Sowjetskaja Rossija“, in Moskau

1985-87 „Gesammelte Werke in vier Bänden“ beim Verlag „Chudoshestwennaja literatura“, Moskau

1987 „Das Verschwinden“ (Nachlaßroman) in „Drushba Narodow“, Nr. 1

„Ein nicht langer Aufenthalt in einer Folterkammer“ (Nachlaßkapitel aus „Das umgestürzte Haus“) in „Snamja“, Nr. 12

Inhalt